"Esta é uma janela muito prática e divertida para o primeiro ano e meio do bebê. Plooij e van de Rijt observaram e encontraram os períodos vulneráveis no desenvolvimento do bebê que eu, de forma independente, trouxe para o meu livro *Touchpoints* (Perseus). As observações dos autores e as sugestões práticas são maravilhosas."

- T. Berry Brazelton, MD, professor emérito, Harvard Medical School

"Qualquer pessoa que lida com bebês e crianças vai querer ler *As Semanas Mágicas*. Este livro abrirá os olhos dos pais para o crescimento, desenvolvimento, mudança de comportamento e capacidade de resposta emocional de seus filhos que, de outra forma, eles poderiam não notar ou achar confuso e angustiante."

—Catherine Snow, PhD, professora de educação,
Harvard Graduate School of Education

"O trabalho de van de Rijt e Plooij sobre o desenvolvimento infantil tem um enorme valor para uso clínico e aplicação científica. Eles não apenas explicaram os períodos de comportamento intrigante e difícil na infância, que tanto preocupam os pais, mas também mostraram como esses comportamentos marcam os saltos de desenvolvimento e descreveram os estágios de compreensão da criança. Em conjunto, isso oferece aos pais e profissionais uma visão bem fundamentada sobre as mentes em desenvolvimento dos bebês.

Além disso, van de Rijt e Plooij descreveram a brincadeira e a comunicação que melhor funcionam com os bebês em diferentes idades e, portanto, ajudaram os pais a entender e se relacionar de forma sensível com seus bebês. Esta relação entre pais e filhos é o principal pré-requisito para o desenvolvimento de crianças seguras e bem ajustadas.
O livro *As Semanas Mágicas* é uma leitura essencial para todas as pessoas que trabalham com bebês: pediatras, assistentes sociais, psicólogos e, claro, pais."

—John Richer, PhD, diplomado em psicologia clínica, psicólogo clínico consultor e chefe de psicologia pediátrica do Departamento de Pediatria, John Radcliffe Hospital, em Oxford, Inglaterra

"van de Rijt e Plooij ajudarão você a ver o mundo como uma criança o vê. Conforme a criança cresce, as demonstrações de emoção (como o choro) nos dizem que a criança está reunindo reservas de energia e está pedindo por ajuda para encontrar novas maneiras de perceber o mundo em mudança. Uma vez que van de Rijt e Plooij descobriram estágios previsíveis na ampliação de percepções e competências da criança, eles permitem, com seus excelentes exemplos, que você reconheça o aparecimento desses episódios estressantes e se junte ao seu filho para lidar com eles. Muito ricas, na verdade, são as implicações da descoberta de novas percepções e novas habilidades no meio do estresse que, independentemente se você é pai ou não, nunca é demasiado cedo ou tarde demais para tirar proveito deste livro."

- Philip J. Runkel, PhD, professor emérito de psicologia e educação,
University of Oregon

as mágicas semanas

"Retrato da primeira autora, Hetty van de Rijt, criado por seu neto Thomas em 12 de setembro de 1998, quando ele tinha 23 meses de idade. Neto e avó tinham uma relação muito próxima e, durante seus últimos sete anos de vida, ele foi o sol na vida de Hetty, que estava limitada por uma doença.

Em 29 de setembro de 2003, Hetty faleceu. Até o último momento, ela trabalhou na edição ampliada deste livro em holandês. Quando ela morreu, o primeiro rascunho do último capítulo estava pronto. Através da obra de sua vida, Hetty esperava capacitar pais e lhes dar a tranquilidade e autoconfiança em seu papel de educador e socializador, de tal forma que eles pudessem desfrutar de seu pequeno raio de sol."

as mágicas semanas

Como estimular o desenvolvimento mental do bebê
e ajudá-lo a transformar suas 10 fases previsíveis,
importantes e difíceis em saltos mágicos para frente

Hetty van de Rijt, PhD,

e

Frans Plooij, PhD.

KW
PUBLISHING

Para nossos filhos, Xaviera e Marco, e
para nossos netos, Thomas, Victoria
e Sarah, com quem aprendemos tanto

As Semanas Mágicas por Hetty van de Rijt e Frans Plooij

Copyright © 2013 Kiddy World Publishing
Ilustrações por Jan Jutte
Capa e design interno por Niels Terol
Tradução por Stephen Sonderegger e Gayle Kidder

Primeira publicação em 1992 como Oei, ik groei! Por Zomer & Keuning
boeken BV, Ede and Antwerp.

Este livro se destina apenas como um volume de referência, e não como um
manual de medicina. As informações oferecidas aqui são concebidas para ajudá-lo a tomar decisões informadas sobre a saúde de seu bebê. Não pretende
ser um substituto para qualquer tratamento que possa ter sido prescrito pelo
seu médico. Se suspeitar de um problema médico, pedimos que você procure
ajuda médica competente. A menção de empresas específicas, organizações ou
autoridades neste livro não implica o endosso pelo editor, nem a menção de
empresas específicas, organizações ou autoridades implica que elas endossam
este livro.

Kiddy World Publishing
Van Pallandtstraat 63
6814 GN Arnhem
Holanda
www.thewonderweeks.com

Curta-nos no Facebook! facebook.com/WonderWeeks
Siga-nos no Twitter: twitter.com/TheWonderWeeks

Conteúdo

sobre este livro

Tendo concluído os nossos estudos em Psicologia da Educação, Antropologia Física e Biologia Comportamental, e recém-casados, minha esposa Hetty van de Rijt e eu partimos para o Parque Nacional de Gombe, na Tanzânia, África Oriental, para estudar os chimpanzés com Jane Goodall. O projeto de pesquisa particular que tínhamos preparado se mostrou irrealizável naquelas circunstâncias, por isso, tivemos que mudar o tema. Naquele momento, percebemos que não havia nenhum outro lugar na Terra onde seria possível observar bebês chimpanzés recém-nascidos em liberdade tão de perto. Nós não tínhamos nenhuma teoria ou hipótese em mãos para testar, mas fomos treinados em observação direta e sistemática do comportamento animal em campo, na forma tradicional do Prêmio Nobel Niko Tinbergen. Dessa forma, foi isso o que fizemos por quase dois anos.

Quando voltamos para a Europa, para trabalhar na Unidade do Conselho de Pesquisa Médica de Robert Hinde sobre o Desenvolvimento e Integração do Comportamento, University Sub-department of Animal Behavior em Madingley, Cambridge, Inglaterra, tivemos que analisar resmas de dados. Desta análise, surgiu a noção de períodos de regressão: períodos difíceis, onde o bebê se apega extremamente à mãe. Anteriormente, tais períodos de regressão tinham sido descobertos por outras pessoas em nada menos do que 12 outras espécies de primatas. Os resultados da análise de dados também apoiaram a ideia de que, no decorrer da ontogenia inicial, uma organização hierárquica emerge no sistema nervoso central, o que fundamenta o desenvolvimento comportamental dos bebês chimpanzés em liberdade e bebês.

Apenas depois de termos analisado os nossos dados e percebido uma organização hierárquica, o nosso amigo e colega Lex Cools, neurobiólogo, sugeriu que comparássemos nossos resultados sobre as capacidades de bebês nos diferentes estágios de desenvolvimento aos níveis de percepção demonstrada pela *Teoria de Controle Perceptivo Hierárquico* (PCT), desenvolvida por William T. Powers. A PCT acabou por explicar muito bem os nossos resultados. Nos anos seguintes, os postulados fundamentais da PCT foram ainda testados por outros pesquisadores e os resultados foram publicados na literatura científica. Os leitores que estiverem interessados podem visitar o site www.livingcontrolsystems.com para obter uma visão geral da PCT.

Quando conquistamos nossos graus em PhD em Cambridge, Inglaterra (Hetty) e Groningen, Holanda (Frans), passamos a observar e filmar as mães humanas e bebês em seu ambiente familiar. Este estudo demonstrou claramente que os bebês humanos também passam por períodos de regressão difíceis ligados à idade, de uma forma similar. A cada período difícil, os bebês dão um salto em seu desenvolvimento mental. Todas as vezes que outra camada de sistemas de controle de percepção é sobreposta sobre as já existentes camadas hierarquicamente organizadas dos sistemas de controle de percepção.

Com base em nossa pesquisa, Hetty e eu escrevemos a versão holandesa original de *As Semanas Mágicas*, publicada em 1992 e, nos anos seguintes, seguidas por edições em alemão, francês, sueco, italiano, dinamarquês, espanhol, inglês, japonês, coreano e russo. Nossa pesquisa original na Holanda foi replicada e confirmada por outros pesquisadores na Espanha, Reino Unido e Suécia. Para obter informações sobre a pesquisa na qual é baseado o livro *As Semanas Mágicas* e sobre as edições em várias línguas, consulte o site www.thewonderweeks.com.

Infelizmente, Hetty contraiu uma doença tropical rara durante a nossa estadia na Tanzânia e, após uma batalha longa e corajosa contra a doença, ela faleceu em 2003. O legado de Hetty está bem e vivo, uma vez que a obra de sua vida continua dando frutos e *As Semanas Mágicas* continua tornando a vida mais fácil para os pais, contribuindo para o desenvolvimento saudável das crianças.

Frans Plooij
Arnhem, Holanda

introdução

$\mathcal{S}$obressaltada de um sono profundo, a mãe de recém-nascido pula da cama e corre pelo corredor para o quarto do bebê. Seu pequeno bebê com o rosto vermelho e punhos cerrados grita no berço. Por instinto, a mãe pega o bebê, embalando-o em seus braços. O bebê continua gritando. A mãe amamenta o bebê, muda a fralda, depois o balança tentando todos os truques para aliviar seu desconforto, mas nada parece funcionar. "Há algo de errado com o bebê?", a mãe se pergunta. "Estou fazendo algo errado?"

Os pais normalmente experimentam preocupações, fadiga, irritação, culpa e, às vezes, até mesmo agressividade para com seus bebês inconsoláveis. O choro do bebê pode causar atrito entre os pais, especialmente quando eles discordam sobre a forma de lidar com isso. Conselhos bem intencionados, mas indesejados de familiares, amigos e até mesmo de estranhos só pioram as coisas. "Deixe-o chorar, isso faz bem para os pulmões" não é a solução que as mães querem ouvir. Desconsiderar o problema não o fará desaparecer.

A boa notícia: há uma razão

Nos últimos 35 anos, temos estudado o desenvolvimento dos bebês e a forma como as mães e outros cuidadores respondem às suas mudanças.

Nossa pesquisa foi feita em residências, onde observamos as atividades diárias de mães e crianças. Nós coletamos informações adicionais a partir de entrevistas mais formais.

Nossa pesquisa mostrou que, periodicamente, todos os pais são atormentados por um bebê que não para de chorar. Na verdade, descobrimos que, surpreendentemente, todos os bebês normais e saudáveis são mais chorosos, problemáticos, exigentes e difíceis nas mesmas idades, e quando isso ocorre eles podem conduzir toda a família ao desespero. *A partir de nossa pesquisa, estamos agora em condições de prever, quase semanalmente, quando os pais podem esperar que seus bebês passem por uma dessas "fases difíceis".*

Durante esses períodos, o bebê chora por um bom motivo. Ele está subitamente passando por mudanças drásticas em seu desenvolvimento, que o estão transformando. Essas mudanças permitem que o bebê aprenda algumas novas habilidades e, portanto, deve ser motivo de comemoração. Afinal de contas, é um sinal de que ele está fazendo um progresso maravilhoso. Mas, uma vez que o bebê está em causa, essas mudanças são confusas. Ele está surpreso: tudo mudou durante a noite. É como se ele entrasse em um mundo totalmente novo.

É sabido que o desenvolvimento físico de uma criança progride no que geralmente chamamos de "surtos de crescimento". O bebê pode não crescer nada por algum tempo, mas, em seguida, ele crescerá seis milímetros em apenas uma noite. A pesquisa mostrou que, essencialmente, a mesma coisa acontece no desenvolvimento mental de uma criança. Estudos neurológicos têm demonstrado que há períodos em que grandes e dramáticas mudanças acontecem nos cérebros das crianças com menos de 20 meses. Pouco depois de cada uma delas, há um salto paralelo adiante no desenvolvimento mental.

Este livro se centra nos dez maiores saltos que cada bebê dá em seus primeiros 20 meses de vida. Ele mostra a você o que cada um desses desenvolvimentos significa para a compreensão que seu bebê tem do mundo e como ele usa esse entendimento para desenvolver as novas habilidades que precisa em cada fase de seu desenvolvimento.

O que isso significa para você e seu bebê

Os pais podem usar esse entendimento dos saltos de desenvolvimento de seu bebê para ajudá-los a superar estes períodos muitas vezes confusos em suas novas vidas. Você vai entender melhor a forma como seu bebê está pensando e por que ele age assim em determinados momentos. Você será capaz de escolher o tipo certo de ajuda para ele quando necessário e o tipo certo de ambiente para ajudá-lo a tirar o máximo de proveito de cada salto em seu desenvolvimento.

No entanto, este não é um livro sobre como fazer o seu filho se tornar um gênio. Acreditamos firmemente que cada criança é única e inteligente à sua maneira. É um livro sobre como entender e lidar com seu bebê quando ele está difícil e como desfrutar melhor dele enquanto ele cresce. É sobre as alegrias e as tristezas de crescer com seu bebê.

Tudo que é necessário para utilizar este livro é:
- Um (ou dois) pai(s) amoroso(s)
- Um bebê ativo, sonoro e em crescimento
- Vontade de crescer junto com seu bebê
- Paciência.

Como usar este livro

Este livro cresce com seu bebê. Você pode comparar suas experiências com as de outras mães durante todas as fases do desenvolvimento de seu bebê. Ao longo dos anos, pedimos a muitas mães de novos bebês que mantenham registros dos progressos de seus bebês e que também registrem seus pensamentos e sentimentos, bem como observações sobre o comportamento de seus bebês no cotidiano. Os diários que incluímos neste livro são uma amostra disso. Eles foram baseados nos relatórios semanais de mães de 15 bebês: oito meninas e sete meninos. Nós esperamos que você sinta que seu bebê está crescendo junto com os bebês em nosso grupo de estudo, e que você possa relacionar suas observações sobre o seu bebê com as observações de outras mães.

No entanto, este livro não é apenas para leitura. Cada seção lhe oferece a oportunidade de registrar os detalhes do progresso de seu bebê. No momento em que o bebê cresce para o meio da infância, muitas mães anseiam recordar todos os eventos e as emoções daqueles primeiros anos tão importantes. Algumas mães mantêm diários, mas a maioria das mães - que não gosta particularmente de escrever ou que simplesmente não tem tempo - está convencida que vai se lembrar dos marcos e até mesmo dos pequenos detalhes na vida de seus bebês. Infelizmente, mais tarde, essas mães acabam lamentando profundamente o fato de que suas memórias desapareceram mais rápido do que jamais poderiam ter imaginado.

Você pode manter um registro pessoal de interesses e progresso de seu bebê nas seções "Meu Diário" disponibilizadas ao longo deste livro. Elas oferecem espaço para você registrar seus pensamentos e comentários sobre o crescimento de seu filho e desenvolvimento da personalidade, de modo que você pode facilmente transformar este livro em um diário sobre o desenvolvimento de seu bebê. Muitas vezes, algumas frases-chave são suficientes para trazer memórias à tona mais tarde.

O capítulo seguinte, "Crescer: como seu bebê faz isso", explica algumas das pesquisas nas quais este livro se baseia e como elas se aplicam ao seu bebê. Você vai aprender como seu bebê cresce dando "saltos" em seu desenvolvimento mental e como esses saltos são precedidos por períodos de tempestade, onde você pode esperar que ele esteja inquieto, irritadiço ou temperamental.

"Capítulo 2: Recém-nascido: bem-vindo ao mundo" descreve como é o mundo de um recém-nascido e como ele percebe as novas sensações que o cercam. Você vai aprender como a natureza o equipou para lidar com os desafios da vida e como é importante o contato físico para o seu desenvolvimento futuro. Estes fatos irão ajudar você a conhecer seu novo bebê, a saber mais sobre seus desejos e necessidades e a entender o que ele está passando quando ele dá o primeiro salto adiante.

Os capítulos seguintes discutem as Semanas Mágicas: as dez grandes mudanças pelas quais o seu bebê passa nos primeiros 20 meses de vida, em torno das semanas 5, 8, 12, 19, 26, 37, 46, 55, 64 e 75. Cada capítulo mostra os sinais que vão indicar para você quando um grande salto está ocorrendo. Em seguida, eles explicam as novas mudanças de percepção que seu bebê vivencia neste momento e como seu bebê vai usá-las em seu desenvolvimento.

Cada salto é discutido em um capítulo separado, que consiste em quatro seções: **"Sinais difíceis desta semana"** descreve as pistas de que seu bebê está prestes a dar um salto de desenvolvimento. As reflexões de outras mães sobre os períodos problemáticos de seus bebês oferecem um apoio solidário enquanto você sofre com os períodos tempestuosos de seu bebê.

Nesta seção, você também vai encontrar uma seção de diário intitulada "Sinais de que meu bebê está crescendo de novo". Marque os sinais que você notou que indicam que seu bebê está prestes a experimentar uma grande mudança.

"O mágico salto adiante" discute as novas habilidades que seu bebê vai adquirir durante o salto atual. Em cada caso, é como se um novo mundo se abrisse, cheio de observações que ele pode fazer e habilidades que pode adquirir.

Nesta parte, você vai encontrar uma seção diário, "Como meu bebê explora o novo mundo", que traz uma lista das habilidades que os bebês podem desenvolver quando dão esse salto de desenvolvimento. Enquanto você marca as habilidades de seu bebê nas listas, lembre-se de que nenhum bebê vai fazer tudo o que está listado. Seu bebê pode apresentar apenas algumas das habilidades listadas neste momento, e você pode não ver outras habilidades até semanas ou meses mais tarde. O quanto seu bebê faz não é importante: seu bebê escolherá as habilidades que melhor se adaptam a ele no momento. Há gostos diferentes, mesmo entre bebês! Enquanto você marca ou destaca as preferências de seu bebê, você vai descobrir o que torna o seu bebê único.

"O que você pode fazer para ajudar" lhe oferece sugestões de jogos, atividades e brinquedos adequados para cada fase de desenvolvimento, o que irá aumentar a conscientização e satisfação de seu bebê e melhorar o momento de diversão juntos.

"Depois do salto" permite que você saiba quando pode esperar que seu

bebê se torne mais independente e alegre novamente. É provável que este seja um tempo delicioso para pais e bebês, quando ambos podem apreciar as habilidades recém-adquiridas que preparam o bebê para conhecer e desfrutar de seu mundo.

Este livro foi concebido para ser aberto em qualquer ponto dos primeiros 20 meses de seu bebê, quando você sente que precisa de ajuda para entender seu atual estágio de desenvolvimento. Você não tem que lê-lo do começo ao fim. Se o seu bebê for um pouco mais velho, você pode pular os capítulos anteriores.

O que este livro lhe oferece

Esperamos que você use esse conhecimento dos saltos de desenvolvimento de seu filho para entender o que ele está passando, ajudá-lo a superar os momentos difíceis e encorajá-lo quando ele assume a importante tarefa de começar a andar. Além disso, esperamos que este livro ajude a fornecer o que descrevemos a seguir:

Apoio em momentos de dificuldade: durante os momentos em que você tem que lidar com os problemas de choro, ele ajuda a saber que você não está sozinho(a), que há uma razão para o choro e que um período difícil nunca dura mais do que algumas semanas, e às vezes não mais do que vários dias. Este livro mostra a você o que outras mães experimentaram quando seus bebês tinham a mesma idade que o seu. Você vai aprender que todas as mães lutam com sentimentos de ansiedade, irritação e todo um conjunto de outras emoções. Você chegará a compreender que esses sentimentos fazem parte do processo e que vai ajudar o progresso de seu bebê.

Autoconfiança: você vai aprender que é capaz de perceber as necessidades de seu bebê melhor do que ninguém. Você é a especialista, a autoridade líder sobre seu bebê.

Ajuda para compreender seu bebê: este livro vai lhe mostrar o que o seu bebê sofre durante cada fase difícil. Explica que o bebê será difícil quando estiver prestes a aprender novas habilidades, uma vez que as mudanças em seu sistema nervoso começam a perturbá-lo. Depois de entender isso, você vai estar menos preocupado(a) e menos ressentido(a) com o seu comportamento. Este conhecimento também vai lhe dar mais tranquilidade e vai auxiliar você a ajudar o seu bebê através de cada um destes períodos difíceis.

Dicas sobre como ajudar seu bebê a brincar e aprender: após cada período difícil, seu bebê será capaz de aprender novas habilidades. Ele vai aprender mais rápido, com mais facilidade e com mais alegria se você ajudá-lo. Este livro vai lhe dar uma visão sobre o que está preocupando seu bebê em cada idade. Acima de tudo, nós fornecemos um conjunto de ideias para diferentes jogos, atividades e brinquedos, para que você possa escolher os mais adequados para o seu bebê.

Um relato único do desenvolvimento de seu bebê. Você pode acompanhar as fases difíceis de seu bebê e progresso ao longo do livro, e completá-lo com suas próprias observações, para que ele mapeie o progresso de seu bebê durante os primeiros 20 meses de sua vida.

Esperamos que você use esse conhecimento dos saltos de desenvolvimento de seu filho para entender o que ele está passando, ajudá-lo a superar os momentos difíceis e encorajá-lo quando ele assume a importante tarefa de começar a andar. Além disso, nós esperamos que você se torne capaz de compartilhar com ele as alegrias e os desafios do crescimento.

E acima de tudo, esperamos que você conquiste tranquilidade e confiança na capacidade de criar seu bebê. Esperamos que este livro seja um amigo confiável e um guia indispensável nos cruciais primeiros 20 meses de vida de seu bebê.

alarme de salto

Uma mãe nos enviou esta carta:

Caros Frans e Hetty,

... Eu sempre notei que meu bebê ficava difícil por alguns dias antes de eu perceber que ele estava dando um salto. Eu ficava irritada por alguns dias, mas mantinha este sentimento para mim até o limite. Nesta fase, eu ficava muito brava com ele algumas vezes e me assustava com a minha reação. Quando isso aconteceu três vezes, anotei todos os saltos em minha agenda. Dessa forma, eu posso ler o próximo capítulo a tempo do salto seguinte. Pode parecer loucura, mas eu acho que posso lidar com seus períodos difíceis muito melhor agora. Eu sei o que vai acontecer de forma antecipada. Eu não vou mais ser pega de surpresa.

Atenciosamente, Maribel

Para nós, esta carta foi muito especial. Maribel descreveu o que muitas mães sentem: os saltos de seus bebês podem ser esmagadores!

É por isso que desenvolvemos o Alarme de Salto. Usá-lo é fácil. Basta inserir seus dados (data esperada, não data de nascimento!) em www.thewonderweeks.com. Cada e-mail apresentará uma breve descrição do salto iminente de seu bebê no desenvolvimento mental. E, claro, este serviço é completamente grátis!

capítulo 1

Crescer:
Como seu bebê faz isso

Um pequeno passo para trás e um salto gigante para frente

Assistir ao crescimento de seus bebês é, para muitos pais, uma das experiências mais interessantes e gratificantes de suas vidas. Os pais gostam de registrar e celebrar a primeira vez que seus bebês sentam, engatinham, falam suas primeiras palavras, comem sozinhos e um conjunto de outras preciosas "primeiras vezes".

Mas poucos pais param para pensar sobre o que está acontecendo na mente de seus bebês que lhes permite aprender essas habilidades. Sabemos que a percepção de mundo do bebê está aumentando e mudando quando ele, de repente, é capaz de brincar de esconde-esconde ou reconhecer a voz da vovó ao telefone. Esses momentos são tão notáveis como a primeira vez que ele engatinha, mas ainda mais misteriosos, porque envolvem coisas que acontecem dentro de seu cérebro que nós não podemos ver. Eles são a prova de que seu cérebro está evoluindo tão rapidamente quanto seu corpinho rechonchudo.

Mas todo pai descobre, mais cedo ou mais tarde, que os primeiros 20 meses de vida podem ser uma estrada acidentada. Enquanto os pais se divertem no desenvolvimento de seus filhos e compartilham sua alegria enquanto eles descobrem o mundo à sua volta, os pais também acham que, por vezes, a alegria do bebê, de repente, pode se transformar em sofrimento. O bebê pode parecer tão instável como um dia de primavera.

Às vezes, a vida com o bebê pode ser uma experiência muito complicada. Crises de choro inexplicáveis e períodos difíceis provavelmente conduzem a mãe e o pai ao desespero, uma vez que eles se perguntam o que está errado com o seu pequeno sapeca e tentam todos os truques para acalmá-lo ou alegrá-lo, sem sucesso.

Chorar e se apegar pode simplesmente dizer que ele está crescendo

Por 35 anos, temos estudado as interações entre mães e bebês. Nós documentamos em observações objetivas, a partir de registros pessoais e em vídeo, as vezes em que as mães relatam que seus bebês estão "difíceis".

Esses períodos difíceis são geralmente acompanhados pelo **CAI: Choro, Apego e Irritabilidade.** Agora, sabemos que eles são os sinais de um período em que a criança dá um grande salto adiante em seu desenvolvimento.

É sabido que o crescimento físico de uma criança evolui no que são comumente chamados de "surtos de crescimento". O desenvolvimento mental de uma criança avança da mesma maneira.

Estudos neurológicos recentes sobre o crescimento e desenvolvimento do cérebro sustentam nossas observações das interações da mãe e do bebê. O estudo dos eventos físicos que acompanham alterações mentais no cérebro ainda está no início. Neste momento, onde seis das dez idades difíceis acontecem nos primeiros 20 meses, as principais mudanças no cérebro foram identificadas por outros cientistas. Cada mudança importante anuncia um salto adiante no desenvolvimento mental do tipo que estamos descrevendo neste livro. Esperamos que os estudos de outras idades críticas venham mostrar resultados semelhantes.

Não é nenhuma surpresa, quando você pensa no número de mudanças que seu bebê tem que passar apenas nos primeiros 20 meses de vida, que ele deve ocasionalmente se sentir mal-humorado. Crescer é um trabalho duro!

Os sinais difíceis que sinalizam um mágico salto adiante

Neste livro, destacamos os dez maiores saltos de desenvolvimento que todos os bebês passam nos primeiros 20 meses de vida. Cada salto permite que seu bebê assimile informações de uma maneira nova e as use para promover as habilidades que precisa para crescer, não apenas fisicamente, mas também mentalmente, e se tornar um adulto completamente funcional e inteligente.

Cada salto é invariavelmente precedido pelo que chamamos de uma fase difícil ou período de apego, em que o bebê exige atenção extra de sua mãe ou de outro cuidador. O mais incrível e maravilhoso é que todos os bebês passam por esses períodos difíceis exatamente ao mesmo tempo, mais ou menos uma ou duas semanas, durante os primeiros 20 meses de vida.

Estes dez saltos de desenvolvimento que as crianças sofrem não estão necessariamente em sincronia com os surtos de crescimento físico, embora possam ocasionalmente coincidir. Muitos dos marcos comuns nos primeiros 20 meses de desenvolvimento do bebê, tais como o nascimento dos dentes, também não estão relacionados a estes saltos de desenvolvimento mental.

Os marcos no desenvolvimento mental podem, por outro lado, estar *refletidos* no avanço físico, embora, eles não sejam de forma alguma limitados a isso.

Sinais de um Salto

Pouco antes de cada salto, uma mudança repentina e extremamente rápida ocorre dentro do bebê. É uma modificação do sistema nervoso, principalmente no cérebro, e que pode ser acompanhada por algumas mudanças físicas também. Neste livro, nós chamamos isso de "grande mudança". Cada grande mudança traz ao bebê um novo tipo de percepção e altera a maneira que ele percebe o mundo. E cada vez que um novo tipo de percepção sobrecarrega seu bebê, ele também traz os meios de aprender um novo conjunto de habilidades adequadas para esse mundo. Por exemplo, aproximadamente na semana 8, a grande mudança no cérebro permite que o bebê perceba padrões simples pela primeira vez.

Durante o período inicial de perturbação que a grande mudança traz sempre, você já pode notar novos comportamentos emergentes. Pouco tempo depois, você certamente os notará. No exemplo da semana 8, seu bebê vai mostrar de forma repentina um interesse por formas, padrões e estruturas visíveis, tais como latas em uma prateleira de supermercado ou as ripas de seu berço. Desenvolvimentos físicos podem ser visíveis também. Por exemplo, ele pode começar a ganhar algum controle sobre seu corpo, já que ele agora reconhece a forma como os braços e as pernas funcionam em padrões precisos e é capaz de controlá-los. Por isso, a grande mudança altera a percepção de sensações dentro do corpo do bebê, bem como fora dele.

O principal sinal de uma grande mudança é que o comportamento do bebê toma um rumo inexplicável para o pior. Às vezes, vai parecer que seu bebê se tornou um desafio. Você vai notar uma inquietude que não estava lá nas semanas anteriores e, muitas vezes, haverá crises de choro que você é incapaz de explicar. Isso é muito perturbador, especialmente quando você se depara com isso pela primeira vez, mas é perfeitamente normal. Quando seus filhos se tornam mais difíceis e exigentes, muitas mães se perguntam se seus filhos estão ficando doentes. Ou elas podem se sentir incomodadas por não entender por que seus bebês ficaram de repente tão difíceis e complicados.

O calendário das fases difíceis

Os bebês passam por todas essas fases difíceis em torno das mesmas idades. Durante os primeiros 20 meses de vida do bebê, há dez saltos de desenvolvimento com seus correspondentes períodos difíceis no início. Os períodos difíceis surgem nas semanas 5, 8, 12, 15, 23, 34, 42, 51, 60 e 71. Os inícios podem variar em uma semana ou duas, mas você pode ter certeza de sua chegada.

Neste livro, limitamo-nos ao período de desenvolvimento desde o nascimento até logo depois do primeiro ano e meio de vida de seu bebê. No entanto, este padrão não termina quando seu bebê se torna uma criança. Vários outros saltos foram documentados ao longo da infância e até mesmo na adolescência.

As fases iniciais difíceis que seu bebê atravessa como uma criança não duram muito tempo. Elas podem ser tão curtas quanto alguns dias, embora, muitas vezes, elas pareçam mais demoradas para os pais angustiados por um inexplicável choro do bebê. Os intervalos entre esses períodos iniciais também são curtos: 3 ou 4 semanas, em média.

Mais tarde, enquanto as mudanças de seu bebê se tornam mais complexas, leva mais tempo para o bebê assimilá-las, e os períodos difíceis podem durar de 1 a 6 semanas. No entanto, cada bebê é diferente. Alguns bebês acham algumas mudanças mais angustiantes do que outras, e algumas mudanças serão mais angustiantes do que outras. Mas todos os bebês vão ficar chateados em algum nível enquanto essas grandes mudanças estão ocorrendo em sua vida.

Toda grande mudança está intimamente ligada às mudanças no sistema nervoso do bebê em desenvolvimento, por isso, o período natural para saltos

As 10 fases mais difíceis de seu bebê

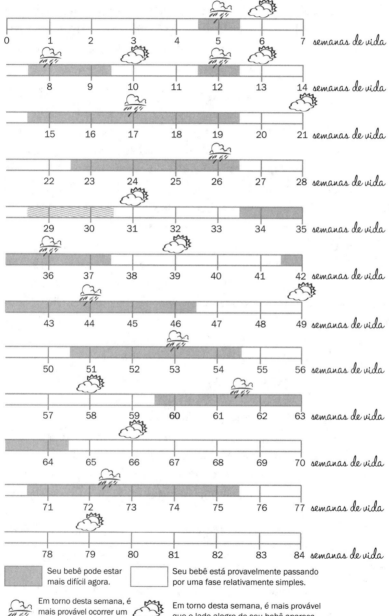

	Seu bebê pode estar mais difícil agora.		Seu bebê está provavelmente passando por uma fase relativamente simples.

Em torno desta semana, é mais provável ocorrer um período de "tempestade".

Em torno desta semana, é mais provável que o lado alegre de seu bebê apareça.

Comportamento inquieto e irritado por volta das semanas 29 ou 30 não é um sinal revelador de outro salto. Seu bebê simplesmente descobriu que sua mãe pode ir embora e deixá-lo para trás. Por mais estranho que pareça, isso é um progresso. É uma nova habilidade: ele está aprendendo sobre distâncias.

Nem um único bebê escapa

Todos os bebês passam por períodos difíceis quando grandes mudanças ocorrem em seu desenvolvimento. Normalmente, os bebês calmos e tranquilos vão reagir mais a essas mudanças do que os bebês difíceis e temperamentais. Mas não é de surpreender que os bebês temperamentais terão mais dificuldade em lidar com elas do que os bebês mais calmos. Mães de bebês "difíceis" também terão mais dificuldades, uma vez que seus bebês que já exigiam muita atenção vão exigir ainda mais quando tiverem de lidar com essas grandes mudanças. Esses bebês têm maior necessidade da mãe, mais conflitos com ela e maior apetite para a aprendizagem.

---

de desenvolvimento é, na verdade, calculado a partir da data da concepção. Neste livro, nós usamos o cálculo de idade mais convencional a partir da data de nascimento do bebê. Portanto, as idades mencionadas em que ocorrem os saltos de desenvolvimento são calculadas para bebês nascidos a termo. Se seu bebê foi prematuro ou nasceu depois do tempo, você deve ajustar as idades em conformidade. Por exemplo, se seu bebê nasceu com 2 semanas de atraso, a primeira fase difícil, provavelmente, ocorrerá 2 semanas mais cedo do que nós indicamos aqui. Se ele nasceu 4 semanas antes, a fase difícil ocorrerá 4 semanas mais tarde. Lembre-se de considerar isso em cada um dos dez saltos de desenvolvimento.

O mágico salto adiante

Para o bebê, essas grandes mudanças sempre são um choque, porque elas viram o mundo familiar que ele tem vindo a conhecer do avesso. Se você parar para pensar sobre isso, faz todo o sentido. Basta imaginar como seria acordar e se encontrar em um planeta estranho, onde tudo é diferente do que você estava acostumado. O que você faria?

Você não iria querer comer com calma ou tirar uma longa soneca. Nem o seu bebê.

Tudo que ele quer é se agarrar firmemente a alguém com quem se sinta seguro. Para tornar as coisas mais difíceis para você e seu bebê, cada salto de desenvolvimento é diferente. Cada salto dá ao bebê um novo tipo de percepção que lhe permite aprender um novo conjunto de habilidades que pertencem ao novo mundo: habilidades de desenvolvimento que ele não conseguiria ter aprendido mais cedo, independentemente da quantidade de incentivo que você lhe deu.

Vamos descrever as mudanças de percepção pelas quais seu bebê passa em cada salto de desenvolvimento, bem como as novas habilidades que ficam disponíveis para ele. Você vai notar que cada mundo se baseia nos fundamentos do anterior. Em cada novo mundo, seu bebê pode fazer várias novas descobertas. Algumas habilidades que ele descobre serão completamente novas, enquanto outras serão uma melhoria nas habilidades que adquiriu anteriormente.

Não existem dois bebês exatamente iguais. Cada bebê tem suas próprias preferências, temperamento e características físicas, e isso irá levá-lo a selecionar as coisas neste mundo novo que ele, pessoalmente, acha interessante. Enquanto um determinado bebê vai rapidamente experimentar tudo, outro bebê será cativado por uma habilidade em especial. Estas diferenças são o que tornam os bebês únicos. Se você prestar atenção, verá a personalidade única de seu bebê emergindo enquanto ele cresce.

O que você pode fazer para ajudar

Você é a pessoa que seu bebê mais conhece. Ele confia mais em você e lhe conhece por mais tempo do que qualquer outra pessoa. Quando seu mundo está virado do avesso, ele ficará completamente desnorteado. Ele vai chorar, às vezes, sem parar, e ele vai gostar muito de ser simplesmente carregado em seus braços durante todo o dia. Enquanto ele fica mais velho, ele fará de tudo para ficar perto de você. Às vezes, ela vai se agarrar a você e se manter assim de forma obstinada. Ela pode querer voltar a ser tratado como um bebezinho. Estes são os sinais de que ele está precisando de conforto e segurança. Esta é a forma de ele se sentir seguro. Pode-se dizer que ele está voltando às origens, agarrando-se à mãe.

Tempo de qualidade: um capricho não natural

Quando o bebê é autorizado a decidir por si próprio quando e que tipo de atenção ele prefere, você vai perceber a diferença de uma semana para a outra. Quando uma grande mudança ocorre dentro do bebê, ele passará pelas seguintes fases:

- Necessidade de se apegar a mãe.
- Necessidade de brincar e aprender novas habilidades com a mãe.
- Necessidade de brincar sozinho.

Devido a isso, os momentos de diversão planejados não são naturais. Se você quer atenção total de seu bebê, você tem que brincar quando convém a ele. É impossível planejar se divertir com o bebê. Na verdade, ele não consegue sequer *apreciar* sua atenção no momento que você reservou para o "tempo de qualidade". Momentos gratificantes, ternos e divertidos simplesmente *acontecem* com bebês.

Quando o bebê de repente se torna difícil, você pode ficar preocupado ou até mesmo irritado com seu comportamento problemático. Você vai querer saber o que tem de errado com ele e vai querer que ele volte a ser o que era antes. Sua reação natural será observá-lo ainda mais de perto. Então, você provavelmente descobre que ele sabe muito mais do que imaginou. Você pode notar que ele está tentando fazer coisas que nunca o tinha visto fazer antes. Pode cair a ficha de que seu bebê está mudando, apesar de seu bebê já saber disso há algum tempo.

Como sua mãe, você está na melhor posição para dar ao seu bebê as coisas com as quais ele consegue lidar e que atendem às suas necessidades. Se responder ao que seu bebê está tentando lhe dizer, você vai ajudá-lo a progredir. Obviamente, o bebê pode gostar de alguns jogos, atividades e brinquedos que você, pessoalmente, acha menos interessante, enquanto você pode gostar de outros que ele não aprecia nem um pouco. Não se esqueça de que as mães são únicas também. Você também pode encorajá-lo se ele perder o interesse ou quiser desistir de forma muito fácil. Com sua ajuda, ele vai achar todo o processo brincar-e-aprender mais desafiador e divertido também.

Quando o bebê aprende algo novo, isso muitas vezes significa que ele tem que quebrar um velho hábito. Quando consegue engatinhar, ele é perfeitamente capaz de buscar seus próprios brinquedos, e quando consegue andar com bastante confiança sozinho, ele não espera ser carregado nos braços com tanta frequência quanto antes. Cada salto adiante em seu desenvolvimento vai torná-lo mais capaz e mais independente.

Este é o momento em que a mãe e o bebê podem ter problemas de adaptação um ao outro. Muitas vezes, existe uma grande diferença no que o bebê quer e no que a mãe quer ou acha que é bom para o bebê, e isso pode levar à raiva e ressentimento de ambos os lados. Ao perceber quais as novas habilidades que seu bebê está tentando exercitar, você estará mais bem preparada para definir as regras certas para cada estágio de desenvolvimento e alterá-las quando necessário, pois ele cresce.

Depois do salto

A fase problemática termina de forma tão repentina como começou. A maioria das mães vê isso como um tempo para relaxar e desfrutar de seus bebês. A pressão para estar sempre alerta está desligada. O bebê se tornou mais independente e está, muitas vezes, ocupado colocando suas novas habilidades em prática. Ele está mais alegre nesta fase também. Infelizmente, este período de relativa paz e tranquilidade não dura muito tempo, é apenas uma calmaria antes da próxima tempestade. A natureza não permite que os bebês descansem por muito tempo.

capítulo 2

Recém-nascido:
Bem-vindo ao mundo

Observe qualquer mãe de recém-nascido quando ela segura seu bebê pela primeira vez. É possível que ela siga este padrão especial: Primeiro, ela vai correr os dedos pelo cabelo. A seguir, ela vai passar um dedo ao redor de sua cabeça e em seu rosto. Depois disso, ela vai sentir os dedos das mãos e dos pés. Então, ela vai movê-lo lentamente em direção ao seu centro, ao longo de seus braços, pernas e pescoço. Finalmente, ela vai tocar sua barriga e peito.

A *maneira* como as mães geralmente tocam seus bebês recém-nascidos, muitas vezes, é muito semelhante também. Primeiro, a mãe de recém-nascido vai tocar seu bebê apenas com as pontas dos dedos, acariciando e o movendo com muito cuidado. Lenta, mas seguramente, enquanto se torna mais confortável, ela vai usar todos os dedos e, às vezes, pode apertá-lo. Finalmente, ela vai tocá-lo com a palma de sua mão. Quando ela finalmente se atreve a segurá-lo pelo peito ou barriga, a mãe de recém-nascido ficará tão feliz que pode exclamar o milagre de ter gerado algo tão precioso como ele.

Idealmente, esse processo de descoberta deve acontecer o mais próximo do nascimento possível. Após o primeiro encontro de uma mãe com seu bebê, ela não vai mais ter medo de pegá-lo, virá-lo ou baixá-lo. Ela vai saber como seu pequenino se sente ao toque.

Cada bebê parece e se sente diferente. Tente pegar outro bebê se a mãe dele permitir e você vai achar que é uma experiência estranha. Vai demorar um ou dois minutos para se acostumar com o outro bebê. Isto é porque você se habituou muito ao *seu* bebê.

Assuma o controle cedo

Quanto mais cedo a mãe se torna confiante ao lidar com seu bebê, mais rápido ela pode começar a responder com sensibilidade às suas necessidades. O bebê não deve ser despejado nos braços de sua mãe. Ela deve ter permissão todas as vezes que precisa pegar seu bebê em seus braços por si só. Este tipo de adaptação ao novo bebê é facilmente interrompido se as outras pessoas

As importantes primeiras horas

A mãe é, geralmente, extremamente perceptiva com seu bebê recém-nascido nas primeiras horas após o nascimento. Tente estar com seu bebê neste momento crítico para se conhecerem. Seu bebê recém-nascido está, muitas vezes, bem acordado durante este período. Ele está consciente de seu ambiente, ele se vira para sons discretos e ele fixa o olhar no rosto que passa a pairar sobre ele. A maioria das mães adora isso se o pai também estiver lá, para que eles possam compartilhar essa experiência como uma nova família.

não dão espaço para a mãe no nascimento. Se a mãe de recém-nascido sente que as coisas não estão sob seu controle, ela pode se sentir impotente e até mesmo ter medo de lidar com o bebê.

Assuma o controle da situação assim que puder, e conheça seu bebê o mais rápido que puder. Mesmo que o bebê tenha de ser colocado em uma incubadora, passe tanto tempo com ele quanto possível e descubra os aspectos de cuidados com ele que você conseguir. Fale com ele para que ele saiba que você está lá quando você não pode tocá-lo.

Certifique-se de falar. Se você quer ter seu bebê perto de você ou se quiser ficar sozinha com ele por um tempo, diga isso. *Você* decide quantas vezes quer pegá-lo e acariciá-lo.

A maioria das mães que, devido a procedimentos hospitalares ou outros, foi privada de ter contato cedo com seus recém-nascidos diz que se arrepende de não ter passado mais tempo a sós com seus bebês durante este período. Muitas mães se sentem ressentidas sobre isso por algum tempo. O período de maternidade não foi como eles imaginavam. Em vez de desfrutar de um merecido descanso, elas se sentiram perturbadas. Elas queriam ter seus bebês perto delas o tempo todo, especialmente, quando os pequeninos estavam chorando. Se elas não tiveram permissão de segurarem seus bebês, as mães de recém-nascidos se sentiram decepcionadas e irritadas. Eles sentiram como se estivessem sendo tratadas como imaturas, crianças indefesas, incapazes de decidir por si próprias o que era melhor para elas e para seus bebês. Estes sentimentos também foram expressos pelos pais, que se sentiram dominados por regras do hospital e frustrados com a intromissão de outras pessoas.

"Eu tive que fazer o que me disseram. Não apenas me disseram como sentar durante a amamentação, mas também quando eu poderia amamentar e por quanto tempo. Eu também tive que deixar o meu bebê chorando sempre que não era "sua hora" ainda. Eu estava irritada a maior parte do tempo, mas eu não quis ser rude, então eu o amamentei em segredo. Eu simplesmente não podia suportar ouvi-lo chorar e eu queria confortá-lo. Meus seios se mantinham aumentando e encolhendo ao longo de todo o dia. Realmente era mais do que eu poderia suportar. Fui eu que dei à luz e eu queria o meu bebê. Eu estava com tanta raiva que simplesmente começava a chorar. Mas é claro que eles tinham um nome para isso também: 'lágrimas de maternidade'. Essa foi a gota d'água. Tudo que eu queria era o meu bebê e um pouco de paz e tranquilidade."

Mãe de Paul

"Eu tive um longo parto. Nossa bebê foi levada para longe de nós imediatamente. Durante horas, acreditamos que tínhamos tido um menino. Quando peguei de volta minha bebê, mais tarde, era afinal uma menina. Ficamos chocados. Não é que nós não quiséssemos uma menina, mas tínhamos começado a nos habituar à ideia de que tínhamos um filho."

Mãe de Jenny

"Quando amamentava minha bebê, gostava de me aconchegar à ela e ficar de forma agradável e próxima. Mas a enfermeira da maternidade não me permitia isso. Ela me fazia inclinar para trás nas almofadas do sofá. Sentia-me tão pouco natural: isolada e sem emoções."

Mãe de Nina

Quando as mães têm problemas com seus bebês logo após o nascimento, muitas vezes, elas dizem que é porque não se sentiram totalmente confiantes. Eles ficaram com medo de deixá-los cair ou segurá-los com muita força. Elas não aprenderam a avaliar as necessidades e as respostas de seus bebês para determinadas situações. Elas sentem que estão falhando como mãe.

Algumas mães acham que isso tem a ver com o fato de que elas viram muito pouco de seus bebês logo após o nascimento. Elas teriam gostado de ter passado mais tempo com seus bebês, mas, agora, elas se sentem aliviadas quando os bebês voltam para seus berços. Elas ficaram com medo da maternidade.

"Porque eu tive um parto difícil, tivemos que ficar no hospital por 10 dias. Eu só tinha permissão para ver minha bebê durante o dia, nas horas de amamentação. Nada era do jeito que eu tinha imaginado que seria. Eu tinha planejado amamentar no peito, mas, às vezes, os funcionários davam a minha bebê uma mamadeira na surdina, para facilitar as coisas para eles. À noite, eles sempre davam a mamadeira. Eu queria tê-la perto de mim com mais frequência, mas não permitiram isso. Senti-me impotente e com raiva. Quando eu tive permissão para ir para casa, eu senti que eles poderiam muito bem ficar com ela. Neste momento, ela parecia uma estranha, como se não fosse minha."

Mãe de Juliette

Lembre-se

Afague, balance, acaricie e massageie seu bebê quando ele está de bom humor, uma vez que este é o melhor momento para descobrir o que ele mais gosta e mais o relaxa. Quando você conhecer as preferências dele, você será capaz de usar esses métodos para confortá-lo mais tarde, quando ele estiver chateado. Se você acariciar, balançar, afagar e massageá-lo apenas quando ele está de mau humor, o "conforto" fará com que ele chore ainda mais alto.

"A enfermeira da maternidade foi um incômodo. Ela não ia embora quando eu tinha companhia, falando sem parar, e continuava contando a todos sobre todos os casos onde esteve e que tinham corrido mal. Por alguma razão, ela estava muito preocupada com que minha bebê saudável fosse ficar amarela. Ela vinha verificá-la a cada hora, às vezes, a cada 15 minutos, e me disse que achou ter visto os primeiros sinais de icterícia. Isso me deixou muito nervosa. Quando eu tentava amamentar no peito, a enfermeira ficava interrompendo levando minha bebê com fome para pesar. Isso me chateava todas as vezes, e minha bebê não parecia muito contente com isso também. Ela se contorcia na balança, de modo que era necessário mais tempo para a enfermeira ver se ela tinha tomado 1,4 ou 1,5 gramas de leite. Enquanto isso, os gritos desesperados de minha bebê me deixavam ainda mais nervosa, por isso, eu finalmente decidi parar de amamentar no peito. Quando eu olho para trás, eu me sinto péssima. Eu teria gostado muito de amamentar minha filha."

Mãe de Emily

"Com a minha segunda filha, estávamos determinados a fazer tudo exatamente do jeito que queríamos. Quando a bebê começava a chorar, eu simplesmente a amamentava um pouco. Durante quase duas semanas, disseram-nos para deixar o nosso filho mais velho chorar e ficar com fome, sem nenhuma razão, uma vez que mais tarde isso parou. Com o primeiro bebê, você tende a seguir o conselho de todas as pessoas. Na segunda vez, eu ouvia apenas a mim mesma."

Mãe de Eve

Conhecer e compreender seu bebê

De certa forma, você já conhece o seu bebê. Afinal, ele esteve com você dia e noite por 9 meses. Antes que ele nascesse, você se perguntou que tipo de bebê você teria e se você reconheceria qualquer característica que pensou que ele teria enquanto estava em seu ventre. Mas, assim que ele nasceu, é diferente: totalmente diferente, na verdade. Você vê seu bebê pela primeira vez e seu bebê também se encontra em um ambiente completamente novo.

A maioria das mães procura traços familiares em seus pequenos recém-nascidos. Ele é a pequena pessoa tranquila que esperava que fosse? Será que ele chuta em determinados momentos do dia como fazia antes de nascer? Ele tem uma ligação especial com seu pai? Ele reconhece a voz dele?

Muitas vezes, as mães querem "testar" a reação de seus bebês. Elas querem descobrir o que torna seus filhos felizes e contentes. Elas apreciarão conselhos, mas não regras e regulamentos. Elas querem conhecer seus bebês e ver como seus bebês reagem a elas. Elas querem descobrir por si próprias que é melhor para seus filhos. Se elas têm certeza do que eles gostam e não gostam, elas se sentem satisfeitas com elas mesmas, pois mostra o quão bem elas conhecem seus bebês. Isso aumenta sua autoconfiança e fará com que elas sintam que são perfeitamente capazes de lidar com os bebês depois de levá-los para casa.

Ver, ouvir, cheirar e sentir seu bebê durante os primeiros dias tem um enorme impacto sobre o seu relacionamento com seu bebê. A maioria das mães instintivamente sabe o quão importante são esses carinhos. Elas querem experimentar tudo o que seus bebês fazem. Simplesmente olhar para eles lhes dá um enorme prazer. Elas querem vê-los dormir e ouvi-los respirar. Elas querem estar lá quando acordam. Eles querem acariciá-los, cuidar deles e cheirá-los sempre que der vontade.

"A respiração de meu filho muda sempre que ele ouve um barulho súbito ou vê uma luz. Quando eu percebi pela primeira vez esta respiração irregular, fiquei realmente preocupada, mas então eu percebi que ele estava apenas reagindo ao som e a luz. Agora, eu acho que é maravilhoso quando sua respiração muda e eu não me preocupo mais com isso."

Mãe de Bob

Seu bebê começa a conhecer e compreender você

Quando um pai de recém-nascido olha para o rosto de seu bebê, muitas vezes parece que o bebê, encarando firmemente com olhos arregalados e atônitos, está pensando: "Que mundo estranho e maravilhoso é este?"

De fato, o mundo de um bebê recém-nascido é um lugar impressionante com novas e estranhas sensações. Luz, som, movimento, cheiros, sensações em sua pele suave: é tudo tão novo que ele nem sequer pode separá-los um do outro ainda. Às vezes, aconchegado firmemente contra o peito de sua mãe, tudo parece maravilhosamente bom. Ele se sente completo, quente, sonolento e embalado pela suavidade ao seu redor.

Outras vezes, todo o seu mundo parece totalmente destruído e ele não consegue descobrir o que está fazendo ele se sentir tão triste. *Algo* está molhado, está frio, ele sente fome, há barulho, há luz ofuscante ou ele apenas está desesperadamente triste, e tudo o que ele pode fazer é chorar.

Durante as primeiras 5 semanas de vida de seu bebê, ele lentamente vai se familiarizar com o mundo ao seu redor. Você e ele vão se conhecer mutuamente de forma mais íntima do que qualquer outra pessoa em seu mundo compartilhado neste momento. Logo ele vai dar o primeiro grande salto em seu desenvolvimento.

Mas antes, você é capaz de entender o que o seu bebê vai sentir quando ele estiver com 5 semanas de idade e der seu primeiro salto adiante. Você precisa saber que o mundo de seu bebê recém-nascido é como é agora e como ele está preparado para lidar com isso. Além disso, para ajudá-lo a encontrar seus novos desafios, você precisa saber o quão importante o contato físico é e como usá-lo.

O mundo de seu novo bebê

Os bebês estão interessados no mundo ao seu redor a partir do momento em que nascem. Eles olham e escutam, capturando o seu ambiente. Eles se esforçam muito para concentrar seus olhos tão nitidamente quanto possível, razão pela qual os bebês frequentemente olham com os olhos cruzados, uma vez que eles se esforçam para ter uma visão melhor. Às vezes, eles tremem e suspiram de pura exaustão no esforço. Um recém-nascido, muitas vezes, olha para você como se estivesse encarando, paralisado pelo interesse.

Seu novo bebê tem uma memória excelente, e ele é rápido ao reconhecer vozes, pessoas e até mesmo alguns brinquedos, como um bicho de pelúcia especialmente colorido. Ele também antecipa claramente partes regulares de sua rotina diária, como a hora do banho, a hora do carinho e a hora da amamentação.

Mesmo nesta idade, o bebê imita expressões faciais. Tente mostrar a língua para ele, enquanto você se senta e conversa com ele, ou abra a boca como se você fosse gritar. Certifique-se de que ele está realmente olhando para você quando você tentar isso, e lhe dê tempo suficiente para reagir. A maioria dos movimentos do bebê é muito lenta para os padrões adultos, e isso fará com que ele leve alguns segundos para reagir.

Um bebê novo é capaz de dizer a sua mãe exatamente como ele se sente: se está feliz, com raiva ou surpreso. Ele faz isso mudando levemente o tom de seu murmúrio, balbucio e choro, e usando linguagem corporal. Você vai rapidamente conseguir saber o que ele quer dizer. Além disso, o bebê vai deixar bem claro que ele espera ser compreendido. Caso contrário, ele vai chorar com raiva ou soluçar como se estivesse desolado.

Seu bebê recém-nascido tem preferências mesmo nesta tenra idade. A maioria dos bebês prefere olhar para as pessoas, em vez de brinquedos. Você também vai descobrir que se presenteá-lo com dois brinquedos, ele é capaz de expressar uma preferência, fixando seu olhar em um deles.

Seu novo bebê é rápido a reagir ao incentivo. Ele vai adorar ser elogiado por seu cheiro de bebê suave, sua aparência e suas conquistas. Você irá manter seu interesse por mais tempo se envolvê-lo com elogios!

Mesmo que os sentidos de seu bebê estejam funcionando completamente, ele é incapaz de processar os sinais que seus sentidos enviam para o cérebro da mesma forma que os adultos. Isto significa que ele não é capaz de distinguir entre os sentidos. Os bebês vivenciam seu mundo de sua própria maneira, e ela é muito diferente da nossa. Nós *sentimos o cheiro de* um aroma, vemos a flor desabrochando, *tocamos* suas pétalas suaves e aveludadas, *ouvimos* uma abelha zumbindo em direção a ela e sabemos qual o *sabor* do mel quando o colocamos em nossas bocas. Nós entendemos a diferença entre cada um de nossos sentidos e, por isso, somos capazes de distinguir as diferenças.

(continua na página 31)

Os sentidos de seu novo bebê

Os bebês novos já podem ver, ouvir, cheirar, saborear e sentir uma variedade de coisas, e eles são capazes de se lembrar dessas sensações. No entanto, a percepção de um bebê recém-nascido dessas sensações é muito diferente da forma como ele vai experimentá-las quando ficar mais velho.

O QUE OS BEBÊS VEEM

Até recentemente, os cientistas e os médicos acreditavam que os bebês recém-nascidos eram incapazes de ver. Isso não é verdade. As mães sabiam o tempo todo que os recém-nascidos gostam de olhar para o rosto, embora seja verdade que a visão é o último sentido a atingir plena capacidade. Seu recém-nascido pode ver mais claramente até uma distância de cerca de 30 centímetros. Além disso, sua visão provavelmente é desfocada. Às vezes, ele também terá dificuldade em focar com ambos os olhos no que estiver olhando, mas assim que consegue, ele pode olhar para o objeto atentamente. Ele até mesmo vai parar de se mover por um breve momento. Toda a sua atenção será focada no objeto. Se estiver muito alerta, às vezes, ele será capaz de seguir um brinquedo em movimento, movendo os olhos, virando a cabeça ou, às vezes, fazendo as duas coisas em simultâneo. Ele consegue fazer isso se o objeto for movido de forma horizontal ou vertical. O importante é que o objeto deve ser movido de forma muito lenta e deliberada. Se ele perde o controle depois de alguns instantes, chame sua atenção de novo e tente de forma ainda mais lenta.

O objeto que seu bebê melhor seguirá deve ter um padrão simples, com as características básicas do rosto de um ser humano: dois grandes pontos no topo para os olhos e um abaixo para a boca. Os bebês são capazes de fazer isso dentro de uma hora após o nascimento. Muitos deles têm os olhos bem abertos e estão muito atentos. Pais e mães ficam, muitas vezes, completamente fascinados pelos grandes e lindos olhos de seu bebê recém-nascido. É possível que os bebês, quando ainda são jovens, sejam atraídos por qualquer coisa que se assemelhe, mesmo que vagamente, a um rosto humano.

Seu bebê ficará particularmente interessado em contrastes de listras: as vermelhas e brancas provavelmente irão chamar a atenção dele por mais tempo do que as verdes e azuis. Quanto mais brilhante o contraste de cor, mais interessado ele ficará. Listras pretas e brancas realmente prendem a atenção do bebê por mais tempo, porque o contraste é mais forte.

O QUE OS BEBÊS OUVEM

Ao nascer, seu novo bebê já consegue distinguir claramente sons diferentes. Ela vai reconhecer a sua voz logo após o nascimento. Ele pode gostar de música, do ruído de um motor e de uma percussão suave. Isso faz sentido, porque ele já está familiarizado com estes sons. No útero, ele estava cercado por constante batida, ruídos, murmúrios e chiados, bem como sons do coração, veias, estômago, pulmões e intestinos. Ele também tem um interesse nato pelas vozes das pessoas e as considera calmantes. De um modo geral, os bebês se sentem confortáveis em ambientes semelhantes ao que estiveram no útero. Por exemplo, um bebê cuja mãe passou muito tempo em ambientes ruidosos enquanto estava grávida, pode ficar bastante perturbado em um ambiente muito tranquilo.

Seu bebê reconhece a diferença entre vozes graves e agudas. Sons agudos chamarão sua atenção mais rapidamente. Os adultos sentem isso e falam com bebês com vozes agudas, por isso, você não precisa se envergonhar de sua forma carinhosa de falar com eles. Seu bebê também é capaz de diferenciar sons suaves e fortes e não gosta de barulhos súbitos e altos. Alguns bebês se assustam facilmente, e se seu bebê for assim, é importante que você não faça nada que possa assustá-lo.

O QUE OS BEBÊS CHEIRAM

Seu novo bebê é muito sensível a cheiros. Ele não gosta de cheiros fortes ou penetrantes. Esses cheiros vão torná-lo hiperativo. Ele vai tentar se afastar da fonte do cheiro e pode começar a chorar também.

(continua)

Os sentidos de seu novo bebê (cont.)

Seu bebê pode sentir a diferença entre seu cheiro corporal e de seu leite materno dos de outras mães. Se for apresentado para ele vários itens de vestuário usados, ele se virará para o artigo que foi usado por você.

O QUE OS BEBÊS SABOREIAM

Seu bebê já consegue distinguir entre vários sabores. Ele tem uma preferência distinta por coisas doces e não gosta de nada com sabor azedo ou ácido. Se alguma coisa tem gosto amargo, ele vai cuspi-la o mais rápido que puder.

O QUE OS BEBÊS SENTEM

Seu bebê pode sentir as mudanças de temperatura. Pode sentir calor, o que é útil para ele ao procurar um mamilo caso não seja colocado em sua boca, uma vez que o mamilo é muito mais quente do que o seio. Ele simplesmente move a cabeça na direção do ponto mais quente. Seu bebê também pode sentir frio. Mas se ele ficar frio, ela não será capaz de se aquecer, uma vez que nessa idade ela não consegue tremer para se aquecer como forma de controlar sua própria temperatura corporal. Seus pais precisam estar atentos ao seu calor corporal. Por exemplo, não é muito sensato levar um bebê para uma longa caminhada entre neve e gelo, não importa quão bem agasalhado o bebê esteja, uma vez que ele pode ficar demasiado frio e mostrar sinais de hipotermia. Se seu bebê mostra qualquer espécie de aflição, corra para onde estiver quente.

Seu bebê é extremamente sensível ao ser tocado. Geralmente, ele adora contato com a pele, independentemente de ela ser macia ou firme. Descubra o que seu bebê prefere. Ele normalmente também vai gostar de uma massagem corporal em uma agradável sala aquecida. O contato físico é simplesmente o melhor conforto e diversão possíveis para ele. Tente descobrir que tipo de contato faz com que seu bebê fique sonolento ou alerta, pois você pode usar esse conhecimento nos períodos problemáticos.

No entanto, seu novo bebê ainda não é capaz de fazer essa distinção. Ele experimenta o mundo como um universo único: uma miscelânea de sensações que muda drasticamente assim que um único elemento muda. Ele recebe todas essas impressões, mas não consegue distingui-las. Ele ainda não percebe que seu mundo é feito de sinais de sentidos individuais e que cada sentido transmite mensagens sobre um aspecto único.

Para tornar as coisas ainda mais confusas para o seu bebê, ele ainda não consegue fazer uma distinção entre ele e o ambiente ao redor, e ele ainda não tem consciência de ser uma pessoa independente. Devido a isso, ele também não consegue fazer uma distinção entre as sensações que têm sua origem no interior de seu próprio corpo e aquelas que são externas a ele. Na opinião dele, o mundo exterior e seu corpo são um só. Para ele, o mundo é uma grande sensação de cor, carinho, cheiro e som. O que seu corpo sente, ele assume que todas as pessoas e todas as coisas sentem.

Uma vez que o bebê recém-nascido percebe o mundo e a si mesmo como uma coisa só, muitas vezes é difícil descobrir a razão pela qual ele está chorando. Pode ser qualquer coisa no interior ou no exterior. Não é de admirar que suas crises de choro podem deixar seus pais perturbados.

O conjunto de ferramentas de seu novo bebê

Se você estivesse vivenciando o mundo da mesma fomo como seu bebê, você também seria incapaz de agir de forma independente. Você não saberia que tem mãos para segurar as coisas e uma boca para mamar. Somente ao entender essas coisas, você seria capaz de fazer as coisas de forma deliberada.

Isso não significa, porém, que os recém-nascidos são completamente incapazes de reagir ao mundo. Felizmente, o bebê vem preparado com vários recursos especiais para compensar essas falhas e ajudá-lo a sobreviver neste período inicial.

Seus reflexos dizem a ele o que fazer

Os bebês têm várias reações reflexas para mantê-los seguros. Por exemplo, o bebê recém-nascido vai virar automaticamente a cabeça para o lado de forma a respirar livremente quando estiver deitado de bruços. De certa forma, esse reflexo é semelhante à maneira como um fantoche reage quando suas cordas são puxadas. Ele não parou para pensar: "Eu vou virar minha cabeça". Isso simplesmente acontece. Assim que o bebê aprende a pensar e reagir, esse reflexo desaparece. É um sistema perfeito. (É claro que, quando chegar a hora de seu bebê ir dormir, certifique-se de colocá-lo de costas.)

Os recém-nascidos também viram a cabeça na direção do som. Esta reação automática garante que um bebê mude sua atenção para o local de interesse mais próximo. Por muitos anos, os médicos ignoraram essa resposta porque a reação do recém-nascido ao som tem um atraso. Demora entre 5 a 7 segundos até o bebê começar a mover sua cabeça, e ele leva mais 3 a 4 segundos para completar o movimento. Este reflexo desaparece em algum momento entre as semanas 5 e 8 após o nascimento.

Aqui estão alguns dos outros reflexos de seu bebê.

Assim que a boca de um recém-nascido com fome entra em contato com um objeto, sua boca fechará em torno dele e ele vai começar a chupar. Este reflexo oferece ao bebê uma capacidade de sucção incrivelmente forte. Ele desaparece assim que o bebê não precisa mais mamar.

Os bebês também têm um reflexo de agarrar forte. Se você quer que seu bebê segure seu dedo, basta acariciar a palma da mão dele. Ele irá automaticamente segurar seu dedo. Se você fizer o mesmo com os pés, ele vai usar os dedos dos pés para segurar seu dedo. Este reflexo de agarrar remonta aos tempos pré-históricos, quando as mães de hominídeos eram cobertas com pelos corporais grossos. Devido a esse reflexo, os bebês eram capazes de se agarrar aos pelos de suas mães logo após o nascimento. O bebê usa esse reflexo de agarrar durante os primeiros 2 meses de vida, especialmente se ele sente que você quer colocá-lo para baixo quando ele estaria muito melhor ficando com você!

O bebê mostra uma reação chamada de *Reflexo de Moro* quando ele está com medo. Ele parece que está tentando se agarrar em alguma coisa durante uma queda. Ele arqueia as costas, joga a cabeça para trás e curva

Os bebês também se entediam

Seu bebezinho ainda não consegue se divertir. Bebês cheios de energia e temperamentais, em particular, não escondem que querem fazer alguma atividade assim que acordam.

Aqui estão algumas formas de manter seu bebê entretido.

- Explore a casa com ele. Dê a ele a oportunidade de ver, ouvir e tocar o que achar interessante. Explique os itens que você encontrar ao explorar. Não importa o que seja, ele vai gostar de ouvir a sua voz. Em breve, ele vai começar a reconhecer objetos por si próprio.

- Tenha uma suave "conversa". Seu bebê gosta de ouvir sua voz. Mas, se você também tiver um rádio tocando no fundo, ele vai ter dificuldade em se concentrar apenas em sua voz. Embora os bebês novos sejam capazes de distingue vozes diferentes ao ouvi-las uma de cada vez, eles não conseguem distinguir uma da outra quando as ouve simultaneamente.

- Coloque objetos interessantes em lugares convenientes para o seu bebê olhar quando estiver acordado. Nessa idade, ele não será capaz de procurá-los por si próprio, por isso, para ele significa: "longe da vista, longe do coração".

- Experiência com música. Tente descobrir sua música favorita e coloque para ele. Ele pode achar isso muito reconfortante.

Em todas as atividades, deixe as reações de seu bebê orientarem você.

os braços e as pernas primeiro para fora, em seguida, para dentro, antes de cruzá-las em seu peito e estômago.

Todos esses reflexos do bebê desaparecem quando eles são substituídos por reações voluntárias. Mas há outros reflexos automáticos que permanecem por toda a vida, como a respiração, espirros, tosse, piscar os olhos e retirar a mão de uma superfície quente.

Seu choro consegue sua atenção

Os reflexos acima mencionados são a maneira de seu novo bebê restaurar a normalidade de uma situação desconfortável. Às vezes, esses reflexos não são suficientes, por exemplo, se ele estiver com muito calor ou frio, se não estiver se sentindo bem ou se estiver entediado. Nestes casos, o bebê usa outra estratégia: Ele geme até *que alguém* corrija a situação. Se ninguém ajudá-lo, o bebê vai chorar sem parar até que ele esteja completamente xausto.

"As crises de choro de meu filho começaram em sua segunda semana. Ele gritava, dia e noite, mesmo que estivesse bem amamentado e crescendo constantemente. Quando o levei para fazer o check-up regular na clínica, mencionei que talvez ele estivesse entediado. Mas o pediatra disse que era impossível, porque os bebês mantêm os olhos fechados durante os primeiros 10 dias, e mesmo que meu bebê tivesse os olhos abertos, ele ainda não conseguiria ver nada. De qualquer forma, na semana passada coloquei um chocalho em seu berço. Parece estar ajudando. Ele certamente chora menos. Então, afinal, ele estava entediado!"

Mãe de Paul, 4ª semana

Sua aparência derrete seu coração

Para sobreviver, o bebê tem que confiar em alguém para atender a todas as suas necessidades, de manhã, de tarde e de noite. Portanto, a natureza lhe forneceu uma arma poderosa que ele usa continuamente: sua aparência.

Nada é mais bonito do que um bebê. Sua cabeça extraordinariamente grande tem quase um terço de seu comprimento total. Seus olhos e testas também são "demasiado grandes", e suas bochechas são "muito gordinhas". Além disso, os braços e as pernas são "demasiado curtos e gordinhos". Sua aparência fofa é cativante. Designers de bonecas, bichos de pelúcia e desenhos animados são sagazes ao copiá-los. Esta aparência vende! É exatamente assim que seu bebê se vende também. Ele é doce, pequeno e indefeso: um pequeno adorável, simplesmente para implorar por atenção. Ele irá encantá-lo para que você o pegue, acaricie-o e cuide dele.

Em todo o mundo, os bebês têm sido vistos sorrindo antes de completarem 6 semanas de idade. Bebês sorrindo têm sido até mesmo filmados no útero. Mesmo assim, esta é uma ocorrência muito rara em bebês assim tão novos. No entanto, você pode ser um dos pais sortudos que testemunhou um sorriso precoce. Recém-nascidos sorriem quando tocados, quando uma brisa de ar fresco passa levemente pelas suas bochechas, quando ouvem vozes humanas ou outros sons, quando veem rostos pairando sobre seus berços ou simplesmente quando eles estão bem alimentados e satisfeitos com as coisas ao seu redor. Às vezes, eles até sorriem dormindo.

A maior necessidade de seu novo bebê

Mesmo antes de ele nascer, seu bebê percebe seu mundo como um todo. Ao nascer, ele deixou seu ambiente familiar e, pela primeira vez, foi exposto a todos os tipos de coisas desconhecidas e completamente novas. Este novo mundo é feito de várias sensações novas. De repente, ela é capaz de se mover livremente, sentir calor e frio, ouvir toda uma variedade de ruídos diferentes e barulhentos, ver luzes brilhantes e sentir roupas envolvendo seu corpo. Além dessas impressões, ele também tem que respirar por si próprio e se acostumar a beber leite, e seus órgãos digestivos tem que processar este novo alimento também. Todas essas coisas são novas para ele. É fácil entender por que ele precisa se sentir seguro e protegido, uma vez que de repente ele tem que lidar com essas enormes mudanças no estilo de vida.

Contato humano próximo é a melhor maneira de imitar o mundo seguro de seu bebê dentro do útero. Faz com que ele se sinta seguro. Afinal, seu ventre abraçou seu corpo e seus movimentos o envolveram, tanto quanto ele se lembra. Ele foi a sua casa. Ele fazia parte de tudo o que acontecia lá: do bater ritmado do seu coração, do fluxo de seu sangue e do ronco de seu estômago. Por isso, faz todo o sentido que ele goste de sentir o antigo e familiar contato físico e ouvir os sons tão conhecidos mais uma vez. É sua forma de "voltar as origens".

Toque: simplesmente o melhor conforto

Além de comida e calor, nada é mais importante para o seu bebê do que ficar aconchegado perto de você durante os primeiros 4 meses de sua vida. Enquanto ele experimenta muitos contatos físicos, seu desenvolvimento não será adiado, mesmo se você não tiver muitas oportunidades de brincar com ele.

Normalmente, um bebê novo ama deitar perto de você e ser carregado. Ao mesmo tempo, esta também é uma boa oportunidade para ele aprender a controlar seu corpo.

Outra ideia é lhe fazer uma massagem relaxante. Certifique-se que o quarto está aquecido. Coloque um pouco de óleo de bebê em suas mãos e massageie suavemente cada parte de seu corpo nu. Esta é uma boa maneira de ajudá-lo a se acostumar com o seu corpo, e vai deixá-lo maravilhosamente sonolento.

Nessa idade, um bebê gosta de ser pego no colo, abraçado, acariciado e balançado. Ele pode ainda gostar de tapinhas suaves nas costas. Ele não se cansa de nenhum contato físico neste momento. Não se preocupe se você está fazendo a coisa certa: ele vai em breve mostrar o que mais gosta e o que mais o conforta. Nesse meio tempo, ele está aprendendo que tem um lar maravilhoso com o qual pode contar quando está chateado.

capítulo 3

Semana Mágica 5:
O mundo das sensações
de mudança

N a maior parte das últimas 4 ou 5 semanas, você viu seu bebê crescer rapidamente. Vocês se familiarizaram um com o outro e você aprendeu todos os seus jeitinhos. Seu mundo, neste momento, é difícil de imaginar para os adultos. O mundo tem uma perspectiva suave e suas qualidades não estão definidas: em alguns aspectos, não tem sido muito diferente da vida que ele tinha em seu ventre.

Agora, antes de as nuvens que envolvem seu mundo de bebê se dissiparem, permitindo que ele comece a entender todas as impressões que absorveu nas últimas semanas, ele terá de passar pelo seu primeiro grande salto de desenvolvimento. Aproximadamente na semana 5, e às vezes na semana 4, seu bebê vai começar a dar o primeiro salto adiante em seu desenvolvimento.

Novas sensações bombardeiam seu bebê no interior e exterior, e ele está geralmente perplexo com elas. Algumas dessas coisas novas têm a ver com o desenvolvimento de seus órgãos internos e seu metabolismo. Outras são resultados do aumento de seu estado de alerta: seus sentidos estão mais sensíveis do que eram logo após o nascimento. Portanto, não é que as sensações em si estejam mudando, mas sim a percepção que o bebê tem delas.

Este mundo em rápida mudança é muito preocupante em primeiro lugar. A primeira reação de seu bebê vai ser querer voltar para o mundo seguro, acolhedor e familiar que ele deixou tão recentemente, um mundo com a mãe em seu centro. De repente, seu bebê pode dar a entender que precisa de mais carinho e atenção do que antes. Embora comer, dormir e estar fisicamente bem cuidado fossem suficientes para acalmá-lo com uma sensação de bem-estar antes, ele agora parece precisar de algo mais de você. Apesar de seu bebê ter estado muito perto de você desde o seu nascimento, esta pode ser a primeira vez que você pensa nele como irrequieto ou exigente. Este período pode durar apenas um dia, mas com alguns bebês dura uma semana inteira.

Uma vez que este apego começa a abrandar, você vai notar que seu bebê está um pouco mais crescido de alguma forma, que você vai achar difícil de identificar. Ele parece mais alerta e consciente do mundo à sua volta.

Lembre-se

Se seu bebê é exigente, observe-o de perto para ver se ele está tentando dominar novas habilidades.

Até mesmo bebês muito jovens, com 5 semanas, podem perceber as mudanças que ocorrem dentro de seus corpos minúsculos. Tendo então acabado de se habituar a um mundo fora do abraço de seu corpo, seu bebê está agora vendo seu mundo mudar pela segunda vez. É importante entender que, apesar de tudo parecer o mesmo para você, para ele, tudo que vê, sente, ouve, cheira ou saboreia está diferente de alguma forma. Ele pode gostar de algumas dessas mudanças, mas pode não gostar de outras, porque ainda não sabe como lidar com elas. Ele ainda é muito jovem para lhe pedir ajuda, e certamente não pode lhe perguntar o que está acontecendo.

Como você sabe que é hora de crescer

Mesmo que seu bebê não possa formar as palavras para dizer o que está acontecendo, ele é capaz de se comunicar um pouco. Aqui estão alguns sinais de que ele está se preparando para dar seu primeiro salto.

Ele pode estar extremamente chateado

Neste momento, é muito provável que seu bebê grite, chore, berre e se recuse a dormir em seu berço, até que deixe toda a família desesperada. Estes são os indícios de que seu bebê está prestes a dar seu primeiro salto! Com um pouco de sorte, sua angústia vai fazer você correr em sua direção, pegá-lo, abraçá-lo apertado e deixá-lo se aconchegar.

Ele pode implorar estar próximo a você

Se ele tiver ainda mais sorte, depois de pegá-lo, você pode também amamentá-lo. Às vezes, ele vai cair no sono apenas se estiver aconchegado à mãe da maneira mais próxima possível: mamando. Fornecer este tipo de conforto físico com peito ou mamadeira pode ser a única maneira de tornar o mundo do bebê mais seguro, algo que ele anseia tão desesperadamente neste momento.

> "Normalmente, minha bebê é muito tranquila, mas de repente ela começou a chorar sem parar por quase 2 dias. No começo, eu achava que eram apenas cólicas. Mas então percebi que ela parava sempre que a pegava no colo ou quando a deixava ficar deitada entre nós. Ela adormecia logo em seguida. Eu ficava me perguntando se a estava mimando muito ao permitir isso. Mas o período de choro parou tão de repente como começou, e agora ela está tão descontraída como antes."
>
> Mãe de Eve, 5ª semana

Como este salto pode afetar você

Como essas grandes mudanças afetam seu bebê, é inevitável que elas afetem você também. Aqui, estão algumas emoções que você pode sentir.

Você pode se sentir insegura

Todas as mães querem descobrir por que seus bebês ficaram complicados e inquietos, para que possam tornar as coisas melhores para ele. Normalmente, elas primeiro tentam ver se o bebê está com fome. Em seguida, elas verificam como está a fralda. Mudam a fralda. Tentam confortá-lo com todo o amor e calma que podem reunir nesses momentos difíceis. Mas, não é fácil. Logo descobrem que os melhores cuidados e conforto, na verdade, não impedem que o pequenino retome seu choro implacável.

A maioria das mães acha a mudança repentina no comportamento de seus filhos uma experiência ruim. Isso mina a confiança delas e é muito angustiante.

"Meu filho queria ficar comigo o tempo todo, e eu ou o segurava em meu peito ou em meu colo, mesmo quando tínhamos visita. Eu estava muito preocupada. Uma noite, eu mal consegui dormir. Passei a noite inteira segurando e abraçando ele. Então, a minha irmã veio e tomou conta dele por uma noite. Eu fui para outro quarto e dormi como uma pedra a noite toda. Eu me senti renascer ao acordar no dia seguinte".

Mãe de Bob, 5° semana

Você pode se sentir muito preocupada

Muitas vezes, as mães têm medo de que algo esteja errado com seus pequenos chorões. Elas pensam que ele está com dor ou que pode estar sofrendo de alguma anormalidade ou distúrbio que passou despercebido até agora. Outras temem que apenas o leite da amamentação já não é suficiente. Isso ocorre porque o bebê parece almejar o peito constantemente e está sempre com fome. Algumas mães levam seus bebês para fazerem checkups nos médicos. Claro, a maioria dos bebês é declarada como perfeitamente saudável e as mães são enviadas para casa para se preocuparem sozinhas. (Em caso de dúvida, consulte sempre seu médico de família ou vá a uma clínica pediátrica.)

"Minha filha estava chorando tanto que fiquei com medo de que alguma coisa estivesse muito errada. Ela queria mamar constantemente. Eu a levei ao pediatra, mas ele não encontrou nada de errado com ela. Ele disse que ela só precisava de tempo para se acostumar com o meu leite e que muitas crianças passaram por uma fase de choro semelhante na semana 5. Eu achei isso estranho, porque ela não tinha tido nenhum problema com o meu leite até então. Seu primo, que tinha a mesma idade, não parava de chorar também, mas ele estava sendo amamentado com mamadeira. Quando eu disse isso ao médico, ele fingiu que não tinha ouvido. Eu não puxei mais o assunto, no entanto. Fiquei bastante feliz só de saber que não era nada sério."

Mãe de Juliette, 5ª semana

Uma vez que seu bebê sente que algo está mudando, ele se torna inseguro e tem maior necessidade de contato próximo. Este abraço apertado parece ser o tipo de contato físico mais poderoso para acalmá-lo quando está chateado. Dê a ele todo o carinho que precisa e todo o contato que puder nestes momentos. Ele precisa de tempo para se adaptar a essas novas mudanças e crescer em seu novo mundo. Ele está acostumado ao cheiro de seu corpo, ao calor, a voz e ao toque. Com você, ele vai relaxar um pouco e se sentir contente novamente. Você pode fornecer o amor e carinho que ele realmente precisa durante este período difícil.

> "Às vezes, minha filha mama durante meia hora e se recusa a sair do peito. 'Basta tirá-la do peito após 20 minutos e deixá-la gritar. Ela logo vai aprender', é o conselho que as pessoas me dão. Mas, secretamente, eu penso: 'Eles podem dizer o que quiserem. Eu decido o que é melhor'."
>
> Mãe de Nina, 5ª semana

Você poderá notar que o contato físico será útil durante essas crises de choro, e que a criaturinha barulhenta vai reagir melhor e mais rápido quando está com você. Tente carregar seu bebê em um sling, se puder, enquanto faz suas tarefas, ou mantenha-o no colo enquanto lê ou faz outras atividades sedentárias. Uma massagem suave ou carinhos podem ser úteis também.

> "Quando minha bebê estava chorando o tempo todo, ela parecia tão perdida. Eu a massageava por um longo período até que ela se acalmasse um pouco. Eu me sentia exausta, mas extremamente satisfeita. Algo mudou depois disso. Parecia não demorar tanto tempo para acalmá-la agora. Quando ela chora neste momento, eu não vejo como um esforço corrigir seu mundo de novo."
>
> Mãe de Nina, 4ª semana

As mães que carregam seus bebês sempre que eles estão exigentes podem classificá-los como "extremamente dependentes". O que mais estes bebês

Dicas para acalmá-lo

Quando você quer consolar um bebê, um ritmo suave pode desempenhar um papel muito importante. Segure o bebê perto de você, com a sua parte inferior repousada sobre um braço enquanto o outro braço apoia a cabeça em seu ombro. Quando ele está nesta posição, ele pode sentir a batida suave de seu coração.

Aqui estão alguns outros métodos recomendados por mães para acalmar um pequeno chorão.

- ❏ • Abrace-o e o acaricie.
- ❏ • Balance-o suavemente em seus braços ou se sente em uma cadeira de balanço com ele.
- ❏ • Caminhe lentamente à volta com ele.
- ❏ • Fale ou cante para ele.
- ❏ • Dê tapinhas suaves no bumbum.

Nem todas essas ideias vão ser adequadas ao seu bebê, por isso, se você não tiver sucesso a princípio, continue tentando até encontrar uma que funcione para ele. A forma mais bem-sucedida de confortar um bebê que está chorando é fazer as coisas que ele mais gosta quando está bem disposto.

gostam é de deitar em silêncio com suas mães e serem acariciados, embalados ou acarinhados. Eles podem adormecer no colo delas, mas começam a chorar de novo assim que são feitas tentativas furtivas de colocá-los no berço.

Mães que aderem a horários de alimentação e de sono muitas vezes percebem que seus bebês dormem durante a amamentação. Algumas se perguntam se isso acontece porque os bebês estão tão exaustos de chorar e com tanto sono que não têm energia para mamar. Isto pode parecer lógico, mas pode não ser completamente verdade. É mais provável que o bebê adormeça, porque ele está no lugar onde quer estar. Finalmente, ele está com a mãe e está contente, por isso, consegue adormecer.

Como fazer um Sling

Os Slings são extremamente fáceis de fazer e acolhedores para você e seu novo bebê. Um sling vai ajudar a dar aos seus braços uma pausa, suportando o peso de seu bebê e fazendo com que ele se sinta seguro e protegido. Além disso, fazê-lo custa apenas alguns reais. Seu bebê pode usar um sling quase que imediatamente após o nascimento, uma vez que lhe permite ficar na posição horizontal. Veja como fazer um.

Use um pedaço robusto de tecido, aproximadamente 90 cm por 3 m. Estenda o tecido sobre o ombro esquerdo, se você for destro, ou sobre seu ombro direito, caso seja canhoto, e dê um nó nas pontas no quadril oposto. Vire o nó em direção as suas costas. Verifique se o comprimento do sling está correto. Se sim, o sling está pronto para ser usado. Coloque seu bebê dentro e o apoie com as mãos. É muito fácil!

"Nos primeiros dois dias, meu filho chorava muito. Eu estava dando o meu melhor para manter as horas de dormir apropriadas, mas acabou por ser um desastre total. Isso nos levou ambos ao limite. Agora, eu o mantenho em meu colo o tempo que ele quiser, sem me sentir culpada. Eu me sinto bem com isso. É agradável, acolhedor e aconchegante. É óbvio que ele adora. O horário de alimentação também já não existe. Eu não o cumpri. Agora, ele simplesmente me diz quando está com fome. Às vezes, ele mama por um longo período, mas outras vezes não. Ele está muito mais contente agora e eu também."

Mãe de Steven, 5ª semana

Várias indicações em bebês de cerca de 4 a 5 semanas de idade demostram que eles estão passando por grandes mudanças que afetam os sentidos, o metabolismo e os órgãos internos. Isto acontece quando o primeiro salto ocorre: o estado de alerta do bebê no mundo das sensações aumenta dramaticamente. Neste ponto, seu bebê está perdendo algumas de suas habilidades de recém-nascido. Ele não vai mais seguir um rosto com os olhos ou virar em direção a um som. Há sinais de que essas habilidades iniciais foram controladas por centros primitivos na parte inferior do cérebro, e que elas desaparecem para dar lugar à evolução dos níveis superiores do cérebro. Logo você vai ver surgir comportamentos semelhantes, mas desta vez eles

Dicas para dormir

Um bebê com problemas de sono, muitas vezes, adormece mais rapidamente quando está com você. O calor de seu corpo, seus movimentos suaves e seus sons suaves vão ajudar a acalmá-lo. Aqui estão algumas dicas sobre as melhores formas de fazê-lo dormir.

- Dê-lhe um banho quente, coloque-o em uma toalha quente e, em seguida, massageie-o suavemente com óleo de bebê.
- Dê o peito ou a mamadeira para ele, uma vez que sugar vai ajudá-lo a relaxar e a acalmar.
- Caminhe ao redor com ele, quer em um sling quer em um marsúpio.
- Empurre-o em seu carrinho de bebê.
- Leve-o para um passeio no carro.
- Coloque-o na cama ao seu lado.

parecem estar muito mais sob o controle de seu bebê. Nessa idade, também é provável que o bebê supere os problemas que pode ter tido inicialmente com seu sistema digestivo.

Entre as 4 e 5 semanas de idade, o bebê passa por todo um conjunto de mudanças que afetam seus sentidos: a forma como vivencia o mundo, a forma como se sente, até mesmo a forma como digere seu alimento. Todo o seu mundo é sentido, visto, cheirado e ouvido de forma diferente. Algumas dessas mudanças têm consequências diretas que você pode ver. Por exemplo, esta pode ser a primeira vez que você o observa chorando lágrimas de verdade. Ele pode ficar acordado por longos períodos e parece mais interessado no mundo ao seu redor. Logo após o nascimento, ele só conseguia focar objetos que estavam a poucos centímetros, mas agora ele pode focar a uma distância maior. Portanto, não é nenhuma surpresa que o bebê sinta que é hora de um pouco de ação.

Bebês de cinco a seis semanas de idade estão ainda preparados para *trabalhar* a fim de ter sensações interessantes. Em uma experiência de laboratório, os bebês mostraram que poderiam ajustar o foco de um filme colorido sugando mais forte uma chupeta. Assim que o bebê parava de sugar, a imagem desfocava. Bebês nessa idade têm dificuldade em sugar e assistir ao mesmo tempo, por isso, eles conseguiam continuar fazendo isso apenas por alguns segundos. Para verificar se isso era realmente o que eles estavam tentando fazer, os bebês foram então obrigados a parar de chupar para focar a imagem. Eles conseguiriam fazer isso também!

Os bebês também podem começar a usar seu sorriso em contato social para influenciar suas experiências. Os sorrisos de seu bebê mudam de um

Alterações cerebrais

Aproximadamente na semanas 3 e 4, verifica-se um aumento dramático na circunferência da cabeça de um bebê. Seu metabolismo de glicose no cérebro também muda.

Meu diário ------------------------------------

Como meu bebê explora o novo mundo das sensações de mudança

Marque as caixas abaixo à medida que seu bebê muda. Pare de preenchê-lo assim que o próximo período de tempestade começar, anunciando o próximo salto.

SEU INTERESSE NOS ARREDORES

❏ Olha para as coisas por mais tempo e mais frequentemente
❏ Escuta as coisas mais frequentemente e presta mais atenção
❏ Tem mais consciência de ser tocado
❏ Tem mais consciência de cheiros diferentes
❏ Sorri pela primeira vez ou mais frequentemente do que antes
❏ Balbucia com prazer mais vezes
❏ Expressa que gosta ou que não gosta mais frequentemente
❏ Expressa expectativa com mais frequência
❏ Fica acordado por mais tempo e está mais alerta

SUAS MUDANÇAS FÍSICAS

❏ Respira com mais regularidade
❏ Assusta-se e treme com menos frequência
❏ Chora lágrimas de verdade pela primeira vez ou mais frequentemente do que antes
❏ Engasga menos
❏ q Vomita menos
❏ q Arrota menos

OUTRAS MUDANÇAS QUE VOCÊ OBSERVA

_____

_____

pouco superficial, quase como um robô, para sorrisos sociais em torno dessa idade. Mães e pais se empolgam muito ao ver um sorriso precoce, mas depois de verem o "sorriso social", eles admitem ter notado uma diferença.

As escolhas de seu bebê: Uma chave para a sua personalidade

Os sentidos de todos os bebês se desenvolvem rapidamente neste momento, e todos eles vão se tornar claramente mais interessados em seu ambiente. Pode ou não pode parecer óbvio à primeira vista, mas cada bebê vai ter suas próprias preferências. Alguns bebês com olhos vívidos realmente adoram olhar e observar tudo e todos ao seu redor. Outros bebês vão ouvir atentamente a música e os sons ao seu redor e vão encontrar objetos que produzam som, como chocalhos, mais atraentes do que qualquer outra coisa. Um outro grupo de bebês adorará ser tocado, e o que eles mais desejam é jogar jogos que envolvam ser tocados e acariciados por alguém. Alguns bebês não têm nenhuma preferência clara. Mesmo nesta idade muito jovem, você vai achar que cada bebê é diferente.

À medida que você percorrer a lista "Meu Diário", na página 47, você pode querer marcar ou destacar os itens que se aplicam agora ao seu bebê. Ele pode exibir apenas alguns dos comportamentos, e outros comportamentos podem não aparecer durante várias semanas. Um bebê que está mais interessado em certas experiências sensoriais do que outras em seu mundo está mostrando a você que ele já é um indivíduo.

"Eu levo a minha filha comigo para as minhas aulas de canto todos os dias. Durante as primeiras semanas, ela quase não reagia aos sons e, para ser honesta, eu me senti bastante preocupada. Agora, de repente, ela está totalmente preocupada com ruídos de qualquer tipo quando está acordada. Se ela acorda de mau humor e eu canto, ela para de chorar imediatamente. Embora, não pare quando meus amigos cantam!"

Mãe de Hannah, 6ª semana

Tempos difíceis para todos

Passar por uma grande mudança pode ser um evento estressante para o bebê e para você, e ambos podem achar, às vezes, essa tensão insuportável. Você pode ficar esgotado pela falta de sono ou porque a ansiedade a impediu de dormir bem. Aqui está um exemplo de como este ciclo vicioso pode funcionar.

• O bebê está confuso e chora.

• Choro constante faz com que a mãe se sinta insegura e ansiosa.

• A tensão aumenta e a mãe se acha incapaz de lidar com isso.

• O bebê sente a tensão extra, torna-se ainda mais exigente e grita ainda mais alto do que antes.

• O ciclo se repete muitas vezes.

Quando a tensão começa a ser demasiada, lembre-se que é normal se sentir assim. Tente tirar um tempo para relaxar. Seu bebê irá se beneficiar disso tanto quanto você.

Use o contato físico e atenção para confortar seu bebê. Isto tornará mais fácil para ele se adaptar a todas as mudanças em seu próprio ritmo, e também lhe dará autoconfiança. Ele vai saber que alguém está lá sempre que precisa de conforto.

Como mãe, você também precisa de apoio, não de crítica dos familiares e amigos. Enquanto a crítica só irá prejudicar a sua já abalada autoconfiança, o apoio tornará você mais capacitada para lidar com os períodos difíceis.

O que você pode fazer para ajudar

A melhor maneira de ajudar seu bebê é lhe dando amor, carinho e apoio. É impossível torná-lo mimado nesta idade, por isso, nunca se sinta culpada por consolá-lo, especialmente quando ele chora.

Ajude seu bebê em sua viagem de descoberta. Você verá que ele está, no geral, mais interessado no mundo ao seu redor agora. Ele está mais perceptivo e está muitas vezes acordado por mais tempo para desfrutar de seu ambiente. Tente descobrir quais atividades ele mais gosta, observando suas reações com cuidado. Apesar de tão pequeno, ele ainda é capaz de lhe mostrar o que o agrada ou desagrada. Depois de saber do que seu bebê gosta, você vai ser capaz de inserir novas atividades, jogos e brinquedos lentamente.

Como você pode dizer o que ele mais gosta?

Seu bebê vai sorrir ao receber as coisas que mais gosta. Pode ser algo que ele vê, ouve, cheira, saboreia ou sente. Uma vez que seus sentidos se desenvolveram e agora consegue perceber um pouco mais de seu mundo, ele também vai sorrir mais vezes. Vai ser muito gratificante experimentar e descobrir quais atividades produzem esses sorrisos maravilhosos.

"Eu danço girando com meu bebê e, quando eu paro, ele sorri."

Mãe de John, 6ª semana

"Quando eu coloco meu rosto perto de minha filha, sorrio e falo com ela, ela me olha nos olhos e sorri. É maravilhoso."

Mãe de Laura, 5ª semana

"Minha filha sorri para suas bonecas e ursos de pelúcia."

Mãe de Jenny, 6ª semana

Isso é simplesmente como os bebês são

Os bebês adoram tudo que é novo, e é importante que você reconheça as novas habilidades e interesses de seu bebê. Ele vai se divertir se você compartilhar essas novas descobertas, e seu aprendizado progride mais rapidamente com o seu encorajamento.

Ajude seu bebê a explorar o novo mundo através da visão

Seu bebê olha por mais tempo para objetos que o interessam agora. Quanto mais brilhantes as cores, mais fascinante ele vai achá-las. Ele também gosta de listras e objetos angulares. E de seu rosto, é claro.

Se você andar por aí com o seu bebê, você vai descobrir automaticamente o que ele mais gosta de olhar. Dê a ele tempo suficiente para dar uma boa olhada nas coisas, e não se esqueça de que seu intervalo de focagem não é muito mais do que 30 centímetros. Alguns bebês gostam de olhar para os mesmos objetos repetidas vezes, enquanto outros ficam entediados se não lhes mostram algo diferente todas as vezes. Se você perceber que seu bebê está ficando entediado, mostre objetos que são parecidos aos que ele gosta, mas um pouco diferentes.

"Minha bebê está muito mais consciente de tudo o que vê agora. Seus objetos favoritos são as barras de seu berço, que contrastam com as paredes brancas, os livros na estante, nosso teto, que tem longas ripas de madeira com uma listra escura no meio, e um desenho preto e branco na parede. À noite, as luzes parecem lhe interessar mais."

Mãe de Emily, 5ª semana

"Meu filho olha diretamente para meu rosto e olha para mim por algum tempo. Ele acha engraçado quando eu como. Ele olha para a minha boca e me observa mastigar. Ele parece achar fascinante."

Mãe de Kevin, 6ª semana

"Quando eu movo uma bola verde e amarela lentamente da esquerda para a direita, minha filha vira a cabeça para segui-la. Ela parece achar muito divertido, embora esta mãe orgulhosa, provavelmente, goste disso mais do que ela."

Mãe de Ashley, 5ª semana

Ajude seu bebê a explorar o novo mundo através do som

Os sons geralmente fascinam os bebês. Sons de zumbido, chiado, toque, murmúrio ou zunindo são todos interessantes. Os bebês acham as vozes humanas muito intrigantes também. Vozes agudas são extremamente interessantes, embora nada possa superar o som da voz da mãe, mesmo que ela não seja uma soprano natural.

Mesmo com 5 semanas de idade, você pode ter pequenas conversas agradáveis com seu bebê. Escolha um lugar confortável para se sentar e coloque seu rosto perto do dele. Converse com ele sobre como ele é lindo, eventos diários ou o que vier à mente. Pare de falar de vez em quando para lhe dar chance de "responder".

"Eu realmente acho que meu filho está me ouvindo agora. É notável".

Mãe de Matt, 5ª semana

"Às vezes, minha bebê conversa comigo quando estou falando com ela. Ela fala mais agora, e às vezes parece que está realmente tentando me dizer algo. É adorável. Ontem, ela conversou com o coelho em seu berço."

Mãe de Hannah, 5ª semana

Ajude seu bebê a explorar o novo mundo através do toque

Todos os bebês se tornam mais conscientes de serem tocados nesta idade. De repente, muitos carinhos de visitas podem se tornar "demasiado" para o bebê, enquanto outros podem gostar de muita atenção. Cada bebê é diferente! Agora, você pode ouvir seu bebê rir em voz alta pela primeira vez, talvez ao lhe fazer cócegas. Mas para a maioria dos bebês dessa idade, cócegas é algo que eles não vão ainda apreciar particularmente.

"Minha filha riu alto, realmente gargalhou, quando seu irmão começou a fazer cócegas nela. Todo mundo se assustou e houve um completo silêncio."

Mãe de Emily, 5ª semana

Cuidados com o bebê

Não exagere

Deixe as respostas de seu bebê orientar você. Seu bebê se tornou mais sensível, por isso, você precisa ter cuidado para não estimulá-lo demasiado. Tenha isso em mente quando você brinca com ele, acaricia-o, mostra coisas ou coloca coisas para ele ouvir. Você tem que se adaptar a ele. Pare assim que você perceber que algo está começando a ser demasiado para ele.

Seu bebê ainda não é capaz de se concentrar por um longo período de tempo, por isso, ele vai precisar de pequenas pausas. Você pode pensar que ele perdeu o interesse, mas não foi isso. Seja paciente. Normalmente, ele vai estar ansioso para fazer de novo, se você deixá-lo descansar por um breve momento.

Faça-o saber que você o entende

Seu bebê pode usar uma gama maior de choros e balbucios do que antes, e ele pode produzir esses sons com mais frequência nessa idade. Ele pode fazer sons diferentes para situações diferentes. Os bebês, muitas vezes, fazem um som choroso antes de adormecer. Se um bebê está muito chateado, você conseguirá saber isso pelo jeito que ele chora, porque é um som totalmente diferente. Ele está dizendo que algo está errado. Seu bebê pode também fazer outros ruídos, como balbucios para mostrar que está feliz, especialmente quando está olhando ou ouvindo alguma coisa. Esses sons vão ajudar você a entendê-lo melhor. Se você entender o que seu bebê está tentando lhe dizer, mostre-lhe. Os bebês adoram interação.

"Eu sei exatamente quando minha bebê está balbuciando com prazer ou reclamando porque está com raiva. Às vezes, ela balbucia com prazer quando vê o celular e adora quando eu imito os sons que ela faz."

Mãe de Hannah, 6ª semana

Aproximadamente na semana 6, o salto acabou, e um período de relativa paz surge. Os bebês estão mais alegres, mais alertas e mais preocupados em olhar e ouvir neste momento. Muitas mães afirmam que seus olhos parecem mais brilhantes. Os bebês também são capazes de expressar seus gostos e desgostos nesta idade. Em suma, a vida parece um pouco menos complicada do que antes.

"Nós nos comunicamos mais agora. De repente, as horas que o meu filho está acordado parecem mais interessantes."

Mãe de Frankie, 6ª semana

"Eu me sinto mais perto de meu bebê. Nossa ligação é mais forte."

Mãe de Bob, 6ª semana

capítulo 4

Semana Mágica 8:
O Mundo dos Padrões

*P*or volta da semana 8, o bebê vai começar a vivenciar o mundo de uma nova maneira. Ele será capaz de reconhecer padrões simples no mundo ao seu redor e em seu próprio corpo. Embora possa ser difícil de imaginar para nós em um primeiro momento, isso acontece em todos os sentidos, não apenas na visão. Por exemplo, ele pode descobrir suas mãos e pés e passar horas praticando sua habilidade em controlar certa postura de seu braço ou perna. Ele vai estar infinitamente fascinado com a forma como a luz exibe sombras na parede de seu quarto. Você pode observá-lo estudando os detalhes das latas na prateleira do supermercado ou ouvindo a si próprio fazendo pequenas sequências de sons, como *ah, uh, ehh.*

Qualquer uma dessas coisas, e muitas outras, sinaliza uma grande mudança no desenvolvimento mental do bebê. Esta mudança lhe permitirá aprender um novo conjunto de habilidades que ele teria sido incapaz de aprender mais cedo, não importa quanta ajuda e encorajamento você lhe tenha dado. Mas, assim como em seu salto de desenvolvimento anterior, adequar-se a este novo mundo não será fácil no início.

A mudança na forma como o bebê percebe o mundo ao seu redor, inicialmente, faz ele se sentir intrigado, confuso e perplexo enquanto seu mundo familiar é virado de cabeça para baixo. De repente, ele vê, ouve, cheira, saboreia e se sente de uma forma completamente nova, e ele vai precisar de tempo para se ajustar a isso. Para aceitar o que está acontecendo, ele precisa estar em algum lugar seguro e familiar. Até que ele comece a se sentir mais confortável neste mundo novo, ele vai querer se agarrar a sua mãe em busca de conforto. Desta vez, a fase exigente pode durar de alguns dias a 2 semanas.

Observação: este salto para o mundo perceptivo dos "padrões" está ligado à idade e é previsível. Ele desencadeia o desenvolvimento de toda uma gama de habilidades e atividades. No entanto, a idade em que essas habilidades e atividades aparecem pela primeira vez varia muito e depende das preferências, experiências e desenvolvimento físico de seu bebê. Por exemplo, a capacidade de perceber padrões surge aproximadamente na semana 8 e é um pré-requisito necessário para "sentar com apoio mínimo", mas esta habilidade normalmente aparece em qualquer momento entre os 2 e os 6 meses. As habilidades e atividades são mencionadas neste capítulo na idade mais precoce possível em que podem aparecer, para que você possa observá-las e reconhecê-las. (Elas podem ser rudimentares inicialmente.) Desta forma, você pode reagir e facilitar o desenvolvimento de seu bebê.

Se você observar que seu bebê está mais irritadiço do que o habitual, observe-o de perto. É provável que ele esteja tentando dominar novas habilidades.

Assim que você passar por esta fase, no entanto, provavelmente você vai experimentar este segundo salto como um verdadeiro marco no desenvolvimento de seu filho. Quando ele começa a aprender a controlar seu corpo e usar seus sentidos para explorar o que lhe interessa, ele vai começar a expressar suas próprias preferências. Você vai aprender o que ele gosta e não gosta, se ouve mais intensamente determinados tipos de sons, quais as cores prefere, que tipos de brinquedos ou atividades gosta e o que mais faz os olhos dele brilharem: com exceção de você, é claro. Estes são os primeiros sinais da personalidade emergente de seu bebê.

Em algum momento entre as semanas 7 e 9, o bebê pode se tornar mais exigente. Ele pode chorar mais vezes, pois esta é sua maneira de expressar o quão estressante essas mudanças são para ele. Nessa idade, o choro é a maneira mais eficaz de mostrar que ele se sente perdido e precisa de atenção. Os bebês mais sensíveis vão chorar e gritar ainda mais agora do que antes e levar suas mães e pais à loucura. Mesmo quando é feito todo o possível para consolar esses pequenos chorões, eles ainda podem continuar chorando.

No entanto, a maioria dos bebês se acalmará ao experimentar contato físico, embora, a proximidade para alguns bebês pode não ser nunca suficiente. Se esse pequeno carente pudesse, ele iria engatinhar direto para sua mãe. Ele iria gostar de ser totalmente envolvido pelos braços, pernas e corpo de sua mãe. Ele pode exigir atenção de sua mãe e vai protestar assim que sentir falta dela.

Como você sabe que é hora de crescer

É hora de mudar de novo! Aqui estão algumas pistas de que este salto está se aproximando.

Ele pode exigir mais atenção

Seu bebê pode querer que você passe mais tempo divertindo-o. Ele pode até querer que você seja totalmente absorvida por ele, e só por ele. Neste momento, muitos bebês já não querem deitar em seus berços ou em cobertores no chão, mesmo que eles tenham sempre se sentidos felizes ao fazer isso até agora. Eles podem não se opor a ficarem deitados em cadeiras de bebê, desde que suas mães estejam por perto. Mas o objetivo final é estarem com suas mães. Eles querem que suas mães olhem, falem e brinquem com eles.

> "De repente, minha bebê não gosta de ir para a cama à noite. Ela fica inquieta e começa a gritar e chorar, recusando-se a sossegar. Mas nós precisamos de um pouco de paz e tranquilidade também. Por isso, nós a mantemos conosco no sofá ou a seguramos e a abraçamos, e então ela não parece ter nenhum problema."
>
> Mãe de Eve, 8ª semana

Ele pode se tornar tímido com estranhos

Você pode notar que seu bebê simpático pode não sorrir com tanta facilidade para as pessoas que ele não vê muitas vezes, ou ele pode precisar de mais tempo para se sentir à vontade com elas. Ocasionalmente, alguns bebês vão mesmo começar a chorar se outras pessoas tentarem chegar perto deles quando eles estão deitados alegremente aconchegados às suas mães. Algumas mães acham que isso é uma pena: "Ele costumava ser sempre tão alegre." Outras ficam secretamente satisfeitas: "Afinal de contas, eu sou a única com que ele pode contar o tempo todo."

> "Minha filha parece sorrir mais para mim do que para qualquer outra pessoa. Leva um pouco mais de tempo para ela se sentir à vontade com outras pessoas agora."
>
> Mãe de Ashley, 9ª semana

Ele pode perder o apetite

Neste momento, pode parecer que, se seu bebê pudesse, ele estaria no peito ou na mamadeira o dia todo. Mas, embora ele esteja pendurado no mamilo, você pode notar que ele quase não toma leite. Muitos bebês farão isso agora. Enquanto eles sentem um mamilo em ou contra as suas bocas, eles ficam contentes. Mas assim que eles são retirados do peito ou da mamadeira, eles começam a protestar e continuam chorando até que sintam o mamilo novamente.

Isso geralmente ocorre apenas em bebês que têm permissão para decidir por si mesmos quando querem mamar. Algumas mães que amamentam podem começar a pensar que há algo de errado com seu leite, enquanto outras mães questionam se a decisão de amamentar foi, afinal, a mais acertada. Neste momento, não é necessário parar de amamentar. Pelo contrário, este não seria um bom momento para escolher deixar de amamentar seu bebê. Durante este período de tempestade, o peito está servindo menos como um objetivo nutricional e mais como um conforto para o bebê. Isso explica por que alguns bebês chupam os dedos dos pés ou das mãos mais vezes durante este período.

"Às vezes, eu me sinto como uma mamadeira ambulante, de prontidão 24 horas por dia. Isso realmente me irrita. Eu me pergunto se as outras mães que amamentam passam pela mesma situação."

Mãe de Matt, 9ª semana

Ele pode se agarrar a você com mais força

Seu bebê pode agora se agarrar a você ainda mais forte no momento em que ele percebe que está prestes a ser tirado do colo. Ele não vai apenas se agarrar a você com os dedos das mãos, como ele também pode, até mesmo, agarrar-se a você com os dedos dos pés! Esta demonstração de devoção muitas vezes torna difícil para a mãe colocar o bebê para baixo, literal e figurativamente. Você pode achar que é comovente e de cortar o coração ao mesmo tempo.

"Quando eu me curvo para tirar minha bebê do colo, ela agarra meu cabelo e as roupas como se estivesse apavorada por perder o contato. É muito doce, mas eu gostaria que ela não fizesse isso, porque me faz sentir tão culpada por tirá-la do colo."

Mãe de Laura, 9ª semana

Ele pode dormir mal

Em um momento difícil como este, seu bebê pode não dormir, assim como ele fazia antes. Ele pode começar a chorar no momento em que você o leva para o seu quarto, o que explica por que os pais às vezes acham que seus bebês têm medo de seus berços. Vários problemas de sono podem afetar seu pequenino. Alguns bebês têm dificuldade em adormecer, enquanto outros se perturbam facilmente e não dormem por longos períodos. Qualquer problema para dormir que seu bebê possa ter implicam no mesmo resultado: a falta de sono para todos em casa. Infelizmente, isso também significa que seu bebê está acordado por períodos mais longos, dando-lhe mais oportunidades para chorar.

Ele pode simplesmente chorar e chorar

Aproximadamente na semana 8, é normal que o seu bebê tenha um desejo urgente de "voltar para a mãe." Alguns bebês, é claro, vão demonstrar esta necessidade mais do que outros. Chorar e se agarrar pode se tornar parte de sua vida cotidiana em torno dessa idade. É um sinal de que seu bebê está fazendo um progresso saudável, que ele está reagindo às mudanças dentro dele e que está dando um salto adiante em seu desenvolvimento.

Seu pequeno está chateado simplesmente porque ele ainda não teve tempo para se adaptar a essas mudanças e ainda está confuso. Por isso, ele precisa de você por perto. Ele quer voltar "para casa", para o seu porto seguro, onde ele pode se sentir protegido em ambiente familiar. Com você, ele vai ganhar confiança suficiente para explorar seu novo mundo.

Imagine o que deve ser se sentir chateado e não ter ninguém por perto para consolá-lo. Você poderia sentir a tensão chegando e não saber o que fazer. Você precisa de toda a sua energia apenas para lidar com o estresse e você teria pouca força para resolver seus problemas. Seu bebê não é diferente. Para ele, cada vez que uma grande mudança em seu desenvolvimento mental ocorre, ele se sente como se tivesse acordado em um mundo novo. Ele vai ser confrontado com novas impressões, mais do que pode suportar. Ele chora e vai continuar chorando até que se acostume o suficiente com o

Meu diário

Sinais de que meu bebê está crescendo de novo

Entre as semanas 7 e 9, você pode perceber que seu bebê começa a mostrar alguns dos seguintes comportamentos. Eles provavelmente são sinais de que ele está pronto para dar o próximo salto, quando o mundo dos padrões se abrir para ele. Marque as caixas ao lado dos comportamentos que seu bebê apresenta.

❏ Chora com mais frequência

❏ Quer que você o mantenha ativo

❏ Perde o apetite

❏ Está mais tímido com estranhos

❏ Apega-se mais

❏ Dorme mal

❏ Chupa o polegar ou faz isso com mais frequência do que antes

OUTRAS MUDANÇAS QUE VOCÊ OBSERVA:

_____

_____

seu novo mundo para se sentir à vontade. Se ele não for consolado, toda a sua energia será usada apenas para chorar e ele estará perdendo um tempo precioso que poderia usar muito melhor descobrindo seu mundo novo e intrigante.

Como o salto pode afetar você

Estas grandes mudanças em seu bebê vão ter um enorme impacto em você também. Aqui estão algumas das maneiras de como elas podem afetar você.

Você pode se sentir preocupada

Quando um bebê passa por uma crise de choro inexplicável, a vida pode se desfazer para todos ao seu redor. Os bebês que choram muito mais do que antes, podem diminuir ainda mais a confiança das mães. Se esta é sua situação, você pode começar se perguntando se está realmente apta para o trabalho. Mas não se desespere: essa experiência é muito normal. O bebê normal vai chorar visivelmente mais do que o habitual e também vai ser muito mais difícil de confortar. Apenas um pequeno número de mães tem a sorte de não ter quaisquer preocupações particulares sobre seus bebês nessa idade. Estas mães têm bebês que são excepcionalmente descontraídos ou quietos, que não vão chorar muito mais do que o habitual e que são geralmente mais fáceis de confortar.

Bebês temperamentais e irritáveis são os mais difíceis de lidar. Eles parecem chorar 10 vezes mais alto e com mais frequência, e eles vão se debater como se estivessem em ringues de boxe. As mães muitas vezes se preocupam que toda a família vai desmoronar.

"É um pesadelo a forma como minha bebê continua chorando. Ela chora o tempo todo e mal dorme nestes momentos. Nosso casamento está despedaçado. Meu marido chega em casa ao fim do dia, sem vontade, porque ele não consegue enfrentar mais uma noite de tormento. Nós estamos tendo constantes discussões sobre como parar seu choro terrível."

Mãe de Jenny, 7ª semana

"Quando meu filho não para de chorar, eu sempre vou até ele, embora eu tenha chegado ao ponto onde poderia concordar com afirmações como: as crianças precisam chorar algumas vezes. Eu me sinto muito esgotada. Mas então eu começo a pensar sobre as paredes finas dos apartamentos e, por isso, eu acabo indo até ele de novo, esperando ser capaz de acalmá-lo desta vez."

Mãe de Steven, 9ª semana

"Às vezes, quando minha filha chora e não para, não importa o que eu faça, eu fico tão chateada que eu desconto em meu pobre marido. Muitas vezes eu própria choro, o que ajuda a aliviar um pouco a tensão."

Mãe de Emily, 10ª semana

"Alguns dias, quando estou em baixa, eu me pergunto se estou fazendo a coisa certa, se estou dando ao meu filho atenção suficiente ou demasiada. É tão típico que em um desses dias difíceis eu li que os bebês sorriem para suas mães quando têm 6 semanas de idade. O meu nunca o fez. Ele apenas sorri para si mesmo e isso realmente prejudicou a minha confiança. Então, de repente, esta noite, ele sorriu para mim. Lágrimas rolaram de meus olhos, foi tão comovente. Eu sei que isso soa ridículo, mas por um momento eu senti que ele estava tentando me dizer que estava tudo bem, que ele estava comigo o tempo todo."

Mãe de Bob, 9ª semana

Neste momento, quando o bebê chora mais do que o normal, você pode estar desesperada para descobrir o porquê. Você pode se perguntar: "Será que meu leite está secando? Ele está doente? Estou fazendo algo errado? Sua fralda está molhada? Quando ele está em meu colo, ele está bem. Isso significa que eu estou mimando ele?"

Quando todos os outros caminhos foram explorados, algumas mães finalmente decidem que devem ser cólicas que estão perturbando seus bebês. Afinal, seus pequenos chorões parecem estar se contorcendo muito. Algumas mães até mesmo choram. É um momento particularmente difícil para as mães de primeira viagem, que tendem a se culpar. Ocasionalmente, a mãe vai ao seu médico ou ela leva o problema ao pediatra.

"Normalmente, meu bebê nunca chora. Ele é muito descontraído, tão fácil quanto chegou. Mas esta semana ele teve problemas terríveis: cólicas, eu presumo."

Mãe de John, 9ª semana

Faça o que fizer, não se desespere, diga a si mesma que não é culpa sua! Tente se lembrar de que este é o caminho de seu jovem bebê lhe dizer que agora é capaz de aprender novas habilidades, o que significa que sua mente está se desenvolvendo bem. Nessa idade, seu choro é normal e temporário.

Você pode estar irritada e na defensiva

Assim que tem certeza de que seu pequeno bebê barulhento não tem nenhuma razão válida para continuar chorando e se agarrando a você, você pode se sentir irritada. Você pode achar que ele é ingrato e mimado. Você ainda tem tantos trabalhos domésticos para fazer e seu choro está lhe enlouquecendo. Além disso, você está exausta. Bem, você não está sozinha. A maioria das mães tem esses sentimentos. Muitas mães temem que os pais de seus bebês, familiares, amigos ou vizinhos podem considerar o "queridinho da mamãe" como um "incômodo completo". Elas podem ficar na defensiva quando outras pessoas lhe dizem para serem mais severas com seus bebês.

"Foi para isso que eu desisti de meu trabalho: 8 semanas de choro? Estou desesperada. Realmente não sei o que mais posso fazer."

Mãe de Jenny, 8ª semana

"Realmente me leva ao limite quando finalmente consigo fazer minha bebê dormir depois de consolá-la por uma hora, e ela começa a choramingar de novo no momento em que a tiro do colo. Ela só se sente feliz quando está em meus braços. Isso me irrita infinitamente. Eu não tenho oportunidade de fazer mais nada."

Mãe de Laura, 8ª semana

"Eu tive que manter meu filho ocupado durante todo o dia. Nada ajudou de verdade. Tentei caminhar, acariciando-o e cantando. No começo, senti-me completamente impotente e deprimida e, de repente, eu me senti muito frustrada. Sentei-me e comecei a soluçar. Então eu perguntei na creche se eles ficariam com ele por duas tardes por semana, só para me dar algumas horas para recarregar minhas baterias. Seu choro às vezes me esgotava totalmente. Eu estou tão cansada. Eu só gostaria de saber o quanto nós dois podemos suportar."

Mãe de Bob, 9ª semana

Cuidados com o bebê

Sacudi-lo pode ser prejudicial

Ter sentimentos agressivos pelo pequeno chorão exigente não é perigoso, mas agir com estes sentimentos sim. Haja o que houver, nunca se permita chegar ao estado de poder machucá-lo. Nunca sacuda o bebê. Sacudir um bebê jovem é uma das piores coisas que você pode fazer. Isso poderia facilmente causar uma hemorragia interna, logo abaixo do crânio, o que pode ter como consequência danos cerebrais que podem levar a dificuldades de aprendizagem, mais tarde, ou até mesmo a morte.

Você pode realmente se perder

É muito raro uma mãe admitir ter sido um pouco mais áspera do que o necessário ao tirar seu bebê do colo, porque ela estava muito irritada com seus gritos e choro. Se isso acontecer, é sempre uma experiência perturbadora, especialmente porque parecia ser uma reação instintiva no momento.

"Minha filha chorou ainda mais nesta semana do que na semana passada. Isso me deixou louca. Eu tinha mais do que o suficiente para fazer. Eu a peguei em meus braços e, no calor do momento, eu a joguei em seu trocador sobre a cômoda. Depois, fiquei chocada com o que tinha feito e, ao mesmo tempo, percebi que não tinha ajudado em nada a situação. Ela gritou ainda mais alto. Depois que isso aconteceu, eu entendi o que leva alguns pais a abusar de seus filhos durante esses 'ataques de cólica', mas eu nunca pensei fazer algo assim."

Mãe de Juliette, 9ª semana

Como emergem as novas habilidades do bebê

Uma vez que você está preocupada com o apego de seu bebê, você vai automaticamente manter uma observação extra sobre ele. Bem no fundo, você pode ter essas dúvidas irritantes: "Qual é o problema com ele? Por que ele está sendo tão problemático? O que eu posso fazer? Estou mimando

Carinhos: a melhor maneira de confortar

Um bebê dessa idade gosta de ser pego, acariciado e abraçado. As coisas boas que você lhe faz nunca serão demais.

ele? Ele deveria estar fazendo mais nesta idade? Ele está entediado? Por que ele não consegue se divertir?". Logo você vai perceber o que realmente está acontecendo: seu bebê está tentando dominar novas habilidades.

Aproximadamente na semana 8, você vai notar que seu bebê está se abrindo para seu novo mundo: um mundo de observações e experiências de padrões simples. Ele estará pronto para adquirir várias habilidades padrão neste momento, mas seu bebê, com suas inclinações, preferências e temperamento únicos, vai escolher qual as descobertas que quer fazer. Você pode ajudá-lo a fazer o que ele está pronto para fazer.

Não tente forçá-lo. Embora você possa pensar que ele deve praticar segurar uma bola (para sua futura carreira no vôlei), ele pode preferir começar a falar, balbuciando para seus brinquedos. Permita que ela siga seu próprio ritmo e respeite suas preferências. Pode ser difícil, por exemplo, se você é surdo e seu bebê está interessado em sons. Não se preocupe. Ele não precisa de sinfonias por enquanto: falar e cantarolar servirá.

O mágico salto adiante

Nesta idade, o bebê já não vivencia o mundo e a si próprio como um universo. Ele vai começar a reconhecer formas, padrões e estruturas recorrentes. Por exemplo, seu bebê pode agora descobrir que suas mãos lhe pertencem. Nessa idade, seu filho vai olhar para elas com espanto e as moverá ao redor. Uma vez que ele percebe que elas são suas, seu bebê também pode tentar usar as mãos, agarrando um brinquedo, por exemplo. Ele não apenas começa a ver os padrões no mundo à sua volta, como também, neste momento, seu bebê pode começar a distinguir padrões de sons, cheiros, sabores e texturas. Em outras palavras, o seu pequenino agora percebe padrões com todos os seus sentidos. Esta nova consciência não se limita ao que está acontecendo fora de seu corpo, também inclui uma percepção melhorada do que está acontecendo dentro de seu corpo. Por exemplo, agora seu bebê pode perceber que segurando o braço no ar se sente diferente do que quando o deixa cair. Ao mesmo tempo, ele também pode ganhar mais controle a partir do interior. Seu filho pode ser capaz de manter certas posições, não só com a cabeça, corpo, braços e pernas, mas também com áreas menores do corpo. Por exemplo, ele pode começar a fazer todos os tipos de caretas, agora que ele tem mais controle sobre seus músculos faciais. Ele pode fazer sons explosivos, porque ele pode manter suas cordas vocais em uma determinada posição. Ele pode se concentrar mais fortemente em um objeto, porque ele tem mais controle sobre os músculos dos olhos.

Muitos dos reflexos que seu bebê tinha ao nascer vão começar a desaparecer nesta idade. Eles serão substituídos por algo semelhante a um movimento voluntário. Ele não precisa mais do reflexo de agarrar, por exemplo, porque seu bebê agora é capaz de aprender a fechar a mão em torno de um brinquedo ou outro objeto. Seu bebê não usa o reflexo de sugar mais, porque ele é capaz de se agarrar a um mamilo em um único movimento, em vez de encontrá-lo por aquilo que parece ser pura coincidência depois de fuçar por um tempo. Neste momento, seu bebê já não é completamente dependente de reflexos. Em geral, os bebês só recorrem aos seus velhos reflexos se eles estiverem com fome ou chateados.

Alterações cerebrais

Aproximadamente nas semanas 7 e 8, o perímetro cefálico de um bebê aumenta drasticamente. Os pesquisadores têm gravado mudanças nas ondas cerebrais de bebês com 6 a 8 semanas de idade.

(continua na página 71)

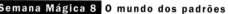

 Meu diário

Como meu bebê explora o novo mundo dos padrões

Marque as caixas abaixo enquanto você observa seu bebê mudando. Pare de preencher assim que o próximo período de tempestade começar, anunciando a chegada do próximo salto.

Um novo mundo de possibilidades se abre para o seu bebê quando ele chega na 8ª semana de idade. Seu bebê não pode descobrir de uma só vez tudo o que há para explorar neste novo mundo, embora alguns bebês vão tentar experimentar tudo. Exatamente quando seu bebê começa a fazer o que vai depender de suas preferências e das oportunidades que lhe são oferecidas.

Cada capítulo, a partir de agora, irá listar os comportamentos que seu bebê pode estar tendo que sinalizam que ele entrou em seu novo mundo. Procure por seções como esta: "Como meu bebê explora o novo mundo". Cada lista é dividida em áreas de atividade, tais como "controle corporal" e "olhando e descobrindo". Enquanto se orienta através do livro, você pode perceber um padrão emergente. Cada bebê tem um perfil completamente diferente e você deve estar ciente de que seu bebê não vai demonstrar neste momento muitas das habilidades listadas: algumas aparecerão mais tarde e algumas vão ser ignoradas por completo. Não se esqueça: todos os bebês têm diferentes talentos.

CONTROLE DO CORPO

❏ Mantém a cabeça ereta quando está muito alerta
❏ Conscientemente vira a cabeça em direção a algo interessante
❏ Rola conscientemente do lado para a barriga
❏ Rola conscientemente do lado para as costas

- ❏ Chuta com as pernas e curva seus braços
- ❏ Chuta o brinquedo, com movimentos de reflexo
- ❏ Permite-se ser puxado para a posição sentada
- ❏ Permite-se ser puxado para a posição de pé
- ❏ Tenta levantar a cabeça e o corpo quando deitado de barriga para baixo
- ❏ Mostra um aumento na vontade de sentar
- ❏ É capaz de olhar para a esquerda e para a direita quando deitado de bruços
- ❏ Faz caretas

CONTROLE DA MÃO

- ❏ Bate nos brinquedos
- ❏ Tenta agarrar objetos ao seu alcance, mas sem sucesso
- ❏ Fecha sua mão ao redor de objetos de fácil alcance
- ❏ Segura o brinquedo e o move bruscamente para cima e para baixo
- ❏ Toca e sente objetos sem segurá-los

OLHANDO E DESCOBRINDO

- ❏ Descobre as mãos
- ❏ Descobre os pés
- ❏ Descobre os joelhos
- ❏ Observa as pessoas se movendo ou trabalhando
- ❏ É fascinado por crianças que brincam por perto
- ❏ Gosta de ver imagens em movimento rápido na TV
- ❏ Observa os animais comendo ou se movendo
- ❏ É fascinado por cortinas balançando

(continua)

Meu diário (cont.)

❏ Descobre objeto luminoso, como uma vela tremulante
❏ Observa as copas das árvores ao ar livre e é particularmente fascinado pelos movimentos e sons das folhas
❏ Olha para os itens em prateleiras de supermercado
❏ Olha formas e cores complexas, como arte abstrata, especialmente enquanto está sendo embalado
❏ É fascinado por roupas brilhantes ou joias
❏ Gosta de ver as pessoas mastigarem os alimentos
❏ Gosta de assistir e ouvir as pessoas conversarem
❏ Observa os gestos faciais

OUVINDO E CONVERSANDO

❏ Gosta de ouvir vozes, cantos e sons agudos
❏ Faz pequenas sequências de sons, como *ah, uh, eh, mmm* e se ouve a si mesmo
❏ Faz uma série de sons, resmungos e balbucios, como se estivesse contando uma história
❏ Repete estes sons se você incentivá-lo
❏ Canta junto quando você dança e canta com ele
❏ "Conversa" e sorri para bichinhos de pelúcia
❏ Conscientemente faz o som *eh* para chamar a atenção
❏ Interrompe enquanto outras pessoas estão falando

OUTRAS MUDANÇAS QUE VOCÊ OBSERVA

_____

_____

Mesmo assim, os primeiros movimentos intencionais de seu bebê são muito diferentes dos de um adulto. Seus movimentos serão bastante irregulares, rígidos e duros, como os de um boneco, e eles permanecerão assim até a próxima grande mudança ocorrer.

As escolhas de seu bebê: uma chave para a sua personalidade

Por que todos os bebês são únicos? Todos eles sofreram as mesmas alterações e entraram no mesmo mundo novo, com novas descobertas para fazer e novas habilidades para aprender. Mas cada bebê decide por si próprio o que, quando e como ele quer aprender. Ele vai escolher o que ele considera mais interessante. Alguns bebês vão tentar aprender uma variedade de novas habilidades, usando um ou mais de seus sentidos. Alguns parecem particularmente interessados em explorar esse novo mundo com seus olhos. Alguns vão preferir experimentar suas habilidades de falar e ouvir. Outros tentarão se tornar mais hábeis com seus corpos. Isso explica por que o bebê de um amigo pode estar fazendo algo que seu bebê não faz ou não gosta, e vice-versa. O que o bebê gosta e não gosta é determinado por sua constituição única: estrutura física, peso, temperamento, inclinação e interesses exclusivos.

Os bebês adoram novidades. É muito importante que você responda ao notar quaisquer novas habilidades ou interesses. Seu bebê vai se divertir se você compartilhar essas novas descobertas com ele, e seu aprendizado progride mais rapidamente.

O que você pode fazer para ajudar

A melhor maneira de ajudar seu bebê a dar esse salto é incentivá-lo a desenvolver as habilidades que ele acha mais interessantes. Quando você notar que ele está trabalhando em uma nova habilidade, mostre a ele que você está entusiasmada com cada tentativa que ele faz para aprender algo novo. Se você elogiá-lo, vai fazê-lo se sentir bem, e isso vai incentivá-lo a continuar. Tente encontrar um equilíbrio entre oferecer desafios suficientes e exigir muito dele.

Tente descobrir o que ele mais gosta de fazer. Mais importante ainda, pare assim que sentir que ele aproveitou suficiente um jogo ou brinquedo.

Seu bebê pode querer ou precisar praticar alguns jogos ou atividades sozinho. Enquanto você mostrar algum entusiasmo, isso será suficiente para reafirmar que ele está indo bem.

Ajude-o a explorar o novo mundo através da visão

Se seu bebê gosta de explorar o mundo com os olhos, você pode ajudá-lo oferecendo todos os tipos de "padrões" visuais, por exemplo, mostrando seus objetos coloridos. Certifique-se de mover o objeto lentamente em toda a sua linha de visão, uma vez que isso vai chamar sua atenção mais rápido e manter o interesse dele por mais tempo. Você também pode tentar mover o objeto lentamente para trás e depois para frente, mas se certifique de que ele ainda é capaz de vê-lo se mover, caso contrário, ele vai perder o interesse.

Quando seu bebê está em um modo lúdico, ele pode ficar aborrecido se sempre vê, ouve ou sente os mesmos objetos nos mesmo ambientes. É muito normal que os bebês dessa idade se mostrem entediados, uma vez que sua nova consciência de padrões também significa que eles sabem quando as coisas são repetitivas. Pela primeira vez em sua vida, o bebê pode ficar farto

Como saber que o bebê já teve o suficiente

Praticar uma nova habilidade é divertido, mas também pode ser cansativo para um bebê. Quando ele já teve o suficiente por um tempo, ele normalmente irá informá-lo com alguns sinais de corpo muito claros. Por exemplo, ele pode olhar para longe ou, se ele for fisicamente forte o bastante, ele pode jogar seu corpo para longe de você.

Pare o jogo ou atividade assim que você perceber que seu bebê já está farto. Às vezes, ele só vai querer uma pequena pausa antes de retomar um jogo ou atividade com entusiasmo renovado, mas não o force. Ele precisa de tempo para absorver tudo. Sempre deixe as respostas de seu bebê orientá-lo.

do mesmo brinquedo, da mesma vista, do mesmo som, da mesma sensação de um objeto e do mesmo sabor. Ele vai implorar variedade e aprender com isso. Se ele parece entediado, mantenha-o estimulado. Carregue-o em torno de seus braços ou lhe dê alguns objetos diferentes para olhar.

Neste momento, os brinquedos podem não ser tão interessantes para o seu bebê do que uma variedade de coisas interessantes "reais" em seu mundo. Sua casa está cheia de itens que podem fascinar seu bebê, tais como livros, fotografias, animais de estimação, utensílios de cozinha e até mesmo seus óculos. Se seu bebê de repente prefere a "coisa real" aos seus brinquedos, ele vai precisar de sua ajuda. Nessa idade, ele não consegue chegar perto o suficiente dos objetos por conta própria. Ele precisa que você o leve até o objeto ou pegue o objeto e o mostre para ele. Se você perceber que ela gosta de olhar para "coisas reais", ajude-o a fazer isso.

"Minha bebê gosta de olhar para tudo: pinturas, livros em prateleiras, itens no armário da cozinha. Eu tenho que levá-la em todos os lugares. Eu até a levo em meus braços quando saio ou quando vou às compras."

Mãe de Hannah, 11ª semana

Nessa idade, seu bebê pode notar que objetos familiares continuam se movendo através de sua linha de visão. Caso ele investigue, vai descobrir as mãos ou os pés. Ele pode olhar para eles com espanto e começar a examiná-los detalhadamente. Cada bebê tem seu próprio modo de investigar este novo fenômeno. Alguns bebês precisam de muito tempo para concluir suas investigações, enquanto que outros bebês não. A maioria dos bebês tem um carinho especial pelas mãos. Talvez isso aconteça porque suas pequenas mãos passam mais frequentemente.

Ajude seu bebê a explorar o novo mundo através do toque

Mãos e braços podem estar em uma variedade de diferentes posturas. Cada postura é outro padrão a ser visto e sentido. Permita que seu bebê examine suas mãos pelo tempo e na frequência que desejar. O bebê tem que aprender para que servem suas mãos antes que consiga aprender a usá-las corretamente. Portanto, é muito importante que ele fique a conhecer tudo sobre estes "dispositivos de toque".

"Meu pequenino estuda cada detalhe de como mover as mãos. Ele brinca muito delicadamente com os dedos. Quando está deitado, ele segura a mão no ar e, em seguida, abre os dedos. Às vezes, ele abre e fecha os dedos, um de cada vez. Ou ele aperta as mãos juntas ou permite que elas se toquem. É um movimento de fluxo contínuo."

Mãe de Bob, 9ª semana

Você já reparou seu bebê tentando usar as mãos, tentando apertar um chocalho, por exemplo? Além disso, ao segurar um brinquedo, um padrão de sensação está envolvido na posição da mão em conjunto com o objeto que toca na palma da mão. As primeiras tentativas do bebê de agarrar um objeto estão geralmente longe de serem bem-sucedidas. Mostre-lhe que você está entusiasmado com o esforço que ela está fazendo e o incentive em cada tentativa séria. Seus elogios vão incentivá-lo a continuar.

"Meu filho está tentando pegar as coisas! Sua pequena mão tateia na direção de seu chocalho ou ele tenta atingi-lo. Um momento depois, ele tenta pegar o chocalho usando um movimento de segurar adequado. Ele se esforça muito para fazer isso. Quando acredita que pegou, ele fecha a mão, mas o barulho ainda está a alguns centímetros de distância. O pobrezinho percebe seu erro, fica frustrado e começa a chorar."

Mãe de Paul, 11ª semana

Tente ter em mente que nesta idade o bebê, definitivamente, ainda não é capaz de alcançar e tocar as coisas que ele quer pegar. Ele só é capaz de fechar as mãos em torno de um objeto. Certifique-se de sempre colocar brinquedos fáceis de agarrar perto de suas mãos em movimento. Então, seu bebê será capaz de tocar o objeto e praticar fechando e abrindo as mãos sempre que quiser.

Ajude seu bebê a explorar o novo mundo através do som

A maior paixão de um bebê são os sons mais recente que ele faz sozinho. Por isso, você deve tentar responder a cada som que o jovem bebê faz. A maior paixão de seu bebê poderia ser fazer sons explosivos, porque, a partir deste salto, ele pode manter suas cordas vocais em uma determinada posição. Assim como a posição da mão, a posição das cordas vocais é um padrão de sensação. Tente imitar os sons de seu bebê para que ele possa ouvi-los de outra pessoa. Responda quando ele usa sons para atrair a sua atenção. Essas "conversas" são essenciais para o seu processo de aprendizagem, e elas irão ensiná-lo a se revezar, ouvir e imitar: habilidades que formam a base da comunicação. Essas conversas também irão lhe ensinar que sua voz é uma ferramenta importante, assim como suas mãos.

"Minha bebê conversa, tentando atrair a minha atenção durante todo o dia. Ela ouve a minha voz também. É maravilhoso."

Mãe de Hannah, 11ª semana

Toda mãe tenta incentivar seu bebê a "conversar". Algumas mães conversam com seus bebês ao longo de suas horas de vigília naturalmente, ao passo que outras mães fazem isso apenas em determinados momentos, como quando seus bebês estão em seus colos. A desvantagem dos tempos de bate-papo planejados é que o bebê pode não estar sempre voltado para ouvir e responder. Parece que os bebês cujas mães "planejam" tempos de conversa nem sempre entendem o que se espera deles, e as mães se desencorajam facilmente porque elas acham que seus bebês não estão respondendo adequadamente ainda.

Ajude seu bebê a explorar o novo mundo através das posturas corporais

Seu bebê pode estar pronto para os jogos de levantar. Um pequeno bebê forte que consegue levantar a cabeça sozinho pode adorar ser puxado para cima pelos braços a partir de uma posição meio sentada para uma posição vertical, ou ser puxado de uma posição sentada para uma posição em pé. Tenha cuidado para sustentar sua cabeça pesada. Se ele for muito forte, ele pode até mesmo participar ativamente. Este jogo ensina o bebê qual a sensação das posturas diferentes e como mantê-las. Cada uma dessas posturas é outro "padrão" que seu bebê pode detectar dentro de seu corpo. Se ele coopera no jogo de levantar, ele vai balançar de forma muito instável de uma posição para outra. Quando ele for puxado para uma determinada posição, ele vai querer mantê-la por um momento. Embora seus movimentos ainda estejam longe de ser flexíveis, ele vai adorar estar em uma determinada posição por um breve momento. Ele pode até ficar muito chateado quando você decide que é hora de acabar com a brincadeira.

"De repente, meu filho está se empurrando por todos os lados quando eu o puxo pelos seus pés. Ele também faz movimentos bruscos e desajeitados quando está deitado nu em seu trocador. Eu não sei se isso é normal. Isso me preocupa um pouco."

Mãe de Kevin, 11ª semana

"Se minha bebê conseguisse, ela ficaria de pé durante todo o dia, ouvindo-me dizer como ela está forte. Se eu não me apressasse com elogios, ela começava a reclamar."

Mãe de Ashley, 10ª semana

Os pais são geralmente os primeiros a descobrir que os bebês adoram estes jogos de levantar, em seguida, as mães os seguirão, embora eles tendam a ser um pouco mais entusiasmados com meninos do que com meninas.

(continua na página 80)

Algumas coisas para ter em mente

Seu bebê vai estar mais ansioso para aprender quando estiver descobrindo um mundo novo. Ele aprenderá mais rápido, de forma mais fácil e será mais divertido se você der a ele aquilo que se adéqua a sua personalidade.

Bebês muito exigentes automaticamente recebem mais atenção, já que suas mães se esforçam para mantê-los entretidos e satisfeitos. Esses bebês muito interessados podem se tornar os melhores alunos de amanhã, se eles receberem a ajuda e o encorajamento certos em seus primeiros anos.

Bebês tranquilos são facilmente esquecidos, porque eles não exigem tanta atenção de suas mães. Tente dar a um bebê tranquilo apenas um pouco mais de incentivo e estímulo para tirar o melhor proveito dele.

Você pode pensar que seu bebê deve ser capaz de ser um pouco mais independente agora, porque você percebe o grande prazer que ele tem com o seu ambiente, seus brinquedos, seus próprios pés e mãos e porque ele gosta de estar deitado de costas no chão. Você pode começar a usar o cercadinho pela primeira vez nesta fase. É um bom lugar para pendurar brinquedos de fácil alcance das mãos de seu bebê, permitindo que ele bata neles ou os observe balançar para trás e para frente. Você  também pode tentar deixar seu bebê se divertir durante o maior tempo possível, presenteando-o com novos brinquedos quando ele ficar entediado. Com sua ajuda, seu bebê pode ser capaz de se divertir por cerca de 15 minutos nesta idade.

Brincadeiras excelentes para esta semana mágica

Estes jogos e atividades podem ser usados quando o bebê entra no mundo dos padrões. Antes de deslizar para baixo na lista, olhe para trás em "Como meu bebê explora o novo mundo dos padrões" na página 68, para se lembrar do que seu bebê gosta de fazer. E se lembre de que os jogos que não funcionam para o seu bebê agora podem funcionar mais tarde quando ele estiver pronto.

MÃOS OU PÉS: O BRINQUEDO FAVORITO

Dê ao seu bebê ampla oportunidade e espaço para ele ver suas mãos e pés. Ele terá liberdade de movimento para pegar em cada detalhe. A melhor coisa a fazer é colocá-lo em uma toalha grande ou cobertor. Se for quente o suficiente, deixe-o brincar sem roupa, uma vez que ele realmente vai gostar da liberdade de seu corpo nu. Se você quiser, você pode amarrar uma fita colorida em torno de sua mão ou pé para torná-los mais atrativos. Se você fizer isso, no entanto, certifique-se de que está bem presa e observe o bebê de perto para que ele não se engasgue acidentalmente com a fita caso ela se solte.

CONVERSAS ACOLHEDORAS

Quando o bebê está com vontade de falar, sente-se e fique confortável. Certifique-se de que você tem apoio suficiente em suas costas, curve os joelhos para cima e deite o bebê de costas em suas coxas. A partir desta posição ele pode lhe ver de forma adequada e você conseguirá acompanhar todas as suas reações. Converse com ele sobre qualquer coisa: sua beleza, sua pele macia, seus olhos, os acontecimentos do dia ou seus planos para depois. A coisa mais importante é o ritmo de sua voz e sua expressão facial. Certifique-se de lhe dar tempo suficiente para responder. Isso significa ser paciente, esperar, sorrir, acenar para ele, para que ele perceba que é preciso duas pessoas para estabelecer uma conversa. Assista as reações de seu bebê para descobrir o que ele acha interessante. Lembre-se que uma boca falando, junto com um cara que muda de uma expressão para outra, normalmente é um grande sucesso!

OS EXCELENTES INTERIORES

Nessa idade, um bebê curioso ainda não consegue pegar objetos que chamam a sua atenção para dar uma olhada. Até ele ser capaz de fazer isso por si próprio, ele vai ter que confiar em você para trazer os objetos interessantes para ele. Lembre-se, há muitas coisas interessantes na casa que despertarão a curiosidade dele. Explique-lhe o que ele vê. Ele gosta de ouvir a entonação em sua voz. Deixe-o tocar e sentir o que ele parece gostar.

O JOGO DE LEVANTAR

Você só pode brincar este jogo se seu bebê for capaz de levantar a cabeça por conta própria. Sente-se e fique à vontade. Certifique-se de que você tem apoio suficiente em suas costas. Curve os joelhos para cima e coloque seu bebê em suas pernas e barriga para que ele fique praticamente em uma posição meio sentada. Ele vai se sentir mais confortável assim. Agora, segure seus braços e os puxe lentamente, até que ele fique sentado, encorajando-o com palavras ao mesmo tempo, tais como lhe dizer o quanto ele é um menino inteligente. Assista suas reações com cuidado, e só continue se tiver certeza de que ele está cooperando e se divertindo.

TOMEM UM BANHO JUNTOS

A água é um brinquedo maravilhoso por si só. Nesta idade, os "bebês peixinhos", em particular, vão se divertir assistindo o movimento da água. Coloque o bebê de barriga para baixo e mostre a ele gotas e pequenas faixas de água correndo de seu corpo para o dele. Os bebês também vão gostar de ter ondas pequenas jogadas sobre seus corpos. Deite-o de costas em sua barriga e brinque de "Rema, Rema Remador" com ele. Mova-se da frente para trás lentamente ao ritmo da música e faça pequenas ondas. Ele vai gostar da sensação das ondas correndo sobre sua pele. Depois da liberdade do banho, é provável que ele adore ser agasalhado confortavelmente e com segurança em uma toalha quente e receber um bom carinho!

Uma palavra de consolo: um bebê exigente pode ser talentoso

Alguns bebês entendem novos jogos e brinquedos rapidamente, ficando logo cansados de fazer as mesmas coisas, dia após dia. Eles querem novos desafios, ação contínua, jogos complicados e muita variedade. Isso pode ser extremamente desgastante para as mães desses bebês cheios de energia, porque elas ficam sem imaginação e seus bebês gritam se não lhes for dado um novo desafio atrás do outro.

É um fato comprovado que muitas crianças altamente talentosas foram bebês exigentes e descontentes. Geralmente, eles ficavam felizes apenas enquanto lhes eram dados desafios novos e empolgantes.

Uma nova consciência ou um novo mundo irá oferecer novas oportunidades para aprender habilidades adicionais. Alguns bebês irão explorar seu novo mundo e fazer descobertas com grande entusiasmo, mas eles exigem constante atenção e ajuda para fazer isso. Eles têm uma sede infinita de conhecimento. Infelizmente, eles descobrem seu novo mundo a uma velocidade espantosa. Eles experimentam e adquirem quase todas as habilidades que o novo mundo tem para oferecer, a seguir, ficam entediados pouco antes de crescerem novamente. Para as mães de bebês como este, não há muito mais a fazer a não ser esperar que a próxima grande mudança ocorra.

Brinquedos excelentes para esta semana mágica

Aqui estão alguns brinquedos e coisas que os bebês gostam enquanto eles exploram o mundo dos padrões.
- Brinquedos que balançam sobre ele
- Um móbile de movimento ou musical
- Uma caixa musical com figuras em movimento
- Brinquedos para bater ou para tocar
- Bichinhos de pelúcia para conversar ou rir
- Mãe: você ainda está no topo da tabela como seu brinquedo favorito!

"Depois de cada amamentação, eu colocava meu filho no cercadinho por um tempo. Às vezes, eu o colocava debaixo de um móbile musical que ele gosta de ver, e às vezes eu o colocava debaixo de um trapézio com brinquedos pendurados, nos quais ele batia de vez em quando. Devo dizer, ele está ficando muito bom em batê-los agora."

Mãe de Frankie, 11ª semana

Depois do salto

Por volta da semana 10, um novo período de relativa calmaria chega. A maioria das mães parece se esquecer das preocupações e das ansiedades das últimas semanas rapidamente. Elas cantam louvores de seus bebês e falam sobre eles como se sempre tivessem sido bebês descontraídos e alegres.

Que mudanças você pode ver em seu bebê nesta fase? Aproximadamente na semana 10, seu bebê pode já não precisar de tanta atenção como antes. Ele está mais independente. Ele está interessado em seu ambiente, em pessoas, animais e objetos. É como se de repente ele entendesse e reconhecesse claramente toda uma variedade de coisas novas. Sua necessidade de estar constantemente com você também pode diminuir neste momento. Se você pegá-lo, ele pode se contorcer e se mexer em desconforto e tentar se sentar em seus braços, tanto quanto possível. A única vez que ele pode parecer precisar de você agora é quando você está disposta a lhe mostrar coisas de interesse. Seu bebê pode ter se tornado tão alegre e ocupado se divertindo sozinho que a vida fica muito mais fácil para você. Você pode sentir uma onda de energia. Muita mães colocam regularmente bebês dessa idade em seus cercadinhos, uma vez que elas sentem que seus filhos estão prontos para isso agora.

"Minha filha de repente parece muito mais brilhante. Ela perdeu a dependência de recém-nascido. Eu não sou a única a ter notado. Todo mundo fala com ela de forma correta agora, em vez de fazer barulhos estranhos."

Mãe de Emily, 10ª semana

"Minha bebê parece mais sábia. Ela se tornou mais simpática, mais feliz e até mesmo grita de tanto rir de vez em quando. Graças a Deus ela parou com o choro incessante! A vida mudou drasticamente de pensar 'Como posso lidar com seus gritos?' para 'Adoro tê-la por perto agora'. Até mesmo seu pai está ansioso para vê-la à noite atualmente. Ele costumava vir para casa sem vontade, temendo o tormento provável de seu choro sem fim. Agora, ele adora estar ao seu lado. Ele lhe dá a mamadeira e lhe dá banho todas as noites."

Mãe de Jenny, 10ª semana

"Meu filho já não parece tão vulnerável. Eu vejo uma mudança definitiva nele agora. Ele progrediu deixando de estar apenas sentado em meu colo para ganhar um pouco de independência e brincar."

Mãe de Steven, 10ª semana

"Eu acho que minha bebê está realmente começando a se transformar em uma pequena pessoa real com vida própria. No início, tudo o que ela fazia era comer e dormir. Agora, ela se diverte quando eu a tiro da cama, assim como os adultos fazem."

Mãe de Nina, 10ª semana

"Eu não sei se há alguma ligação, mas eu certamente notei que eu tinha muito mais energia na semana passada, e isso coincidiu com a independência recém-descoberta de meu pequeno menino. Devo dizer que eu realmente gosto de ver o progresso que ele está fazendo. É fascinante a maneira como ele ri, diverte-se e brinca. Parece que estamos nos comunicando melhor agora. Eu posso deixar minha imaginação correr solta com seus brinquedos de pelúcia, canto-lhe canções e invento brincadeiras diferentes. Agora que eu estou recebendo um feedback dele, ele está se transformando em um pequeno amigo. Acho essa idade muito mais fácil do que quando ele apenas mamava, chorava e dormia."

Mãe de Bob, 10ª semana

capítulo 5

Semana Mágica 12:
O mundo das transições
suaves

Aproximadamente nas semanas 11 ou 12, seu bebê vai entrar em mais um novo mundo, enquanto ele passa pelo terceiro grande salto de desenvolvimento desde o seu nascimento. Você deve se lembrar de que um dos desenvolvimentos físicos significativos que ocorreram na semana 8 foi a habilidade de bater e chutar em objetos com os braços e as pernas. Estes movimentos de bater iniciais, muitas vezes, pareciam divertidamente com uma marionete. Na semana 12, esta ação brusca está prestes a mudar. Como o Pinóquio, seu bebê está pronto para passar de um boneco para um menino de verdade.

É claro que essa transformação não vai acontecer durante a noite. E, quando acontecer, vai implicar mais do que apenas o movimento físico, apesar disso ser, geralmente, o que os pais notam mais. Essa transformação também irá afetar a capacidade de seu bebê de perceber como as coisas mudam em torno dele com os outros sentidos: tais como uma voz muda de um registro para outro, o gato esgueirando pelo chão e a luz em um quarto se tornando menos clara enquanto o sol mergulha atrás das nuvens. O mundo de seu bebê está se tornando um lugar mais organizado enquanto ele descobre as mudanças fluidas e constantes ao seu redor.

A realização dessas sutilezas permitirá que seu bebê aproveite a vida de novas maneiras. Mas não é fácil entrar em um mundo que está mudando debaixo de seus pés. Durante a noite, o mundo de seu bebê mudou. Nada parece estar parado mais.

Tenha em mente que se o seu bebê ficar de repente mais exigente, ele provavelmente está se preparando para dominar novas habilidades. Observe-o de perto durante este período emocionante.

Neste mundo em mudança, a única coisa constante é você, seu porto seguro. É de admirar que ele queira ficar com você de forma obstinada ao

Observação: este salto para o mundo perceptivo das "transições suaves" está ligado à idade e é previsível. Ele desencadeia o desenvolvimento de toda uma gama de habilidades e atividades. No entanto, a idade em que essas habilidades e atividades aparecem pela primeira vez varia muito e depende das preferências, experiências e desenvolvimento físico de seu bebê. Por exemplo, a capacidade de perceber transições suaves emerge aproximadamente na semana 12 e é um pré-requisito necessário para "tentar se sentar quando ajudado por um adulto", mas esta habilidade normalmente aparece em qualquer momento entre os 3 e 8 meses. As habilidades e atividades são mencionadas neste capítulo na idade mais precoce possível em que podem aparecer, para que você possa observá-las e reconhecê-las. (Elas podem ser rudimentares inicialmente.) Desta forma, você pode reagir e facilitar o desenvolvimento de seu bebê.

dar este próximo salto de desenvolvimento importante em sua vida? Felizmente, este período exigente não irá durar tanto como o anterior. Alguns bebês irão se comportar normalmente de novo depois de apenas um dia, enquanto outros podem precisar de uma semana inteira antes que se sintam eles próprios novamente.

Sinais difíceis desta semana

Quando uma mudança acontece, todos os bebês chorarão mais vezes e por períodos mais longos, embora alguns venham a chorar mais do que outros. Alguns bebês ficarão inconsoláveis, enquanto outros podem ficar impacientes, irritadiços, mal-humorados ou apáticos. Um bebê pode ficar especialmente difícil durante a noite, enquanto outro pode tender a ficar chateado durante o dia. Todos os bebês costumam ficar um pouco menos chorosos se forem carregados ou se receberem simplesmente atenção extra ou abraços. Mas, mesmo nestas circunstâncias, qualquer um que conhece bem o bebê vai suspeitar que ele vai chorar ou se irritar novamente, na menor oportunidade.

Como você sabe que é hora de crescer

Aqui estão os principais sinais de que seu bebê está prestes a dar este salto de desenvolvimento.

Ele pode exigir mais atenção

Quando você acaba de achar que seu bebê aprendeu a se divertir, ele não parece mais fazer isso. Ele pode dar a entender que quer que você brinque mais com ele e o mantenha entretido o tempo todo. Apenas sentar com ele pode não ser o suficiente, ele pode querer que você olhe e fale com ele também. Esta mudança em seu comportamento será ainda mais evidente se ele já havia mostrado que poderia ser independente após o último salto adiante. Na verdade, você pode pensar que ele regrediu. Você pode sentir que se seu bebê já deu três passos para frente e, então, ele dá dois passos para trás.

"Meu filho está extremamente dependente de mim agora. Ele só fica feliz se eu segurá-lo perto. Se fizesse o que ele quer, acho que ficaria dançando ao redor com ele também."

Mãe de Bob, 12ª semana

Ele pode se tornar tímido com estranhos

Alguns bebês ficarão tímidos com todos, exceto com suas mães neste momento. Se seu bebê é tímido, você vai notar que ele se agarra a você sempre que você tem visita. Ele pode começar a chorar quando um estranho fala com ele ou mesmo olha para ele. Às vezes, ele pode se recusar a sentar no colo de qualquer pessoa, menos no seu. Se ele estiver aconchegado com segurança em você, pode dar a alguém um sorriso relutante, mas se for particularmente tímido, ele rapidamente vai enterrar a cabeça em seu ombro depois.

Ele pode se agarrar a você com mais força

Seu bebê pode se agarrar a você com tanta força ao carregá-lo, que parece que ele tem medo de ser abandonado. Os bebês que fazem isso, às vezes, podem até mesmo apertar extremamente suas mães no processo.

Ele pode perder o apetite

Neste momento, o bebê pode prolongar cada sessão de alimentação. Bebês que mamam no peito e têm permissão para decidirem por si só quando querem mamar se comportam como se quisessem comer o dia todo. Bebês que mamam na mamadeira levam mais tempo para terminar suas mamadeiras, se conseguirem chegar tão longe. Estes bebês passam o tempo mastigando e roendo os mamilos sem realmente mamar. Eles fazem isso como uma forma de conforto e, assim, eles se penduram obstinadamente, com medo de deixar ir. Muitas vezes, eles vão cair no sono com o peito ainda em sua boca. Seu bebê pode tentar segurar você ou agarrar seu peito durante a amamentação, mesmo que ele esteja sendo alimentado com mamadeira, uma vez que ele tem medo de abrir mão de sua única fonte de conforto.

"Quando estou dando a mamadeira para a minha filha, ela põe a mão-zinha dentro da minha blusa. Nós chamamos isso de 'abraçamento'."

Mãe de Emily, 12ª semana

Ele pode dormir mal

Seu bebê provavelmente vai dormir menos bem agora. Muitos bebês acordam várias vezes durante a noite exigindo serem alimentados. Outros bebês acordam muito cedo pela manhã. Outros bebês ainda se recusam a tirar cochilos durante o dia. Para muitas famílias, a rotina normal se transformou em um caos absoluto, porque os padrões de alimentação e o sono regular do bebê mudaram muito drasticamente.

Ele pode chupar o polegar mais vezes

Seu bebê pode agora descobrir o polegar pela primeira vez, ou ele pode chupar o dedo por mais tempo e com mais regularidade do que antes. Como sugar a mama ou a mamadeira, isso é um conforto e pode evitar outra sessão de choro. Algumas mães, introduzem uma chupeta para ajudar a acalmar o bebê neste momento.

Ele pode ficar apático

Seu bebê pode ficar mais silencioso ou parecer menos animado do que de costume. Ele também pode ficar ainda por algum tempo olhando ao redor ou apenas olhando para frente. Este é um evento apenas temporário. Seus sons e movimentos anteriores em breve serão substituído por novos.

> "A única coisa que minha bebê gosta de fazer agora é se aconchegar perto de mim em seu sling. Ela está muito calma e nada problemática, ela não faz muita coisa, exceto dormir. Porém, para ser honesta, eu prefiro vê-la cheia de vida."
>
> Mãe de Nina, 12ª semana

Como este salto pode afetar você

Obviamente, seu bebê não será o único afetado pelas mudanças que ocorrem dentro dele. Toda a sua família sofre também, especialmente a mãe. Aqui estão alguns dos sentimentos que podem ocorrer durante este período turbulento.

Meu diário

Sinais de que meu bebê está crescendo de novo

Entre as semanas 11 e 12, você pode observar seu bebê apresentar qualquer um dos seguintes comportamentos. Eles provavelmente são sinais de que o bebê está pronto para dar o próximo salto, para o mundo das transições suaves. Marque os sinais que seu bebê apresenta.

- ❑ Chora com mais frequência
- ❑ Quer que você o mantenha ativo
- ❑ Perde o apetite
- ❑ Está mais tímido com estranhos
- ❑ Apega-se mais
- ❑ Quer mais contato físico durante a amamentação
- ❑ Dorme mal
- ❑ Chupa o polegar ou faz isso com mais frequência do que antes
- ❑ Está menos animado
- ❑ Está mais silencioso, menos sonoro

OUTRAS MUDANÇAS QUE VOCÊ OBSERVA

_____

_____

Você pode se sentir preocupada

É normal se sentir ansiosa ao perceber que seu bebê que estava animado ficou mais exigente, está chorando com mais frequência, está dormindo mal ou não está mamando bem. Você pode ficar preocupada, pois parece que o bebê regrediu nos sons e movimentos que produz ou parece ter perdido a independência que ele tinha tão recentemente adquirido. As mães geralmente esperam ver progresso, e se ele parece não estar acontecendo, mesmo que por apenas um curto período de tempo, elas ficam preocupadas. Elas se sentem inseguras e se perguntam qual é o problema. "Tem alguma coisa errada com o bebê? Ele pode estar doente? Ele poderia não ser normal, afinal?" São as preocupações mais comuns. Na maioria das vezes, nenhuma delas é o caso. (Em caso de dúvida, consulte sempre seu médico de família.) Pelo contrário, seu bebê está mostrando sinais de progresso. Um novo mundo está lá para ele descobrir, mas quando este mundo se revela, o bebê primeiro terá que lidar com a revolta que ele traz. Não é fácil, e ele vai precisar de seu apoio. Você pode fazer isso, mostrando que você entende que ele está passando por um momento difícil.

> "Quando minha bebê está chorando sem parar e quer ser carregada o tempo todo, sinto-me pressionada. Eu não consigo fazer até mesmo as coisas mais simples. Faz-me sentir insegura e isso esgota toda a minha energia."
>
> Mãe de Juliette, 12ª semana

> "Estou tentando descobrir por que minha bebê chora tanto. Eu quero saber o que a está incomodando para que possa corrigir isso. Então, eu terei um pouco de tranquilidade de novo."
>
> Mãe de Laura, 12ª semana

> "Não há nenhuma forma de eu conseguir lidar com o choro de meu filho. Eu não aguento mais. Eu até prefiro sair da cama quatro vezes por noite para lidar com um bebê que não está chorando do que duas vezes por noite para lidar com um pequeno chorão."
>
> Mãe de Paul, 11ª semana

Você pode ficar irritada

Durante este período, muitas mães ficam mais irritadas com as rotinas irregulares de comer e dormir de seus bebês. Elas acham que é impossível fazer planos com antecedência. Toda a sua programação é perturbada. Elas muitas vezes se sentem sob pressão da família ou amigos também. Os instintos de mãe dizem para elas concentrarem toda a sua atenção em seus filhos infelizes, mas outras pessoas muitas vezes parecem desaprovar muito este mimo. A mãe pode se sentir dividida.

"Eu fico irritada todas as vezes que o meu filho começa a ficar inquieto, porque ele não consegue se divertir, nem mesmo por um breve momento. Ele quer que eu o mantenha ocupado durante todo o dia. Claro, todo mundo adora me dar conselhos sobre como lidar com ele, especialmente meu marido."

Mãe de Kevin, 12ª semana

"Eu pareço lidar melhor com o comportamento instável de minha bebê se não fizer planos com antecedência. No passado, quando meus planos eram completamente desfeitos, eu me sentia irritada. Então, eu mudei minha atitude. E você acreditaria se eu disser que, às vezes, acho que ainda tenho algumas horas de sobra?"

Mãe de Laura, 12ª semana

Você pode chegar ao fim de sua lucidez

Às vezes, as mães não conseguem, ou não querem, reprimir sua raiva por mais tempo, e elas deixam suas exigentes pequenas criaturas saberem que estão fartas.

"Meu filho estava tão inquieto. Eu ficava preocupado com o que os vizinhos iriam pensar do barulho. A tarde de domingo foi o limite. Eu tentei de tudo para que ele se acalmasse, mas nada ajudou. No começo, eu me senti impotente, mas então eu fiquei furiosa, porque eu simplesmente não conseguia lidar com isso, então eu o deixei em seu quarto. Eu própria chorei bastante, o que me acalmou um pouco."

Mãe de Bob, 12ª semana

"Tínhamos visita e meu filho estava sendo terrivelmente irritante. Todos me deram seus conselhos, o que sempre me deixa muito chateada. Quando fui para o andar de cima colocá-lo na cama, eu perdi meu autocontrole, agarrei-o e lhe dei uma boa sacudida."

Mãe de Matt, 11ª semana

Você pode sentir uma pressão extrema

Se a mãe se preocupa muito com seu pequeno resmungão barulhento e se não recebe apoio suficiente da família e dos amigos, ela pode ficar exausta.

Cuidados com o bebê

Sacudi-lo pode ser prejudicial

Embora seja normal se sentir frustrado e irritado com o seu bebê algumas vezes, nunca sacuda um bebê. Sacudir uma criança pode facilmente causar hemorragia interna, logo abaixo do crânio, o que pode resultar em danos cerebrais que podem levar a dificuldades de aprendizagem mais tarde: ou até mesmo á morte.

Se ela também estiver sofrendo com a falta de sono, pode facilmente perder o controle da situação, tanto mental como fisicamente.

Conselhos indesejados além de pânico e exaustão, poderiam fazer qualquer mãe se sentir ainda mais irritada e mal-humorada: e seu parceiro, muitas vezes, torna-se o alvo. Às vezes, no entanto, seu bebê angustiado irá suportar o peso da frustração reprimida da mãe, e ela pode ser um pouco mais rígida com ele do que o necessário. Quando uma mãe admite ter dado um tapa em seu bebê, isso quase sempre ocorre durante um desses períodos difíceis. Certamente não é por não gostar do pobre bebê, mas simplesmente porque anseia vê-lo feliz e se sente ameaçada por críticas de outras pessoas. Sente que não tem ninguém a quem recorrer com seus problemas e se sente sozinha. Apesar de poderem ser compreensíveis estes sentiento de frustração, uma pessoa nunca deve agir guiada por eles. Dar um tapa, e qualquer outra forma de machucar, não é aceitável.

"Todas as vezes que minha bebê para de chorar, eu sinto como se um peso tivesse sido tirado dos meus ombros. Eu não tinha percebido o quanto estava tensa até então."

Mãe de Emily, 11ª semana

"Depois que os colegas de trabalho de meu marido disseram que ele e nosso filho eram muito parecidos, ele parou de criticar a quantidade de atenção que eu dava ao seu reflexo mal-humorado. Na verdade, meu marido não teria nenhum outro caminho agora, considerando que ele sentia que eu estava exagerando e mimando o bebê. As coisas estão correndo muito mais suaves no momento, e não estou tão tensa como costumava estar quando o bebê ficava chateado e ele parece sentir isso também. Eu me sinto muito mais confortável agora."

Mãe de Matt, 12ª semana

Quando tudo começa a ser demasiado, lembre-se: A situação só pode melhorar. Nesta fase, algumas mães temem que essas crises de choro terríveis possam não parar nunca. Esta é uma suposição lógica, pois até agora os períodos agitados se seguiram uns aos outros em rápida sucessão, com apenas 2 a 3 semanas entre eles. Isso quase não deu tempo suficiente para as mães recuperarem o fôlego. Mas não se desespere: a partir de agora, os intervalos entre os períodos difíceis será maior. Os próprios períodos difíceis também parecerão menos intensos.

Como emergem as novas habilidades do bebê

Quando o bebê está chateado, normalmente você vai querer observá-lo mais de perto, porque você quer saber o que está errado. Ao fazer isso, de repente você pode perceber que seu bebê realmente dominou novas habilidades ou está tentando fazer isso. Na verdade, você vai descobrir que seu bebê está dando seu próximo grande salto: para o mundo das transições suaves.

Aproximadamente na semana 12, seu bebê será capaz de perceber as formas mais sutis de como as coisas mudam ao seu redor, não abruptamente, mas de forma suave e gradual. Ele estará pronto para experimentar passar por essas transições suaves sozinho.

Seu bebê vai fazer várias novas descobertas neste novo mundo. Ele irá selecionar as coisas que são apelativas para ele e que ele está pronto física e mentalmente para experimentar. Você deve, como sempre, ter cuidado para não forçá-lo, mas ajudá-lo a fazer o que ele mostra que está preparado. De muitas maneiras, no entanto, ele ainda vai contar com sua ajuda. Ele vai precisar que você lhe mostre as coisas em seu mundo, que coloque seus brinquedos onde ele possa vê-los e alcançá-los e que responda às suas tentativas crescentes de comunicação.

Alterações cerebrais

Aproximadamente nas semanas 10 e 11, a circunferência da cabeça dos bebês aumenta drasticamente.

O mágico salto adiante

Quando ele entra no mundo das transições suaves, pela primeira vez, seu bebê é capaz de reconhecer as mudanças contínuas em imagens, sons, sabores, cheiros e toques. Por exemplo, ele pode agora notar como uma voz muda de um tom para outro, ou como um corpo muda de uma posição para outra. Seu bebê não apenas consegue registrar essas transições suaves no mundo exterior, como também é capaz agora de aprender a fazê-las sozinho. Isso permitirá que o seu bebê pratique várias habilidades importantes.

Você vai ver que agora que os movimentos do bebê se tornam muito mais suaves, mais fluentes e mais parecidos como os de um adulto. Este novo controle se aplica a todo o seu corpo, bem como às partes que ele pode mover conscientemente: suas mãos, pés, cabeça, olhos e, até mesmo, suas cordas vocais. Provavelmente, você vai notar que, quando ele se joga em direção a um brinquedo, o movimento é mais suave do que era há algumas semanas atrás. Quando ele dobra os joelhos para sentar ou se puxa para ficar de pé, todo o exercício parece mais deliberado e maduro.

Os movimentos da cabeça também se tornam mais suaves, e ele agora pode variar a velocidade. Ele pode olhar ao redor da sala da mesma forma que as crianças mais velhas fazem, e seguir um movimento contínuo. Seus olhos são capazes de se concentrar de forma mais acentuada no que veem, e sua visão, em breve, será tão boa quanto a de um adulto.

Quando o bebê nasceu, ele veio preparado com um reflexo que movia seu olhar na direção de qualquer novo som. Este reflexo desapareceu em algum momento entre as semanas 4 e 8 após o nascimento, mas agora ele pode fazer a mesma coisa de forma consciente, e a reação será mais rápida. Ele será ca-

(continua na página 96)

Meu diário

Como meu bebê explora o novo mundo das transições suaves

Marque as caixas abaixo enquanto você observa seu bebê mudando.

CONTROLE DO CORPO

- ❏ Quase não precisa de apoio para manter a cabeça em pé
- ❏ Movimento suave da cabeça ao girar para um lado
- ❏ Movimento suave dos olhos ao seguir um objeto em movimento
- ❏ Está geralmente mais animado e cheio de energia
- ❏ Brincando, ele levanta o bumbum quando a fralda está sendo mudada
- ❏ Rola de forma independente de volta para a barriga, ou vice-versa, enquanto segura seus dedos
- ❏ Mete o pé na boca e gira ao redor
- ❏ Senta-se em linha reta quando está encostado em você
- ❏ Puxa-se para a posição sentada, enquanto segura seus dedos
- ❏ É capaz de se mover em uma posição ereta quando sentado em seu colo, segurando dois de seus dedos
- ❏ Usa ambos os pés para se empurrar quando sentado em uma cadeira de balanço ou deitado em um cercadinho

CONTROLE DA MÃO

- ❏ Segura e agarra objetos com as duas mãos
- ❏ Agita um chocalho uma ou duas vezes
- ❏ Examina e brinca com suas mãos
- ❏ Examina e toca seu rosto, olhos, boca e cabelo
- ❏ Examina e brinca com suas roupas
- ❏ Coloca tudo na boca

❏ Passa a mão em sua cabeça, do pescoço aos olhos
❏ Aperta um brinquedo em sua cabeça ou rosto

OUVINDO E FALANDO

❏ Descobre como gritar e balbuciar; pode facilmente alternar entre os tons altos e suaves, notas baixas e altas
❏ Produz novos sons que se assemelham às vogais do discurso verdadeiro: *ee, ooh, ehh, oh, aah, ay*
❏ Usa esses sons para "conversar"
❏ É capaz de soprar bolhas de saliva e ri como se achasse isso muito divertido

OLHANDO E DESCOBRINDO

❏ Vira as mãos, examina ambos os lados
❏ Examina seus próprios pés se movendo
❏ Examina um rosto, olhos, boca e cabelo
❏ Examina a roupa das pessoas

OUTRAS HABILIDADES

❏ Expressa prazer ao assistir, olhar, ouvir, agarrar, ou "falar", então, espera sua resposta
❏ Usa comportamento diferente com pessoas diferentes
❏ Exprime tédio se vê, ouve, prova, sente ou faz as mesmas coisas muitas vezes; a variedade, de repente, se torna importante

OUTRAS MUDANÇAS QUE VOCÊ OBSERVA

paz de seguir algo ou alguém com os olhos de uma forma controlada e bem coordenada. Ele pode até começar a fazer isso sem virar a cabeça. Ele será capaz de seguir as pessoas ou objetos que se aproximam ou se afastam dele. Na verdade, ele vai se tornar capaz de avaliar toda o ambiente. Você pode sentir pela primeira vez que ele realmente faz parte da família, uma vez que ele percebe as idas e vindas de todos.

Esta nova capacidade de resposta é reforçada por novas possibilidades vocais, enquanto ele começa a reconhecer mudanças no tom e no volume de sons e a experimentá-los através de balbucios e chiados. Sua coordenação melhorada ainda o ajuda a engolir de forma mais suave.

Apesar de alguns avanços notáveis terem ocorrido na mente e no corpo de seu bebê, o que ele não consegue fazer é lidar com as mudanças rápidas em sucessão. Não espere que ele seja capaz de seguir um objeto que está se movendo para cima e para baixo, bem como da esquerda para a direita, ou um brinquedo que inverte rapidamente sua direção de movimento. E quando ele mover sua própria mão, haverá uma pausa perceptível antes de qualquer mudança de direção, quase como um pequeno maestro movendo uma batuta.

Os pais geralmente estão menos preocupados se seus bebês mostram certa relutância em se divertir nesta fase. Eles estão muito orgulhosos pelas conquistas e esforços de seus bebês em muitas áreas. Há muitas novas descobertas a serem feitas e muitas coisas novas a serem aprendidas e praticadas, e, por um momento, é isso que mais importa.

As escolhas de seu bebê: A chave para a sua personalidade

Se você observar de perto o seu bebê, você será capaz de determinar quais são seus interesses. Enquanto você marca as coisas que ele está lhe mostrando que pode fazer neste mundo, tenha consciência da singularidade de seu filho.

Alguns bebês são muito conscientes do mundo ao redor deles, e eles preferem olhar, ouvir e experimentar sensações para estarem fisicamente ativos por eles próprios. Na maioria das vezes, os profissionais, bem como amigos e familiares, avaliam o desenvolvimento de um bebê, olhando para os marcos físicos, como agarrar, rolar, engatinhar, sentar, levantar e caminhar. Isso pode dar uma visão unilateral do progresso, uma vez que faz com que o bebê que prefere "observar-ouvir-sentir" parece lento. Esses bebês geralmente levam mais tempo para começar a agarrar objetos, mas quando começam, eles vão examiná-los muito de perto. Ao receber um novo item, um bebê que prefere ver-ouvir-sentir vai virá-lo, olhá-lo, ouvi-lo, esfregá-lo e, até mesmo, cheirá-lo. Esses bebês realmente estão fazendo algo muito complicado, que irá lhes oferecer uma ampla base para suas habilidades de aprendizagem posteriores.

Em contraste, os bebês que são mais ativos fisicamente, muitas vezes ficarão absortos na ação de se agarrar e, depois que se apoderarem do objeto, eles perdem rapidamente o interesse e o soltam para procurar por outro desafio. Os bebês adoram tudo que é novidade, e é importante que você reaja ao notar quaisquer novas habilidades ou interesses. Seu bebê vai se divertir se você compartilhar essas novas descobertas, e seu aprendizado progredirá mais rapidamente.

O que você pode fazer para ajudar

Quanto mais seu bebê brinca ou pratica uma nova habilidade, mais hábil ele ficará. A prática leva à perfeição, também quando se trata de bebês. Seu bebê pode querer experimentar uma nova habilidade vezes sem conta. Embora ele brinque ou pratique por conta própria, sua participação e incentivo são vitais. Assim como aplaudi-lo quando corre bem, você pode ajudar quando as coisas ficam complicadas e ele sente vontade de desistir. Neste ponto, você pode tornar a tarefa mais fácil para ele: geralmente, reorganizando o mundo para que ele fique um pouco mais acolhedor. Isso pode significar virar um brinquedo de modo que fique mais fácil de ser agarrado, apoiá-lo para que ele possa ver o gato pela janela ou talvez imitar os sons que ele está tentando fazer.

Você também pode ajudar a criar uma atividade mais complexa ou variar um pouco para que ele permaneça nela por mais tempo e seja desafiado apenas um pouco mais. Tenha o cuidado de observar os sinais de que seu bebê já está satisfeito. Lembre-se que ele anda em seu próprio ritmo.

Assim como os bebês são todos diferentes, assim são suas mães. Algumas mães têm mais imaginação do que outras em determinadas áreas. Pode ser um desafio especial para você se seu bebê for do tipo físico mas você prefere falar, cantar e contar histórias. Reúna ideias novas de livros, de seus amigos e familiares. Pai e irmãos mais velhos do bebê podem ajudar: a maioria das crianças conseguirá continuar por muito tempo depois de você ficar exausto com os desejos de repetição do bebê. Mas não importa o tipo de bebê que você tenha e o tipo de mãe que você é, seu filho vai sempre se beneficiar de alguma ajuda de você.

Ajude seu bebê a explorar o novo mundo através do som

Se seu bebê tem um carinho especial pelo som, incentive-o a usar sua voz. Ele agora pode começar a gritar, balbuciar ou fazer sons vocálicos sozinho. Eles podem variar de sons graves ou agudos, e de baixos a altos. Se ele também começa a soprar bolhas de saliva, não o desencoraje. Ao fazer essas coisas, ele está brincando com as "transições suaves" e, no processo, ele também está exercitando os músculos de suas cordas vocais, lábios, língua e palato. Seu bebê pode, muitas vezes, praticar quando está sozinho, soando como alguém que está conversando apenas por diversão. Ele faz isso porque o intervalo de notas com todos os sons vocálicos altos e baixos e os gritinhos no meio soam muito como falar. Às vezes, um bebê vai até mesmo rir de seus próprios sons.

A maioria dos bebês gosta de ter conversas agradáveis com suas mães. É claro que um bebê tem que estar com vontade de fazer isso. A melhor hora

As diferenças entre os sexos

Os meninos parecem ocupar mais tempo de suas mães do que as meninas durante os primeiros meses. Isso provavelmente acontece porque os meninos choram mais e não dormem tão bem como as meninas.

Além disso, as mães de meninas são muito mais rápidas a responder aos sons produzidos por suas filhas do que as mães de meninos. As mães também tendem a "conversar" mais com seus bebês se elas forem meninas.

para conversar é quando ele atrai a atenção com sua voz. Você provavelmente vai se encontrar falando em um tom levemente mais agudo do que o habitual, que é adequado para o ouvido de seu bebê. É muito importante que você mantenha as regras da conversa: seu bebê diz algo, então você responde. Certifique-se de deixá-lo terminar. Porque se não lhe der tempo para responder, ele vai sentir que você não o está ouvindo e não vai aprender o ritmo da conversa. Se isso acontecer, se você não lhe deu tempo suficiente para responder, ele pode ficar desanimado ou confuso, achando que você não o está escutando. Os temas de sua conversa não importam muito nessa idade, mas é melhor ficar com um território familiar e experiências compartilhadas. Ocasionalmente, tente imitar os sons que ele está fazendo. Alguns bebês vão achar isso tão engraçado que vão cair na gargalhada. Isto é um fundamento muito importante para habilidades de linguagem mais tarde.

É muito importante conversar com o bebê com frequência. Vozes no rádio ou televisão, ou pessoas falando na mesma sala, não são nenhum substituto para uma conversa cara-a-cara. Seu bebê é convidado a falar porque há alguém que o ouve e lhe responde. Seu entusiasmo desempenhará um papel importante aqui.

"Eu sempre respondo quando o meu filho faz sons. Em seguida, ele espera um pouco, percebe que é a sua vez e responde com um sorriso ou se esquivando. Se ele estiver de bom humor, ele balbucia de volta para mim novamente. Se eu responder, mais uma vez, ele fica tão animado que ele acena seus braços e pernas de todas as formas e, às vezes, grita com a gargalhada também. Quando ele já está farto, ele se vira e olha para outra coisa."

Mãe de John, 13ª semana

Seu bebê pode usar um de seus últimos sons quando ele quer alguma coisa. Isso é muitas vezes um grito de "atenção!" especial. Se ele faz isso, sempre lhe responda. Isso é importante porque vai lhe dar a sensação de que você entende o que ele está tentando comunicar, mesmo que você não tenha tempo para parar e brincar com ele naquele momento. Ele vai começar a usar a sua voz para chamar sua atenção. Esse é um passo significativo em direção à linguagem.

Quando está feliz, o bebê, muitas vezes, usa um som de "choro de alegria" especial. Ele vai usá-lo quando achar algo divertido. É natural responder a esses gritos de alegria com um beijo, um abraço ou palavras de encorajamento. Quanto mais você conseguir fazer isso, melhor. Isso mostra ao seu bebê que você compartilha de seu prazer e que o entende.

> "Quando meu filho via que eu estava preste a amamentá-lo, ele gritava com entusiasmo e agarrava o meu peito, enquanto eu tinha tirado apenas metade da blusa."
>
> Mãe de Matt, 13ª semana

Ajude seu bebê a explorar o novo mundo através do toque

Como seu bebê agora vive no mundo das transições suaves, você pode notar que ele se estende em direção a um brinquedo de forma mais suave. Ajude-o. Ele acabou de entrar neste novo mundo e se esticar ainda é muito

---

Quando seu bebê ri, ele está no topo do mundo

Quando você faz seu bebê rir, você atingiu a harmonia com ele. Você o estimulou da maneira correta. Não exagere, porque você pode intimidá-lo. Por outro lado, as tentativas tímidas de sua parte pode levá-lo ao desânimo. Você deve encontrar o meio-termo confortável para seu bebê.

difícil. Segure um brinquedo a uma distância curta das mãos de seu bebê e observe se ele é capaz de estender a mão para pegá-lo. Segure o objeto em frente dele, tendo em mente que nessa idade ele só consegue fazer um movimento controlado com o braço em uma direção de cada vez. Agora, preste muita atenção ao que ele faz. Se ele está apenas começando a dominar esta habilidade, ele provavelmente vai reagir como este bebê.

"Meu filho está realmente começando a se esticar para pegar as coisas! Ele estendeu a mão para um brinquedo pendurado na frente dele com as duas mãos. Ele estendeu a mão direita de um lado do brinquedo e sua mão esquerda do outro lado do brinquedo. Então, quando as duas mãos estavam mesmo na frente do brinquedo, ele apertou-as juntas. . . e falhou! Ele tentou arduamente, por isso, não foi nada surpreendente que ele tenha ficado muito chateado quando ficou com as mãos vazias."

Mãe de Paul, 12ª semana

Se seu filho se estica para objetos e falha, encoraje-o a tentar de novo ou torne o jogo um pouco mais fácil para ele, de forma que ele sinta o gostinho do sucesso. Nessa idade, ele ainda não consegue fazer uma estimativa precisa da distância entre suas mãos e o brinquedo que ele está tentando pegar. Ele não vai conseguir aprender isso corretamente até que tenha entre 23 e 26 semanas de idade.

Enquanto seu bebê se torna mais apto a pegar objetos, ele vai querer jogar o "jogo de agarrar" com mais frequência. Uma vez que ele consegue virar a cabeça de forma suave e olhar ao redor da sala, ele pode escolher o que quer a partir de todo um mundo de coisas que agora estão esperando que ele pegue, sinta e toque. Após o último salto de desenvolvimento, a maioria dos bebês passou cerca de um terço de suas horas acordado brincando e experimentando suas mãos. Aproximadamente após a semana 12, isso de repente dobra para dois terços de suas horas acordado.

Se você perceber que seu bebê gosta de acariciar as coisas com as mãos, incentive essa atividade, tanto quanto você puder. Não só o movimento de acariciar envolve uma "transição suave", mas também a sensação na mão

(continua na página 104)

Brincadeiras excelentes para esta semana mágica

Aqui estão alguns jogos e atividades que funcionam para os bebês neste momento em seu desenvolvimento. Nessa idade, o bebê vai particularmente gostar de jogos onde você move todo o seu corpo a volta. Tente fazer isso com cuidado, com movimentos lentos e uniformes, lembrando que só assim seu bebê pode entender corretamente. É melhor jogar vários jogos diferentes de forma consecutiva, em vez de continuar o mesmo jogo por muito tempo.

O AVIÃO

Levante seu bebê lentamente, fazendo um som que aumenta de volume ou muda de uma frequência baixa para um som agudo. Ele vai esticar seu corpo automaticamente enquanto você o levanta acima de sua cabeça. Em seguida, comece a descer, fazendo os sons de avião apropriados. Quando ele estiver em linha com o seu rosto, receba-o enterrando seu rosto em seu pescoço e lhe dando uma mordidinha com os seus lábios. Você logo vai perceber que seu bebê espera que você faça isso e vai abrir a boca e morder de volta. Você também vai ver seu bebê abrir a boca de novo, como se estivesse antecipando a mordidinha, quando ele quer que você repita este jogo de voar.

O ESCORREGADOR

Sente-se no chão ou em um sofá, incline-se para trás e deixe seu corpo o mais reto possível. Coloque o bebê o mais alto em seu peito que puder e o deixe deslizar suavemente para o chão, enquanto você faz o som de deslizar adequado.

O PÊNDULO

Coloque o bebê em seus joelhos para que ele fique voltado para você e, lentamente, balance-o de um lado para o outro. Tente fazer todos os tipos de sons de relógio, tais como um tic-tac rápido e agudo ou um bong-bong lento e grave. Tente fazer com que os sons variem de alto para baixo e de rápido para lento, ou qualquer som de relógio que você perceba que seu bebê gosta mais. Certifique-se de segurá-lo com firmeza e que seus músculos da cabeça e pescoço são fortes o suficientes para se mover com o ritmo.

O CAVALO DE BALANÇO

Coloque o bebê em seus joelhos de forma a que ele fique voltado para você e faça movimentos de passos com as pernas, para que o seu bebê oscile para cima e para baixo, como se estivesse sentado em um cavalo. Você também pode fazer os ruídos pocotó pocotó como acompanhamento ou o som de relincho que os bebês adoram nessa idade.

O JOGO DE MORDER

Sente-se na frente de seu bebê e se certifique de que ele está olhando para você. Mova seu rosto lentamente em direção a sua barriga ou nariz. Enquanto isso, faça um som prolongado, aumentando de volume ou mudando de tom, por exemplo "chooooomp" ou "aaaaaah-boom" ou sons semelhantes aos que o bebê faz.

SENTINDO TECIDOS

Aqui está uma maneira de brincar e fazer as tarefas! Dobre a sua roupa com seu bebê por perto e deixe que ele sinta os diferentes tipos de tecidos, como lã, algodão, tecido felpudo ou nylon. Passe a mão dele sobre os tecidos para permitir que ele sinta as texturas diferentes também. Os bebês gostam de tocar materiais com os dedos e bocas. Tente algo incomum, tais como camurça, couro ou feltro.

SALTANDO E BALANÇANDO

Um bebê fisicamente ativo ama repetir os mesmos movimentos fluidos repetidamente quando está em seu colo. Deixe-o se levantar e se sentar novamente em seu próprio ritmo. Ele vai querer repetir esse jogo de "levantar, sentar, levantar, sentar" infinitamente. Isso provavelmente irá fazê-lo rir também, mas, mais uma vez, segure-o com força e tenha atenção à cabeça.

causada pelo contato com o objeto em movimento. Leve seu bebê ao redor da casa e jardim, deixando-o sentir todos os tipos de objetos e experimentar suas propriedades: duro, macio, áspero, liso, pegajoso, firme, flexível, espinhoso, frio, molhado e quente. Diga a ele o que são os itens e descreva as sensações. Ajude a dar significado usando seu tom de voz para expressar o sentimento que um objeto ou superfície desperta. Ele realmente será capaz de entender mais do que é capaz de lhe mostrar.

"Lavei as mãos de minha bebê em água corrente, o que a fez rir em voz alta. Ela não parecia se cansar disso."

Mãe de Jenny, 15ª semana

Muitos bebês gostam de examinar os rostos de suas mães. Enquanto seu pequeno passa as mãos sobre o rosto, ele pode demorar um pouco mais em seus olhos, nariz e boca. Ele pode dar um puxão em seu cabelo ou puxar seu nariz, simplesmente porque eles são fáceis de agarrar. Itens de vestuário são interessantes também. Os bebês gostam de passar a mão e sentir os tecidos. Cuidado com os seus brincos também!

Alguns bebês se interessam pelas mãos de suas mães. Eles a examinarão, tocarão e passarão a mão nelas. Se o seu bebê gosta de brincar com as mãos, ajude-o a fazer isso. Lentamente, vire a mão e lhe mostre a palma da mão e a parte de trás de sua mão. Deixe-o observar enquanto você move sua mão ou pega um brinquedo. Tente não fazer movimentos muito rápidos ou mudar de direção muito repentinamente, para não perder sua atenção. Neste mundo, ele só consegue lidar com movimentos simples. Seu bebê não vai ser capaz de lidar com os movimentos mais complicados até depois de outra grande mudança em seu sistema nervoso, que é o início do próximo salto de desenvolvimento.

Ajude seu bebê a explorar o novo mundo através das posturas corporais

Nessa idade, todos os bebês estão ficando mais animados. Eles estão brincando com as transições suaves sentidas dentro de seus corpos, enquanto eles chutam e acenam os braços. Alguns bebês fazem acrobacias. Por exemplo, eles podem colocar os dedos em suas bocas e quase virar de costas no processo. Obviamente, alguns bebês são muito mais animados e mais fortes do que outros. Alguns bebês não estão realmente interessados em proezas de ginástica, enquanto outros ficarão frustrados se suas forças físicas não estiverem ainda à altura da tarefa.

"Meu filho move o seu corpo, braços e pernas ao redor como um louco, grunhindo e gemendo no processo. Ele está obviamente tentando fazer algo, mas o que quer que seja, ele não está tendo sucesso, porque ele geralmente acaba gritando com raiva."

Mãe de Frankie, 14ª semana

Seja qual for o temperamento de seu bebê, ele vai se beneficiar de um pouco de tempo gasto sem roupas em um ambiente aquecido. Você já deve ter notado que ele fica animado quando você está mudando a roupa dele, aproveitando a oportunidade de se mover livremente sem ser prejudicado pela fralda e pelas roupas. É mais fácil de dobrar os pequenos membros, de acenar, chutar e rolar nu. O sucesso vem com mais facilidade, e o bebê vai ficar conhecendo melhor seu corpo e controlá-lo com mais precisão.

Alguns bebês tentam rolar nesta idade, mas quase todos eles vão precisar de um pouco de ajuda para fazer isso. Se seu pequeno contorcionista tentar rolar, deixe-o segurar um de seus dedos enquanto pratica. Um bebê muito persistente que também seja fisicamente forte pode conseguir rolar da barriga para as costas. Alguns podem fazer isso ao contrário e voltar a ficar de barriga. Não importa quão persistente seja o bebê, ele não vai conseguir, a menos que seu desenvolvimento físico esteja avançado o suficiente. Portanto, dê ajuda e apoio, mas também se prepare para ajudar o bebê a lidar com sua frustração se ele simplesmente não conseguir fazer algo que gostaria claramente de fazer.

Brinquedos excelentes para esta semana mágica

Aqui estão alguns brinquedos e coisas que os bebês mais gostam enquanto eles exploram o mundo das transições suaves:

- Brinquedos bamboleantes que saltam para trás quando o bebê bate neles
- O badalo dentro de um sino
- Uma cadeira de balanço
- Brinquedos que emitem um chiado lento, que tocam como relógio ou outro som simples
- Chocalhos
- Bonecas com rostos realistas

Muitos bebês adoram se empurrar para cima com as pernas. Se o seu bebê gosta de fazer isso, ele vai praticar se empurrando em seu cercadinho, em sua cadeira de balanço, em seu trocador (fique atento a isso!) ou enquanto está sentado em seu colo. Você precisa segurar firme um contorcionista ativo. Se seu bebê for capaz de fazer essas flexões sem ajuda, dê a ele muitas oportunidades para praticar.

Se seu bebê for forte fisicamente, ele também pode tentar se levantar de uma posição sentada quando estiver em seu colo. Se ele gosta de fazer isso, você pode ajudá-lo, fazendo um jogo sobre isso.

Entre as semanas 12 e 13, outro período de calma relativa se instala. Os pais, familiares e amigos vão notar a pessoa alegre que seu bebê se tornou e admirar o maravilhoso progresso que ele fez. Você pode achar seu bebê muito mais esperto agora. Quando ele é carregado ou se senta em seu colo, ele age como uma pequena pessoa. Ele vira a cabeça imediatamente na direção de algo que quer ver ou ouvir. Ele ri para todos e responde quando falam com ele. Ele muda sua posição para obter uma melhor visão para algo que quer ver e fica de olho em tudo o que acontece ao seu redor. Ele está alegre e ativo. Pode lhe parecer que outros membros da família mostrem muito mais interesse por ele como uma pessoa agora. Parece que ele ganhou seu lugar na família. Ele faz parte!

"Minha filha está desenvolvendo um interesse por toda uma variedade de coisas agora. Ela fala ou grita para diferentes objetos e, quando a observamos de perto, nós pensamos: 'Minha nossa! Você já consegue fazer isso?' Ou: 'Você consegue notar todas estas coisas?'"

Mãe de Jenny, 13ª semana

"Minha pequena está definitivamente mais inteligente. Ela é só olhos nestes dias. Ela responde a tudo e vira imediatamente a cabecinha em resposta aos sons. Ela de repente ganhou seu próprio lugar na família."

Mãe de Hannah, 14ª semana

"É maravilhoso ver minha bebê se divertindo muito e conversando carinhosamente com seus brinquedos fofinhos e com as pessoas."

Mãe de Juliette, 14ª semana

"Temos muito mais interação com minha filha agora, porque ela responde a tudo. Depois de brincar com ela, posso dizer quando ela está me esperando para jogar novamente. Ela também 'responde' muito mais agora."

Mãe de Ashley, 13ª semana

"Minha filha costumava ser muito descontraída e tranquila, mas ela se transformou em uma verdadeira tagarelinha agora. Ela ri e balbucia com muito mais frequência. Eu realmente gosto de tirá-la da cama para ver o que ela vai fazer a seguir."

Mãe de Eve, 14ª semana

"Meu filho está muito mais interessante de observar agora, porque o progresso que ele fez é muito óbvio. Ele responde imediatamente com um sorriso ou um balbucio, e ele consegue virar a cabeça na direção certa também. Eu amo lhe dar um bom abraço, porque ele está tão macio e gordinho agora."

Mãe de Frankie, 14ª semana

capítulo 6

Semana Mágica 19:
O mundo dos eventos

A percepção de que nossa experiência é dividida em eventos familiares é algo que nós, como adultos, consideramos normal. Por exemplo, se vemos alguém deixar cair uma bola de borracha, sabemos que ela vai saltar e, provavelmente, continuará saltando várias vezes. Se alguém salta para o ar, sabemos que a pessoa é obrigada a descer. Reconhecemos os movimentos iniciais de uma tacada de golfe e um saque de tênis, e sabemos o que vem a seguir. Mas, para seu bebê, tudo é novo e nada é previsível.

Após o último salto adiante, o bebê foi capaz de perceber transições suaves em som, movimento, luz, sabor, cheiro e textura. Mas todas essas transições foram simples. Assim que elas se tornarem mais complicadas, ele não vai mais ser capaz de acompanhá-las.

Aproximadamente na semana 19 (ou entre as semanas 18 e 20), a capacidade de ele entender o mundo ao seu redor se torna muito mais desenvolvida e um pouco mais parecida com a nossa. Ele vai começar a experimentar eventos. A palavra "evento" tem um significado especial aqui e não tem nada a ver com ocasiões especiais. Na verdade, aqui, significa uma sequência curta e familiar de transições suaves de um padrão para outro. Parece complicado? Vamos tentar explicar o que significa.

Enquanto na semana 12 simplesmente agarrar um objeto que você estava segurando na frente dele com as duas mãos pode ter exigido toda a concentração de seu bebê, ele vai agora começar a entender que pode alcançar um brinquedo, agarrá-lo com uma mão, agitá-lo, virá-lo para inspecioná-lo e colocá-lo na boca. Este tipo de atividade física é muito mais complicada do que parece e vai muito além do que apenas o domínio físico de seus braços e mãos. Na verdade, depende de um alto grau de desenvolvimento neuroló-

Observação: a primeira fase (período difícil) deste salto para o mundo perceptivo dos "eventos" é previsível e ligada à idade, e começa entre as semanas 14 e 17. A maioria dos bebês começa a segunda fase (ver caixa de texto "Tempo de qualidade: um capricho não natural" na página 17) deste salto 19 semanas após o nascimento a termo. A primeira percepção do mundo dos eventos inicia o desenvolvimento de toda uma gama de habilidades e atividades. No entanto, a idade em que essas habilidades e atividades aparecem pela primeira vez varia muito e depende das preferências, experiências e desenvolvimento físico de seu bebê. Por exemplo, a capacidade de perceber eventos é uma condição necessária para "agarrar um cubo com oposição parcial do polegar", mas esta habilidade normalmente aparece em qualquer momento entre os 4 e 8 meses. As habilidades e atividades são mencionadas neste capítulo na idade mais precoce possível em que podem aparecer, para que você possa observá-las e reconhecê-las. (Elas podem ser rudimentares inicialmente.) Desta forma, você pode reagir e facilitar o desenvolvimento de seu bebê.

gico. Esta mudança permitirá que seu bebê desenvolva um novo conjunto de habilidades.

Embora as sutilezas dessas habilidades possam passar despercebidas para você inicialmente, elas vão gradualmente se tornar mais evidentes. Os sons que seu bebê emite ainda podem parecer, para você, apenas um balbuciar de bebê por um tempo, mas eles estão realmente se tornando muito mais complexos. Sem dúvida, você vai notar quando ele unir suas consoantes e vogais juntas para dizer "mamã" e "papa". Você também vai estar muito consciente de suas tentativas de rolar e suas primeiras tentativas de engatinhar. Em todas essas atividades, ele agora é capaz de aprender como os padrões individuais e as cadeias de transições em conjunto se tornam o que nós adultos reconhecemos como eventos.

Este processo também é vital para seu bebê entender algo que os adultos consideram completamente normal: o mundo é composto de objetos que continuam existindo, independente de o vermos ou não completamente no momento. Você pode ver que seu bebê está trabalhando arduamente neste primeiro ano de vida para dar sentido ao seu mundo.

A consciência de seu bebê das novas mudanças que acompanham este salto em seu desenvolvimento, na verdade, começa aproximadamente na semana 15 (ou entre as semanas 14 e 17). Estas mudanças afetam a maneira como ele vê, ouve, cheira, saboreia e sente. Ele precisa de tempo para se ajustar a todas essas novas impressões, de preferência em um lugar onde ele se sinta seguro. Ele mais uma vez mostrará uma necessidade evidente de estar com sua mãe, se agarrar a ela para ter conforto e crescer em seu novo mundo em seu próprio ritmo. A partir desta idade, os períodos difíceis vão durar mais tempo do que antes. Este, em particular, muitas vezes durará 5 semanas, embora possa ser tão curto como 1 semana ou tão longo quanto 6 semanas. Se seu bebê está exigente, observe-o de perto para ver se ele está tentando dominar novas habilidades.

Sinais difíceis desta semana

Ele será muito mais rápido a chorar neste momento, porque seu bebê está chateado com o que está acontecendo com ele. Um pequenino muito exigente, em particular, vai chorar, gemer e reclamar visivelmente de forma mais frequente do que fazia no passado. Ele não vai esconder o fato de que quer estar com sua mãe.

Seu bebê vai geralmente chorar menos quando está com você, embora ele possa insistir para que você lhe dê sua atenção. Ele não só pode querer ser carregado constantemente, mas também espera se divertir em toda as suas horas acordado. Se ele não for mantido ocupado, ele pode continuar ficando mais irritadiço, mesmo quando sentado em seu colo.

Como você sabe que é hora de crescer

Preste atenção para estes indícios, algumas vezes sutis, algumas vezes não, de que seu bebê está em mudança e prestes a saltar para o mundo dos eventos.

Ele pode ter problemas para dormir

Seu bebê não consegue descansar bem à noite agora. Pode ser mais difícil levá-lo para a cama à noite ou ele pode ficar acordado à noite. Ele pode querer uma alimentação durante a noite novamente, ou ele pode até mesmo exigir ser alimentado várias vezes por noite. Ele também pode acordar muito mais cedo pela manhã.

Ele pode se tornar tímido com estranhos

Seu bebê pode se recusar a se sentar no colo de outra pessoa, menos no seu, ou ele pode ficar chateado se um estranho olhar ou falar com ele. Ele pode até parecer ter medo de seu próprio pai, se ele não estiver por perto durante grande parte do dia. Geralmente, a timidez será mais aparente com pessoas que parecem muito diferentes de você.

"Quando a minha filha vê a minha irmã, ela fica extremamente chateada e começa a gritar com toda força e enterra seu rosto em minhas roupas, como se estivesse com medo até de olhar para a minha irmã. Minha irmã tem olhos escuros e usa maquiagem preta nos olhos, que tende a lhe dar uma aparência um pouco forte. Eu sou loira e quase não uso maquiagem. Talvez tenha alguma coisa a ver com isso."

Mãe de Nina, 16ª semana

"Meu filho não sorri mais para as pessoas que usam óculos. Ele apenas olha para elas com um olhar severo no rosto e se recusa a sorrir até que tenham tirado os óculos."

Mãe de John, 16ª semana

Ele pode exigir mais atenção

Seu bebê pode querer que você o divirta fazendo coisas em conjunto ou, pelo menos, pode querer que você olhe para ele o tempo todo. Ele pode até começar a chorar no momento em que você vai embora.

"Eu tenho que dar ao meu filho mais atenção entre as amamentações. No passado, ele ficava deitado em silêncio sozinho. Agora, ele quer se divertir."

Mãe de John, 17ª semana

Sua cabeça pode precisar de mais apoio

Quando pegar nos braços seu bebê agitado, você pode perceber que tem de apoiar a cabeça e corpo com mais frequência. Ele pode deslizar um pouco para baixo em seus braços quando você o segura, especialmente durante crises de choro. Quando você o pega nos braços, pode lhe parecer que ele parece mais com o pequeno recém-nascido que costumava ser.

Ele pode querer estar sempre com você

Seu bebê pode se recusar a descansar, embora ele possa concordar em se sentar em sua cadeira de balanço enquanto você ficar por perto e o tocar com frequência.

"Minha pequena quer estar mais perto de mim, o que não é normal para ela. Se eu a deixar por um segundo sequer, ela começa a chorar, mas assim que meu marido ou eu a pegamos, tudo fica bem de novo."

Mãe de Eve, 17ª semana

Ele pode perder o apetite

Tanto os bebês que mamam no peito ou na mamadeira podem, temporariamente, ter menos apetite conforme se aproxima este salto. Não se preocupe se seu pequeno se distrair mais facilmente pelas coisas que vê ou ouve em volta dele do que antes, ou se ele é rápido a começar a brincar com o mamilo. Ocasionalmente, os bebês podem até se afastar da mamadeira ou do peito e se recusar a mamar completamente. Às vezes, um comilão exigente pode comer sua fruta, mas recusar o leite, por exemplo. Quase todas as mães que amamentam veem esta recusa como um sinal de que devem mudar para outros alimentos. Algumas mães se sentem como se seus bebês as estivessem rejeitando de forma pessoal. Isto não é verdade. Seu bebê está simplesmente chateado. Não é necessário parar de amamentar, neste momento, pelo contrário, seria um mau momento para escolher desmamar seu bebê.

"Aproximadamente na semana 15, minha filha de repente começou a mamar menos. Depois de 5 minutos, ela começava a brincar com o meu mamilo. Após 2 semanas assim, eu decidi começar a complementar meu leite com mamadeira, mas ela também não bebia. Esta fase durou 4 semanas. Durante esse tempo, estava preocupada se ela estava sofrendo de algum tipo de deficiência nutricional, especialmente quando vi a quantidade de meu leite começar a diminuir. Mas agora ela está mamando como antes de novo, e minha quantidade de leite é tão abundante como antes. Na verdade, parece que é maior."

Mãe de Hannah, 19ª semana

Ele pode estar mal-humorado

Alguns humores dos bebês variam descontroladamente neste momento. Um dia, eles são todos sorrisos, mas a seguir eles não fazem nada além de chorar. Essas mudanças de humor podem surgir de um momento para o outro. Em um minuto eles estão gritando de tanto rir e a seguir eles caem no pranto. Às vezes, eles até começam a chorar no meio da gargalhada. Algumas mães dizem que tanto o riso como as lágrimas parecem ser dramáticos e exagerados, quase irreal.

Meu diário

Sinais de que meu bebê está crescendo de novo

Entre as semanas 14 e 17, você pode observar seu bebê começar a mostrar qualquer um dos seguintes comportamentos, sinais de que ele está pronto para dar o próximo salto para o mundo dos eventos. Marque os sinais que seu bebê mostra na lista abaixo.

❑ Chora com mais frequência; muitas vezes está mal-humorado, irritado ou inquieto

❑ Quer que você o mantenha ativo

❑ Precisa de mais apoio para a cabeça

❑ Quer mais contato físico

❑ Dorme mal

❑ Perde o apetite

❑ Está mais tímido com estranhos do que antes

❑ Está mais silencioso, menos sonoro

❑ Está menos animado

❑ Tem mudanças de humor pronunciadas

❑ Quer mais contato físico durante a amamentação

❑ Chupa o polegar ou faz isso com mais frequência do que antes

OUTRAS MUDANÇAS QUE VOCÊ OBSERVA

_____

_____

Ele pode ficar apático

Seu bebê pode parar de fazer seus sons familiares por um breve período ou pode, ocasionalmente, ficar imóvel, olhando para nada ou brincando com suas orelhas, por exemplo. É muito comum que os bebês nessa idade pareçam apáticos e preocupados. Muitas mães acham o comportamento de seus filhos peculiar e alarmante. Mas, na verdade, essa apatia é apenas uma calmaria antes da tempestade. Este interlúdio é um sinal de que seu bebê está à beira de fazer muitas descobertas em um novo mundo onde ele vai aprender a adquirir muitas novas habilidades.

Como este salto pode afetar você

Por um lado, você pode achar que é difícil acreditar que seu bebê tem 19 semanas de idade. Mas, por outro lado, você pode ter sentido cada hora dessas 19 semanas, tendo estado em muitas delas confortando um bebê choramingando. Aqui estão algumas formas em que este último salto pode afetar você.

Você pode (ainda) estar exausta

Durante um período difícil, a maioria das mães se queixa cada vez mais do cansaço, dores de cabeça, náuseas, dores nas costas ou problemas emocionais. Algumas mães menos afortunadas lidam com mais do que um desses problemas ao mesmo tempo. Elas culpam os sintomas pela falta de sono, ter que carregar constantemente seus pequenos gritadores ou se preocupar com seus filhos tristes. A verdadeira causa destes sintomas, no entanto, é o estresse de lidar constantemente com um bebê irritadiço. Algumas mães visitam seu médico de família e recebem a prescrição de um suplemento de ferro, ou vão a um fisioterapeuta por causa de seus problemas com as costas, mas o verdadeiro problema é que elas estão se aproximando do final de suas forças. Especialmente agora, reserve um tempo para você e dê a você mesmo um presente de vez em quando. Mas, lembre-se que seu bebê acabará por vir em seu auxílio, aprendendo as habilidades que precisa para lidar com seu novo mundo e, depois, o sol brilhará novamente.

> "Se a minha filha não descansa por algumas noites seguidas e quer andar no braço o tempo todo, fico com uma terrível dor nas costas. Em momentos como estes, eu desejo que ela vá embora por apenas uma noite. Eu sou um desastre total."
>
> **Mãe de Emily, 17ª semana**

Você pode se sentir presa

Perto do fim de um período difícil, a mãe, às vezes, sente-se tão limitada pelas exigências de seu bebê que ela quase sente que está em uma prisão. É como se o bebê dominasse e a mãe se sente irritada com seu "egoísmo". Não é à toa que as mães, às vezes, desejam que seus bebês simplesmente desapareçam por um tempo. Algumas chegam a sonhar como seria maravilhoso se pudessem tirá-los de suas mentes por apenas uma noite.

> "Esta semana, houve momentos em que eu teria gostado de esquecer totalmente que tinha um filho. Os seres humanos não são criaturas estranhas? Às vezes, eu me senti muito isolada. Eu simplesmente tive de ficar longe de tudo, e foi isso que eu fiz."
>
> Mãe de Bob, 18ª semana

> "Quando estou na loja com o meu bebê e ele acorda e começa a chorar, todo mundo fica olhando para mim. Fico brava e incomodada. Às vezes, eu penso: 'Por que você não cala a boca seu garoto estúpido?'"
>
> Mãe de Steven, 18ª semana

Você pode se sentir ressentida

Depois de algumas semanas vivendo com um bebê agitado, você pode ficar chocada ao descobrir que está começando a se ressentir com esta pequena pessoa exigente que atrapalha tanto sua vida. Não se culpe. Esta é uma reação compreensível e surpreendentemente comum. Muitas mães ficam mais irritadas perto do final de um período difícil. Elas estão convencidas de que seu bebê não tem nenhuma razão válida para fazer tanto barulho, e estão dispostas a deixar seus bebês chorarem um pouco mais do que antes. Algumas começam a se perguntar o que realmente significa "mimar", e pensam que elas podem estar cedendo demasiado aos caprichos do bebê. Elas também podem começar a se perguntar se devem ensinar seus pequeninos a considerar que as mães também têm sentimentos.

De vez em quando, a mãe pode sentir uma onda de agressividade contra seu pequeno chorão insistente, especialmente quando o bebê não para de chorar e a mãe está no final de sua lucidez. Ter estes sentimentos não é anormal ou perigoso, mas agir de acordo com eles sim. Obtenha ajuda muito antes de perder o controle. Sacudir, pode ser, especialmente, prejudicial. Lembre-se, embora, às vezes, seja normal se sentir frustrada e irritada com seu bebê nunca o sacuda. Sacudir uma criança pode facilmente causar hemorragia interna na coluna, logo abaixo do crânio, que pode resultar em danos cerebrais capazes de levar a dificuldades de aprendizagem mais tarde, ou até mesmo a morte.

> "Meu filho se recusou a continuar mamando e começou a fazer uma incrível birra chorando, enquanto eu simplesmente continuei tentando fazê-lo mamar. Quando aconteceu a mesma coisa na mamadeira seguinte, senti que estava ficando terrivelmente irritada porque nenhum de meus pequenos truques de distração estavam funcionando. Eu senti como se estivesse andando em círculos. Então eu o coloquei no chão, onde ficaria seguro, e o deixei gritar com toda força. Quando ele finalmente parou, voltei para o quarto e ele terminou sua mamadeira."
>
> Mãe de Bob, 19ª semana

> "Eu comecei a sentir minha raiva aumentando todas as vezes que minha filha iniciava uma de suas crises de choro porque a deixava sozinha por apenas um segundo. Então, eu a deixava continuar e a ignorava."
>
> Mãe de Ashley, 17ª semana

> "Nas últimas quatro noites, meu filho começou a gritar às 20h. Depois de consolá-lo por 2 noites seguidas, eu cheguei ao limite. Então, eu o deixo chorar até às 22h30. Ele é certamente persistente, eu posso afirmar!"
>
> Mãe de Kevin, 16ª semana

Como emergem as novas habilidades do bebê

Porque esta fase difícil dura mais tempo do que as anteriores, a maioria das mães sente imediatamente que este período é diferente. Elas estão preocupadas com o aparentemente mais lento progresso de seus filhos e o fato de que os bebês parecem ter uma aversão súbita para as coisas que gostavam antes. Mas não se preocupe. A partir dessa idade, as novas habilidades são muito mais complicadas de aprender. Seu pequeno precisa de mais tempo.

"Meu bebê parece estar fazendo um progresso muito lento. Antes de ter 15 semanas de idade, ele desenvolvia muito mais rápido. É quase como se ele tivesse paralisado nas últimas semanas. Às vezes, eu acho isso muito perturbador."

Mãe de Matt, 17ª semana

"É quase como se meu filho estivesse prestes a fazer novas descobertas, mas parece que algo o está impedindo. Quando eu brinco com ele, eu posso sentir que falta algo, mas eu não sei o que é. Então, eu brinco de ter paciência também."

Mãe de Steven, 17ª semana

"Minha filha vem tentando fazer muitas coisas novas nesta semana. De repente, percebi o quanto ela pode fazer com apenas 4 meses, e, para dizer a verdade, sinto-me muito orgulhosa dela."

Mãe de Jenny, 18ª semana

Aproximadamente na semana 19, você vai notar que seu bebê está tentando novamente aprender novas habilidades, porque esta é a idade em que os bebês geralmente começam a explorar o mundo dos eventos. Este mundo lhe oferece um enorme repertório de habilidades de evento. Seu bebê vai escolher as habilidades que melhor se adaptam a ele: as que ele quer explorar. Você pode ajudá-lo a fazer o que ele realmente está pronto para fazer, ao invés de tentar forçá-lo em toda e qualquer direção.

O mágico salto adiante

Após o último salto adiante, seu bebê conseguia ver, ouvir, cheirar, saborear e sentir as transições suaves e contínuas. Mas todas essas transições deveriam ser relativamente simples, como um brinquedo movido de forma constante pelo chão na frente dele. Assim que elas se tornarem mais complicadas, ele não vai mais ser capaz de acompanhá-las. No novo mundo que os bebês começam a explorar, aproximadamente na semana 19, a maioria dos bebês começa a perceber e experimentar sequências curtas e familiares. Esta nova habilidade afetará o comportamento inteiro de um bebê.

Assim que um bebê consegue fazer vários movimentos fluidos em sequência, isso lhe dará mais oportunidades com objetos dentro de seu alcance. Ele pode, por exemplo, ser capaz de repetir o mesmo movimento fluido várias vezes seguidas. Agora, você pode vê-lo tentar sacudir brinquedos para os lados ou para cima e para baixo. Ele também pode tentar pressionar, empurrar, dar pontapés ou bater em um brinquedo repetidamente. Além de repetir o mesmo movimento, ele pode agora aprender a executar uma pequena sequência de movimentos diferentes sem problemas. Por exemplo, ele pode pegar um objeto com uma das mãos, em seguida, tentar passá-la para a outra mão. Ou ele pode pegar um brinquedo e imediatamente tentar colocá-lo na boca. Ele consegue virar um brinquedo e olhar para ele de todos os ângulos possíveis. A partir de agora, ele é capaz fazer um exame aprofundado de qualquer objeto ao seu alcance.

Além disso, o bebê pode agora aprender a ajustar os movimentos de seu corpo, especialmente a parte superior do braço, antebraço, mão e dedos, para chegar ao ponto exato onde o brinquedo se encontra, e ele pode aprender a corrigir seus movimentos enquanto faz isso. Por exemplo, se um brinquedo está mais para a esquerda, o braço irá se mover para a esquerda em um movimento fluido. Se for mais para a direita, o braço irá se mover imediatamente para o local correto. O mesmo se aplica a um objeto ao alcance da mão, que está mais longe, ou um brinquedo pendurado mais alto ou mais baixo. Ele vai vê-lo, alcançá-lo, agarrá-lo e puxá-lo para ele, tudo com um movimento suave. Enquanto um objeto está dentro de comprimento do braço, seu pequeno vai agora realmente conseguir alcançar e agarrar o objeto de sua escolha.

Quando o bebê está brincando com esses movimentos, você pode vê-lo dar voltas e reviravoltas. Ele agora pode aprender a rolar ou virar para suas costas com mais facilidade. Ele também pode tentar engatinhar pela primeira vez, porque ele agora é capaz de puxar os joelhos para cima, empurrando e esticando.

Alterações cerebrais

As gravações de ondas cerebrais dos bebês mostram que ocorrem mudanças dramáticas aproximadamente nos 4 meses. Além disso, os perímetros cefálicos dos bebês de repente aumentam entre as semanas 15 e 18.

Bem como pode aprender a fazer uma pequena série de sons agora. Se o fizer, ele vai desenvolver sua conversa que começou após o salto anterior, para incluir sons de vogal e consoantes alternados. Ele gradualmente usa todos esses sons para falar em "frases". Este *abba baba tata* é o que os adultos chamam carinhosamente de "conversa de bebê". Você poderia dizer que ele agora consegue se tornar tão flexível com a voz como é com o resto do corpo.

Em todo o mundo, os bebês começam a fazer essas frases curtas quando atingem esta idade. Por exemplo, os bebês russos, chineses e americanos, todos balbuciam a mesma língua inicialmente. Eventualmente, os bebês começam a desenvolver seus sons de balbucios para palavras próprias de sua língua nativa, e eles vão parar de usar o som de balbucio universal. Cada bebê se tornará mais eficiente em imitar a linguagem que ouve ser falada ao redor, porque ele vai obter o máximo de respostas e elogios quando produzir algo parecido.

Aparentemente, os ancestrais de todos nós devem ter se sentido como se estivessem sendo tratados de forma pessoal quando ouviam sua prole dizer "papa" ou "mamã", porque as palavras mamãe e papai são muito semelhantes em muitas línguas diferentes. A verdade, porém, é que o pequena tagarela está realizando uma série de experiências técnicas com sequências curtas e familiares do mesmo elemento de som: "pa" ou "mã".

Seu bebê pode agora começar a reconhecer uma curta série de sons fluidos. Ele pode ficar fascinado por uma série de notas que oscilam suavemente para cima e para baixo uma escala musical. Ele agora pode responder a todas as vozes que expressam aprovação, e ele pode ser surpreendido por vozes que censuram. Não importa qual a língua usada para expressar esses sentimentos, uma vez que ele conseguirá perceber as diferenças de tons de voz. Pela primeira vez, ele agora é capaz de escolher uma voz específica no meio de uma confusão.

(continua na página 126)

Meu diário

Como meu bebê explora o novo mundo dos eventos

Marque as caixas abaixo enquanto você observa seu bebê mudando. Pare de preencher assim que o próximo período de tempestade começar, anunciando a chegada do próximo salto.

A grande mudança que permite que seu bebê, eventualmente, dê sentido ao mundo dos eventos começa aproximadamente na semana 15. O salto para este mundo é muito grande, e as habilidades que vêm com ele só começam a aparecer na semana 19. Mesmo assim, pode demorar um pouco antes de ver qualquer uma das habilidades listadas aqui. É mais provável que ele não adquirirá muitas dessas habilidades até meses depois.

CONTROLE DO CORPO

❑ Começa a mover praticamente todas as partes do corpo assim que ele é colocado no chão
❑ Rola de suas costas para a barriga
❑ Rola de sua barriga para as costas
❑ Consegue esticar completamente os braços quando está deitado de barriga
❑ Levanta o bumbum e tenta se empurrar; não tem sucesso
❑ Eleva-se sobre as mãos e os pés quando deitado de barriga, então, tenta seguir em frente; não consegue
❑ Tenta engatinhar; consegue deslizar para frente ou para trás
❑ Apoia-se com os antebraços e levanta a metade superior de seu corpo
❑ Senta-se em linha reta (sozinho) quando encostado em você
❑ Tenta se sentar reto quando está sozinho e consegue por pouco tempo, inclinando-se em seus braços e trazendo a cabeça para frente

❑ Permanece ereto na cadeira de refeição com almofadas de apoio

❑ Gosta de mexer a boca: franze seus lábios em uma variedade de maneiras, mostra a língua

AGARRANDO, TOCANDO E SENTINDO

❑ Consegue pegar objetos

❑ Agarra as coisas com ambas as mãos

❑ Consegue agarrar um objeto com uma das mãos se entra em contato com o objeto, mesmo que não esteja olhando para ele

❑ É capaz de passar objetos entre as mãos

❑ Enfia a própria mão na boca

❑ Toca ou enfia suas próprias mãos em sua boca enquanto você fala

❑ Enfia objetos na boca para senti-los e mordê-los

❑ É capaz de puxar um pano para seu rosto sozinho, de forma lenta no início

❑ Reconhece um brinquedo ou outro objeto familiar, mesmo que esteja parcialmente coberto por alguma coisa; em breve fará tentativas não sucedidas para recuperar o brinquedo

❑ Tenta apertar um brinquedo

❑ Tenta bater um brinquedo em uma mesa

❑ Deliberadamente joga um brinquedo no chão

❑ Tenta agarrar coisas fora do alcance

❑ Tenta brincar com um centro de atividades

❑ Entende o propósito de um determinado brinquedo, por exemplo, ele irá discar em seu telefone de brinquedo

❑ Examina objetos atentamente; ele está especialmente interessado em detalhes minuciosos de brinquedos, mãos e bocas

(continua)

 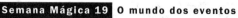

Meu diário (cont.) —

OBSERVANDO

- ❑ Olha fixo e com fascínio para atividades repetitivas, como saltar para cima e para baixo, cortar o pão ou escovar o cabelo
- ❑ Olha fixo e com fascínio para os movimentos de seus lábios e língua quando você está falando
- ❑ Procura por você e é capaz de se virar para fazer isso
- ❑ Olha para um brinquedo que está parcialmente escondido
- ❑ Reage ao seu próprio reflexo no espelho; ele fica assustado ou ri
- ❑ Segura um livro em suas mãos e olha para as fotos

ESCUTANDO

- ❑ Ouve atentamente os sons vindos de seus lábios
- ❑ Responde ao seu próprio nome
- ❑ Agora é capaz de distinguir um som específico em uma mistura de sons diferentes, por isso, responde ao seu próprio nome, mesmo que haja ruídos de fundo
- ❑ Genuinamente compreende uma ou mais palavras, por exemplo, ele olha para o seu ursinho de pelúcia se lhe perguntarem: "Onde está seu ursinho de pelúcia?" (Ele não vai reagir corretamente se o brinquedo não estiver em seu lugar de costume.)
- ❑ Responderá adequadamente a uma voz que aprova ou desaprova
- ❑ Reconhece os compassos de abertura de uma canção

FALANDO

- ❑ Faz novos sons, usando seus lábios e língua: *ffft-ffft-ffft, vvvvvv, zzz, sss, brrr, arrr, rrr, grrr, prrr*. Este *rrr* é conhecido como o "r labial". Seu bebê pode particularmente gostar de fazer isso com a comida em sua boca!

❑ Usa consoantes: d, b, l, m

❑ Balbucia. Profere as primeiras "palavras": *mamã, papa, abba, hadahada, baba, tata*

❑ Faz barulho quando boceja e está ciente desses ruídos

LINGUAGEM CORPORAL

❑ Estica os braços para ser pego

❑ Estala os lábios quando está com fome; curva braços e pernas

q Abre a boca e movimenta o rosto para alimentos e bebidas

q "Cospe" quando já está satisfeito

q Empurra a mamadeira ou o peito para longe quando já está satisfeito

q Afasta-se da alimentação por conta própria quando está satisfeito

OUTRAS HABILIDADES

q Pode exagerar suas ações, por exemplo, quando você reage à sua tosse, ele vai tossir novamente e, a seguir, vai rir

q Fica mal-humorado quando se torna impaciente

q Grita se falhar em fazer o que parece estar tentando fazer

q Tem um brinquedo fofinho especial, como um cobertor

OUTRAS MUDANÇAS QUE VOCÊ OBSERVA

_____

_____

Seu bebê também pode começar a reconhecer, melodias familiares e curtas. Na semana 19, os bebês até mesmo são capazes de ouvir se as interrupções em um trecho de música que está tocando são verdadeiras ou não pertencem a esse pedaço particular da música, mesmo que eles nunca tenham ouvido a música antes. Em uma experiência incomum, os pesquisadores descobriram que se uma parte de um minueto de Mozart for tocada para bebês, eles mostram uma resposta categórica se a música for interrompida por pausas aleatórias. Os bebês também podem começar a reconhecer as palavras pela primeira vez.

Seu bebê pode agora aprender a ver uma sequência curta e familiar de imagens. Por exemplo, ele pode ficar fascinado pelo movimento para cima e para baixo de uma bola saltando. Há inúmeros exemplos para serem vistos, todos disfarçados como atividades ou eventos diários normais, como alguém sacudindo a garrafa para cima e para baixo, mexendo uma panela, martelando um prego, abrindo e fechando uma porta, cortando o pão, lixando as unhas, escovando o cabelo, o cão se coçando, alguém andando para lá e para cá no quarto e toda uma série de outros eventos e atividades.

Duas das características mais básicas do mundo dos eventos devem ser mencionadas aqui. Em primeiro lugar, como adultos, vivenciamos um evento como um todo inseparável. Não vemos uma bola caindo-subindo-caindo: vemos uma bola saltando. Mesmo quando o evento está apenas começando, nós já sabemos que é uma bola saltando. Enquanto ela continua, isso continua sendo o mesmo evento: um evento para o qual temos um nome. Em segundo lugar, a maioria dos eventos está definida pelo observador. Por exemplo, quando falamos, não separamos as palavras com clareza, mas passamos de uma para outra sem uma pausa. O ouvinte cria as fronteiras entre as palavras, dando a impressão de que elas são ouvidas uma de cada vez. É exatamente esse poder especial de percepção que vai começar a estar disponível para o seu bebê entre as semanas 14 e 17.

As escolhas de seu bebê: uma chave para a sua personalidade

O mundo dos eventos oferece uma ampla gama de novas habilidades para o seu bebê. Das oportunidades disponíveis para ele, seu pequeno vai fazer suas próprias seleções, com base em suas próprias inclinações, interesses e características físicas. Alguns bebês podem querer se concentrar em habilidades de sensação, enquanto outros podem escolher as habilidades de ver e, ainda outro grupo, vai se especializar em atividades físicas. Obviamente, há também os bebês que gostam de aprender uma variedade de diferentes habilidades, sem se especializar em nenhuma delas. Cada bebê faz a sua própria escolha, porque cada bebê é único.

Observe seu bebê de perto para determinar seus interesses particulares. Se você respeitar suas escolhas, você vai descobrir o padrão especial que faz com que o seu bebê seja único. Todos os bebês adoram novidades. É importante que você responda ao notar quaisquer novas habilidades ou interesses. Seu bebê vai se divertir se você compartilhar essas novas descobertas, e seu aprendizado progredirá mais rapidamente.

O que você pode fazer para ajudar

Quanto mais o bebê entra em contato com eventos e quanto mais brinca com eles, maior o entendimento dele será e mais proficiente ele se tornará. Não importa quais descobertas ele escolha fazer neste novo mundo. Ele pode prestar muita atenção à música, sons e palavras. Ou ele pode escolher olhar e observar, ou atividades físicas. Mais tarde, será fácil para ele colocar o conhecimento e a experiência que adquiriu aprendendo uma habilidade para usá-la para aprender outra.

Além de querer experimentar as descobertas que faz neste mundo dos eventos, seu bebê também se tornará extremamente interessado em tudo o que acontece ao redor. Isso agora pode ocupar a maior parte de suas horas acordado, porque ele vai querer olhar e ouvir tudo o que puder. Melhor ainda (ou pior!), todos os brinquedos, itens domésticos e de jardinagem ou utensílios de cozinha em uma curta distância do braço é dele para ele pegar. Você não é mais seu único brinquedo. Ele pode tentar se envolver com o mundo ao seu redor, empurrando-se para frente com as mãos e com os pés, em direção a algo novo e longe de sua mãe. Ele agora pode ter menos tempo para seus antigos jogos de carinho. Alguns pais se sentem um pouco rejeitados com isso.

Mesmo assim, ele ainda precisa de sua ajuda tanto quanto antes. O fascínio de seu bebê com todo o mundo ao seu redor é típico nesta idade. Você já deve ter começado a sentir estas novas necessidades, e sua principal contribuição pode ser dar ao seu bebê brinquedos suficientes e esperar para ver como ele responde. Só se você perceber que ele tem reais dificuldades em compreender completamente um brinquedo é que você deve lhe ajudar. Você também vai querer manter um olho em seu bebê para ter certeza que ele usa suas mãos, pés, pernas e corpo corretamente ao se aproximar para pegar objetos. Se você vir que ele tem um problema específico, você pode ajudá-lo a praticar atividades como rolar, girar e, às vezes, até mesmo engatinhar, sentar ou ficar de pé.

Ajude seu bebê a explorar o novo mundo através das posturas corporais

Talvez você tenha visto seu bebê virar de costas e se contorcer em uma tentativa de rolar a partir de sua barriga para suas costas. Se sim, você viu seu pequeno brincando com uma pequena série de movimentos fluidos de várias partes do corpo. Ele agora pode fazê-los porque está vivendo no mundo dos eventos. No entanto, ser capaz de fazer vários movimentos fluidos em sucessão não significa automaticamente que ele seja bem-sucedido em rolar ou engatinhar realmente. Geralmente, é preciso alguns ensaios e erros para chegar lá.

"Minha pequena está tentando rolar de suas costas para sua barriga. No entanto, ela não está tendo muito sucesso e isso o deixa muito chateada. Ela fica realmente irritada."

Mãe de Ashley, 20ª semana

"Meu filho está praticando como um louco aprender a rolar corretamente. Mas quando ele está de bruços, ele puxa os braços e as pernas para cima, ao mesmo tempo, esforçando-se e gemendo como um louco, e isso é tudo que ele consegue."

Mãe de John, 21ª semana

"Minha filha consegue rolar somente quando fica muito irritada. Para sua própria surpresa, devo dizer."

Mãe de Laura, 20ª semana

Aqui está uma forma lúdica para ajudar seu bebê a praticar rolar de costas para sua barriga. Deite o bebê de costas e mantenha um brinquedo colorido ao lado dele. Para alcançá-lo, ele será forçado a esticar seu corpo e virar, por isso, ele não consegue evitar rolar. Claro, você tem que incentivá-lo em seus esforços e elogiá-lo por tentar.

Você também pode fazer um jogo para ajudá-lo a rolar a partir de sua barriga para suas costas. Uma forma é deitar seu bebê de barriga para baixo e segurar um brinquedo colorido atrás dele, ou para a esquerda ou para a direita. Quando ele se virar para alcançá-lo, mova o brinquedo mais para trás das costas. Em certo momento ele vai rolar, simplesmente gire um pouco mais quando se aproximar do brinquedo. Sua cabeça pesada vai ajudá-lo automaticamente no processo.

Por volta desta idade, os bebês muitas vezes tentam engatinhar. O problema com o engatinhamento é o movimento para frente. Muitos bebês adorariam seguir em frente e eles tentam. Alguns bebês ficam na posição inicial certa - eles dobram os joelhos em baixo de seus corpos, mantêm seus bumbuns no ar e o empurram - mas eles não conseguem. Outros bebês ficam na posição de engatinhar, mas balançam para cima e para baixo sem se mover para frente. Há também pequenas contorções para trás, porque eles se empurram com as mãos. Outros se empurram com um pé, ficando assim em círculos. Alguns bebês sortudos se atrapalham por um tempo e acertam no movimento para frente, aparentemente por acidente. Esta é a exceção e não a regra nesta idade.

"Eu acho que meu bebê quer engatinhar, mas tenho a sensação de que ele não sabe ainda. Ele se contorce e se torce, mas não se move um centímetro. Então, ele fica muito chateado."

Mãe de Frankie, 20ª semana

Muitas mães tentam ajudar seus bebês a engatinhar. Elas cuidadosamente empurram o bumbum de seus filhos para frente ou colocam todos os tipos de objetos atrativos mesmo fora de seu alcance na tentativa de persuadi-los a irem para frente. Às vezes, essas manobras podem resultar e o bebê, de alguma forma, consegue se mover um pouco. Alguns bebês fazem isso se atirando para frente com um baque. Outros deitam sobre suas barrigas e se empurram para frente com as pernas, enquanto usam os braços para se orientarem na direção certa.

Se você imitar as tentativas de seu bebê, ele pode achar que é absolutamente hilariante. Ele também pode gostar de ver você lhe mostrar como engatinhar corretamente. Quase toda criança que está tendo problemas de engatinhamento ficará fascinada com suas tentativas. Basta experimentar e ver!

Deixe que ele se remexa nu

Seu bebê tem que praticar se ele quiser aprender a rolar, girar e engatinhar corretamente. Vai ser muito mais divertido e muito mais fácil para ele se não estiver usando suas roupas e fraldas. Muitos exercícios físicos vão lhe dar a oportunidade de ficar a conhecer seu corpo e ajudá-lo a aumentar seu controle sobre ele.

Ajude seu bebê a explorar o novo mundo através de manipulação e teste

No mundo dos eventos, os braços de seu bebê, mãos e dedos estão como o resto de seu corpo, capazes de fazer vários movimentos fluidos em sucessão. Como resultado, ele é capaz de praticar pegando, agarrando e puxando um brinquedo para si próprio em um movimento suave e manuseá-lo de todas as formas, tais como agitar, bater ou cutucar. Assim, ele pode examinar os objetos que pode pegar. E isso é exatamente o que ele quer fazer com esta idade, mas, novamente, ele precisa de muita prática para ficar perfeito.

Deixe-o explorar tantos objetos quanto quiser. Ele pode virar, sacudir, bater, deslizar para cima e para baixo e colocar uma parte interessante em sua boca para sentir e saborear. Um centro de atividade oferece uma variedade desses exercícios de mãos e dedos, todos em um tabuleiro. Ele geralmente tem um elemento que se pode virar. Ele pode ter um botão que também faz um barulho quando pressionado. Poderia haver animais para deslizar para cima e para baixo, cilindros giratórios, bolas para virar e assim por diante. Cada atividade separada irá emitir um som diferente quando o bebê brinca com ela. Muitos bebês adoram seus centros de atividade. Mas não espere que seu pequeno entenda e use todos esses recursos corretamente no início. Ele é apenas um novato!

Quando você vê que seu bebê está tentando fazer algo sem muito sucesso, você pode ajudá-lo, segurando sua mão para lhe mostrar como fazer corretamente. Ou se seu bebê tem uma preferência para observar como as coisas são feitas, deixe-o ver como sua mão faz isso. De qualquer maneira, você vai incentivá-lo a ser brincalhão e esperto com suas pequenas mãos.

"Nós tivemos um centro de atividades pendurado no cercadinho por semanas. Meu filho olhava para ele de vez em quando, mas não fazia nada com ele. Mas esta semana, de repente ele começou a agarrá-lo. Agora, ele adora tocar e rodar todos os botões. Você pode dizer que ele está realmente explorando todo o painel. Embora ele se canse rapidamente, porque tem que empurrar para cima com uma mão o tempo todo."

Mãe de Paul, 18ª semana

Se o bebê se cansa porque tem de empurrar sozinho para cima com uma mão o tempo todo, apoie-o para que ele possa usar as mãos livremente. Por exemplo, coloque-o em seu colo e examinem um brinquedo juntos. Ele vai adorar poder brincar enquanto está sentado confortavelmente. Além disso, quando ele está sentado, vai conseguir olhar para os brinquedos de um ângulo completamente diferente. Basta observá-lo para ver se ele faz coisas diferentes com os brinquedos quando está sentado confortavelmente. Talvez, você possa até ver novas atividades.

> "Coloquei meu bebê em sua cadeira de refeição pela primeira vez e o apoiei com um travesseiro. Ele imediatamente descobriu que você pode fazer certas coisas com os brinquedos ao se sentar que você não consegue fazer no chão. Quando lhe dei seu molho de chaves de plástico, ele começou a bater no tampo da mesa e, em seguida, continuou atirando para o chão. Ele fez isso cerca de 20 vezes seguidas. Ele achou uma grande diversão e não conseguia parar de rir."
>
> Mãe de Paul, 19ª semana

Se seu bebê é um explorador entusiasmado, você pode enriquecer seu ambiente oferecendo seus brinquedos e outros objetos de diferentes formas, tais como coisas redondas ou quadradas, ou feitas de diferentes materiais, como madeira e plástico. Dê-lhe tecidos com diferentes texturas ou papel macio, áspero e suave para brincar. Muitos bebês adoram sacos de batata frita vazios, porque lentamente mudam de forma e fazem maravilhosos estalos quando amassado. Dê ao seu bebê objetos com arestas ou amassados. A maioria dos bebês adora formas estranhas. A forma de uma chave de plástico, por exemplo, vai desafiá-lo a fazer uma inspeção mais minuciosa. Muitos bebês acham a borda irregular particularmente intrigante e vai querer tocá-la, olhá-la e saboreá-la.

Alguns bebês são atraídos para os menores detalhes. Se você tem um pequeno pesquisador, ela provavelmente vai olhar para um objeto por todos os lados, examinando-o com muito cuidado. Ele realmente vai fazer de forma demorada uma inspeção minuciosa ao objeto. Ele vai averiguar a menor das saliências. Pode levar séculos antes de ele terminar de passar a mão nele, sentindo e esfregando as texturas, e examinando formas e cores. Nada parece escapar de seus olhos curiosos e mente inquiridora. Se ele decidir examinar você, ele vai fazer isso meticulosamente também. Se ele examina sua mão,

Cuidados com o bebê

Torne sua casa à prova do bebê

Você provavelmente começou este processo há muito tempo, mas uma vez que seu bebê está se movendo cada vez mais, é hora de fazer uma verificação de segurança rápida para se certificar de que ele está seguro.

- Nunca deixe objetos pequenos, como botões, broches ou moedas perto de seu bebê.
- Quando seu bebê estiver em seu colo durante a alimentação, certifique-se que ele não pode de repente pegar um copo ou caneca contendo uma bebida quente.
- Nunca deixe bebidas quentes em uma mesa dentro do alcance de seu bebê. Nem mesmo as deixe em uma mesa alta. Se o bebê tentar alcançá-las, puxando a perna da mesa ou, pior ainda, a toalha da mesa, ele pode derramar a bebida sobre si mesmo.
- Use uma proteção ou cerca em torno de fogões e lareiras.
- Mantenha substâncias tóxicas, tais como aguarrás, água sanitária e remédios fora do alcance de seu bebê e em recipientes de segurança para crianças, sempre que possível.
- Certifique-se de que as tomadas elétricas estão protegidas com coberturas de soquete e de que não existem fios rasteiros em nenhum lugar.

ele geralmente vai começar com um dedo, o percurso da unha e, em seguida, vai olhar e sentir seu movimento, antes de passar para o próximo dedo. Se ele está examinando sua boca, ele normalmente irá inspecionar cada dente. Estimule sua visão para o detalhe, dando os brinquedos e objetos pelos quais ele tem interesse.

"Minha filha vai definitivamente ser dentista. Eu quase me sufoco todas as vezes que ela inspeciona minha boca. Ela investiga e praticamente empurra todo o punho dentro de minha boca. Ela deixa bem claro que não gosta de ser interrompida enquanto está trabalhando quando eu tento fechar a boca para lhe dar um beijo na mão."

Mãe de Emily, 21ª semana

Seu bebê quer agarrar tudo o que você está comendo ou bebendo? Muitos bebês sim. Portanto, tome cuidado para não beber chá quente ou café com um bebê curioso em seu colo. Em um momento de descuido, ele pode de repente decidir pegar seu copo e derrubar o conteúdo quente nas mãos e rosto.

"Meu filho tenta pegar meu sanduíche com a boca aberta já antecipadamente. Tudo o que ele consegue agarrar, ele engole imediatamente. O engraçado é que ele parece gostar de tudo."

Mãe de Kevin, 19ª semana

Ajude seu bebê a explorar o novo mundo através da visão

Seu bebê é um verdadeiro observador? A rotina diária em todos os lares é cheia de eventos que seu bebê pode gostar de assistir. Muitos bebês gostam de observar suas mães prepararem a comida, arrumar a mesa, vestir-se ou trabalhar no jardim. Eles agora são capazes de compreender as diferentes ações ou eventos envolvidos em várias atividades, como colocar pratos na mesa, cortar o pão, fazer sanduíches, escovar o cabelo, lixar as unhas e cortar a grama. Se seu bebê gosta de observar as coisas, deixe-o assistir suas atividades diárias. Tudo que você tem a fazer é ter certeza que ele está em uma posição perfeita para observá-las. Não traz na verdade nenhum problema extra para você, mas vai ser uma experiência de aprendizagem agradável para ele.

"Minha pequena estala seus lábios, chuta as pernas e tenta alcançar com as mãos assim que ela me vê fazendo sanduíches. Ela está obviamente consciente do que estou fazendo, e ela está pedindo para ser alimentada."

Mãe de Hannah, 20ª semana

Alguns bebês nessa idade já gostam de olhar livros de imagens em que os eventos são mostrados. Se seu bebê gosta disso, ele pode querer segurar o livro sozinho, usando as duas mãos e olhar para a ilustração maravilhado. Ele pode fazer um verdadeiro esforço para segurar o livro e se concentrar nas fotos, mas depois de um tempo o livro normalmente irá acabar em sua boca.

Você pode começar a jogar o primeiro jogo esconde-esconde nessa idade. Assim que o bebê se familiariza com o mundo dos eventos, ele pode reconhecer um brinquedo, mesmo quando pode ver apenas uma parte dele. Se você o vir olhando interrogativamente para um brinquedo parcialmente escondido, ou se você quiser transformar suas tentativas de recuperar um brinquedo em um jogo de esconde-esconde, mova o objeto um pouco para ele reconhecê-lo mais facilmente. Nessa idade, ele ainda é rápido a desistir. A ideia de que um objeto continua existindo o tempo todo, onde quer que esteja, ainda não lhe passa pela cabeça.

(continua na página 138)

 *Brincadeiras excelentes para esta semana mágica*

Aqui estão jogos e atividades que a maioria dos bebês mais gosta agora. Lembre-se, todos os bebês são diferentes. Veja a quais seu bebê responde melhor.

CONVERSA FELIZ

Fale com mais frequência possível com seu bebê sobre as coisas que ele vê, ouve, saboreia e sente. Fale sobre as coisas que ele faz. Mantenha suas frases curtas e simples. Enfatize as palavras importantes. Por exemplo: "Sinta esta: *grama*", "*papai* está chegando", "ouça: a *campainha*" ou "abra sua *boca*."

O QUE ACONTECE A SEGUIR?

Primeiro você diz: "Eu estou indo (pausa dramática) apertar o *nariz*". Em seguida, pegue seu nariz e suavemente o aperte. Você pode fazer o mesmo com os suas orelhas, mãos e pés. Descubra o que ele mais gosta. Se você jogar este jogo regularmente, ele saberá exatamente o que você vai fazer em seguida. Então, ele vai assistir suas mãos se entusiasmarem mais e gritar de tanto rir quando você pegar seu nariz. Este jogo irá familiarizá-lo tanto com seu corpo como com as palavras para as partes do corpo, enquanto vocês brincam juntos.

OLHANDO PARA FOTOS

Mostre ao seu bebê uma imagem de cores vivas em um livro. Ele pode até querer olhar para várias fotos. Certifique-se que as imagens são brilhantes, claras e incluem coisas que ele reconhece. Fale sobre as fotos em conjunto e aponte o objeto real se estiver no quarto.

CANTE CANÇÕES

Muitos bebês realmente amam as músicas, especialmente quando elas são acompanhadas por movimentos, como "*Pintinho Amarelinho*". Mas eles também gostam de ser balançados ao ritmo de uma música ou canção de ninar. Os bebês reconhecem músicas de pela sua melodia, ritmo e entonação.

JOGO DAS CÓCEGAS

Esta canção familiar incentiva cócegas, que seu bebê pode adorar.

O sapo não lava o pé. . .
Não lava porque não quer. . .
Ele mora lá na lagoa. . .
Não lava o pé. . .
porque não quer. . .
Mas que chulé!

Ao dizer isso, mexa cada um dos pés de seu bebê por vez, antes de finalmente correr os dedos para cima de seu corpo e fazer cócegas no pescoço.

JOGO DE ESCONDER

Cubra o rosto do bebê com um cobertor e pergunte: "Onde está. . . ?"

Observe-o para ver se ele consegue remover o cobertor do rosto por conta própria. Se ele não conseguir fazer isso ainda, ajude-o segurando sua mão e puxando lentamente o coberto dele. Quando ele conseguir ver você de novo todas as vezes diga "achou": isso ajuda a marcar o evento para ele. Mantenha os jogos simples nessa idade, caso contrário, será muito difícil para ele.

JOGO DO ESPELHO

Olhem no espelho juntos. Normalmente, um bebê vai preferir olhar e sorrir para o seu próprio reflexo no início. Mas, em seguida, ele vai olhar para seu reflexo, e depois se virar para você. Isso normalmente o confunde e ele, geralmente, vai olhar para trás e para frente para você e seu reflexo, como se não conseguisse perceber qual é sua verdadeira mãe. Se você começar a falar com ele, ele vai ficar ainda mais surpreso, porque ninguém a não ser sua verdadeira mãe fala assim. Isto pode lhe garantir que ele está com a pessoa certa, então ele pode começar a rir, antes de se aconchegar em você.

Ajude seu bebê a explorar o novo mundo através da linguagem e da música

Seu bebê faz "frases balbuciando"? Às vezes, pode parecer como se seu pequeno estivesse realmente contando uma história para você. Isso ocorre porque no mundo dos eventos seu bebê se torna tão flexível com a voz como com o resto de seu corpo. Ele começa a repetir todas as sílabas que já conhece e as reúne para formar uma "frase", como *dadadada* e *babababba*. Ele também pode tentar com entonação e volume. Quando ele se ouve fazendo um novo som, ele pode parar por um tempo e rir antes de retomar a conversa.

Ainda é importante conversar com seu bebê o mais rápido possível. Tente responder ao que ele diz, imitar seus novos sons e responder quando ele "pergunta" ou "diz" alguma coisa. Suas reações o incentivam a praticar o uso de sua voz.

Você pode notar que seu bebê entende uma palavra ou frase curta, embora ele não possa dizer a palavra ou palavras por ele próprio. Experimente perguntar em ambiente familiar "Onde está o seu bichinho de pelúcia?". E você pode vê-lo realmente olhar para seu ursinho de pelúcia.

No mundo dos eventos, os bebês são capazes de entender uma série curta e familiar de sons, tais como "Vamos passear?". Isso não significa que eles entendem uma frase da mesma forma que uma criança mais velha ou um adulto faz. Seu bebê está ouvindo um padrão familiar de sílabas em conjunto com a entonação de sua voz como um único evento de som. Este é exatamente o tipo de uma cadeia simples de padrões e mudanças que compõe um evento para ele neste mundo.

Ser capaz de reconhecer o evento frase-ursinho-de-pelúcia não significa que seu bebê pode reconhecer eventos sonoros em todas as circunstâncias. Se você estivesse olhando uma vitrine de uma loja de brinquedos com seu bebê e ele visse um ursinho idêntico ao dele, por exemplo, você pode tentar perguntar: "Onde está seu ursinho de pelúcia?". No entanto, não terá absolutamente nenhum sucesso, já que ele realmente não vai conseguir entender o que significa em um contexto tão distante de seu ambiente familiar.

Os bebês gradualmente reconhecem as frases, porque as mães de forma

Brinquedos excelentes para esta semana mágica

Aqui estão os brinquedos e outros objetos que a maioria dos bebês mais gosta enquanto exploram o mundo dos eventos. Quase todos os itens domésticos comuns vão apelar para o seu bebê. Tente descobrir o que seu bebê gosta. Tenha cuidado, porém, para eliminar qualquer coisa que possa ser prejudicial para ele.

- Brinquedos para o banho. Seu bebê vai gostar de brincar com uma variedade de artigos domésticos no banho, como um copo de medição, coador de plástico, spray de planta, regador, saboneteira e frascos de shampoo de plástico.

- Centro de atividades

- Bola com entalhes, de preferência com um sino dentro

- Chocalho de plástico ou inflável

- Um recipiente com tampa de rosca com um pouco de arroz no interior

- Papel que estala

- Espelho

- As fotografias ou imagens de outros bebês

- As fotografias ou imagens de objetos ou animais que ele reconhece pelo nome

- CD com músicas infantis

- Rodas que realmente se transformam, como aqueles de um carro de brinquedo natural repetem as mesmas frases ou frases similares várias vezes, enquanto elas atravessam suas rotinas diárias. Esta é a única maneira que eles podem começar a aprender sobre falar, e todos os bebês entendem palavras e frases muito antes que possam falá-las.

"Em nossa sala de estar, há uma pintura de flores em uma parede e uma foto de meu filho em outra. Quando lhe pergunto 'Onde estão as flores?' ou 'Onde está Paul?' ele sempre olha para a imagem correta. Eu não estou imaginando, porque as imagens estão em lados opostos da sala."

Mãe de Paul, 23ª semana

Você ficará realmente entusiasmada e orgulhosa ao descobrir que seu bebê entende sua primeira frase curta. Inicialmente, você pode não acreditar no que aconteceu. Você pode continuar repetindo a frase até que esteja convencida de que não foi apenas uma coincidência. Em seguida, você pode criar uma nova situação para a prática da pequena frase que seu bebê já reconhece. Por exemplo, você pode colocar o ursinho de pelúcia em cada ponto imaginável em uma sala para testar se seu bebê sabe onde ele está. Você pode até lhe mostrar fotografias de seu ursinho de pelúcia para ver se ele o reconhece. Muitas mães mudam a forma como falam com seus bebês nessa idade. Elas dirão as frases mais lentamente para seus bebês, e muitas vezes elas vão usar apenas palavras simples em vez de frases inteiras.

Seu bebê está cada vez mais amante de música? No mundo dos eventos, ele pode ficar fascinado por uma série de notas que funcionam suavemente para cima e para baixo na escala musical, e é capaz de reconhecer uma sequência curta e familiar, como o tom de abertura de uma melodia de um comercial na TV. Ajude-o com seus talentos musicais. Deixe-o ouvir a música que mais gosta. Seu amante de música também pode apreciar todos os tipos de sons. Se assim for, vale a pena estimular e incentivar esse interesse. Alguns bebês pegam os brinquedos e objetos, principalmente para saber se eles vão fazer um barulho de qualquer tipo. Eles viram objetos que produzem som, não para a inspeção, mas para ver se o som muda quando o objeto é girado rapidamente ou lentamente. Esses bebês vão apertar um brinquedo em uma variedade de formas para ver se ele produz sons diferentes. Dê-lhe objetos sonoros para brincar e o ajude a usá-los corretamente.

A virtude da paciência

Quando seu bebê está aprendendo novas habilidades, ele pode, por vezes, abusar de sua paciência. Tanto você como seu bebê têm que ajustar o progresso e renegociar as regras para restaurar a paz e harmonia. Lembre-se, a partir de agora o bebê já não será totalmente dependente de você para sua diversão, uma vez que ele já está em contato com o mundo ao seu redor. Ele pode fazer e entender muito mais do que fez no passado, e, é claro, ele acha que sabe tudo. Você pode pensar que *ele* é difícil. Ela acha que *você* é que é! Se você reconhecer este comportamento, você poderia dizer que está tendo a primeira luta pela independência com seu bebê.

> "Toda vez que a minha filha fica comigo na minha cadeira favorita, ela tenta agarrar as borlas na sombra da lâmpada. Eu não gosto que ela faça isso, então eu a afasto e digo 'não'."
>
> Mãe de Jenny, 20ª semana

O que irrita muitas mães mais do que qualquer outra coisa é a obsessão de um bebê para agarrar tudo ao seu alcance, ou qualquer coisa que ele vê de passagem, especialmente quando ele parece preferir fazer isso a brincar com sua mãe. Algumas pessoas veem isso como um comportamento antissocial - às vezes, até um pouco de egoísmo - por parte de seus pequeninos. Outros acham que o bebê ainda é muito jovem para estar tocando em tudo que vê: plantas, copos de café, livros, equipamentos de som, óculos. Nada está a salvo de suas mãos exploradoras. A maioria das mães tenta conter este impulso de independência, impedindo seus bebês de todas as formas possíveis quando eles tentam se afastar delas ou quando estão entretidos com algo naquele momento. Uma mãe pode muitas vezes tentar distrair um bebê com jogos de carinho ou um abraço apertado enquanto ele se contorce e se torce em seus braços para chegar a alguma coisa. Mas os dois métodos quase sempre terão o efeito oposto. O bebê vai se contorcer e se torcer ainda com mais determinação uma vez que luta para se libertar de sua mãe paciente. Outras mães tentam desencorajar essa mania agarrando com firmeza e dizendo "não". Às vezes, isso funciona.

A impaciência pode ser um incômodo. A maioria das mães pensa que os bebês devem aprender um pouco de paciência nessa idade. Elas nem sempre respondem aos seus bebês tão rapidamente quanto antes. Quando o bebê quer alguma coisa, ou quer fazer algo, a mãe pode agora fazê-lo esperar por alguns breves momentos. Ele pode insistir em se sentar em linha reta, em estar onde está a ação e ficar em algum lugar, desde que ele goste. O mesmo vale para comer e dormir. Agarrar a comida com impaciência é, particularmente, irritante para a maioria das mães. Algumas colocam imediatamente um ponto final nisso.

 Cuidados com o bebê

Não perca o controle

De vez em quando, a mãe pode sentir uma onda de agressão contra o pequeno encrenqueiro. Lembre-se que ter esses sentimentos não é anormal ou perigoso, mas agir guiada por eles sim. Tente se acalmar e, se você não conseguir, certifique-se de obter ajuda muito antes de perder o controle.

"Minha filha ficava frenética assim que via seu prato de comida. Ela comia o mais rápido que podia. Eu achava terrivelmente chato, então, eu lhe ensinei a esperar até que todos nós nos sentássemos à mesa. Agora ela não está mais impaciente. Ela realmente espera e nos observa servir o jantar."

Mãe de Nina, 22ª semana

Ferir alguém não é engraçado. Agora que o bebê está mais forte e entende o mundo dos eventos, ele também é capaz de causar dor física. Ele pode morder, mastigar e puxar seu rosto, braços, orelhas e cabelo. Ele pode apertar e beliscar sua pele. Às vezes, ele fará isso forte o suficiente para que realmente doa. A maioria das mães sente que seus bebês poderiam facilmente mostrar um pouco mais de consideração e respeito pelos outros. Elas já não se divertem com as mordidas, puxões e beliscões.

Algumas mães repreendem seus bebês se eles ficam muito empolgados. Elas fazem isso para que eles saibam imediatamente que foram longe demais. Normalmente, elas fazem isso verbalmente dizendo "ai ", em voz alta e com firmeza. Se elas notam que o bebê está se preparando para atacar novamente, elas o avisam com "cuidado". Nesta idade, os bebês são perfeitamente capazes de entender uma voz chamando a atenção. Ocasionalmente, a mãe vai realmente perder a paciência.

"Quando meu bebê morde com força meu mamilo, eu realmente tenho que me esforçar para manter a calma. Minha reação imediata é um desejo furioso de esbofeteá-lo. Antes de ter um bebê, não entendia como as pessoas podiam bater em seus filhos. Agora eu consigo."

Mãe de Matt, 20ª semana

A mãe de Matt é muito honesta sobre seus sentimentos. Felizmente, ela não age guiada por eles. Apesar de seu bebê poder infligir dor física durante este período difícil, ele não faz isso "de propósito". Dar "o troco" ao seu bebê não é aceitável e certamente não lhe ensina a não machucar sua mãe.

Entre as semanas 20 e 22, outro período de calma relativa começa. Muitas mães elogiam a iniciativa dos bebês e adoram a aventura. Os bebês parecem ter energia ilimitada agora.

Você não é mais o único brinquedo de seu bebê. Ele explora seu ambiente com grande determinação e prazer. Ele fica cada vez mais impaciente com apenas uma mãe para brincar. Ele quer ação. Ele pode tentar se contorcer para sair de seu colo, na menor oportunidade, se ele vir alguma coisa de interesse. Ele está, obviamente, muito mais independente agora.

"Eu guardei as primeiras roupas de meu filho hoje e senti uma pontada de tristeza. O tempo não voa? Deixar ir não é fácil. É uma experiência muito dolorosa. De repente, ele parece tão crescido. Eu tenho um tipo diferente de relacionamento com ele agora. Ele se tornou mais ele próprio."

Mãe de Bob, 23ª semana

"Minha bebê toma a mamadeira de costas para mim agora, sentando-se em linha reta, sem querer perder nada do mundo ao seu redor. Ela até mesmo quer segurar a mamadeira sozinha."

Mãe de Laura, 22ª semana

"Quando meu filho está no meu colo, ele tenta deitar quase plano para não perder nada que acontece por trás dele."

Mãe de Frankie, 23ª semana

"Quase nunca coloco meu bebê no cercadinho agora. Acho que ele fica muito limitado em um espaço tão pequeno."

Mãe de Bob, 22ª semana

"Meu filho está começando a se ressentir ao ser carregado no sling. No início, eu achava que ele queria mais espaço porque ele é muito ativo. Mas então eu o coloco virado para frente e ele fica feliz agora que consegue ver tudo."

Mãe de Steven, 21ª semana

Os bebês que gostam de estar fisicamente ativos não precisam mais que lhes entreguem os objetos que querem, porque eles vão virar e girar em todas as direções para alcançá-los sozinhos.

"Minha filha rola de sua barriga para as costas e se contorce por todo lado para chegar a um brinquedo ou vai engatinhando até ele. Ela está tão ocupada quanto uma formiga durante todo o dia. Nem sequer tem tempo para chorar. Devo dizer que ela parece mais feliz do que nunca, e nós também."

Mãe de Jenny, 21ª semana

"Minha bebê engatinha e rola em todas as direções. Eu não posso impedi-la. Ela tenta sair de sua cadeira de balanço e quer engatinhar para cima do sofá. No outro dia, encontrei-a no meio do caminho para a cesta do cão. Ela também fica muito ocupada no banho. Quase não fica nenhuma água, uma vez que ela praticamente chuta toda a água para fora."

Mãe de Emily, 22ª semana

Durante este tempo, a calmaria antes da próxima tempestade, a maioria dos bebês fica mais alegre. Mesmo exigentes, bebês difíceis estão mais felizes nesta fase. Talvez seja porque eles são capazes de fazer mais e agora estão menos entediados. Os pais se deliciam com este tempo menos conturbado e bem-merecido.

"Minha pequena está muito alegre agora. Ela ri e 'conta histórias'. É maravilhoso observá-la."

Mãe de Juliette, 23ª semana

"Estou curtindo cada minuto que passo com minha filha de novo. Ela está uma gracinha, muito descontraída."

Mãe de Ashley, 22ª semana

"Meu filho ficou mais fácil de repente. Ele voltou a ter uma rotina regular e está dormindo melhor."

Mãe de Frankie, 23ª semana

"Meu filho está surpreendentemente doce e alegre. Ele vai dormir sem qualquer reclamação, o que é uma conquista por si só. Ele dorme muito mais tempo agora à tarde em comparação com estas últimas semanas. Ele está tão diferente de como ele era alguns meses atrás, quando chorava o dia todo. Além de alguns altos e baixos repetidos, as coisas estão melhorando gradualmente."

Mãe de Paul, 22ª semana

capítulo 7

Semana Mágica 26:
O mundo das relações

Aproximadamente na semana 26, o bebê vai começar a mostrar os sinais de mais um salto significativo em seu desenvolvimento. Se observar atentamente, você o verá fazendo ou tentando fazer muitas coisas novas. Esteja ou não engatinhando nesta fase, ele terá se tornado significativamente mais móvel enquanto aprende a coordenar a ação de seus braços e pernas e do resto de seu corpo. Aproveitando seu conhecimento dos acontecimentos, ele agora é capaz de começar a entender os vários tipos de relações entre as coisas que compõem seu mundo.

Uma das relações mais importantes que seu bebê pode agora perceber é a distância entre uma coisa e outra. Nós, adultos, achamos isso normal, mas para um bebê é uma descoberta alarmante, uma mudança muito radical em seu mundo. O mundo é de repente um lugar muito grande, em que ele é apenas um pequeno, apesar de muito sonoro, espectador. Algo que ele quer pode estar em uma prateleira alta ou fora de alcance de seu berço e ele não tem como pegar. Sua mãe pode ir embora, mesmo que só para o quarto ao lado, e ela poderia até mesmo ter ido para a China se ele não puder ficar com ela porque está preso em seu berço ou ainda não domina a arte de engatinhar. Mesmo que seja experiente em engatinhar, ele percebe que ela se move muito mais rápido do que ele e pode ir para longe.

Esta descoberta pode ser muito assustadora para um bebê e isso pode tornar estas poucas semanas muito desgastante para os pais. Mas quando você entender a origem desse medo e inquietação, há muitas coisas que você vai ser capaz de fazer para ajudar. Naturalmente, uma vez que seu

Observação: a primeira fase (período difícil) deste salto para o mundo perceptivo das "relações" está ligado à idade e é previsível, emergindo aproximadamente na semana 23. A maioria dos bebês começa a segunda fase (ver caixa de texto "Tempo de qualidade: um capricho não natural" na página 17) deste salto 26 semanas após o nascimento a termo. Ele desencadeia o desenvolvimento de toda uma gama de habilidades e atividades. No entanto, a idade em que essas habilidades e atividades aparecem pela primeira vez varia muito e depende das preferências, experiências e desenvolvimento físico de seu bebê. Por exemplo, a capacidade de perceber relações de espaço é uma condição necessária para "engatinhar dentro ou debaixo das coisas", mas essa habilidade aparece normalmente entre os 6 e 11 meses. As habilidades e atividades são mencionadas neste capítulo na idade mais precoce possível em que podem aparecer, para que você possa observá-las e reconhecê-las. (Elas podem ser rudimentares inicialmente.) Desta forma, você pode reagir e facilitar o desenvolvimento de seu bebê.

bebê aprende a negociar o espaço em torno dele e a controlar a distância entre ele e as coisas que quer, ele será capaz de fazer muito mais por conta própria do que costumava fazer. Mas haverá um período em que ele vai precisar de muito apoio.

Entrar no mundo das relações vai afetar tudo o que o bebê percebe e faz. Ele sente essas mudanças ocorrerem aproximadamente na semana 23, quando os distúrbios começam. Preso em um emaranhado de novas impressões, ele precisa voltar às origens, voltar para sua mãe e se agarrar a ela para ter conforto. O sentimento familiar de segurança e ternura que ela oferece vai ajudá-lo a relaxar, permitir que a novidade seja compreendida e crescer para o novo mundo em seu próprio ritmo. Este período difícil frequentemente dura cerca de 4 semanas, embora possa ser tão curto como 1 semana ou tão longo quanto 5 semanas. Uma vez que uma das habilidades importantes que ele tem que aprender durante este salto é como lidar com a distância entre a sua mãe e ele próprio, seu bebê pode realmente se tornar exigente novamente por um tempo em torno da semana 29, depois que suas novas habilidades começaram a ganhar asas. Lembre-se, se seu bebê está agitado, observe-o de perto para ver se ele está tentando dominar novas habilidades.

Sinais difíceis desta semana

Quando o bebê se torna consciente de que seu mundo está mudando, ele geralmente chorará mais facilmente. Muitas mães agora podem chamar seus bebês de irritados, mal-humorados, chorões ou descontentes. Se seu bebê já for muito obstinado, ele pode ficar ainda mais inquieto, impaciente ou problemático. Quase todos os bebês choram menos quando são pegos no braço e acarinhados, aconchegados à mãe ou, pelo menos, quando têm companhia enquanto estão brincando.

"Minha bebê está começando a se levantar sozinha sempre mais. Ela faz exigências, pedindo com raiva para eu ir até ela ou ficar com ela. Desta forma, ela garante que eu esteja lá para ajudá-la a pegar seus brinquedos."

Mãe de Hannah, 25ª semana

Como você sabe que é hora de crescer

Aqui estão alguns dos sinais que o bebê pode mostrar para que você saiba que ele está se aproximando deste salto para o mundo das relações.

Ele pode dormir mal

Seu bebê pode dormir menos do que você está acostumado. A maioria dos bebês tem dificuldade em adormecer ou acorda mais cedo. Alguns não querem tirar uma soneca durante o dia, e outros não querem ir para a cama à noite. Há ainda aqueles que se recusam a fazer qualquer uma das duas coisas.

"A hora de dormir e da soneca são acompanhadas por crises terríveis de gritos. Meu filho grita furiosamente e praticamente sobe pelas paredes. Ele grita com toda sua força e praticamente se enrola em si mesmo. Eu simplesmente não consigo lidar com isso. Parece que nunca mais o vejo deitado tranquilamente em seu berço. Eu só rezo para que isso não dure para sempre."

Mãe de Bob, 26ª semana

"O ritmo de meu bebê está totalmente desajustado porque ele continua acordando um pouco mais cedo todos os dias. Mas, além disso, seu sono é normal."

Mãe de Frankie, 25ª semana

Ele pode ter "pesadelos"

Seu bebê pode dormir inquieto no momento. Às vezes, os bebês podem se sacudir, girar e mexer tanto durante o sono que parece que estão tendo pesadelos.

"Minha filha tem um sono muito agitado. Às vezes, ela dá um grito com os olhos fechados, como se estivesse tendo um pesadelo. Então, eu a pego por um minuto para confortá-la. Nestes dias, eu costumo deixá-la brincar na banheira à noite. Na esperança de que ela se acalme e fique sonolenta."

Mãe de Emily, 23ª semana

Ele pode se tornar mais tímido

Seu bebê pode não querer que outras pessoas olhem para ele, falem com ele ou o toquem, e ele certamente não vai querer sentar no colo delas. Ele pode até começar a querer ter você à vista com mais frequência a partir desta idade, mesmo quando não haja nenhum estranho ao redor. Quase todas as mães vão notar isso agora. Nessa idade, a timidez é especialmente evidente, por uma boa razão: o bebê agora consegue entender que você pode ir embora e deixá-lo para trás.

> "Meu bebê fica cada dia mais tímido agora. Eu preciso estar onde ele pode me ver em todos os momentos, e isso tem que ser perto dele. Se eu for embora, ele vai tentar engatinhar diretamente para mim."
>
> Mãe de Matt, 26ª semana

> "Mesmo quando eu me sento, eu mal posso me mover sem a minha filha gritar de medo."
>
> Mãe de Ashley, 23ª semana

Ele pode exigir mais atenção

Seu bebê pode querer que você fique com ele mais tempo, brinque mais ou apenas olhe para ele e apenas para ele.

> "Minha filha fica facilmente descontente e tem que ser mantida ocupada. Quando ela acorda em seu berço, por exemplo, ela fica realmente ansiosa para ver um de nós imediatamente. Além disso, ela é rápida a reagir. Ela não se limita a chorar, ela fica muito brava. Ela está desenvolvendo uma vontade própria."
>
> Mãe de Hannah, 26ª semana

> "Tudo o que meu bebê quer é sair de seu cercadinho. Na verdade, eu tenho que mantê-lo ocupado em meu colo ou andar com ele."
>
> Mãe de Frankie, 27ª semana

"Minha filha está aprontando muito o tempo todo, comportando-se mal e se irrita quando quer atenção. Eu tenho que brincar com ela ou encontrar alguma maneira de ocupar seu dia inteiro. Contanto que eu faça isso, tudo está bem."

Mãe de Jenny, 25ª semana

Ele pode querer estar sempre com você

Seu bebê pode insistir em permanecer em seus braços. Muitos bebês não querem ser colocados para baixo. Mas alguns não estão completamente satisfeitos com o descanso tranquilo no colo da mãe pelo qual choraram. Assim que alcançarem seu objetivo, eles começam a empurrar e a se aproximar das coisas interessantes do mundo ao seu redor.

"Meu filho continua me chateando para sentar em meu colo. Mas assim que eu o pego, quase não consigo controlá-lo. Ele engatinha em cima de mim e tateia ao redor como um macaquinho para pegar qualquer coisa que pode alcançar com as mãos. Isso me incomoda. Eu tento brincar, mas é um desperdício de tempo. Se ele parece não querer brincar comigo, tudo bem. Mas pelo menos ele poderia parar de ser tão difícil. Para ser honesta, eu me sinto rejeitada quando ele se recusa a brincar o meu jogo, então eu o coloco de volta em seu cercadinho. Mas assim que faço isso, ele começa imediatamente a choramingar por mim de novo."

Mãe de Matt, 27ª semana

As diferenças entre os sexos

Meninas que querem contato físico geralmente concordam em brincar com suas mães, mas os meninos que querem contato físico insistem em explorar o mundo à sua volta ao mesmo tempo.

Ele pode perder o apetite

Tantos os bebês que são amamentados e os que são alimentados com mamadeira, por vezes, mamam menos leite ou se recusam a mamar por completo. Outros alimentos e bebidas podem ser rejeitados também. Muitas vezes, os bebês também levam mais tempo para terminar suas refeições. De alguma forma, eles parecem preferir o conforto de sugar ou brincar com o mamilo ao conteúdo da mamadeira ou mama.

> "Meu bebê sempre se recusa a mamar de manhã e à noite. Ele simplesmente empurra meu peito para longe e realmente dói. Então, quando está na cama e não consegue dormir ele quer mamar. Ele mama um pouco e cochila no meio da amamentação."
>
> Mãe de Matt, 26ª semana

Ele pode ficar apático

> Seu bebê pode parar de fazer seus sons familiares. Ou ele pode ficar imóvel, olhando ao redor ou olhando para frente. As mães sempre acham este comportamento estranho e alarmante. "Às vezes, de repente, minha pequena olha fixo ou encara ao redor em silêncio. Nos dias em que ela faz isso mais de uma vez, fico insegura. Eu começo a me perguntar se pode haver algo errado. Eu não estou acostumada a vê-la dessa forma. Tão sem vida. Como se estivesse doente ou com problemas mentais."
>
> Mãe de Juliette, 24ª semana

Ele pode recusar que mudem sua fralda

Seu bebê pode chorar, chutar, se atirar e virar quando é deitado para ser trocado ou vestido. Muitos bebês fazem isso. Eles simplesmente não querem que suas mães mexam em suas roupas.

Meu diário

Sinais de que meu bebê está crescendo de novo

Entre as semanas 22 e 26, você pode perceber que seu bebê começa a mostrar qualquer um desses comportamentos. Eles provavelmente são sinais de que ele está pronto para dar o próximo salto para o mundo das relações. Marque os sinais que você vê na lista abaixo.

- ❏ Chora mais e está mal-humorado, irritado, choroso ou está assim mais frequentemente
- ❏ Quer que você o mantenha ativo
- ❏ Quer mais contato físico
- ❏ Dorme mal
- ❏ Perde o apetite
- ❏ Não quer ser trocado
- ❏ Está mais tímido com estranhos do que costumava ser
- ❏ Está mais silencioso, menos sonoro
- ❏ Está menos animado
- ❏ Chupa o polegar ou faz isso com mais frequência do que antes
- ❏ Aproxima-se de um brinquedo fofinho ou faz isso com mais frequência do que antes

OUTRAS MUDANÇAS QUE VOCÊ OBSERVA

_____

_____

"Quando eu coloco minha bebê de costas para colocar uma fralda limpa, ela chora o tempo todo. Normalmente, não por muito tempo, mas é sempre a mesma velha história. Às vezes me pergunto se poderia haver algo de errado com as costas dela."

Mãe de Juliette, 23ª semana

155

"Quase todas as vezes que eu visto ou mudo meu bebê, ele grita aterrorizado. Quando tenho que vestir um suéter pela cabeça, nós realmente temos um dia de batalha. Isso me deixa louca."

Mãe de Bob, 24ª semana

Ele pode pegar um objeto de pelúcia mais frequentemente

Alguns bebês se aproximam de um ursinho, chinelo, cobertor ou toalha mais vezes. Para a maioria dos bebês, nada suave irá fazer isso. Mas alguns bebês só aceitarão aquela única coisa especial. Às vezes, eles vão abraçá-la enquanto chupam o polegar ou brincam com uma orelha. Parece que um objeto fofinho transmite segurança, especialmente quando a mãe está ocupada.

"Quando minha filha percebe que choramingar e reclamar não vai tirá-la de seu cercadinho, ela desiste. Ela se senta e chupa o polegar com seu cobertor na mão. É adorável."

Mãe de Ashley, 24ª semana

"Chupar o dedo é a coisa mais importante agora. Muitas vezes quando meu filho começa a ficar cansado, ele enfia o polegar na boca, coloca a cabeça em seu ursinho de pelúcia e adormece. É tão comovente."

Mãe de Steven, 23ª semana

Como este salto pode afetar você

Seu bebê certamente permite que você saiba como essas mudanças fazem com que ele se sinta. Isso deverá afetar você. Aqui estão algumas emoções que você pode sentir desta vez.

Você pode estar (ainda mais) exausta

Períodos difíceis podem ser desesperadores. Mães de bebês especialmente exigentes podem se sentir completamente destroçadas no fim. Elas se queixam de dores de estômago, dores nas costas, dores de cabeça e tensão.

Estar exigente não significa necessariamente que os dentes estão nascendo

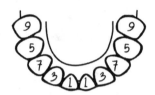

A ilustração à esquerda mostra a ordem em que surgem os dentes com mais frequência. Apenas se lembre de que os bebês não são máquinas. O primeiro dente de seu bebê vai nascer quando ele estiver pronto. A rapidez com que os dentes nascem seguidos também não tem nada a ver com o estado de saúde ou desenvolvimento físico ou mental do bebê. Os dentes de todos os bebês podem nascer mais cedo ou mais tarde, de forma rápida ou lenta.

De um modo geral, os dentes inferiores da frente nascem quando o bebê chega aos 6 meses. Em seu primeiro aniversário, o bebê geralmente tem seis dentes. Aproximadamente aos 2 anos e meio, os últimos molares aparecem, completando o conjunto completo de dentes de leite. A criança, então, tem 20 dentes.

Apesar dos contos da carochinha, uma temperatura elevada ou diarreia não tem nada a ver com a dentição. Se seu bebê mostra um desses sintomas, ligue para seu pediatra.

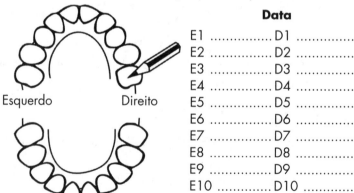

Esquerdo   Direito

	Data	
E1	D1 ....
E2	D2 ....
E3	D3 ....
E4	D4 ....
E5	D5 ....
E6	D6 ....
E7	D7 ....
E8	D8 ....
E9	D9 ....
E10	D10 ....

"O choro de meu filho me irrita tanto que eu fico totalmente obcecada em me manter longe do choro. A tensão que isso cria absorve toda a minha energia."

Mãe de Steven, 25ª semana

"Uma noite, eu tive que continuar andando para trás e para frente para colocar a chupeta na boca de minha filha. De repente, às 00h30 ela estava bem acordada. Ela ficou acordado até às 2h30 da manhã. Eu já tinha tido um dia agitado, com muitas dores de cabeça e dores nas costas de andar para cima e para baixo. Eu simplesmente entrei em colapso."

Mãe de Emily, 27ª semana

Você pode ficar preocupada

É natural que você possa se sentir incomodada ou nervosa todas as vezes que algo parece ser o problema, e você não consegue descobrir o que é. Quando bebês muito jovens estão envolvidos, as mães geralmente pensam racionalmente que eles devem estar sofrendo de cólica porque nada mais parece estar errado. Nessa idade, no entanto, as mães são rápidas a entender e abraçar a ideia de que seus bebês estão exigentes por causa do nascimento dos dentes. Afinal, na maioria dos bebês os dentes começam a surgir em torno dessa idade. Ainda assim, não há nenhuma conexão entre o apego devido a uma grande mudança no desenvolvimento mental e na dentição do bebê. Em muitos bebês, os dentes começam a nascer durante um período difícil, bem como no período entre eles. Claro que se começam a aparecer os dentes de seu bebê no mesmo momento em que ele passa por uma grande mudança em seu desenvolvimento mental, ele pode se tornar muito problemático.

"Minha filha agora está extremamente mal-humorada, só quer se sentar em meu colo. Talvez sejam os dentes. Eles vêm incomodando por 3 semanas. Ela parece bastante desconfortável, mas eles ainda não apareceram."

Mãe de Jenny, 25ª semana

"Meu pequenino ficou muito choroso. De acordo com o médico, ele tem um monte de dentes esperando para nascer."

Mãe de Paul, 27ª semana
(Seu primeiro dente não apareceu até sete semanas mais tarde.)

Você pode ficar irritada

Muitas mães ficam com raiva, assim que sentem que seus bebês não têm nenhuma boa razão para estarem tão problemáticos e exigentes. Este sentimento tende a ficar mais forte ao se aproximar do final do período difícil. Algumas mães, especialmente aquelas com bebês muito exigentes, simplesmente chegam ao limite.

> "Foi uma semana terrivelmente difícil. Meu filho chorava por qualquer coisa. Ele exigia atenção constantemente. Ficava acordado e agitado até às 22h. Eu carregava ao redor uma enorme quantidade de coisas no marsúpio. Disso ele gostava. Mas me senti cada vez mais cansada de tudo o que incomodava e do choro contínuo. Sempre que ele começava a ter um de seus acessos de raiva na cama à noite, era como se eu tivesse passando dos limites. Eu conseguia me sentir ficando realmente irritada. Isso aconteceu muitas vezes na semana passada."
>
> **Mãe de Bob, 25ª semana**

Não perca o controle. Lembre-se que ter sentimentos de raiva e frustração, por vezes, não é anormal ou perigoso, mas agir guiada por eles sim. Tente obter ajuda muito antes de você perder o controle.

Você pode começar a discutir

As discussões podem começar durante as refeições. A maioria das mães odeia quando seus bebês não comem e continuam a alimentá-los. Elas tentam tornar isso divertido ou tentam pressioná-los a comer. Seja qual for a abordagem, normalmente é em vão.

Nesta idade, os bebês de temperamento forte podem ser extremamente teimosos sobre a sua recusa. Isso, às vezes, faz com que as mães, que também estão sendo teimosas (além de preocupadas!), muito zangadas. E assim as refeições podem significar uma guerra.

Quando isso acontecer com você, tente manter a calma. Não lute contra isso. Afinal, você não pode forçá-lo a comer. Durante esta fase difícil, muitos bebês comem pouco. É algo temporário. Se você criar um problema com isso, é provável que seu bebê vá continuar recusando alimentos, mesmo após o período difícil ter acabado. Ele fará disso um hábito.

No final da fase difícil, você pode devidamente perceber que seu bebê é capaz de muito mais do que você pensou ser possível. Muitas mães percebem isso. É, por isso, que um número crescente de mães agora fica farta com o apego irritante e decide que é hora de colocar um fim nisso.

> "Minha menina continua choramingando por atenção ou para ser pega nos braços. É realmente insuportável e, o que é pior, ela não tem nenhuma desculpa! Eu tenho coisas suficientes para fazer. Então, quando estou farta agora, a levo logo para a cama."
>
> Mãe de Juliette, 26ª semana

Como emergem as novas habilidades do bebê

Aproximadamente na semana 26, você vai descobrir que seu bebê está novamente tentando aprender uma ou mais novas habilidades. Esta é a idade em que os bebês geralmente começam a explorar o mundo das relações. Este mundo lhe oferece muitas oportunidades para desenvolver habilidades que dependem da compreensão das relações entre os objetos, pessoas, sons e sentimentos. Seu bebê, de acordo com seu próprio temperamento, inclinações, preferências e constituição física, incidirá sobre os tipos de relações que apelar mais para ele. Ele vai usar esse entendimento para desenvolver as competências que melhor se adaptem a ele pessoalmente. Você pode ajudá-lo da melhor forma incentivando-o a fazer o que ele está pronto para fazer, ao invés de tentar forçá-lo em direções que ele não tem interesse. Isso será cada vez mais difícil de fazer, de qualquer maneira, uma vez que sua personalidade começa a emergir e suas próprias ideias começam a dominar.

> "Eu continuo vendo esse padrão de um período complicado, por vezes, extremamente difícil que atinge o pico no final e é seguido por uma fase pacífica. Toda vez que eu acho que não aguento mais, meu menino muda de curso e de repente faz todas essas coisas novas."
>
> Mãe de Bob, 26ª semana

(continua na página 164)

Meu diário

Como meu bebê explora o novo mundo das relações

O mundo das relações abre tantas possibilidades que seu bebê não poderia explorar todas elas, mesmo se quisesse. Quais aspectos deste mundo ele irá explorar depende inteiramente de que tipo de criança ela está se tornando e quais são seus talentos. Um bebê muito físico usará a percepção da distância para melhorar o equilíbrio e engatinhar para você se for capaz. O bebê observador/ouvinte vai encontrar muita coisa com a qual se ocupar enquanto tenta descobrir exatamente como esse mundo funciona. Enquanto você lê a seguinte lista de possibilidades, marque as que se aplicam ao seu bebê agora. Você pode querer fazer isso duas ou três vezes antes de acontecer o próximo salto, uma vez que nem todas as habilidades que seu bebê irá desenvolver vão aparecer ao mesmo tempo. Na verdade, algumas não vão mesmo aparecer até muito mais tarde.

BALANÇO

❏ Senta-se sozinho a partir da posição deitada

❏ Levanta-se sozinho; puxa-se para cima

❏ Senta-se novamente sozinho depois de ficar de pé

❏ Fica em pé sem apoio

❏ Anda com apoio

❏ Faz um movimento de salto sem sair do chão

❏ Pega um brinquedo de cima de uma prateleira ou mesa

CONTROLE DO CORPO

❏ Passeia ao redor da borda do berço, mesa ou cercadinho enquanto se segura

❏ Passeia ao redor, empurrando uma caixa na frente dela

❏ Arremete-se de uma peça de mobiliário para outra

❏ Engatinha dentro ou por baixo de coisas, tais como cadeiras e caixas

- ❏ Engatinha para trás e para frente com pequenos passos
- ❏ Engatinha para dentro e para fora das divisões
- ❏ Engatinha ao redor da mesa
- ❏ Inclina-se ou se coloca de barriga para conseguir pegar algo debaixo do sofá ou cadeira

AGARRANDO, TOCANDO E SENTINDO

- ❏ Contrapõe o polegar e o dedo indicador para agarrar objetos pequenos
- ❏ Pode brincar com algo com as duas mãos
- ❏ Levanta um tapete para olhar por baixo
- ❏ Segura um brinquedo de cabeça para baixo para ouvir o som interior
- ❏ Rola um bola pelo chão
- ❏ Invariavelmente pega uma bola que rola em sua direção
- ❏ Derruba o cesto de lixo para esvaziar seu conteúdo
- ❏ Joga as coisas fora
- ❏ Coloca brinquedos dentro e ao lado de uma cesta, dentro e fora de uma caixa, ou debaixo e sobre uma cadeira, bem como os empurra para fora do cercadinho
- ❏ Tenta encaixar um brinquedo dentro do outro
- ❏ Tentar espreitar algo que sai de um brinquedo, como o badalo de um sino
- ❏ Puxa as próprias meias
- ❏ Espreita seus cadarços soltos
- ❏ Esvazia armários e prateleiras
- ❏ Joga objetos da cadeira de refeição para testar como algo cai
- ❏ Coloca comida na boca do cão, da mãe ou do pai
- ❏ Empurra portas fechadas

(continua)

Meu diário (cont.) ---------------------------------------

OBSERVANDO

❏ Observa atividades adultas, como colocar as coisas em, sobre ou através de algo

❏ Olha de um animal para outro em diferentes livros de imagens

❏ Olha de uma pessoa para outra em diferentes fotografias

❏ Olha de um brinquedo, objeto ou alimento para outro em suas mãos

❏ Observa os movimentos de um animal, especialmente quando ele é incomum, como o tamborilar do cachorro através de um piso de madeira

❏ Observa os movimentos de uma pessoa que se comportar de forma estranha, como o pai que está sobre a cabeça

❏ Explora o próprio corpo: particularmente o pênis ou a vagina

❏ Presta muita atenção aos pequenos detalhes ou partes de brinquedos e outros objetos, como etiquetas em toalhas

❏ Seleciona um livro para olhar

❏ Seleciona um brinquedo para brincar

ESCUTANDO

❏ Faz conexões entre palavras e ações; compreende comandos curtos, como "não, não faça isso" e "vamos"

❏ Escuta as explicações atentamente e parece entender

❏ Gosta de ouvir sons de animais ao olhar para imagens de animais

❏ Ouve atentamente a voz no telefone

❏ Presta atenção aos sons que estão relacionados a uma determinada atividade, como cortar legumes. Escuta os sons que ele próprio faz, como espirrar água do banho

FALANDO

❑ Compreende a relação entre ações e palavras. Diz suas primeiras palavras no contexto correto. Por exemplo, diz oo (para "oops"), quando cai e atchim quando espirra

❑ Assopra

DISTÂNCIA MÃE-BEBÊ

❑ Protesta quando sua mãe vai embora

❑ Engatinha para sua mãe

❑ Repetidamente faz contato com sua mãe, embora esteja ocupado brincando sozinho

IMITANDO GESTOS

❑ Imita dar tchau

❑ Bate palmas se lhe pedirem

❑ Imita estalar a língua

❑ Imita agitar e balançar a cabeça, embora muitas vezes só balance a cabeça com os olhos

DIVERSOS

❑ Dança ao som da música (mexe sua barriga)

OUTRAS MUDANÇAS QUE VOCÊ OBSERVA

_____

_____

Pela primeira vez, seu bebê pode perceber todos os tipos de relações e agir de acordo com elas. Ele agora pode descobrir que há sempre uma distância física entre dois objetos ou duas pessoas. E, claro, a distância de você é uma das primeiras coisas que ele vai notar e reagir. Ao observar este fenômeno, ele descobre que você pode aumentar a distância demais para o gosto dele e percebe que não pode fazer nada sobre isso. Agora, ele sabe que perdeu o controle sobre essa distância e fica assustado. Por isso, ele vai começar a chorar.

"Nós temos um problema. Minha menina não quer ser colocada mais em seu cercadinho. Seus lábios começam a tremer, mesmo quando ela ainda está pairando sobre ele. Se eu a coloco lá, ela começa a gritar. Não tem problema, porém, se eu colocá-la no chão, do lado de fora da 'gaiola'. Imediatamente, ela rola, gira, e se contorce em minha direção."

Mãe de Nina, 25ª semana

A justaposição de objetos vem como uma verdadeira revelação para o seu bebê quando surge a ideia. Ele começa a entender que algo pode estar *dentro, fora, por cima, em cima, ao lado, por baixo* ou *entre* outra coisa. Ele vai gostar de brincar com essas noções.

"Durante todo o dia, meu filho tira os brinquedos para fora de sua caixa de brinquedos e os coloca de volta novamente. Às vezes, ele atira tudo para o lado do cercadinho. Outras vezes, ele vai encaixar com cuidado cada item entre as grades. Ele limpa armários e prateleiras e fica entusiasmado ao verter água de garrafas e recipientes para a banheira. Mas a melhor coisa foi quando eu o estava amamentando. Ele soltou meu mamilo, examinou-o com um olhar sério em seu rosto, apertou meu peito para cima e para baixo, chupou uma vez, olhou de novo e continuou fazendo isso durante algum tempo. Ele nunca fez isso antes. É como se ele estivesse tentando descobrir como tudo poderia vir de lá."

Mãe de Matt, 30ª semana

Em seguida, seu bebê pode começar a entender que pode fazer com que certas coisas aconteçam. Por exemplo, ele pode girar um interruptor que faz tocar uma música ou acender uma luz. Ele fica atraído por objetos, como equipamentos de som, televisores, controles remotos, interruptores de luz e pianos de brinquedo.

Agora, ele pode começar a compreender que as pessoas, objetos, sons ou situações podem estar relacionados entre si. Ou que um som está relacionado a um objeto ou a uma situação particular. Ele sabe, por exemplo, que movimento na cozinha significa que alguém está preparando o jantar, a chave na porta da frente significa que o "papai está em casa", o cachorro tem sua própria comida e brinquedos e que ele, a mãe e o pai estão interligados. A compreensão de seu bebê de "família" não vai ser nem de longe tão sofisticada como a sua, mas ele tem seu próprio entendimento do que significa estar interligado.

Em seguida, o bebê pode começar a entender que os animais e as pessoas coordenam seus movimentos. Mesmo que duas pessoas estejam andando separadamente, ele ainda percebe que elas estão levando os movimentos uns dos outros em consideração. Isso é uma "relação" também. Ele também pode dizer quando algo correu mal. Se você deixar cair alguma coisa, soltar um grito e se curvar rapidamente para pegar, se duas pessoas acidentalmente se esbarram contra a outra ou se o cachorro cai no sofá, ele entende que isso não é comum. Alguns bebês acham isso muito divertido, outros ficam muito assustados. E outros ainda ficam curiosos ou levam isso muito a sério. Afinal de contas, é algo que não é para acontecer. Cada observação ou habilidade totalmente nova pode, aliás, fazer seu bebê se sentir cauteloso até que essas coisas se provem inofensivas.

"Notei que meu filho está com medo da máquina de corte na padaria. Assim que o pão vai para ela, ele olha para mim como se perguntasse: 'Você tem certeza que está tudo bem?' Então ele olha assustado, a seguir ele olha para mim, depois olha assustado novamente, então olha para mim de novo. Depois de um tempo, ele se acalma."

Mãe de Paul, 29ª semana

Seu bebê também pode começar a descobrir que ele pode coordenar os movimentos de seu corpo, membros e mãos, e que eles trabalham juntos como um só. Uma vez que entende isso, ele pode aprender a engatinhar de forma mais eficiente. Ou ele pode tentar se sentar sozinho ou se levantar para ficar em pé e se sentar novamente. Alguns bebês agora dão os primeiros passos com um pouco de ajuda. E o bebê excepcional vai mesmo fazer isso sem ajuda, pouco antes do próximo salto começar. Todo esse exercício físico também pode ser assustador para um bebê. Ele percebe plenamente que poderia estar perdendo o controle sobre seu corpo. Ele ainda precisa aprender a manter o equilíbrio. E manter o equilíbrio tem muito a ver com estar familiarizado com a ideia de distâncias.

Quando o bebê começa a ser ativo no mundo das relações, ele vai fazer isso do seu jeito único. Ele vai usar as habilidades e conceitos que adquiriu a partir de saltos anteriores em seu desenvolvimento mental. Assim, ele só será capaz de perceber e experimentar as relações que envolvem coisas que ele já entende: coisas que ele aprendeu no mundo dos padrões, das transições suaves e dos eventos.

As escolhas de seu bebê: uma chave para a sua personalidade

Entre as semanas 26 e 34, você pode descobrir o que seu bebê mais gosta no mundo das relações. Dê uma boa olhada no que seu bebê está fazendo. Use a lista de "Meu diário" para ajudar a determinar quais são seus interesses e respeite as escolhas de seu bebê. É natural fazer comparações com observações de outras mães sobre os bebês delas, mas não espere que todos os bebês sejam iguais. A única coisa que você pode ter certeza é que eles não são!

Tenha em mente que os bebês adoram novidades. Sempre que você observar seu bebê apresentar qualquer nova habilidade ou interesse, não deixe de reagir. Seu bebê vai se divertir se você compartilhar essas novas descobertas. Seu interesse vai ajudar seu progresso de aprendizagem mais rapidamente. É assim que os bebês são.

O que você pode fazer para ajudar

Cada bebê precisa de tempo, apoio e muitas oportunidades para praticar e experimentar novas habilidades. Você pode ajudá-lo, incentivando-o quando ele tem sucesso e o confortando quando ele falhar (por seus padrões de bebê próprios). No entanto, se ele persistir por muito tempo tentando algo que não consegue dominar, você pode conseguir distraí-lo aparecendo com alguma coisa que ele pode fazer.

A maioria de suas atividades como adulto está firmemente enraizada no mundo das relações: abastecer o carro, vestir-se, colocar cartas em envelopes, colocar uma conversa em espera, acompanhar um vídeo de exercícios, só para citar algumas. Deixe seu bebê assistir a isso e o deixe participar quando for possível. Deixe-o compartilhar sua experiência de imagens, sons, sensações, cheiros e gostos, sempre que quiser. Você ainda é sua guia neste mundo complexo.

Tenha sempre em mente que ele quase certamente será especializado em alguns tipos de atividades em detrimento de outros. Realmente não importa se seu bebê aprende sobre relações apenas observando ou escutando. Mais tarde, ele vai rápida e facilmente ser capaz de colocar esse entendimento para usar em outras áreas.

Mostre-lhe que você não o está abandonando

No mundo das relações, quase todos os bebês começam a perceber neste momento que sua mãe pode aumentar a distância entre eles e pode ir embora e deixá-lo. Anteriormente, seus olhos poderiam ver, mas ele não entendia o significado completo da partida. Agora que ele consegue entender, surge um problema. Ele fica assustado quando percebe que sua mãe é imprevisível e está fora de seu controle: ela pode deixá-lo em qualquer momento! Mesmo que ele já esteja engatinhando, a mãe pode facilmente se distanciar dele. Ele sente que não tem controle sobre a distância entre ele e sua mãe, e isso faz com que se sinta impotente. É difícil aceitar no início que esta situação seja um progresso, mas é um sinal claro de um salto mental para frente. Seu bebê tem que aprender a lidar com este desenvolvimento e torná-lo parte de seu novo mundo, para que não seja assustador por muito tempo. Sua tarefa é ajudá-lo a alcançar este objetivo. É preciso compreensão, compaixão, prática e, acima de tudo, tempo.

Se seu bebê demonstra medo, aceite o medo. Ele vai logo perceber que não há nada a temer, já que sua mãe não o abandona. Geralmente, bebês entram mais em pânico na semana 29. Em seguida, ele melhora de alguma forma, até o próximo salto iniciar.

"Meu filho tem seus humores quando grita até que seja pego. Quando faço isso, ele ri, completamente satisfeito consigo mesmo."

Mãe de Frankie, 31ª semana

"Tudo está bem, desde que a minha filha possa me ver. Caso contrário, ela começa a chorar de medo."

Mãe de Eve, 29ª semana

"Minha menina tem estado com a babá, como é habitual. Ela não comia, não dormia, não fazia nada. Apenas chorava e chorava. Eu nunca a vi fazer nada parecido. Eu me sinto culpada deixando-a para trás assim. Estou pensando em trabalhar menos horas, mas não sei como conseguir isso."

Mãe de Laura, 28ª semana

"Se minha filha apenas suspeitasse que a colocaria no chão para brincar, ela começava a choramingar e se agarrava com muita força. Então, agora, eu a carrego em torno de meu quadril durante todo o dia. Ela também parou de sorrir do jeito que costumava fazer. Na semana passada, ela sorria para todos. Agora, sorri definitivamente menos. Ela passou por isso uma vez antes, mas no passado ela sempre acabava com um pequeno sorriso no rosto. Agora, isso está fora de questão."

Mãe de Nina, 29ª semana

"Esta foi uma semana de tormento. Tantas lágrimas. Cinco minutos por conta própria já era demais para o meu pequeno homenzinho. Se eu sequer saísse do quarto, havia uma crise de choro. Eu tive de carregá-lo no marsúpio muitas vezes. Mas na hora de dormir, tudo virava um inferno. Após 3 dias, eu estava derrotada. Era demais. Comecei a me sentir extremamente irritada. Isso parecia estar começando a se tornar um círculo vicioso. Eu estava realmente me esforçando, sentindo-me sozinha e completamente exausta. Eu continuava quebrando as coisas também:

elas simplesmente caiam de minhas mãos. Foi quando eu o levei para a creche pela primeira vez. Apenas para que eu pudesse recuperar o fôlego. Mas não deu certo, então eu rapidamente fui buscá-lo. Eu me senti muito mal o despejando naquele lugar, enquanto, ao mesmo tempo, eu tinha pensado muito e sentia que seria a melhor solução. Eu me esforço muito e muitas vezes, e isso só me faz sentir solitária, agressiva e confinada. Eu também fico me perguntando se sou eu, se eu sou a culpada por ser inconsistente ou por lhe mimar muito."

Mãe de Bob, 29ª semana

Para aliviar a ansiedade de seu bebê, certifique-se de que ele sente você perto dele, caso ele realmente precise de você. Dê-lhe a oportunidade de se acostumar com a nova situação em seu próprio ritmo. Você pode ajudá-lo, carregando-o nos braços mais vezes ou ficando um pouco mais perto dele. Dê-lhe algum aviso antes de ir embora, e continue falando com ele enquanto você vai embora e quando você está em outra divisão. Desta forma, ele vai saber que você ainda está lá, mesmo que não possa mais ver você. Você também pode praticar a "partida" jogando jogos de esconde-esconde. Por exemplo, você pode se esconder atrás de um jornal enquanto está sentada ao lado de seu bebê. A seguir, você pode se esconder atrás do sofá perto de seu bebê. Depois, por trás do armário um pouco mais longe, e, finalmente, atrás da porta.

Se seu bebê já se move um pouco, você pode tranquilizá-lo sobre a questão do abandono, ajudando-o a seguir você. Tente primeiro lhe dizer que você está saindo: desta forma, o bebê vai aprender que ele não tem que ficar de olho em você, que ele pode continuar a brincar à vontade. Então, lentamente saia, para que ele possa segui-lo. Sempre ajuste seu passo ao do bebê. Logo, seu bebê vai aprender que pode controlar a distância entre vocês dois. Ele também virá a confiar em você para não desaparecer quando tem que pegar algo de outra divisão, e ele não vai incomodá-la tanto.

"No começo, meu filho costumava agarrar a minha perna como um macaquinho e andar em meu sapato quando eu caminhava. Eu tive que

arrastar esta 'mala sem alça' por toda parte. Depois de alguns dias, ele começou a manter uma pequena distância. Eu poderia dar alguns passos para o lado antes de ele engatinhar até mim. Agora, eu posso ir para a cozinha, enquanto ele está engatinhando. Ele realmente não vai me procurar a não ser que eu fique lá por algum tempo."

Mãe de Bob, 31ª semana

Muitas vezes, o desejo de estar perto de você é tão forte que até mesmo o engatinhador inexperiente está disposto a fazer algum esforço extra e acaba melhorando seu engatinhamento. O desejo de se manter com a mãe, juntamente com a coordenação que ele é capaz de usar, neste momento, pode fornecer o incentivo extra que ele precisa.

Se seu bebê já se movia um pouco após o último salto, você vai ver uma grande diferença agora. Suas viagens esforçadas costumavam levá-lo mais longe de você, e ele ficaria longe por mais tempo do que agora. De repente, ele está ao redor de você e fazendo movimentos curtos para trás e para frente, tocando em você todas as vezes.

"Meu bebê continua engatinhando para frente e para trás. Então ele se senta debaixo da minha cadeira por um tempo. Ele também fica mais perto de mim do que costumava."

Mãe de John, 31ª semana

Ofereça ao seu bebê a chance de experimentar as idas e vindas, com você sendo o ponto central. Se você se sentar no chão, você vai perceber que ele vai interromper suas excursões para engatinhar até você.

Ao longo das semanas, os pais ficam cada vez mais irritados se não recebem a oportunidade de continuar suas atividades cotidianas. Uma vez que seu bebê chegou na semana 29, a maioria das mães desiste. Elas começam a quebrar, gradualmente, o velho hábito ("Eu estou sempre aqui para você se agarrar") e estabelecem uma nova regra ("Eu preciso de algum tempo e espaço para me movimentar bem"). Elas fazem isso na maioria das vezes distraindo os bebês, por vezes, ignorando seus choramingos por um tempo ou colocando os bebês na cama, se ficarem realmente fartas de seu comportamento.

As diferenças entre os sexos

Afinal de contas, os meninos são diferentes das meninas?

As mães de meninos, por vezes, parecem ter mais dificuldade com seus bebês do que as mães de meninas. Elas muitas vezes não entendem seus filhos. Ele quer ou não quer brincar com sua mãe?

"Meu filho, muitas vezes chora para ter contato e atenção. Eu sempre respondo. Mas quando eu o pego para brincar, obviamente não é o que ele tinha em mente. Então ele vai detectar alguma coisa, e, de repente, isso é o que ele quer, e ele se estica e choraminga para alcançá-la. Ele parece querer duas coisas: eu e explorar. Mas ele sempre faz uma bagunça nessas aventuras. Ele pega algo de forma muito rude e o joga de lado. Ele gosta de passar por toda a casa desta forma. Eu gostaria que ele fosse um pouco mais fofinho. Poderíamos conversar, brincar: apenas fazer coisas boas juntos e nos divertirmos um pouco. Considerando que agora eu estou constantemente tentando evitar a ocorrência de acidentes. Às vezes, sinto-me insatisfeita comigo própria."

Mãe de Matt, 32ª semana

As mães de meninos e meninas costumam achar que podem fazer mais com suas meninas. Elas sentem que podem sentir melhor o que uma menina quer. Elas compartilham mais dos mesmos interesses, que acham sociáveis e divertidos.

"Sou capaz de brincar mais de mãe com a minha filha. Fazemos todos os tipos de coisas juntas. Quando eu falo, ela realmente ouve. Ela gosta de meus jogos e pede mais. Seu irmão era muito mais independente."

Mãe de Eve, 33ª semana

Tudo o que você decidir fazer, considere o quanto seu bebê pode lidar antes de ficar realmente com medo. Saber que você pode deixá-lo sempre que quiser pode ser muito assustador para ele e muito difícil de lidar com esta situação.

"É tão irritante a maneira como ele se mantém agarrado aos meus pés quando estou tentando cozinhar. É quase como se ele optasse por ser mais difícil, porque eu estou ocupada. Então eu o coloco na cama."

Mãe de Kevin, 30ª semana

Ajude seu bebê a explorar o novo mundo andando em seus ambientes

Se seu bebê adora engatinhar, permita que ele se movimente livremente em uma divisão onde não possa se machucar. Observe-o para ver o que ele faz. Quando ele entra no mundo das relações, um engatinhador precoce começa a entender que ele pode engatinhar *para, a partir de, sob, sobre, no meio, em cima de* e *através de* alguma coisa. Ele vai gostar de brincar com essas várias relações entre ele e os objetos em seu redor.

"Eu gosto de ver meu filho brincar na sala de estar. Ele engatinha até o sofá, olha debaixo dele, senta-se, engatinha rapidamente até o armário, engatinha para ele, corre de novo, engatinha para o tapete, levanta-o, olha debaixo dele, vira em direção a uma cadeira onde ele engatinha por baixo, move-se, afasta-se do outro armário, engatinha para aquele, fica preso, chora um pouco, descobre como sair e fecha a porta."

Mãe de Steven, 30ª semana

Se seu bebê tem prazer em fazer essas coisas, deixe alguns objetos ao redor para encorajá-lo a continuar suas explorações. Por exemplo, você pode fazer montanhas com cobertores, mantas ou almofadas para ele engatinhar por cima. Claro, você deve ajustar o circuito de jogo suave para atender ao que seu bebê pode fazer.

Você também pode construir um túnel de caixas ou cadeiras para que ele engatinhe através deles. Você pode fazer uma tenda com um lençol, para a qual ele possa engatinhar por dentro, por fora e por baixo. Muitos bebês gostam de abrir e fechar portas. Se seu bebê gosta disso também, você pode incluir uma porta ou duas. Apenas tenha atenção aos dedos dele. Se você engatinhar junto com ele, a diversão será dobrada. Tente adicionar alguma variedade nos jogos de esconder e esconde-esconde também.

Se seu bebê gosta de mover seus brinquedos ao redor, torne isso um jogo. Dê a ele a oportunidade de colocar brinquedos *dentro, em cima, ao lado* ou *debaixo dos* objetos. Permita-lhe arremessar seus brinquedos: é importante para conseguir entender como o mundo funciona. Deixe que ele puxe brinquedos *através* de alguma coisa, como as pernas de uma cadeira ou um túnel feito com uma caixa. Para quem está de fora, pode parecer como se ele estivesse voando como um turbilhão de um objeto para o outro, mas essa atividade frenética está fornecendo exatamente a entrada que seu cérebro precisa entender nesse novo mundo das relações.

"Minha bebê coloca seus blocos, sua chupeta e seu urso em uma cesta. Quando ela está de pé, ela pega os brinquedos do chão e os atira na cadeira. Ela também empurra as coisas para seu cercadinho através das grades. Se, na verdade, ela está no cercadinho, ela joga tudo para fora por cima. Ela gosta de ver o que está fazendo. Ela é uma verdadeira malandrinha."

Mãe de Jenny, 30ª semana

Dê ao seu bebê uma prateleira ou armário, que ele possa *esvaziar* e você possa facilmente arrumar novamente. Dê-lhe uma caixa onde ele pode colocar suas coisas *dentro*. Vire uma caixa de cabeça para baixo, para que ele possa colocar as coisas *por cima dela*. Permita que ele empurre as coisas *para fora* do cercadinho *através* das grades ou as jogue fora por cima. Esta é uma maneira ideal para os bebês que ainda não estão interessados em engatinhar de explorarem as relações como *dentro, fora, por baixo* e *por cima*.

Outra maneira que seu bebê pode brincar com as relações é jogando, deixando cair e derrubando objetos. Ele pode fazer isso para ver e ouvir o que acontece. Talvez ele queira descobrir como um determinado objeto se quebra em vários pedaços. Você pode observá-lo gostar de derrubar torres de blocos, que você tem que continuar construindo de novo. Mas ele vai ter o mesmo prazer virando o cesto dos papéis, derrubando a tigela de água do gato, deixando cair um copo de leite ou uma tigela de cereal de sua cadeira de refeição ou qualquer outra atividade que inevitavelmente faça uma bagunça.

> "Minha filha adora experimentar a forma como as coisas caem. Ela está fazendo experiências com todos os tipos de coisas, sua chupeta, seus blocos e seu copo. Então, dei-lhe uma pena do Big Bird, o periquito. Isso a apanhou de surpresa. Ela prefere coisas que fazem muito barulho!"
>
> Mãe de Nina, 28ª semana

> "Nossa! Meu filho riu quando eu deixei cair um prato e ele se quebrou em um milhão de pedaços. Eu nunca o vi rir tanto."
>
> Mãe de John, 30ª semana

No mundo das relações, seu bebê pode descobrir que as coisas podem ser *desmontadas*. Dê a ele algumas coisas que são projetadas exatamente para isso: copos dobráveis e cadarços amarrados em arcos. Ele vai puxar e arrancar as coisas que estão ligadas a objetos ou brinquedos, tais como rótulos, etiquetas, olhos e narizes dos ursinhos de pelúcia, e rodas, travas e portas de carros de brinquedo.

Mas tome cuidado: Botões na roupa, interruptores, fios de fuga de equipamentos elétricos e tampas de garrafas são igualmente atraentes e tão suscetíveis de serem desmontados quando possível. Para seu bebê, não existe nada fora dos limites neste mundo novo e empolgante.

Cuidados com o bebê

Torne sua casa à prova do bebê

Lembre-se que seu bebê pode ficar fascinado por coisas que são prejudiciais a ele. Ele pode enfiar um dedo ou a língua em tudo que tiver buracos ou fendas, incluindo coisas como tomadas elétricas, equipamentos eletrônicos, ralos e a boca do cachorro. Ou ele pode pegar e comer pequenas coisas que encontra no chão. Fique sempre perto de seu bebê todas as vezes que o deixar explorar livremente a casa.

"Meu filho continua puxando suas meias."

Mãe de Frankie, 31ª semana

Se seu bebê gosta muito de ver as coisas desaparecem *dentro* de outra coisa, convide-o a assistir às suas atividades. Você pode pensar que cozinhar é comum, mas para ele é mágico assistir todos os ingredientes desaparecem *dentro* da mesma panela. Mas fique de olho nele também, porque ele pode tentar fazer desaparecer por si só.

"Minha filha gosta de ver o cão esvaziar sua tigela. Quanto mais perto ela consegue ficar, melhor. Parece muito perigoso para mim, porque com toda essa atenção, o cão engole mais rápido. Por outro lado, o cão de repente parece estar prestando mais atenção a minha filha também quando ela está comendo. Ela está sentada à mesa em sua cadeira de refeição, com o cão ao lado dela. Então o que você acha? Descobriu-se que ela estava largando pequenos pedaços de pão e o observando devorá-los."

Mãe de Laura, 31ª semana

Às vezes, os bebês gostam de colocar uma coisa *dentro* de outra. Mas isso só acontece por coincidência. Ele ainda não consegue distinguir entre diferentes formas e tamanhos.

"Minha menina tenta encaixar todos os tipos de coisas. Na maior parte das vezes, o tamanho está certo, mas a forma nunca está. Além disso, ela não é precisa o suficiente. No entanto, se não conseguir, ela fica louca."

Mãe de Jenny, 29ª semana

"Meu filho descobriu suas narinas. Ele enfiou um dedo curioso em uma. Espero que ele não tente o mesmo com um cordão!"

Mãe de John, 32ª semana

Seu bebê está intrigado com um brinquedo com um ruído quando ele empurra, ou com um piano de brinquedo que produz um som musical quando ele toca nas teclas? Deixe-o explorar essas coisas. Elas dizem respeito às relações entre uma ação e um efeito. Mas, cuidado, ele também pode virar um frasco cheio de acetona ou perfume, ou alguma outra substância perigosa.

"Eu segurei um urso de brinquedo de cabeça para baixo para que ele rosnasse. Então, eu coloquei o urso no chão e meu filho engatinhou até ele e o virou à volta, até ele fazer aquele som. Ele ficou tão fascinado que ele girava o urso sempre mais rápido."

Mãe de Paul, 33ª semana

Ajude seu bebê a conhecer o novo mundo usando seu corpo

No corpo de seu bebê, as relações são abundantes entre as várias partes do corpo. Sem os esforços de todos os músculos, as relações entre as várias partes do esqueleto seriam perdidas e nós entraríamos em colapso como um saco de ossos. Por volta desse período, o bebê pode começar a tentar se sentar por si próprio, dependendo de suas habilidades de equilíbrio.

"Meu filho aprendeu a se sentar agora. Ele começou equilibrando em uma nádega com ambas as mãos espalmadas no chão na frente dele. Em seguida, ele levantou uma mão. Agora, ele consegue se sentar sem usar as mãos."

Mãe de Matt, 25ª semana

"Agora minha bebê se senta sozinha, sem nenhum medo de perder o equilíbrio. Ela não conseguia fazer isso na semana passada. Ela às vezes leva as coisas, segura-as por cima da cabeça com as duas mãos e depois as joga fora."

Mãe de Jenny, 28ª semana

"Quando meu pequeno se senta, muitas vezes ele rola. Ele também cai para frente ou para trás. Sempre que isso acontece, eu me apresso a rir. Então, muitas vezes, ele começa a rir também."

Mãe de Bob, 26ª semana

Se seu bebê não está sentando firme o suficiente para se sentir confiante sozinho, ajude-o. Tente descobrir se você pode torná-lo mais confiante, jogando jogos de equilíbrio, em que ele tem que recuperar o equilíbrio todas as vezes que balança. Procure por jogos de equilíbrio favoritos em "Jogos excelentes para esta semana mágica" na página 187.

Alguns bebês tentam se levantar. Se seu bebê faz isso, como é o equilíbrio dele? Ajude seu bebê quando ele não está em pé com firmeza ou se ele tem medo de cair. Faça jogos de equilíbrio com ele, eles irão familiarizá-lo com sua posição vertical. Mas nunca tente apressar seu bebê para sentar ou ficar em pé. Se você tentar muito cedo para o gosto dele, ele pode ficar com medo e você pode até mesmo retardar seu desenvolvimento.

"Nós tentamos colocar meu filho em pé ao lado da mesa. Ele ficou lá, muito instável, balançando como um fantoche em uma corda, olhando como se estivesse prestes a cair. É cedo demais para ele."

Mãe de Steven, 31ª semana

"Minha filha está começando a se levantar, mas ela não sabe como voltar a sentar. É difícil. Hoje, encontrei-a em pé no berço pela primeira vez, chorando. Isso me irrita. Ela deveria ir dormir quando está na cama. Eu só espero que não demore muito e que ela perceba como se sentar em breve."

Mãe de Juliette, 31ª semana

"Minha bebê insiste que eu a sente de novo depois que ela se levanta. Sua irmã não tem permissão para ajudá-la, apesar de que há muitas coisas ela lhe permitiria fazer. Ela está, obviamente, com medo de não conseguir fazê-lo bem o suficiente."

Mãe de Ashley, 32ª semana

"Minha bebê ficava tentando se puxar até esta semana, e em certo ponto ela conseguiu. Ela se puxou na cama, levantou-se imediatamente e ficou de pé também. Agora, ela pode realmente fazer isso. Ela se puxa para cima usando a cama, o cercadinho, a mesa, a cadeira ou as pernas de alguém. Ela também fica em pé no cercadinho e pega brinquedos a partir dele com uma mão."

Mãe de Jenny, 28ª semana

Se, e somente se você perceber que seu bebê se diverte andando, ajude-o. Segure-o com força, porque seu equilíbrio geralmente é instável. Faça jogos com ele que irão familiarizá-lo com a manutenção de seu equilíbrio, especialmente quando ele muda seu peso de uma perna para a outra. Nunca faça passeios de horas com ele. Ele realmente não vai aprender mais rápido dessa forma. Seu bebê não vai começar a andar até que ele esteja pronto para isso.

"Quando eu seguro as duas mãos de minha bebê, ela caminha em perfeito equilíbrio. Ela atravessa o pequeno espaço entre a cadeira e a televisão quando está de pé. Ela passa ao longo da mesa, em torno dos ângulos. Ela anda pela sala empurrando uma caixa de Pampers. Ontem, a caixa deslizou para longe e ela deu três passos sozinha."

Mãe de Jenny, 34ª semana

"Estou irritada com a coordenação lenta de meu filho. Ele não engatinha, ele não se levanta. Ele apenas se senta e brinca com seus brinquedos."

Mãe de Frankie, 29ª semana

Lembre-se que seu bebê não tem nenhum motivo para aprender a andar ou engatinhar ainda. Muitas outras atividades vão lhe ensinar coisas que vale a pena saber. Para ele, essas coisas são mais importantes agora.

Os bebês que entraram no mundo das relações também podem começar a entender a conexão entre o que suas duas mãos estão fazendo, e eles podem conseguir mais controle sobre elas. Dessa forma, eles podem lidar com duas coisas ao mesmo tempo. Se você vir seu bebê tentando usar as duas mãos ao mesmo tempo, incentive-o a continuar. Deixe-o segurar um brinquedo em cada mão e batê-los juntos. Ou o deixe fazer este movimento de confronto sem brinquedos, para que ele bata as palmas. Deixe-o bater brinquedos contra o chão ou contra a parede. Encoraje-o a passar os brinquedos de uma mão para a outra. E permita que ele coloque dois brinquedos para baixo, ao mesmo tempo, e os pegue novamente.

"Minha filha tem a síndrome de bater. Ela bate em qualquer coisa em que pode colocar as mãos."

Mãe de Jenny, 29ª semana

Primeiros passos

Uma vez que seu bebê adquiriu o dom de perceber e experimentar as relações, ele pode entender o que é andar, mas o entendimento não significa que ele vai realmente fazê-lo. Para realmente começar a andar, ela deve escolher fazer isso. E mesmo se isso acontecer, ele pode não ter sucesso porque seu corpo não está pronto. Seu bebê não vai aprender a andar com essa idade, a menos que as proporções entre o peso de seus ossos, os músculos e o comprimento de seus membros em relação ao seu torso cumpram determinadas especificações. Se seu bebê está ocupado com outra coisa, por exemplo, a fala, sons e música, pode ser que simplesmente não sobre tempo para gastar andando. Ele não pode fazer tudo de uma vez.

Se seu bebê tenta dominar a ação combinada entre dois dedos - por exemplo o polegar e o indicador - de novo, ele está brincando com as relações entre os dois. No processo, ele também está ocupado inventando uma nova ferramenta, o aperto de pinça, que ele pode colocar em uso imediatamente. Ele pode aprender a arrancar objetos extremamente pequenos, como fios do tapete. Ele pode aprender a pegar folhas de grama ou pode ter o prazer de tocar e acariciar todos os tipos de superfícies com o dedo. E ele pode se divertir muito examinando cada detalhe de objetos muito pequenos.

"Minha bebê passa por toda a sala e vê as menores irregularidades ou migalhas no chão, ela as pega entre o polegar e o dedo indicador e as coloca em sua boca. Eu realmente tenho que prestar atenção para que ela não coma nada estranho. Eu a deixo comer pequenos pedaços de pão sozinha agora. No início, ela continuava enfiando o dedo em sua boca, em vez do pão que estava segurando entre os dedos. Mas ela está começando a melhorar agora."

Mãe de Hannah, 32ª semana

Ajude seu bebê a explorar o novo mundo através da linguagem e da música

Os bebês que eram mais sensíveis aos sons e gestos no passado podem começar a compreender a ligação entre frases curtas e seu significado ou determinados gestos e seu significado, assim que entram no mundo das relações. Na verdade, eles podem até fazer a conexão entre as palavras e os gestos que vêm com elas. Mas você ainda vai achar que estes bebês podem entender essas coisas apenas em seu próprio ambiente e como parte de uma rotina familiar. Se você reproduzisse as mesmas frases a partir de um gravador de fita em um lugar estranho, eles não fariam a menor ideia. Essa habilidade não se desenvolve até muito mais tarde.

Se seu bebê gosta de brincar com as palavras e gestos, use isso para benefício dele. Há várias coisas que você pode fazer para ajudar seu bebê a entender o que você está dizendo. Use frases curtas com gestos claros e óbvios. Explique as coisas que você está fazendo. Deixe-o ver, sentir, cheirar e saborear as coisas sobre as quais você está falando. Ele entende mais do que você imagina.

"Uma vez, eu disse ao meu filho para assistir o coelho e ele entendeu o que eu quis dizer. Ele ouve muito atentamente."

Mãe de Paul, 26ª semana

"Tenho a sensação de que o meu filho sabe o que quero dizer quando explico uma coisa ou dou uma sugestão, como: 'Vamos dar um bom passeio?' ou 'Eu acho que é hora de dormir!' É tão bonito: ele não gosta de ouvir a palavra 'dormir'!"

Mãe de Bob, 30ª semana

"Quando nós dizemos 'Bata palmas', minha filha faz isso. E quando dizemos: 'Salta', ela dobra os joelhos e salta para cima e para baixo, mas seus pés não saem do chão."

Mãe de Jenny, 32ª semana

"Quando eu digo 'tchau, dá tchau', enquanto aceno para o papai que está saindo, minha filha se dobra mantendo um olhar firme na minha mão que acena."

Mãe de Nina, 32ª semana

Sua primeira palavra

Uma vez que seu bebê ganhou a capacidade de perceber e experimentar relações, ele pode descobrir sua primeira palavra. No entanto, isso não quer dizer que ele vai começar a falar. A idade em que os bebês começam a usar as palavras é muito diferente. Por isso, não se preocupe se ele levar mais alguns meses. A maioria dos bebês produz sua primeira palavra real durante os meses 10 ou 11.

Se seu bebê está obcecado com alguma outra coisa, como o engatinhamento e ficar em pé, pode simplesmente não sobrar tempo para gastar em palavras. Ele não pode fazer tudo de uma vez.

Se seu bebê tenta dizer ou perguntar alguma coisa com um som ou gestos, certifique-se de fazer com que ele saiba que você está feliz com seu potencial. Fale e acene de volta para ele. A melhor maneira de ensinar seu bebê a falar é conversar muito com ele mesmo. Chame os itens de uso diário por seus nomes. Faça perguntas, tais como "Você gostaria de um sanduíche?" ao colocar o prato para baixo. Ouça canções de ninar e brinque de cantar com ele. Em suma, torne o discurso interessante.

> "Sempre que meu filho quer fazer alguma coisa, ele coloca a mão no objeto e olha para mim. É como se ele estivesse tentando perguntar: 'Posso?' Ele também entende 'não'. Claro, isso não o impede de tentar, mas ele sabe o que significa."
>
> Mãe de Bob, 32ª semana

> "Na semana passada, minha filha disse: 'oo' (oops) pela primeira vez quando caiu. Notamos também que ela estava começando a copiar os sons que fazemos, por isso, comecei a ensiná-la a falar."
>
> Mãe de Jenny, 29ª semana

> "Minha filha é uma verdadeira tagarela. Ela é especialmente faladora enquanto engatinha, quando reconhece alguém ou algo. Ela fala com seus bichinhos de pelúcia e conosco quando está em nosso colo. É como se ela estivesse contando histórias inteiras. Ela usa todos os tipos de vogais e consoantes. As variações parecem intermináveis."
>
> Mãe de Hannah, 29ª semana

> "Meu filho acena com a cabeça e faz certo som. Se eu imitá-lo, ele começa a rir descontroladamente."
>
> Mãe de Paul, 28ª semana

Se seu bebê adora música, certifique-se de cantar, dançar, bater palmas com ele. Desta forma, seu bebê pode praticar usando palavras e gestos. Se você não sabe muitas músicas de crianças, você pode comprar um CD de música. Algumas bibliotecas públicas também emprestam para levar para casa.

"Quando estávamos cantando na aula de natação, minha bebê de repente começou a cantar junto."

Mãe de Nina, 30ª semana

"Sempre que minha filha ouve música ou eu começo a cantar, ela imediatamente começa a mexer a barriga."

Mãe de Eve, 32ª semana

Promovendo o progresso elevando as expectativas

Seja qual for as novas coisas que seu bebê compreende, você não pode exigir dele nada mais, mas também nada menos. Quebrar velhos hábitos e estabelecer novas regras também fazem parte do desenvolvimento de novas habilidades. Quando o bebê está ocupado aprendendo novas habilidades, ele pode ser muito irritante no processo. Isso ocorre porque as velhas formas de fazer as coisas e regras estabelecidas de comportamento não conseguem mais atender ao progresso atual do bebê. Tanto a mãe como o bebê tem que renegociar novas regras para restaurar a paz e a harmonia.

No início, os pais se preocupam quando o bebê entra em uma nova fase difícil. Eles ficam irritados quando descobrem que não há nada de errado com seu bebê e, ao contrário, ele está na verdade pronto para ser mais independente. É então que eles começam a exigir que seu bebê faça as coisas que eles acham que ele é capaz de fazer. Como consequência, eles promovem o progresso.

"Eu sempre o balançava para dormir durante a amamentação. Mas agora me irrita. Sinto que ele tem idade suficiente para ir direto para a cama. Meu marido gosta de colocá-lo na cama também, mas isso está fora de questão agora. E você nunca sabe, um dia isso pode ter que ser feito por outra pessoa. Eu comecei a habituá-lo ir direto para a cama uma vez por dia. Mas ele certamente começa uma luta."

Mãe de Matt, 31ª semana

(continua na página 190)

Brincadeiras excelentes para esta semana mágica

Aqui estão alguns jogos e atividades que melhor funcionam para os bebês explorarem o mundo das relações. Qualquer tipo de jogo que você escolher, a linguagem pode começar agora a desempenhar um papel importante em seus jogos.

JOGOS DE ESCONDER E ESCONDE-ESCONDE

Estes são jogos muito populares nesta idade. As variações são infinitas.

JOGO DE ESCONDER COM UM LENÇO

Coloque um lenço sobre sua cabeça e veja se seu bebê a tira. Pergunte: "Onde está a mamãe?" Seu bebê vai saber que você ainda está lá, porque ele pode lhe ouvir. Se ele não faz nenhuma tentativa de afastar o lenço, pegue sua mão o tire junto com o bebê. Diga "achou" quando você reaparecer.

VARIAÇÕES DO JOGO DE ESCONDER

Cubra o rosto com as mãos e as tire, ou apareça por trás de um jornal ou livro segurado entre você e o bebê. Os bebês também gostam quando você aparece por trás de uma planta ou debaixo de uma mesa. Afinal, eles ainda consegue ver partes de você.

Ou se esconda em um lugar visível, como atrás de uma cortina. Desta forma, ele pode seguir os movimentos da cortina. Verifique se seu bebê vê você desaparecer. Por exemplo, diga que você está indo se esconder (para os que não engatinham), ou que ele tem que procurar por você (para os que engatinham). Se ele não viu você ou se distraiu por um momento por outra coisa, chame pelo seu nome. Às vezes, experimente isso ao abrir a porta também. Isso vai lhe ensinar que o ato de sair é acompanhado pelo de retornar. Recompense-o toda vez que ele consegue encontrar você. Levante-o para o alto ou faça um carinho: o que ele mais gostar.

ONDE ESTÁ O BEBÊ?

Muitos bebês descobrem que podem se esconder por trás ou debaixo de alguma coisa. Eles geralmente começam com um pano ou uma peça de roupa ao ser trocado. Tire proveito de qualquer oportunidade de desenvolver um jogo que o bebê já começou. Dessa forma, ele vai aprender que ele pode assumir a liderança.

ESCONDENDO OS BRINQUEDOS

Tente esconder brinquedos debaixo de um cobertor. Certifique-se de usar algo que seu bebê gosta ou ao qual está apegado. Mostre-lhe como e onde você o escondeu. Torne mais fácil para ele na primeira vez. Certifique-se de que ele ainda pode ver uma pequena parte do brinquedo.

ESCONDENDO BRINQUEDOS NA BANHEIRA

Use a espuma de banho na banheira e permita que seu bebê brinque com ela. Tente esconder brinquedos debaixo da espuma por algum tempo e o convide a procurar por eles. Se ele consegue assoprar, tente soprar a espuma. Ou lhe dê um canudinho e o incentive a soprar com ele.

JOGOS DE FALAR

Você pode tornar a falar atraente, conversando com seu bebê com frequência, ouvindo-o, lendo livros juntos, brincando de sussurrar, cantar e fazendo jogos de palavras.

VER LIVROS DE IMAGENS JUNTOS

Pegue seu bebê no colo: ele geralmente gosta mais. Deixe-o escolher um livro para verem juntos. Diga o nome de tudo para onde seu bebê olhar. Se for um livro com os animais nele, imite os sons que os animais fazem. Os bebês geralmente gostam de ouvir e fazer sons como latido, mugido e grasnido. Deixe-o virar as páginas sozinho, se ele quiser.

(continua)

Jogos excelentes para esta semana mágica (cont.)

JOGO DE SUSSURRAR

A maioria dos bebês adora quando sons ou palavras são sussurradas em seus ouvidos. Fazer pequenos jatos de ar que fazem cócegas em seu ouvido também é interessante, talvez porque o bebê pode agora entender o que está soprando.

JOGOS DE CANTAR E MEXER

Estes jogos podem ser usados para incentivar tanto o canto como a fala. Eles também exercitam o senso de equilíbrio do bebê.

UPA, CAVALINHO

Coloque seu bebê em seu joelho, em pé e de frente para você. Apoie-o em seus braços e o levante e o abaixe suavemente, cantando:

Upa, cavalinho, upa pa pa pa, upa, cavalinho, upa pa pa pa
Piu, piu, piu faz o pintinho
Au, au, au o cachorrinho
Qua, qua, qua faz o patinho e o gatinho faz miau, miau, miau

FORMIGUINHA

Coloque seu bebê em seu joelho, em pé e de frente para você. Segure por baixo dos braços e cante a seguinte canção:

Fui no mercado comprar café
E a formiguinha subiu no meu pé
Eu sacudi, sacudi, sacudi
Mas a formiguinha não parava de subir
Fui no mercado comprar batata roxa

(Cante devagar e solenemente, e o balance ordenadamente de cima para baixo em seu joelho.)

E a formiguinha e subiu na minha coxa
Eu sacudi, sacudi, sacudi
Mas a formiguinha não parava de subir
Fui ao mercado comprar melão
E a formiguinha subiu na minha mão

(Cante mais rápido e corra mais rápido.)
Eu sacudi, sacudi, sacudi
Mas a formiguinha não parava de subir

Fui no mercado comprar jerimum
E a formiguinha subiu no meu bumbum
Eu sacudi, sacudi, sacudi

Mas a formiguinha não parava de subir
(Cante cansado e salte de cima para baixo e para os lados.)
Fui no mercado comprar um giz

E a formiguinha e subiu no meu nariz
Eu sacudi, sacudi, sacudi

Mas a formiguinha não parava de subir

JOGOS DE EQUILÍBRIO

Muitos jogos de canto, como os acima, também são jogos de equilíbrio. Aqui estão alguns outros.

JOGO DE SENTAR

Sente-se confortavelmente. Coloque seu bebê em seus joelhos. Segure suas mãos e o mova suavemente da esquerda para a direita, para que ele mude seu peso de nádega para nádega. Além disso, tente deixá-lo inclinar para frente ou para trás com cuidado. Os bebês acham isto mais emocionante. Você também pode movê-lo em pequenos ou grandes círculos, para a esquerda, para trás, para a direita e para frente. Ajuste-se ao seu bebê. O movimento tem de desafiá-lo apenas o suficiente para fazê-lo querer encontrar o equilíbrio próprio. Você também pode deixá-lo balançar como um pêndulo de um relógio enquanto você canta: *Tique-taque, tique-taque* no tempo com o movimento.

(continua)

Jogos excelentes para esta semana mágica (cont.)

JOGO DE FICAR DE PÉ

Ajoelhe-se confortavelmente no chão e o deixe ficar em sua frente enquanto você segura seus quadris ou mãos e o move suavemente da esquerda para a direita, para que ele transfira seu peso de uma perna para a outra. Faça a mesma coisa em um plano diferente para que seu peso corporal mude de trás para frente. Ajuste-se ao seu bebê. Isso tem de desafiá-lo apenas o suficiente para fazê-lo querer encontrar o equilíbrio próprio.

JOGO DE VOO

Segure o bebê com firmeza, levante-o e o deixe "voar" pela sala. Deixe-o subir e descer. Vire para a esquerda e para a direita. Voe em pequenos círculos, em uma linha reta e para trás. Varie o movimento e a velocidade, tanto quanto possível. Se seu bebê gosta disso, então tente deixá-lo aterrissar cuidadosamente de cabeça para baixo, a cabeça primeiro. Naturalmente, você vai acompanhar todo o voo com sons de zunido, canto e chiando. Quanto mais alerta você puder estar para suas reações, mais facilmente você será capaz de ajustar este jogo, para que seja adequado para ele.

FICAR DE CABEÇA PARA BAIXO

A maioria dos bebês fisicamente ativos adora brincadeiras e de estar em pé sobre suas cabeças. No entanto, outros acham que estar de pé sobre suas cabeças é assustador ou demasiado empolgante. Jogue este jogo só se seu bebê gosta de jogar duro. É um exercício saudável para ele. Lembre-se de apoiar seu corpo completamente enquanto você o segura de cabeça para baixo.

JOGOS COM BRINQUEDOS

Por enquanto, os melhores "brinquedos" são todas as coisas que os bebês podem encontrar ao redor da casa. Os melhores jogos são esvaziar armários e prateleiras, deixar cair as coisas e jogar as coisas fora.

JOGO COM O ARMÁRIO DE SEU BEBÊ

Organize um armário para o bebê e o preencha com coisas que ele acha muito interessantes. Normalmente, isto irá incluir caixas vazias, caixas de ovos vazias, rolos de papel higiênico vazios, pratos de plástico e garrafas de plástico com tampa e preenchido com algo para chocalhar. Mas também incluem coisas com as quais ele pode fazer muito barulho, como uma panela, colheres de madeira e um antigo conjunto de chaves.

JOGO DE CAIR

Alguns bebês gostam de ouvir muito barulho quando deixam cair algo. Se seu bebê faz isso, você pode tornar isso um jogo, colocando-o em sua cadeira de refeição e uma bandeja de servir de metal no chão. Entregue-lhe blocos e lhe mostre como fazer para que eles caiam na bandeja e façam um grande barulho.

JOGOS AO AR LIVRE

Os bebês adoram andar em um assento de bebê em uma bicicleta, em um carrinho de bebê ou em uma mochila para carregar bebê. Pare com frequência para apontar as coisas ao longo do caminho e fale com o seu bebê sobre o que ele está vendo.

NATAÇÃO PARA BEBÊS Muitos bebês adoram brincar na água. Alguns lugares têm piscinas aquecidas especialmente para crianças pequenas e horários especiais, quando um grupo de bebês pode brincar com os pais na água.

FAZENDAS PARA CRIANÇAS

Uma visita à fazenda ou lagoa do pato infantil pode ser extremamente empolgante para seu bebê. Ele pode ver os animais de seu livro de fotos. Ele vai gostar de observar seus movimentos trêmulos, tamborilantes ou saltos. E vai gostar particularmente de alimentar os animais e vê-los comer.

Assim como as mães se irritam quando seus bebês continuam insistindo em serem embalados para dormir, há pelo menos três outras situações onde você pode sentir o desejo de fazer exigências: piora nas refeições, ter de proibir coisas e impaciência.

Nessa idade, muitos bebês ficam difíceis na refeição, enquanto antes eles adoravam tudo o que colocavam na boca. No mundo das relações, muitos bebês percebem que certos alimentos têm um sabor melhor do que outros. Então, por que não escolher o mais saboroso? Muitas mães acham que é engraçado no início. Logo, no entanto, quase todas as mães ficam irritadas quando seu bebê fica difícil. Elas se perguntam se o bebê está comendo o suficiente. Elas tentam distrair o espalhafatoso comedor, para que possam enfiar a colher em sua boca em um momento inesperado. Ou elas correm atrás dele o dia inteiro com a comida.

Não faça isso. Bebês de temperamento forte vão resistir ainda mais a algo que está sendo imposto a eles. E uma mãe preocupada por sua vez reagirá a isso. Desta forma, as refeições se tornam um campo de batalha. Pare de discutir. Você não pode forçar um bebê a engolir, por isso, nem sequer tente. Se você fizer isso, você só pode aumentar sua antipatia por qualquer coisa que tenha a ver com comida. Recorra a táticas diferentes e faça uso de outras novas habilidades que seu bebê pode aprender agora. Ele pode tentar segurar algo entre o polegar e o indicador neste momento, mas ele ainda precisa de muita prática, por isso, é bom para a sua coordenação ele próprio se alimentar. Um bebê nessa idade também gosta de tomar suas próprias decisões, e a liberdade de comer sozinho vai tornar o ato de comer mais agradável. Use essas novas habilidades a seu favor. Uma vez que ele se alimenta sozinho, ele pode ficar com o humor melhor e permitir que você também o alimente. Pode ser confuso, mas o incentive de qualquer maneira. Continue colocando dois pedaços de comida em seu prato, para que ele continue ocupado. Normalmente, será fácil alimentá-lo no meio disso.

Você também pode tornar a refeição mais agradável para o seu bebê, alimentando-o na frente de um espelho. Dessa forma, ele pode ver como você coloca uma colher de comida na boca dele ou na sua. Não se preocupe se não der certo na primeira vez. Muitos bebês passam por problemas alimentares, mas eles também os superam.

Finalmente, certos hábitos alimentares são percebidas como irritante por algumas mães, enquanto outras acham perfeitamente normal.

"O que realmente me chateia é que ela quer enfiar o dedo em sua boca depois de cada mordida. Eu não permito isso! Desacordo menos grave!"

Mãe de Ashley, 29ª semana

Agora que o bebê está no meio do aprendizado de novas habilidades, muitas mães constantemente estão tendo que proibir as coisas. Um bebê que engatinha, especialmente, é capaz de inspecionar tudo o que é seu. Afinal de contas, seus prazeres não são de nenhuma maneira os mesmos que o seu. Então, qualquer coisa que você possa fazer para tornar a vida mais fácil para ambos vai valer a pena. Tente evitar o que você não permite e o ajude com as atividades na qual está interessado. Acima de tudo, lembre-se que você não é a única mãe com este problema.

"Eu tenho constantemente de proibir as coisas. Minha filha se agita de um lado para o outro. Seus alvos preferidos são a estante de vinho, o vídeo, meu kit de tricô, armários e sapatos. Outro de seus passatempos é derrubar plantas, desenterrar as plantas e comer comida de gato. Não há avisos que sejam suficientes. Então, às vezes, eu dou uma palmada em sua mão quando acho que ela passou dos limites."

Mãe de Jenny, 31ª semana

Brinquedos excelentes para esta semana mágica

Trata-se de brinquedos e coisas para brincar que combinam com as novas competências que seu bebê está desenvolvendo enquanto ele explora o mundo das relações.

- Seu próprio armário ou prateleira
- Portas (atenção aos dedos)
- Caixas de papelão de tamanhos diferentes; caixas de ovos vazias também
- Colheres de madeira
- Copos desmontáveis e copos de empilhar
- Blocos de madeira
- Bolas (leves suficiente para rolar)
- Livros de imagens
- Livros de fotos
- CDs com músicas infantis
- Brinquedos para o banho: coisas para encher e esvaziar, como garrafas de plástico, copos de plástico, um coador de plástico, um funil, um regador
- Carros de brinquedo com rodas e portas que podem ser abertas
- Bichinhos de pelúcia que fazem barulho quando virados de cabeça para baixo
- Brinquedos estridentes
- Bateria
- Piano de brinquedo
- Telefones de brinquedo

É importante organizar ou tomar precauções com tomadas elétricas, plugues, fios, chaves, ralos, escadas, frascos (como perfume e acetona e esmalte), tubos (como creme dental e antissépticos), equipamentos de som, controles remotos, conjuntos de televisão, plantas, cestos de papéis, latas de lixo, despertadores e relógios.

Seu bebê não aprende nada com a "correção" palmada na mão. E o mais importante, bater em um bebê não é de forma nenhuma aceitável, mesmo quando for "apenas" uma palmada de correção na mão. É melhor tirar do alcance do bebê as coisas que ele não tem permissão para tocar. E dizer claramente "não" quando ele está fazendo algo que é contra as regras. Após este salto, os bebês podem ficar muito impacientes. Isto pode ter várias razões. Eles não querem ter de esperar pela comida. Eles ficam com raiva se um brinquedo não se comporta como eles querem. Ou se algo não é permitido. Bem como se a mãe não prestar atenção a eles de forma rápida o suficiente. Infelizmente, os bebês têm uma ideia do que é que eles querem ter ou alcançar, mas eles não entendem por que suas mães não permitem ou porque não podem ter as coisas rapidamente. Isso os frustra, por isso, seja compreensiva. No entanto, veja o que você pode fazer para parar o problema "eu quero agora".

> "Minha filha está se tornando muito impaciente. Ela quer ter tudo e fica furiosa se não consegue pegar algo e eu lhe digo 'não'. Então, ela realmente começa a gritar. Isso me irrita e me faz pensar que ela só está fazendo isso porque estou trabalhando. Ela é muito mais doce com a babá."
>
> Mãe de Laura, 31ª semana

> "Eu coloquei minha bebê na cama na semana passada, porque ela estava fazendo um alvoroço e gritando durante o jantar. Ela acha que não está rápido o suficiente, então ela começa a gritar e se contorcer depois de cada mordida. Uma vez que eu supero minha raiva, cerca de 5 minutos depois, continuamos. Ambas nos acalmamos até lá."
>
> Mãe de Ashley, 28ª semana

Entre as semanas 30 e 35, outro período relativamente fácil começa. Em qualquer momento nas semanas 1 a 3, o bebê é admirado pela sua alegria, independência e progresso.

"Minha menina está se tornando cada vez menos tímida. Ela ri muito. E ela é boa em se manter ocupada. Ela se tornou muito ágil e ativa novamente. Na verdade, eu comecei a ver essa mudança na semana passada, mas parece estar progredindo."

Mãe de Nina, 33ª semana

"Porque ela era muito doce, minha bebê parecia uma criança totalmente diferente. Ela costumava chorar e choramingar muito. A maneira como ela conta histórias também é deliciosa. Ela está quase, na verdade, começando a andar, desta forma ela passeia pela sala."

Mãe de Jenny, 35ª semana

"Meu filho era extremamente alegre, por isso, não era difícil se divertir com ele. Também me agrada vê-lo um pouco mais ativo e animado no sentido físico. Mas ele está em seu melhor quando pode observar as pessoas. Ele está muito falante também, um excelente garoto."

Mãe de Frankie, 30ª semana

"Minha filha está, obviamente, ficando maior e mais velha. Ela reage a tudo que fazemos. Ela observa tudo. E ela quer ter o que nós temos. Eu quase diria que ela quer ser parte disso."

Mãe de Ashley, 34ª semana

"Finalmente, um pouco de descanso após um longo período de mudanças constantes. Uma semana mágica. Ele passou por outra mudança. Ele chora menos, dorme mais. Eu posso ver certo padrão começar a se desenvolver de novo, pela enésima vez. Falo com ele muito mais.

Eu me peguei explicando tudo que faço. Quando preparo sua mama-deira, eu lhe digo. Quando é hora de ele ir para a cama, eu lhe digo. Eu explico por que ele tem que tirar um cochilo. E essas conversas parecem me fazer bem. A creche está funcionando bem agora também."

Mãe de Bob, 30ª semana

"Parece que temos um tipo diferente de contato agora. É como se o cordão umbilical tivesse finalmente sido cortado. O sentimento de dependência completa também desapareceu. Eu confio mais facilmente em uma babá. Eu também noto que tenho dado ao meu filho muito mais liberdade. Eu não tenho que estar em cima dele o tempo todo."

Mãe de Bob, 31ª semana

"Esta foi uma semana muito boa. Meu bebê está alegre, e ele pode se ocupar muito bem sozinho com seus brinquedos. Tudo ainda está indo bem na creche. Ele reage de uma forma simpática com outras crianças. Ele é um rapaz bonito e ele está muito mais cheio de si."

Mãe de Bob, 32ª semana

capítulo 8

Semana Mágica 37:
O mundo das categorias

Aproximadamente na semana 37 (ou entre 36 e 40), você pode notar que seu bebê está tentando fazer coisas novas. Nessa idade, as explorações do bebê muitas vezes podem parecer muito metódicas. Por exemplo, você pode observar seu pequeno maroto pegar migalhas do chão e examiná-las cuidadosamente entre o polegar e o indicador. Ou um pequeno futuro cozinheiro pode rearranjar a comida em seu prato, testando a forma como a banana esmaga ou que os espinafres esguicham através dos dedos pequeninos. Ele assumirá a expressão mais séria e concentrada durante a realização dessas investigações. Na verdade, isso é exatamente o que elas são: investigações que vão ajudar o pequeno pesquisador a começar a categorizar o mundo. Seu bebê agora é capaz de reconhecer que certos objetos, sensações, animais e pessoas estão associados em grupos ou categorias. Por exemplo, a banana tem aparência, textura e gosto diferente do espinafre, mas ambos são alimentos. Essas são distinções e semelhanças importantes para organizar. O salto para o mundo das categorias irá afetar todos os sentidos: visão, audição, olfato, paladar e tato. Seu bebê vai aprender mais sobre outras pessoas e suas próprias emoções também. As habilidades linguísticas serão desenvolvidas. Seu bebê pode não usar as palavras por ele próprio, mas ele vai entender muito mais.

Como todos os mundos anteriores, a chegada dessas novas percepções começa virando de penas para o ar o mundo de seu bebê. As ondas cerebrais dos bebês mostram mudanças drásticas novamente em torno deste período. Essas mudanças vão começar a alterar a forma como o seu bebê entende seu mundo, o que será perturbador para ele no início. Você pode esperar um período difícil começar aproximadamente na semana 34 ou entre as semanas

---

Observação: a primeira fase (período difícil) deste salto para o mundo perceptivo das "categorias" é previsível e relacionada à idade, surgindo aproximadamente na semana 34. A maioria dos bebês começa a segunda fase (ver caixa de texto "Tempo de qualidade: um capricho não natural" na página 17) deste salto 37 semanas após o nascimento a termo. A percepção inicial do mundo das categorias põe em andamento o desenvolvimento de toda uma gama de conceitos globais, como "animal", por exemplo. No entanto, as primeiras categorias são adquiridas através do tempo real, feedback-correção, tentativas e erros ao comparar as coisas e aprender as semelhanças dentro das categorias e as diferenças entre as categoria. Consequentemente, pode haver uma diferença de muitas semanas ou mesmo meses entre dois bebês em dominar um conceito particular. As habilidades e atividades são mencionadas neste capítulo na idade mais precoce possível em que podem aparecer, para que você possa observá-las e reconhecê-las. (Elas podem ser rudimentares inicialmente.) Desta forma, você pode reagir e facilitar o desenvolvimento de seu bebê.

32 e 37. Este período difícil, muitas vezes, dura 4 semanas, mas pode durar entre 3 e 6 semanas. Uma vez que seu bebê entra nesta fase difícil, preste muita atenção para ver se ele está tentando dominar novas habilidades.

Enquanto se preparam para saltar para o mundo das categorias, todos os bebês vão chorar mais facilmente do que durante as últimas semanas. Para as mães, eles podem parecer irritados, chorosos, inquietos, resmungões, mal-humorados, descontentes, incontroláveis, inquietos ou impacientes. Tudo isso é muito compreensível.

Seu pequeno está agora sob pressão extra, por que desde seu último salto ele sabe que você pode ir para longe dele sempre que quiser e deixá-lo para trás. No início, a maioria dos bebês fica temporariamente angustiada por esta descoberta, mas ao longo das últimas semanas, eles aprenderam a lidar com isso de sua própria maneira. Tudo parecia estar correndo muito mais suave e, depois, a grande mudança seguinte veio e estragou tudo. Agora, o pequeno aflito quer ficar com sua mãe de novo e, ao mesmo tempo, ele percebe perfeitamente que sua mãe pode ir embora quando ela quiser. Isso faz com que o bebê se sinta ainda mais inseguro e aumenta a tensão.

"Nestes últimos dias, minha filha insiste em se sentar em meu colo constantemente. Devo acrescentar que não é por nenhuma razão aparente. Quando eu não a carrego ao redor, ela grita. Quando eu a levo para passear em seu carrinho, no momento em que ela pensa que eu parei, pede para ser retirada."

> Mãe de Ashley, 34ª semana

"Minha bebê age de forma irritada e parece estar entediado. Ela pega tudo e joga fora de novo."

> Mãe de Laura, 35ª semana

"Está tudo bem, desde que a minha filha possa se sentar no colo de alguém. Caso contrário, ela choraminga e reclama. Eu não estou acostumada a esse comportamento dela. Ela parece ficar entediada rapidamente onde quer que esteja: no cercadinho, em sua cadeira de refeição ou no chão."

Mãe de Eve, 34ª semana

Um bebê agitado geralmente chora menos quando está com sua mãe, especialmente quando ele tem a mãe só para ele.

"Meu filho não parava de gritar e resmungar, agindo de forma horrível. Tudo estava bem, desde que eu ficasse com ele e o carregasse em meu colo. Coloquei-o na cama várias vezes quando me fartava de suas exigências."

Mãe de Frankie, 36ª semana

Como você sabe que é hora de crescer

Aqui estão alguns indícios de que seu pequeno está prestes a dar mais um salto de desenvolvimento.

Ele pode se agarrar às suas roupas

Seu bebê pode ficar ansioso quando você anda por aí. Os que não engatinham não podem fazer nada além de chorar. Para alguns, cada passo que sua mãe dá é motivo para pânico genuíno. Bebês que engatinham são capazes de acompanhar suas mães, e, às vezes eles, se agarram a elas com tanta força que elas mal conseguem se mover.

"Foi uma semana difícil, com muito choro. Meu filho, literalmente, agarra-se a minha saia. Quando eu saio da sala, ele começa a chorar e engatinha atrás de mim. Quando estou cozinhando, ele engatinha atrás de mim, agarra minhas pernas e as segura de tal forma que eu não consigo me mover. Ele só brinca se eu brincar com ele. Algumas vezes, isso é demasiado. Colocá-lo na cama é uma luta mais uma vez. Ele adormece muito tarde."

Mãe de Bob, 38ª semana

"No momento, minha filha é uma verdadeira filhinha da mamãe. Enquanto ela pode me ver, está tudo bem. Caso contrário, ela grita."

Mãe de Jenny, 38ª semana

"Eu chamo minha bebê de minha pequena sanguessuga. Ela insiste em se agarrar às minhas calças. Mais uma vez, ela quer estar ao meu redor e em cima de mim constantemente."

Mãe de Emily, 36ª semana

Ele pode estar tímido

Seu bebê pode querer manter outras pessoas a uma distância maior agora do que ele fazia normalmente. O desejo de estar perto de você pode se tornar ainda mais evidente na presença de outras pessoas: às vezes, até mesmo quando essa outra pessoa é o pai ou um irmão ou irmã. Muitas vezes, a mãe é a única que tem permissão para olhar e falar com ele. E ela é quase sempre a única pessoa autorizada a tocá-lo.

"Minha filha está tímida com estranhos novamente."

Mãe de Hannah, 34ª semana

"Quando estranhos falam com meu filho ou o pegam no colo, ele começa a gritar, imediatamente."

Mãe de Paul, 34ª semana

"Quando chegam visitas, meu filho corre para mim, sobe em meu colo, agarra-se a mim e só depois olha para ver quem está aqui."

Mãe de Kevin, 34ª semana

"Minha menina está tímida quando rodeada de estranhos de novo. Ela fica muito assustada quando alguém quer tocá-la ou levantá-la."

Mãe de Emily, 36ª semana

Ele pode se agarrar fortemente a você

Quando ele está sentado em seu colo ou sendo carregado, o bebê pode se agarrar a você o mais forte que puder. Ele pode até reagir furiosamente se você se atrever a colocá-lo para baixo de forma inesperada.

"Minha bebê fica brava se eu a coloco para baixo, mesmo que por um segundo. Então, quando eu a pego novamente, ela sempre me belisca. Quando nosso pobre cão idoso fica ao alcance de sua mão, ela o belisca mesmo antes de eu conseguir pegá-la."

Mãe de Emily, 35ª semana

"Meu filho quer ser carregado o tempo todo, e ele se agarra ao meu pescoço ou cabelo com muita força no processo."

Mãe de Matt, 36ª semana

"É quase como se houvesse algo na cama de minha bebê. Eu a levo para o andar de cima, dormindo, e assim que ela sente o colchão seus olhos se abrem. E ela começar a gritar!"

Mãe de Laura, 33ª semana

Ele pode exigir atenção

A maioria dos bebês começa a pedir mais atenção, e, até mesmo os mais fáceis, nem sempre se contentam em ser deixados sozinhos. Alguns pequenos exigentes não estão satisfeitos até que a atenção de suas mães esteja completamente focada neles. Alguns podem se tornar super problemáticos assim que suas mães se atrevem a dar sua atenção para outra pessoa ou coisa, como se ficassem com ciúmes.

"Quando estou falando com outras pessoas, meu filho sempre começa a gritar muito alto para chamar a atenção."

Mãe de Paul, 36ª semana

"Meu bebê está tendo mais dificuldade em ficar no cercadinho sozinho. Ele está claramente começando a exigir atenção. Ele gosta de nos ter por perto."

Mãe de Frankie, 34ª semana

Ele pode dormir mal

Seu bebê pode começar a dormir menos bem. Ele pode se recusar a ir para a cama, dormir menos facilmente e acordar mais cedo. Alguns ficam especialmente difíceis de pegar no sono durante o dia. Outros, à noite. E alguns ficam acordados por mais tempo durante o dia e à noite.

"Meu filho continua acordando à noite. Às vezes, ele está brincando em seu berço por uma hora e meia às 3h da manhã."

Mãe de Matt, 33ª semana

"Minha filha fica até tarde da noite e não quer ir para a cama. Ela não dorme muito."

Mãe de Hannah, 35ª semana

"Minha bebê chora sem parar para dormir."

Mãe de Juliette, 33ª semana

Ele pode ter "pesadelos"

Um bebê difícil também pode ter um sono muito agitado. Às vezes, ele pode gritar, atirar e se virar tanto que você acha que ele está tendo um pesadelo.

"Meu filho acorda muitas vezes durante a noite. Uma vez, ele parecia estar sonhando."

Mãe de Paul, 37ª semana

"Minha filha continua acordando no meio da noite gritando. Quando eu a tiro de seu berço, ela se acalma novamente. Então, eu a coloco de volta e ela dorme de novo."

Mãe de Emily, 35ª semana

Ele pode agir de forma excepcionalmente doce

Nessa idade, o bebê pode empregar táticas completamente novas para ficar perto de você. Em vez de se lamentar e se queixar, ele pode optar por algo totalmente diferente e beijar e abraçar você. Muitas vezes, ele vai alternar entre o comportamento problemático e doce, experimentando o que funciona melhor para obter o máximo de atenção. A mãe de um bebê independente fica muitas vezes agradavelmente surpresa quando seu bebê finalmente começa a fazer carinho nela!

"Às vezes, minha bebê não queria nada. Em outras ocasiões, ela ficava muito carinhosa."

Mãe de Ashley, 36ª semana

"Meu filho está mais carinhoso do que nunca. Sempre que eu chego perto dele, ele me agarra e me abraça com força. Meu pescoço está cheio de manchas vermelhas de carinho e aconchego. Ele também não é tão rápido a me afastar mais. Às vezes, ele se senta imóvel, por isso, eu consigo ler um livro com ele. Eu amo isso! Ele finalmente quer brincar comigo também."

Mãe de Matt, 35ª semana

"Meu bebê expressa seu apego agindo de forma mais doce e carinhosa, vindo se deitar comigo e se aconchegando em mim. Gosto de estar com ele."

Mãe de Steven, 36ª semana

Ele pode ficar apático

Seu bebê pode ficar bem mais tranquilo. Você pode ouvi-lo balbuciar menos vezes ou você pode vê-lo se movendo ao redor e brincando menos. Em outras ocasiões, ele pode rapidamente não fazer nada e apenas ficar lá, olhando para longe. Não se preocupe, é apenas temporário.

"Meu filho está mais silencioso e muitas vezes está ali olhando para o nada. Gostaria de saber se algo o está incomodando ou se ele está começando a ficar doente."

Mãe de Steven, 36ª semana

Ele pode recusar que mudem sua fralda

Quando você deita seu bebê para vesti-lo, tirar sua roupa ou trocá-lo, ele pode protestar, gritar, contorce-se, agir de forma impaciente e ficar incontrolável. A maioria dos bebês faz isso agora.

Meu diário

Sinais de que meu bebê está crescendo de novo

Entre as semanas 32 e 37, você pode perceber que seu bebê começa a mostrar qualquer um desses comportamentos. Eles podem ser sinais de que ele está pronto para dar o próximo salto. Marque os sinais que seu bebê mostra abaixo.

- ❏ Chora com mais frequência e está, frequentemente, mal-humorado ou irritável
- ❏ Está alegre em um momento e chora no seguinte
- ❏ Quer que você o mantenha ocupado ou faz isso com mais frequência do que antes
- ❏ Se agarra às suas roupas ou se agarra com mais frequência do que antes
- ❏ Age de forma surpreendentemente doce
- ❏ Faz birra ou faz birra com mais frequência do que antes
- ❏ Está mais tímido
- ❏ Quer que o contato físico seja mais apertado ou mais próximo
- ❏ Dorme mal
- ❏ Parece ter pesadelos ou parece ter pesadelos com mais frequência do que antes
- ❏ Perde o apetite
- ❏ Balbucia menos
- ❏ Está menos animado
- ❏ Às vezes, só fica lá, em silêncio sonhando acordado
- ❏ Recusa-se a mudar a fralda
- ❏ Chupa o polegar ou faz isso com mais frequência do que antes
- ❏ Aproxima-se de um brinquedo fofinho ou faz isso com mais frequência do que antes
- ❏ Está mais infantil

OUTRAS MUDANÇAS QUE VOCÊ OBSERVA

_____

_____

"Vestir, despir e trocar fraldas é um pesadelo. Minha bebê grita no momento em que a deito. Isso me deixa louca."

Mãe de Juliette, 35ª semana

"Minha filha começou a odiar se vestir e tirar a roupa. Ela geralmente faz um escândalo como se não houvesse amanhã."

Mãe de Emily, 36ª semana

Ele pode parecer mais infantil

Pela primeira vez, algumas mães vão notar a recorrência de comportamento infantil que elas achavam que tinham sido deixados para trás. A regressão já foi provavelmente experimentada antes, mas quanto mais velho o bebê fica, mais óbvia ela se torna. As mães não gostam de ver regressões. Isso faz com que elas se sintam inseguras, mas as regressões realmente são perfeitamente normais. Elas prometem que algo novo está à beira de surgir. Tente descobrir o que é. Regressões breves podem acontecer durante todas as fases difíceis. Fique feliz com elas; seu bebê está bem.

"Minha bebê tem dificuldade em adormecer. Ela começa a chorar a mesma variedade de choros como chorava quando tinha acabado de nascer."

Mãe de Juliette, 32ª semana

"Eu tenho que balançar e cantar para o meu filho dormir todas as noites, como eu costumava fazer."

Mãe de Steven, 35ª semana

Ele pode perder o apetite

Muitos bebês parecem menos interessados em comida e bebida neste momento. Alguns parecem não ter apetite e podem bater o pé e se recusarem a fazer algumas refeições por completo. Outros só vão comer o que eles próprios colocam em suas bocas. Outros ainda são exigentes, derramam e cospem as coisas para fora. Devido a isso, as refeições podem levar mais tempo do que antes.

Se você tem um comedor exigente, ele também pode ficar incontrolável durante as refeições, não querendo comer quando a comida está lá e querendo comer assim que ela é retirada. Ou ele pode exigir muita comida um dia e se recusar a comer no outro. Cada variedade é possível.

"Meu filho recusou meu peito por 3 dias. Foi terrível. Eu senti como se fosse explodir. Então, quando eu decidi que talvez fosse hora de começar a reduzir a amamentação no peito, ele decidiu que queria mamar o dia todo. Então eu fiquei com medo que poderia não ter o suficiente, porque ele não estava comendo nenhuma outra coisa mais. Mas parece estar funcionando bem. Até agora, eu não o ouvi se queixar."

Mãe de Matt, 34ª semana

Como este salto pode afetar você

Como os saltos que o precederam, as mudanças que seu bebê está passando inevitavelmente afetam você. Aqui estão algumas emoções que você pode sentir.

Você pode se sentir insegura

Um bebê difícil geralmente preocupa a mãe. Ela quer entender o que está fazendo ele se comportar dessa maneira, e quando ela acredita ter encontrado uma boa explicação, ele se tranquiliza. Nesta idade, a maioria das mães decide que deve ser dor por causa do nascimento dos dentes, mas isso pode não ser o caso.

"Os dentes superiores de minha filha estão incomodando. Ela continua querendo que eu faça coisas com ela, como passear ou brincar."

Mãe de Eve, 34ª semana
(O dente seguinte não nasceu até a semana 42)

Você pode ficar esgotada

Se você tiver um pequeno exigente que precisa de pouco sono, você pode se sentir extremamente cansada, especialmente no final da fase difícil. A maioria das mães de bebês exigentes fica muito exausta. Elas podem pensar que não vão aguentar por muito mais tempo. Algumas também se queixam de dores de cabeça, dores nas costas e náuseas.

"Isso faz com que me sinta tão desanimada às vezes, quando minha pequena fica acordada até a meia-noite, mesmo que ela continue brincando alegremente. Quando ela finalmente dorme, eu desmorono completamente. Sinto-me esgotada e incapaz de pensar direito. Meu marido não me dá apoio nenhum. Ele fica mesmo com raiva que eu lhe dê tanta atenção. Sua filosofia é 'simplesmente a deixe chorar'."

Mãe de Nina, 37ª semana

"Os dias parecem não acabar quando meu filho está irritadiço, chorão e de muito mau humor."

Mãe de Bob, 35ª semana

Você pode ficar irritada

Quase todas as mães ficam cada vez mais perturbadas com o comportamento de seus bebês durante os períodos difíceis. Elas ficam cada vez mais contrariadas com temperamentos ruins, impaciência, choro, lamentação e exigências constantes para contato físico ou atenção. Elas ficam irritadas com o apego constante, os problemas que têm que passar para trocar ou vestir seus bebês e os maus hábitos alimentares.

"Quando minha bebê estava tendo mais uma de suas indisposições, não querendo nada e estando terrivelmente inquieta, eu a colocava na cama. Estou absolutamente cansada disso e terrivelmente irritada."

Mãe de Jenny, 37ª semana

"Enquanto eu estava começando a vestir minha filha, ela choramingou de verdade para mim e eu a deitei de forma rude. Eu simplesmente não conseguia suportar seu choramingo e suas contorções mais. Ela estava chorando o dia todo."

Mãe de Juliette, 35ª semana

"Quando meu filho ficava incontrolável durante a troca de roupa, eu o colocava no chão em seu quarto e o deixava lá. Isso o fazia parar imediatamente. Alguns momentos depois, ele conseguia me fazer ir lá com um gemido. Em seguida, ele estava disposto a ficar um pouco mais cooperativo."

Mãe de Kevin, 37ª semana

"Esta semana, eu fiquei com raiva de meu bebê uma vez. Ele estava gritando tão incansavelmente que eu gritei de repente com raiva: 'Agora cale a boca!'. Isso o assustou terrivelmente. Primeiro, ele olhou para mim com olhos grandes e redondos, em seguida, sua cabeça pendia, como se ele estivesse realmente envergonhado de seu comportamento. Foi uma visão tão comovente. Depois disso, ele ficou muito mais calmo."

Mãe de Paul, 37ª semana

"Eu decidi deixar meu filho mamar apenas duas vezes por dia. Estou farta de sua inconstância. Um dia ele quer tudo, no seguinte ele não quer nada. Em casa, eu já não o acalmo mais para dormir em meu peito. Isso parece estar funcionando muito bem. Mas quando estamos na casa de outra pessoa, eu ainda faço isso."

Mãe de Matt, 37ª semana

Você pode brigar

No fim de cada período difícil, a maioria das mães que amamenta no peito considera parar. O comportamento inconstante do bebê, às vezes querendo mamar, às vezes não querendo, irrita-as. E o modo exigente no qual um pequeno continuamente tenta fazer o que quer é outro motivo pelo qual as mães pensam seriamente em desistir da amamentação.

"Meu filho quer o meu peito sempre que lhe convém. E ele quer de forma imediata. Se isso for de alguma forma inconveniente para mim, ela tem uma crise de raiva furiosa. Tenho medo que essas birras estejam começando a se transformar em um hábito e que muito em breve ele tente obter o que quer todas as vezes chutando e gritando. Então, eu acho que vou dar um basta nisso agora."

Mãe de Steven, 36ª semana

Brigas também podem se desenvolver quando as mães e os bebês não conseguem negociar a quantidade de contato físico e atenção que o pequeno quer e que sua mãe está disposta a dar.

> "Eu continuo ficando cada vez mais irritada com o apego e choramingo de meu bebê. Quando vamos visitar amigos, ele quase não me larga. Faz-me sentir como se o empurrasse para longe de mim, e às vezes eu faço isso. Mas isso apenas o deixa com raiva de mim."
>
> Mãe de Kevin, 37ª semana

Simplesmente faz parte da vida. Ter sentimentos de raiva e frustração, por vezes, não é anormal ou perigoso, mas agir guiado por eles sim. É fundamental que você obtenha ajuda muito antes de perder o controle.

Como emergem as novas habilidades do bebê

Quando o bebê tem aproximadamente 37 semanas, você vai notar que ele está ficando mais calmo. Se você observar atentamente, pode vê-lo tentando fazer ou fazendo coisas novas.

Por exemplo, você pode vê-lo manusear seus brinquedos de uma maneira diferente, apreciando coisas novas ou se comportando de uma forma mais concentrada e curiosa. Parabéns! Seu bebê está dando mais um salto. Ele está começando a explorar o mundo das categorias.

> "Eu notei uma grande mudança. Os brinquedos de meu filho estão dispostos em algum lugar em um canto. Eles estão lá já há algumas semanas agora. Eu acho que preciso lhe fornecer mais brinquedos estimulantes que o desafiarão. Mas, no exterior, ele está muito animado, porque há muito para ver."
>
> Mãe de Bob, 36ª semana

Após o último salto, o bebê começou a entender as relações entre coisas diferentes com as quais se deparou, tanto no mundo exterior como relacionadas com seu próprio corpo. Ele ficou mais familiarizado com todos os aspectos de seu mundo. Ele descobriu que é do mesmo tipo de ser que sua mãe e que ele pode se mover exatamente da mesma forma que ela. Ele aprendeu que outras coisas podem se mover também, mas que elas se movem de maneiras muito diferentes dos seres humanos, bem como que outras coisas não podem se mover por conta própria.

Uma vez que seu bebê adquire a capacidade de perceber e experimentar as categorias, ele começa a entender que pode classificar seu mundo em grupos. Ele perceber que certas coisas são muito parecidas, que elas têm uma aparência semelhante ou fazem um som semelhante, bem como tem o mesmo gosto, cheiro e toque. Em suma, ele descobre que coisas diferentes podem compartilhar as mesmas características.

Por exemplo, agora ele pode descobrir o significado da palavra "cavalo". Ele pode aprender que todos os cavalos se enquadram nessa categoria, não importa se for marrom, branco ou manchado; se o cavalo está em um campo, em um estábulo, em uma fotografia, em uma pintura ou em um livro de imagens; quer se trate de um cavalo de argila ou de um cavalo vivo. Ele ainda é um cavalo.

Naturalmente, esse novo entendimento não vai acontecer da noite para o dia. Ele deve primeiro conhecer bem as pessoas, os animais e os objetos. Ele tem que perceber que as coisas devem possuir certas semelhanças, a fim de pertencer a uma determinada categoria. Portanto, ele tem que ser capaz de detectar essas semelhanças, e isso requer prática e tempo. Quando o bebê adquire a capacidade de perceber as categorias, ele vai começar a experimentá-las. Ele vai começar a estudar as pessoas, animais e objetos de uma forma particular. Ele vai observar, comparar, e organizá-los de acordo com as semelhanças, e, em seguida, colocá-los em categorias específicas. A compreensão de seu bebê de uma categoria é o resultado de uma série de

Mais parecido conosco

O uso de diferentes categorias em nosso discurso é indicativo de nossa maneira de pensar. Agora, seu bebê será capaz de começar a compreender e usar esta forma de pensar também. Isto tornará mais fácil para você e seu bebê se entenderem mutuamente a partir de agora.

pesquisas que ele realiza, tantas quanto um verdadeiro pesquisador faria. Ele observa, ouve, sente, saboreia e faz experiências com semelhanças e diferenças. Seu bebê se esforça em suas investigações.

Mais tarde, quando a criança começa a falar, você vai ver que ela já descobriu muitas das categorias que usamos e, por vezes, criou seus próprios nomes para elas. Por exemplo: ele pode chamar uma garagem de "casa de carro", um edifício de apartamentos de "bloco de casa" ou uma samambaia de "planta de penas". Os nomes que ele usa se referem diretamente a qualquer traço que ele achou mais característico.

Assim que o bebê adquire a capacidade de dividir seu mundo em categorias, ele pode começar a fazer exatamente isso. Ele não apenas examina o que torna algo *um cavalo, um cachorro* ou *urso*, mas também o que torna algo *grande, pequeno, pesado, leve, redondo, macio* ou *pegajoso*, bem como o que torna algo *triste, feliz, doce* ou *impertinente*.

Jogos durante a pesquisa com os bebês mostram claramente que, a partir desta idade, as reações dos bebês assumem uma qualidade diferente. Alguns pesquisadores acreditam que a inteligência faz sua primeira aparição nesta idade. À primeira vista, pode parecer que é assim, mas isso não quer dizer que os bebês nunca tiveram nenhum pensamento antes dessa idade. Na verdade, eles tinham sua própria forma de pensar que se adequava perfeitamente a cada fase de seu desenvolvimento. Infelizmente, essas formas não são entendidas pelos adultos, e só podemos imaginar como elas poderiam ser. Quando o bebê começa a classificar o mundo em grupos como nós fazemos, seu modo de pensar se torna mais como a de um adulto. Uma vez que ele começa a pensar da mesma forma que nós pensamos, nós somos capazes de compreendê-lo melhor.

Essa capacidade de perceber e fazer experiências com categorias afeta tudo que um bebê faz. Sua maneira de experimentar as coisas mudou e agora é hora de dar sentido a isso.

As escolhas de seu bebê: uma chave para a sua personalidade

Um mundo novo, cheio de possibilidades, está aberto para o seu bebê no mundo das categorias. Entre as idades de 37 e 42 semanas, o bebê vai fazer sua própria seleção da grande variedade de coisas disponíveis para ele experimentar. Ele vai escolher o que mais lhe convém nesta fase em seu desenvolvimento e seus interesses. Você pode encontrá-lo construindo determinadas e fortes inclinações que ele mostrou anteriormente, ou ele pode se lançar em um novo território neste momento. Há um mundo muito grande lá fora para ele explorar, e é importante não comparar muito seu bebê com outros bebês. Cada bebê é único.

Observe o bebê de perto enquanto você marca as habilidades que ele seleciona a partir da lista "Como meu bebê explora o novo mundo das categorias" na página 226. Você vai aprender quais são seus interesses e o que o torna único. Respeite suas escolhas e o ajude a explorar as coisas que lhe interessam.

Os bebês adoram novidades e é importante que você reaja quando notar quaisquer novas habilidades ou interesses. Ele vai se divertir se você compartilhar essas novas descobertas, e seu aprendizado progredirá mais rapidamente.

 Alterações cerebrais

As ondas cerebrais de seu bebê mostrarão mudanças dramáticas novamente aproximadamente no 8º mês. Além disso, a circunferência da cabeça do bebê aumenta e o metabolismo de glicose no cérebro muda nessa idade.

(continua na página 216)

Meu diário

Como meu bebê explora o novo mundo das categorias

Não se assuste se muitas dessas atividades não aparecerem até muito mais tarde. O que seu bebê está realmente aprendendo neste mundo é o conceito de categorias, e uma vez que ele tenha uma compreensão dela ao aprender uma habilidade, mais cedo ou mais tarde, será transportada para outras habilidades. A regra de ouro é "ajude, não force".

RECONHECENDO ANIMAIS E OBJETOS

❑ Mostra que ele pode reconhecer uma categoria, como animais em fotos, brinquedos e na vida real

❑ Mostra que ele distingue formas

❑ Mostra que ele acha que algo está sujo, por exemplo, franzindo o nariz

❑ Mostra que ele acha que algo é divertido ou bom, fazendo um som ou movimento característico

❑ Compreende nomes de animais ou objetos, como escova de dente, meias, pão, gato, cordeiro ou pato. Quando você pergunta: "Onde está. . . ?", ele vai procurar. Quando você diz: "Pegue seu. . . ", às vezes, ele vai buscar

❑ Repete palavras depois de você de vez em quando

❑ Compara coisas vistas diretamente e através de uma tela, por exemplo, através de uma peneira, a malha de uma tela de porta ou vidro

RECONHECENDO PESSOAS COMO PESSOAS

❑ Relaciona-se mais com outras pessoas com sons e gestos

❑ Imita outras pessoas com mais frequência; imita o que elas fazem

❑ Claramente quer brincar com outras pessoas com mais frequência

❑ Chama os membros da família. Cada um tem seu próprio som

RECONHECENDO PESSOAS EM DIFERENTES CIRCUNSTÂN-CIAS

❏ Reconhece as pessoas, mesmo em situações não relacionadas

❏ Faz caretas para sua imagem no espelho e ri

❏ Olha uma coisa ou pessoa na sala e, em seguida, tenta encontrar a mesma coisa ou pessoa no espelho

RECONHECENDO EMOÇÕES

❏ Fica com ciúmes, pela primeira vez, quando outra criança está recebendo a atenção da mãe

❏ Conforta um brinquedo fofinho quando caiu ou foi jogado

❏ Age com uma doçura extra quando quer alguma coisa

❏ Exagera seu humor para que todos saibam como ele está se sentindo

❏ Começa a chorar quando outra criança está chorando

TROCANDO DE FUNÇÕES

❏ Pode iniciar um jogo sozinho

❏ Joga esconde-esconde com um bebê mais novo

❏ Usa a mamadeira para alimentar a mãe

❏ Pede a mãe para cantar uma música, em seguida, começa a bater palmas

❏ Pede para brincar de esconde-esconde engatinhando para trás de alguma coisa

❏ q   Pede para você construir blocos, entregando-lhe seus blocos

OUTRAS MUDANÇAS QUE VOCÊ OBSERVA

_____

_____

O que você pode fazer para ajudar

Seu bebê precisa de tempo e ajuda para chegar a entender por que algo se enquadra ou não em uma determinada categoria. Você pode ajudá-lo com isso lhe dando a oportunidade e tempo para experimentar e brincar de tal forma que ele saberá por que algo pertence a uma determinada categoria. Você pode incentivá-lo e consolá-lo quando necessário, e lhe apresentar novas ideias.

Dê ao seu bebê a oportunidade de ampliar sua compreensão das categorias. Não faz diferença quais categorias ele explora no início. Uma vez que ele tem ideia sobre uma ou duas categorias, torna-se mais fácil para ele aplicar esse entendimento a outras categorias mais tarde. Alguns pequeninos vão preferir começar com o reconhecimento de objetos, enquanto outros vão começar com o reconhecimento de pessoas. Deixe seu bebê ser seu guia. Afinal de contas, é impossível para ele aprender tudo de uma vez.

Ajude seu bebê a explorar o novo mundo através da investigação

Quando o bebê começa a fazer experiências com categorias, você vai notar que ele está realmente ocupado examinando toda uma variedade de características e as comparando. Ele está usando as relações para descobrir o que são as categorias. Ao fazer isso, ele vai aprender as características mais importantes de tudo o que está examinando. Ele vai descobrir se algo salta para trás ou não, se é pesado ou leve, qual a sensação ao tocar e assim por diante. Ele vai examinar algo de todos os lados, segurá-lo de cabeça para baixo ou virando a cabeça para os lados, movendo-o rápida e lentamente. Esta é a única maneira para que ele descubra: "Esta é uma bola, não é?" ou "Este bloco é redondo, o outro não".

Alguns bebês ficam particularmente interessados em formas diferentes, tais como as formas *redondas, quadradas* e *entalhadas.* Eles olham para a forma e traçam seu perímetro com o dedo mindinho. Em seguida, eles fazem o mesmo com uma forma diferente. Eles estão comparando as formas, por assim dizer. Com blocos, eles costumam escolher os redondos em primeiro lugar, o que mostra que eles são capazes de reconhecê-los. Se seu bebê parece fascinado pelas formas, dê a ele um conjunto de blocos com todos os tipos de formas diferentes.

Você também pode ver que seu bebê vai encontrar muitas coisas na casa que têm as formas que ele acha interessante. Você já notou como seu bebê olha para as coisas que estão distantes e atraem sua atenção? Ele geralmente faz isso ao mover a cabeça da esquerda para a direita. Ele faz isso para saber que mesmo quando ele se move ao redor, as coisas ficam do mesmo tamanho e forma. Descubra o que seu bebê gosta de explorar e como ele quer fazer isso. Ofereça-lhe as oportunidades que ele precisa.

"Meu filho tenta pegar a água que corre na banheira quando a torneira está aberta. Aparentemente, ele acha que é algo que ele pode pegar. Ele fecha a mão em torno da água e, depois, quando ele abre não há nada nela. Ele acha isso muito estranho. Mas ele pode ficar fazendo isso por algum tempo."

Mãe de Paul, 43ª semana

Muitos bebês gostam de examinar os diferentes componentes das coisas. Ao explorar um objeto dessa forma, ele finalmente vai descobrir como esse objeto é montado e a qual categoria ele pertence. Se seu bebê é como um cientista, ele pode chupar sucessivamente diferentes lados de um objeto, por exemplo, ou pressionar em cima, no meio e no fundo de alguma coisa. Mas suas explorações podem ter efeitos colaterais surpreendentes.

"Meu bebê é louco por botões. Esta semana, ele explorou todos os cantos do aspirador. Ele tocou os botões também. Acidentalmente, ele apertou o botão direito e o aspirador ligou. Ele se assustou."

Mãe de Bob, 38ª semana

Alguns bebês adoram tocar coisas com as mãos para descobrir qual é a sensação. Dessa forma, eles testam categorias, tais como *firmeza, rigidez, aspereza, calor, textura escorregadia* e assim por diante. Permita que seu bebê explore.

As vantagens de demolir

Se seu bebê está examinando os diferentes componentes das coisas, muitas vezes, ele acaba desmontando por etapas. Se seu bebê começa a demolir, dê a ele brinquedos que pode explorar desta forma. Empilhe alguns blocos para que ele possa removê-los um por um. Mostre-lhe como fazer isso. Você pode fazer o mesmo com os anéis de rosca de diferentes tamanhos que se empilham em uma haste. Tente também lhe dar uma pilha de revistas, que ele pode mover uma por uma. Veja quais outros jogos seu bebê inventa sozinho e o apoie se não for perigoso ou muito caro. Você também pode mostrar como você desmonta as coisas. Esta experiência é muito importante, porque depois do próximo salto ele pode usar esse conhecimento a seu favor quando começar a montar em vez de demolir.

"Meu filho gosta de brincar com as fechaduras em armários e portas. Mesmo que a chave tenha sido virada em um quarto do caminho, ele ainda consegue tirá-la."

Mãe de John, 37ª semana

"As brincadeiras de meu filho estão muito mais concentradas agora. Às vezes, ele até mesmo analisa duas coisas ao mesmo tempo. Por exemplo, ele é cauteloso a amassar um pedaço de banana com uma mão e esmagar um pedaço de maçã com a outra. Enquanto isso, ele olha de um lado para o outro."

Mãe de Frankie, 42ª semana

"Meu bebê examina a areia, a água, as pedras e o açúcar, colocando um pouco na mão e sentindo por um tempo muito longo. Em seguida, ele coloca na boca."

Mãe de Bob, 40ª semana

Às vezes, o bebê adora esfregar outras partes de seu corpo contra objetos ou ele pega alguma coisa e a passa em seu corpo. Dessa forma, o bebê vai se tornar ainda mais familiarizado com o que ele está analisando, por isso, dê a ele esta oportunidade.

"Eu coloquei um balanço para o meu filho em uma entrada. Há um nó debaixo do banco, e essa é sua parte favorita. Ele se senta no balanço e segura o batente, assim ele pode se levantar um pouco quando os o nó do balanço passa pela sua cabeça e toca seu cabelo. Ele simplesmente se senta lá e experimenta esta sensação."

Mãe de Bob, 39ª semana

No mundo das categorias, alguns bebês gostam de fazer experiências manipulando as pessoas, animais e objetos de forma *rude* e *cuidadosa*. Se você vir seu bebê fazendo isso, faça com que ele saiba que certas coisas ferem e que os objetos podem quebrar. Se ele faz experiências como essa, ele sabe muito bem o que está fazendo.

"Meu filho sempre me morde e, às vezes, manuseia seus brinquedos e outras coisas muito rudemente. E mesmo assim, às vezes, ele também consegue ser cuidadoso de uma forma exagerada. Ele alisa flores e formigas com o dedo mindinho, só para esmagá-las segundos depois. Então, quando eu digo 'ai, cuidado', ele começa a tocar com o dedo mindinho de novo."

Mãe de Bob, 40ª semana

"Quando estávamos no banho, meu filho começou a examinar meu mamilo com muito cuidado, com o dedo mindinho, apenas para continuar a empurrar, puxar e cutucar ao redor. Seu próprio pênis foi o seguinte. Ele teve um pouco mais de cuidado com ele!"

Mãe de Matt, 41ª semana

"Em primeiro lugar, minha bebê examina meus olhos, ouvidos e nariz com seu pequeno dedo indicador. Em seguida, ela os acaricia. Então, enquanto ela fica cada vez mais animada, ela fica mais bruta, empurrando e cutucando meus olhos, puxando minhas orelhas e nariz e enfiando um dedo em minha narina."

Mãe de Nina, 39ª semana

Alguns bebês comparam os pesos de brinquedos e de outros objetos. Se o seu caso é descobrir as categorias *pesado* e *leve*, dê a ele a oportunidade de experimentar.

"Minha bebê levanta tudo por onde passa por um momento."

Mãe de Jenny, 41ª semana

Normalmente, seu bebê estuda os conceitos *alto* e *baixo, pequeno* e *grande* através do engatinhamento, escalando, ficando em pé ou andando. Ele vai escalar para, sobre e embaixo de tudo. Ele vai fazer isso tranquilamente, de forma controlada, quase como se estivesse planejando como fazer as coisas.

"Meu filho tenta engatinhar por baixo e através de tudo. Ele olha por um tempo, então ele começa. Ontem, ele ficou preso debaixo do degrau da escada. Todos entramos em pânico!"

Mãe de John, 40ª semana

Dê um quarto para o bebê ativo investigar

A partir dessa idade, geralmente, torna-se cada vez mais importante dar a um bebê móvel espaço suficiente, para lhe dar uma grande oportunidade de investigar todos os tipos de categorias. Um bebê já fisicamente ativo pode agora se tornar mais ágil e estável, enquanto está sentado, em pé, engatinhando e andando. Como resultado, ele será capaz de fazer muito mais com o seu corpo. Ele pode escolher se agachar, engatinhar ou subir nos móveis, bem como ficar na ponta dos pés quando quer alcançar algo. Permita-lhe engatinhar pela sua casa, subir nas coisas e se levantar nas bordas mais impossíveis. Proteja as portas de segurança para as escadas no segundo ou terceiro degrau, e lhe permita praticar subir e descer as escadas. Coloque um colchão na parte inferior da escada, para que ele não possa se machucar.

> "Meu filho escala tudo. Ele até tentou escalar a superfície lisa de uma parede."
>
> Mãe de John, 42ª semana

> "Minha menina estava sentada em sua cadeira de refeição à mesa e, antes que eu percebesse, ela subiu na mesa. Eu acho que preciso ter mil olhos agora."
>
> Mãe de Emily, 42ª semana

Seu pequeno engatinhador pode aprender muito do lado de fora também. Dê a ele um espaço lá também. Por exemplo, ande com ele na floresta, na praia, em um lago, na caixa de areia e no parque. Contanto que você não o perca de vista.

Cuidados com o bebê

Torne o ambiente à prova do bebê

Certifique-se de que o espaço que seu bebê está explorando é seguro. Mas, no entanto, não tire os olhos dele por um único segundo. Ele sempre vai conseguir encontrar algo que pode ser perigoso e passou despercebido por você.

(continua na página 226)

Brincadeiras excelentes para esta semana mágica

Aqui estão jogos e atividades que a maioria dos bebês mais gosta agora e que vão ajudá-los a praticar suas habilidades recém-desenvolvidas.

EXPLORANDO

Algumas coisas vão parecer absolutamente fascinantes para seu bebê, mas se aventurar por conta própria em sua viagem de descoberta pode ser perigoso ou impossível. Então, ajude-o. Você pode ajudá-lo a lidar com porta-retratos quebráveis ou estátuas pesadas, por exemplo, para que ele não as quebre ou se machuque, mas satisfaçam sua curiosidade.

Campainhas e interruptores

Permita que seu bebê toque uma campainha. Ele será capaz de ouvir de imediato o que está fazendo. Você pode deixá-lo apertar um botão no elevador também. Dessa forma, ele vai sentir que está fazendo algo adulto. Permita que ele ligue a luz quando está muito escuro, para que ele possa ver qual é o efeito. Permita que ele aperte o botão no ônibus, às vezes, ou em uma faixa de pedestres, e lhe explique o que está acontecendo e o que deve procurar. Isso vai lhe ensinar algo sobre a relação entre o que ele está fazendo e o que acontece em seguida.

Exploração ao ar livre

Nesta idade, a maioria dos bebês não se cansa de estar ao ar livre. Levar seu bebê para o ar livre vai ensiná-lo muito também. Ele vai ver coisas novas. Se você está andando de bicicleta, caminhando, com carrinho de bebê de correr ou mochila, não se esqueça de parar de vez em quando para permitir que seu bebê olhe mais de perto, ouça e toque as coisas.

Vestindo

Muitos bebês parecem não ter tempo para se vestir ou se arrumar. Eles estão muito ocupados com outras coisas. Mas eles gostam de olhar para si próprios e ficam ainda mais interessados quando algo está sendo feito para eles. Use isso para tirar vantagem. Tire a toalha de seu bebê, vista-o ou tire sua roupa de frente para um espelho, para que ele possa jogar uma espécie de jogo de esconde-esconde com ele mesmo.

PALAVRAS

Seu bebê, muitas vezes entende muito mais do que você pensa e ele adora ser capaz de demonstrar isso. Ele agora vai começar a expandir a gama de palavras e frases que entende com prazer.

Dizendo o nome

Diga o nome das coisas que seu bebê olha ou ouve. Quando seu bebê expressa com gestos o que ele quer, traduza sua pergunta para ele colocando-a em palavras. Isso vai lhe ensinar que ele pode usar palavras para se expressar.

Deixe seu bebê escolher um livro e o entregue para ele. Coloque-o em seu colo ou o sente ao seu lado. Desta forma, ele pode virar as páginas sozinho. Aponte para a imagem que ele está olhando e fale o nome do objeto. Você também pode fazer os sons apropriados para um animal particular ou objeto que você está apontando. Incentive seu bebê a fazer essa palavra ou som também. Não tente continuar se o bebê perder o interesse. Alguns bebês precisam de um carinho momentâneo ou cócegas depois de cada página, para manter sua atenção focada.

Tarefas

Pergunte ao seu bebê se ele vai lhe dar o que ele está segurando, dizendo, por exemplo: "Dá para a mamãe". Peça-lhe para dar para o pai também algumas vezes. Você também pode lhe pedir para fazer algo para você, por exemplo, "Me dê a escova

(continua)

Jogos excelentes para esta semana mágica (cont.)

de dente" e "Pegue a bola para mim". Além disso, tente chamá -lo algumas vezes quando você está fora de vista: "Onde está você?" e responda. Ou peça para ele vir até você: "Venha aqui!". Elogie-o se ele participa e continue apenas enquanto seu bebê continua gostando de fazer isso.

IMITANDO

Muitos bebês estudam outras pessoas com grande interesse e adoram imitar o que veem as outras pessoas fazendo. Se seu bebê faz isso também, imite-o e o incentive a imitar você.

Faça isto

Em primeiro lugar, desafie seu bebê a imitar o que você está fazendo, em seguida, imite-o novamente. Muitas vezes, ele será capaz de continuar infinitamente, revezando-se e fazendo a mesma coisa repetidamente. Tente alternar seus gestos também. Faça os gestos um pouco mais rápidos ou mais lentos. Tente fazê-los com a outra mão ou com as duas mãos. Tente fazê-los com ou sem som, e assim por diante. Tente fazer este jogo na frente de um espelho também. Alguns bebês adoram repetir os gestos na frente de um espelho, enquanto observam para ver como tudo é feito.

Conversando com o espelho

Se seu bebê está interessado nas posições da boca, tente praticá-las em algum momento na frente de um espelho. Transforme isso em um jogo. Sentem-se juntos em frente ao espelho e brinquem com as vogais, as consoantes, ou seja, o que seu bebê mais gosta. Dê-lhe tempo para observar e copiar. Muitos bebês adoram se observarem imitando os gestos também, tais como os movimentos da mão e da cabeça. Tente isto algumas vezes também. Se seu bebê pode ver a ele mesmo enquanto está imitando você, ele vai imediatamente ser capaz de ver se ele está fazendo exatamente igual a você.

Adoleta

Cante *Adoleta* e deixe seu bebê sentir cada movimento que se passa com a música. Para fazer isso, pegue as mãos dele façam os movimentos juntos. Às vezes, os bebês vão imitar o ato de bater de seu próprio jeito. Ou eles levantam suas mãos. Eles ainda não são capazes de imitar todos os movimentos em sequência nesta idade, mas eles são capazes de apreciá-los.

TROCA DE FUNÇÃO

Incentive seu bebê a assumir um papel que ele viu você ou uma criança mais velha executando. Em seguida, tente trocar de papel.

Perseguição

Você pode considerar este o primeiro jogo de pega-pega. Pode ser jogado engatinhando ou andando. Tente virar o jogo às vezes também: engatinhar ou andar, e indique claramente que você espera que ele venha atrás de você. Tente escapar se seu bebê faz tentativas de pegar você. Se seu bebê pegar você ou se você o pegou, então lhe faça um carinho ou o levante no ar.

Esconde-esconde

Esconda-se de tal forma que seu bebê o veja desaparecer, em seguida, deixe-o procurar por você. Além disso, tente fingir às vezes que você o perdeu e está procurando por ele. Às vezes, os bebês são rápidos a se esconder e eles ficarão por trás de suas camas ou se esconderão em cantos muito silenciosamente. Normalmente, eles vão escolher o local que você acabou de se esconder ou aquele que foi um sucesso no dia anterior. Reaja com entusiasmo quando você for encontrado ou encontrá-lo.

Ajude seu bebê a explorar o novo mundo através do jogo de atuação

Se seu bebê for muito inteligente socialmente, ele será capaz de fingir que está *triste, doce* ou *angustiado* a partir deste momento. Esses estados emocionais são categorias também. Isso significa que ele pode começar a manipular ou tirar vantagem de você. Normalmente, as mães se apaixonam por isso no início. Algumas simplesmente se recusam a acreditar que seus filhos, ainda bebês, simplesmente poderiam ser capazes de fazer algo assim de propósito. Outras secretamente ficam um pouco orgulhosas. Se você vir que seu pequeno está atuando, permita que ele sinta o gostinho do sucesso, se possível. Mas, ao mesmo tempo, faça com que ele saiba que você sabe o que ele está fazendo. Isso vai lhe ensinar que o uso das emoções é importante, mas que ele não pode usá-las para manipular você.

"Durante o dia, minha menina é muito problemática, muito traquinas, mas quando chega a hora de ela ir para a cama à noite, ela brinca como um anjinho. É como se ela pensasse: 'Enquanto eu me comportar bem, não tenho que ir para a cama'. É inútil, de qualquer maneira, tentar colocá-la na cama quando ela não está cansada ainda, porque ela vai se recusar a ficar deitada. Sexta-feira passada, ela foi para a cama às 23h30."

Mãe de Jenny, 37ª semana

"Se estou falando com alguém, meu filho, de repente, precisa de ajuda imediata ou ele finge que se machucou em alguma coisa."

Mãe de Matt, 39ª semana

Às vezes, um bebê assumirá um papel que ele viu sua mãe ou uma criança mais velha desempenhando. Isso é possível agora, porque ele sabe que é uma pessoa igual as outras. Em outras palavras, tanto ele quanto as outras pessoas pertencem à mesma categoria. Como resultado, ele é capaz de fazer as mesmas coisas que as outras pessoas conseguem fazer. Ele pode se esconder, assim como sua mãe costumava fazer, e fazer com que ela o procure. Ele pode ir buscar seus próprios brinquedos quando quer brincar com eles. Sempre reaja a isso, mesmo que apenas por um curto tempo.

Isto vai lhe ensinar que ele está se dando a entender e que ele é importante.

Brinquedos excelentes para esta semana mágica

Aqui estão os brinquedos e as coisas que a maioria dos bebês mais gosta enquanto explora o mundo das categorias.

- Tudo que abra e feche, como portas e gavetas
- Panelas com tampas
- Campainhas, campainhas dos ônibus, botões de elevador, botões de semáforos
- Despertadores
- Revistas e jornais para rasgar
- Bandejas de plástico e copos com talheres de plástico
- Coisas que são maiores do que ele, como caixas ou baldes
- Travesseiros e edredons para engatinhar por cima ou por baixo
- Recipientes, especialmente os redondos, potes e garrafas
- Tudo o que ele seja capaz de mover, como maçanetas ou botões
- Tudo o que se move por si só, como sombras ou ramos
- Bolas de todos os tamanhos, desde bolas de pingue-pongue a grandes bolas de praia
- Bonecas com rostos realistas
- Blocos em todas as formas e tamanhos, quanto maior, melhor
- Piscinas de bebê
- Areia, água, seixo e ferramentas de plástico
- Balanços
- Livros de imagens com uma ou duas grandes imagens distintas por página
- Pôsteres com várias fotos distintas
- Carros de brinquedo

Mas cuidado com as outras coisas para as quais eles são atraídos para gostar: plugues e interruptores elétricos, máquinas de lavar roupa e de lavar louça, aspiradores de pó, secadores de cabelo, outros aparelhos e escadas.

"Esta semana, outra criança um pouco mais velha do que meu filho visitou a nossa casa. Tanto meu filho como a outra menininha tinham uma mamadeira. Em certo momento, a menina colocou a mamadeira na boca de meu bebê e começou a alimentá-lo. Ela continuou segurando a mamadeira sozinha. No dia seguinte, eu estava com ele no colo e lhe dei uma mamadeira. De repente, ele pegou a mamadeira e enfiou em minha boca, em seguida, começou a rir, bebeu um pouco, depois enfiou de volta em minha boca. Fiquei espantada. Ele nunca tinha feito nada parecido antes."

Mãe de Paul, 41ª semana

A importância da coerência

As mães ficam sempre orgulhosas do progresso e das realizações de seus bebês, e elas reagem automaticamente com empolgação e surpresa. Mas algumas dessas realizações podem ser prejudiciais. No início, um ato travesso pode ser divertido e seu bebê pode ter seu prazer ou surpresa como aprovação. Ele acha que está sendo engraçado e vai repetir o comportamento ao longo do tempo, mesmo quando a mãe lhe diz "não".

Agora, você terá de ser mais coerente com seu bebê. Quando você não permitir algo uma vez, é melhor não aceitar na próxima vez. Seu bebê adora colocar você à prova.

"Minha bebê fica cada vez mais engraçada porque ela está começando a se tornar travessa. Ela diz *brrr* quando tem a boca cheia de mingau, cobrindo-me de mingau. Ela abre armários que não tem permissão para tocar e joga a água do gato por toda a cozinha."

Mãe de Laura, 38ª semana

"Minha filha não me escuta. Quando eu digo a ela 'não', ela ri, mesmo se eu estiver realmente zangada com ela. Mas quando sua babá diz 'não', ela chora. Eu me pergunto se isso é porque eu trabalho. Talvez eu ceda muito quando estou em casa, por causa do sentimento de culpa."

Mãe de Laura, 39ª semana

"Minha filha ficou em um carrinho com o pequeno menino dos vizinhos nele e começou a brincar de esconde-esconde com ele. Juntos, eles acharam que era a coisa mais engraçada."

Mãe de Emily, 40ª semana

Alguns pequeninos gostam de desempenhar o papel de doador. Não importa o que eles dão, desde que eles possam continuar dando e recebendo: de preferência o último. Se seu bebê dá alguma coisa, não é preciso dizer que ela espera obtê-la de volta imediatamente. Ele, muitas vezes, compreende as palavras "Posso pegar. . . ", bem como "por favor". Assim, você pode combinar o jogo dar-e-receber com a fala, ajudando-o a entender as coisas ainda melhor.

"Minha filha gosta de mostrar a todos seu biscoito com um grande sorriso no rosto. Claro, não se espera que a pessoa leve o biscoito. Ela rapidamente retira sua mão quando acha que isso irá acontecer. No outro dia, ela chegou toda orgulhosa para mostrar o biscoito para o cachorro do avô dela, mas ele o devorou rapidamente. Espantada, ela olhou para a mão vazia e, em seguida, chorou de raiva."

Mãe de Hannah, 41ª semana

Mostre compreender os medos irracionais

Quando seu bebê está aprendendo uma nova habilidade, ele pode também descobrir um novo perigo e desenvolver um medo. Um deles é o medo da categoria *altura*. Outro é o medo de *ficar preso*. Quando o bebê de repente age com medo, simpatize com ele, tente descobrir o que o está incomodando e o ajude. Os bebês tendem a ser cautelosos com novas coisas, até terem certeza que elas são inofensivas.

"Minha bebê sempre gostava de andar quando eu praticava com ela. Agora, de repente, ela parou. Ela parece assustada. Se ela ao menos suspeitar que eu posso segurá-la apenas com uma mão, ela se senta imediatamente."

Mãe de Ashley, 46ª semana

"Meu filho não suporta ficar preso agora. Quando ele está com o cinto em um assento de carro, fica absolutamente histérico."

Mãe de Paul, 40ª semana

Entre as semanas 40 e 45, outro período relativamente fácil se instala. Nas 3 semanas seguintes, muitos bebês são admirados pelo seu progresso, independência e alegria. Uma vasta gama de coisas é interessante para eles agora, desde pessoas a cavalo, até flores, folhas, formigas e mosquitos. Muitas crianças desejam passar mais tempo ao ar livre agora. Outras pessoas de repente começam a desempenhar um papel muito mais importante em suas vidas também. Elas se contatam com muito mais frequência e cedo estão preparadas para brincar juntas. Em suma, o horizonte do bebê está mais amplo do que nunca.

"No momento, meu filho é um boneco. Ele ri o dia inteiro. Às vezes, ele brinca sozinho docemente por uma hora. Parece uma criança completamente diferente da criança da semana passada. Não parece mais tão gorducho e parece muito ágil. Ele sempre foi um pouco pesado, mas agora ele parece ter ficado muito mais leve. Ele está muito mais animado, enérgico e aventureiro."

Mãe de Frankie, 42ª semana

"Meu filho entende muito mais, por isso, ele está chegando a um novo lugar, em um lugar com mais possibilidades. Eu tenho que tornar mais fácil falar com ele. Ele precisa estar no lugar onde pode se comunicar com todos, à mesa, por exemplo. É importante agora. Ele também está se concentrando muito mais em outras pessoas de fora de nossa casa. Ele entra em contato com elas imediatamente, fazendo bolhas, fazendo certos sons de chamada ou inclinando a cabeça interrogativamente."

Mãe de Bob, 40ª semana

capítulo 9

Semana Mágica 46:
O mundo das sequências

Os bebês são bagunceiros naturais. Durante o último salto no desenvolvimento mental do bebê, esse talento provavelmente parecia no auge. Você pode ter se maravilhado com a habilidade de seu bebê para a destruição enquanto ele desmontava, atirava ao redor e esmagava tudo em seu caminho. Se você está alerta para as habilidades recém-desenvolvidas de seu bebê, aproximadamente na semana 46, de repente, você pode observá-lo fazendo coisas que são completamente o oposto. Ele vai começar, pela primeira vez, a tentar colocar as coisas em conjunto.

Seu bebê está pronto para descobrir o mundo das sequências. Desta idade em diante, ele pode começar a perceber que, para alcançar muitos de seus objetivos, ele tem que fazer as coisas em uma ordem determinada para ser bem-sucedido. Agora, você pode ver seu bebê olhando primeiro para ver quais coisas ficam juntas e como elas se juntam antes de tentar agrupá-las, empilhá-las em cima umas das outras ou juntá-las. Por exemplo, ele pode se concentrar no objetivo também enquanto pode antes tentar empilhar um bloco em cima do outro. Ele pode empurrar um pino através de um buraco em uma placa de pino apenas depois de ter comparado a forma do pino com o buraco.

Este mundo oferece novas áreas inteiras de exploração para o seu bebê. Você vai notar que, pela primeira vez, ele realmente parece ser capaz de "somar dois mais dois". Às vezes, ele é capaz de fazer uma ação atrás da outra espontaneamente. Pode se tornar evidente que o bebê esteja mais consciente de suas ações do que nunca: que ele tem conhecimento do que está fazendo agora.

Observação: A primeira fase (período difícil) deste salto para o mundo perceptivo das "sequências" é previsível e relacionado à idade, emergindo entre as semanas 40 e 44. A maioria dos bebês começa a segunda fase (ver caixa de diálogo "Tempo de Qualidade: um capricho não natural" na página 17) deste salto 46 semanas após o nascimento a termo. A percepção inicial do mundo das sequências põe em marcha o desenvolvimento de toda uma gama de habilidades e atividades. No entanto, a idade em que essas habilidades e atividades aparecem pela primeira vez varia muito e depende das preferências, experiências e desenvolvimento físico de seu bebê. Por exemplo, a capacidade de perceber as sequências é uma condição necessária para "puxar a corda para obter um anel de brinquedo conectado a ele", mas esta habilidade normalmente aparece em qualquer lugar a partir da semana 46 até várias semanas ou até meses mais tarde. As habilidades e atividades são mencionadas neste capítulo na idade mais precoce possível em que podem aparecer, para que você possa observá-las e reconhecê-las. (Elas podem ser rudimentares inicialmente.) Desta forma, você pode reagir e facilitar o desenvolvimento de seu bebê.

O início deste novo salto em seu desenvolvimento mental começa aproximadamente na semana 42 ou entre as semanas 40 e 44. Enquanto ele cresce em suas novas habilidades e aprende a se sentir confortável neste novo mundo, o bebê tende a ficar difícil e exigente mais uma vez. Afinal, é muito mais difícil descobrir como as coisas se juntam do que desmontá-las. A alteração repentina em seu pensamento pode, compreensivelmente, ser perturbadora. Este período difícil, muitas vezes, dura 5 semanas, mas pode durar entre 3 a 7 semanas. Se seu bebê está irritadiço, observe-o de perto para ver se ele está tentando dominar novas habilidades.

Seu bebê pode chorar mais do que durante as últimas semanas. A maioria dos bebês chora. Eles podem ficar difíceis, irritadiços, choramingões, chorosos, rabugentos, mal-humorados, incontroláveis e inquietos. Eles vão fazer o que podem para poder estar com suas mães. Alguns ficam preocupados com isso o dia inteiro. Alguns pequenos grudes ficam mais frenéticos com a perspectiva de separação do que outros. Eles usarão todos os meios possíveis que conseguirem pensar para poder ficar com suas mães.

"Sempre que o irmão de meu bebê chega perto dele e o toca, ele começa a chorar imediatamente, porque ele sabe que eu vou reagir."

Mãe de Kevin, 41ª semana

Seu bebê pode chorar menos quando está perto de você. A maioria dos bebês difíceis chora menos quando está com suas mães. E eles reclamam ainda menos quando têm sua atenção.

"Uma vez que eu quero manter o choramingo de minha bebê no mínimo possível, fazemos tudo juntas. Eu arrumo a casa carregando-a em meu quadril ou em meus braços, porque, caso contrário, eu não posso mover um centímetro com ela agarrada à minha perna. Eu lhe explico o que estou fazendo, por exemplo, como faço o chá ou dobro as toalhas. Também costumo levá-la ao banheiro comigo. Quando eu vou sozinha, eu deixo a porta aberta. Eu faço isso primeiro para poder ver se ela está fazendo algo perigoso, mas também porque ela pode me ver e me seguir para ficar feliz. E ela sempre fica. Esta maneira de fazer as coisas é a única maneira de nós duas obtermos alguma paz de espírito."

Mãe de Emilly, 43ª semana

Como você sabe que é hora de crescer

Ele pode se agarrar às suas roupas

Seu bebê pode fazer todo o possível para poder ficar o mais próximo possível de você. Ele pode, literalmente, envolver-se em torno de você, mesmo quando não há estranhos presentes. Alguns bebês não se agarram necessariamente às suas mães, mas querem ficar notavelmente perto delas para que consigam vê-las em todos os momentos. E há aqueles que continuam voltando para suas mães, como se precisassem de um "recarregamento de mãe", para reafirmar quando eles a deixam novamente.

"Meu filho quer se sentar em meu colo, andar em meu braço, engatinhar em cima de mim, sentar-se em cima de mim ou se agarrar aos meus pés durante todo o dia, como um parasita se agarra a um peixe. Quando eu o tiro do colo, ele começa a chorar."

Mãe de Bob, 41ª semana

"Minha filha se senta em meu sapato e enrola seus pequenos braços em volta de minha perna. Uma vez que ela se segura, ela não larga se conseguir evitar. Eu realmente preciso pensar em algum tipo de diversão para fazê-la soltar."

Mãe de Emilly, 43ª semana

"No momento, minha filha tende a ficar perto, mas ela continua fazendo suas próprias coisas. É quase como se ela estivesse circulando em torno de mim, como um satélite que orbita a Terra. Se estou na sala de estar, ela está fazendo alguma coisa perto de mim, e quando eu vou para a cozinha, ela esvazia um armário ao meu lado lá."

Mãe de Jenny, 47ª semana

"Muitas vezes, meu filho vem a mim para esfregar a barriga e então ele foge novamente. Eu noto isso particularmente quando estou sentada em algum lugar fazendo alguma coisa."

Mãe de Matt, 41ª semana

Ele pode ficar tímido com estranhos

Quando há estranhos perto dele, olhando para ele, falando com ele ou, pior ainda, aproximando sua mão em sua direção, seu pequeno pode se agarrar ainda mais a você do que já estava. Muitos bebês ficam tímidos agora.

"Meu filho está um pouco tímido. Quando ele vê pessoas novas ou se de repente alguém entra na sala, ele se enterra em meu pescoço. Isso não dura muito tempo, no entanto. Ele só precisa se acostumar a elas."

Mãe de Matt, 42ª semana

"Meu filho está mais tímido do que nunca. Nem mesmo seu avô tem permissão para olhar para ele."

Mãe de Kevin, 43ª semana

"Percebi nesta semana que minha bebê estava realmente começando a se agarrar muito a mim. Agora, sempre que um estranho chega para abraçá-la, ela me agarra. Mas se as pessoas lhe derem algum tempo, muitas vezes ela acaba indo para elas sozinha no final. Elas só têm de se certificar de não a pegarem muito cedo."

Mãe de Ashley, 47ª semana

Ele pode querer contato físico mais próximo com você

Alguns bebês preocupados seguram suas mães tão firmemente quanto podem, uma vez que elas os pegam nos braços ou quando eles estão sentados no colo, como se não quisessem dar às suas mães a chance de ir embora. Outros bebês reagem com fúria quando são tirados do colo ou quando suas mães atravessam a sala de estar.

"Se ficamos separadas por um momento sequer, minha filha chora de raiva. Quando eu volto, ela sempre bate, agarra, aperta e me empurra por um momento, no início. Se o cachorro estiver ao redor, ela vai imediatamente até ele. Uma vez, voltei e a encontrei com um bigode na mão."

Mãe de Emilly, 43ª semana

Ele pode querer ser mantido ocupado

A maioria dos bebês começa a pedir mais atenção agora. Seu bebê pode fazer o mesmo. Mesmo um bebê fácil geralmente prefere fazer as coisas com você. Um pequena pessoinha exigente gostaria, se pudesse, de manter você ocupada em mantê-lo entretido dia e noite. Ele muitas vezes não está satisfeito até que tenha toda a atenção da mãe. Ele pode ter olhos só para ela e apenas se focar nela.

"Meu filho continua vindo até mim para eu lhe ler um livro. Ele se senta comigo de forma muito mais paciente também. É exatamente o que eu sempre quis. Ele está geralmente ocupado como uma abelha. Então, quando ele finalmente quer passar algum tempo comigo, é para compensar todos os atrasos."

Mãe de Paul, 44ª semana

"Meu filho está se tornando menos animado no geral. Seu desenvolvimento motor está começando a ficar paralisado. Ele está prestando menos atenção a isso agora. Seus brinquedos agora também não chamam particularmente sua atenção. Mesmo quando eu brinco junto, sua concentração é muito curta. Ele prefere ter a mim aos seus brinquedos."

Mãe de Bob, 41ª semana

"Quando meu filho está mamando, se eu fizer alguma coisa ou falar com alguém, ele choraminga. Eu tenho que olhar para ele, brincar com ele ou acariciá-lo. Assim que eu paro por um segundo, ele se contorce incontrolavelmente e chuta furiosamente, como se dissesse: 'Eu estou aqui'."

Mãe de Matt, 43ª semana

Ele pode ficar ciumento

Seu pequeno pode estar mais ranzinza, impertinente ou doce quando você presta atenção a alguém ou a alguma outra coisa. Essa alteração no comportamento geralmente faz a mãe se perguntar se seu bebê pode estar com ciúmes. Esta descoberta geralmente vem como uma surpresa.

> "Eu tomo conta de um bebê de 4 meses de idade. Meu filho sempre achou muito interessante quando eu lhe dou a mamadeira. Mas esta semana, ele estava impossível. Ele continuou fazendo coisas que normalmente nunca faz. Ele estava realmente causando problemas, sendo desagradável. Eu acho que ele ficou com um pouco de ciúmes."
>
> Mãe de John, 44ª semana

Ele pode estar mal-humorado

Seu bebê pode estar alegre um dia e o oposto total no dia seguinte. Seu humor também pode mudar de repente. Em um momento, ele pode estar ocupado e feliz fazendo alguma coisa, no seguinte, ele pode começar a choramingar e a reclamar. A mudança de humor vem do nada, sem motivo aparente, tanto quanto sua mãe pode dizer. Às vezes, isso pode fazer com que a mãe se sinta insegura.

> "Minha bebê se agarra e chora muito em um momento e parece estar tendo a maior diversão a seguir: como se ela pudesse ligar e desligar no apertar de um botão. Simplesmente não sei o que fazer. Eu me pergunto se alguma coisa poderia de repente estar lhe machucando."
>
> Mãe de Nina, 43ª semana

Ele pode dormir mal

Seu bebê pode dormir menos bem. A maioria dos bebês faz isso agora. Eles se recusam a ir para a cama, têm mais dificuldade em adormecer ou acordam mais cedo. Alguns são particularmente problemáticos para dormir durante o dia. Outros são piores à noite. E outros ainda ficam relutantes em ir para a cama em qualquer momento.

"Minha filha não precisa dormir muito. Ela fica até tarde da noite, brincando com alegria."

Mãe de Hannah, 43ª semana

"Minha bebê acorda 2 ou 3 vezes à noite e não dorme bem durante a tarde também. Às vezes, levo 3 horas para fazê-la dormir."

Mãe de Jenny, 48ª semana

"Meu filho está mais inquieto agora. Quando é hora de dormir, tenho que forçá-lo a se acalmar. Depois, ele acorda algumas vezes durante a noite."

Mãe de Frankie, 45ª semana

"Meu filho costumava dormir maravilhosamente bem por muito tempo. Infelizmente, ele não faz mais isso."

Mãe de Matt, 41ª semana

Ele pode ter "pesadelos"

Seu bebê pode se transformar em um dorminhoco inquieto. Ele poderia até mesmo se virar e girar tanto que você suspeita que ele está tendo um pesadelo.

"Minha bebê acordou gritando com toda força, como ela faz quando está com raiva. Eu acho que ela deve ter sonhado algo que não gostou."

Mãe de Emily, 45ª semana

Ele pode ficar apático

Seu bebê pode ficar temporariamente um pouco apático. Às vezes, os bebês ficam assim. Eles ficam menos ativos ou balbuciam um pouco menos. Eles podem até parar toda a atividade por um tempo e simplesmente deitar e ficar olhando. As mães não gostam de ver isso acontecer. Elas pensam que isso não é normal e podem tentar fazer com os pequeninos se movimentem novamente.

"Minha filha não está tão ativa mais. Muitas vezes, ela só fica lá, com os olhos bem abertos, olhando ao redor."

Mãe de Hannah, 45ª semana

"Às vezes, meu filho fica sentado, olhando para o nada. Isso é uma mudança, porque ele sempre costumava estar fazendo algo."

Mãe de Matt, 43ª semana

"Meu filho está mais passivo, mais silencioso. Às vezes, ele se senta ali, olhando para longe por alguns momentos. Eu não gosto nem um pouco. É como se ele não fosse normal."

Mãe de Bob, 41ª semana

Ele pode recusar que mudem sua fralda

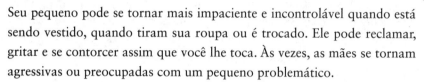

Seu pequeno pode se tornar mais impaciente e incontrolável quando está sendo vestido, quando tiram sua roupa ou é trocado. Ele pode reclamar, gritar e se contorcer assim que você lhe toca. Às vezes, as mães se tornam agressivas ou preocupadas com um pequeno problemático.

"Meu filho não fica parado por um minuto. Às vezes, tirar a fralda dele é uma luta. Eu amo o fato de ele ter se tornado mais ativo, mas eu não vejo por que ele não pode ficar parado por alguns segundos."

Mãe de Frankie, 43ª semana

"Vestir, despir e trocar são um pesadelo. Isso aconteceu há um tempo atrás também. Naquela época, eu achava que a parte inferior de suas costas poderia estar incomodando. Comecei a me preocupar cada vez mais. Então, eu a levei ao pediatra, mas ele disse que suas costas estavam perfeitamente bem. Ele não tinha ideia do que poderia estar causando isso também. Mas, então, resolveu-se por si só."

Mãe de Juliette, 46ª semana

Ele pode perder o apetite

Muitos bebês parecem menos interessados em comida e bebida neste momento. Seu bebê pode perder o apetite ou ele pode ficar muito exigente, comer algo somente se e quando quiser. As mães ficam muitas vezes preocupadas e agressivas com a falta de apetite e exigências para comer.

> "Meu filho não está comendo bem. Mas de repente ele quer amamentar no meio do dia, e ele começa a choramingar e puxar minha blusa para conseguir o que quer. Ele acorda muito durante a noite também, querendo mamar no peito. Gostaria de saber se ele está tendo uma boa alimentação desta maneira."
>
> Mãe de Matt, 43ª semana

Ele pode se comportar de forma mais infantil

Às vezes, um comportamento infantil que você pensou que já tinha passado de repente reaparece. As mães não apreciam esses reaparecimentos. Elas os veem como passos para trás e colocariam um fim neles se pudessem. No entanto, uma recaída durante os períodos agitados é perfeitamente normal. Significa simplesmente que outro grande salto para frente está prestes a acontecer.

> "Minha filha regrediu ao engatinhar esta semana. Eu só espero que não tenha nada a ver com os quadris ou porque ela começou a andar muito cedo."
>
> Mãe de Jenny, 44ª semana

> "Meu filho não quer segurar sua própria mamadeira mais, mas prefere se deitar em meus braços e ser amamentado como um pequeno bebê. Um tempo atrás, no entanto, ele insistia em segurar a mamadeira sozinho. Sua recaída está realmente me incomodando um pouco. Eu ficava pensando: 'Para com isso filho, eu sei que você pode fazer isso sozinho'. Algumas vezes, eu coloquei as mãos dele na mamadeira, mas ele não se moveu."
>
> Mãe de Bob, 41ª semana

> "Muitas vezes, eu tenho que balançar meu filho de novo antes de ele dormir."
>
> Mãe de Steven, 41ª semana

"Meu filho não quer mais ficar em pé e imediatamente despenca no chão. Ele também se tornou muito mais lento."

Mãe de Bob, 41ª semana

Ele pode agir de forma excepcionalmente doce

Um bebê difícil agora também pode encontrar maneiras mais agradáveis de pedir mais contato físico ou atenção. Isso acontece sempre mais e de maneiras cada vez mais sofisticadas. Ele pode trazer para os seus pais livros ou brinquedos "pedindo" que brinquem com ele. Ela pode encantá-lo para jogar com ele com uma variedade de manobras, como colocar sua mãozinha em seu colo, aconchegar-se a você ou descansar a cabeça em você. Muitas vezes, ele pode alternar entre ser problemático e doce, o que funcionar melhor no momento, para obter o contato ou a atenção desejada.

Mães de bebês independentes, que normalmente não procuram muito contato físico, ficam muito felizes com a perspectiva de, finalmente, conseguir lhes dar um abraço novamente.

"Minha filha vem até mim de vez em quando para um abraço. Ela estava extremamente encantadora esta semana."

Mãe de Ashley, 46ª semana

"Meu filho estava muito fofinho e ficou agarrado a mim esta semana."

Mãe de Matt, 42ª semana

"Quando meu filho está no assento da bicicleta ou no carrinho de bebê, ele continua olhando para trás para ver se eu ainda estou lá, e então ele me dá sua pequena mão."

Mãe de Paul, 44ª semana

"Minha filha quer sentar em meu colo com um livro com mais frequência. Quando isso acontece, ela fica lá, aconchegando-se maravilhosamente perto de mim."

Mãe de Jenny, 47ª semana

Meu diário

Sinais de que meu bebê está crescendo de novo

Entre as semanas 40 e 44, seu bebê pode mostrar sinais de que ele está pronto para dar o próximo salto para o mundo das sequências.

❑ Chora com mais frequência e está mal-humorado ou ranzinza

❑ Está alegre em um momento e chora no seguinte

❑ Quer ser mantido ocupado ou faz isso com mais frequência do que antes

❑ Agarra-se às suas roupas ou quer estar mais perto de você

❑ Age de forma surpreendentemente doce

❑ Está travesso

❑ Faz birras ou se joga com mais frequência do que antes

❑ Está ciumento

❑ Está mais tímido com estranhos do que antes

❑ Quer que o contato físico seja mais apertado ou mais próximo

❑ Dorme mal

❑ Parece ter pesadelos ou os tem com mais frequência do que antes

❑ Perde o apetite

❑ Balbucia menos

❑ Às vezes, só fica lá, em silêncio sonhando acordado

❑ Recusa-se a mudar a fralda

❑ Chupa o polegar ou faz isso com mais frequência do que antes

❑ Quer abraçar brinquedos ou faz isso com mais frequência do que antes

OUTRAS MUDANÇAS QUE VOCÊ OBSERVA

_____

_____

"Minha filha continua engatinhando atrás de mim. Quando contorna o canto perto da porta, ela me dá um grande sorriso e rapidamente engatinha de volta na outra direção novamente. Nós amamos este pequeno jogo."

Mãe de Ashley, 43ª semana

Ele pode ficar travesso

Algumas mães notam que seus bebês estão mais desobedientes do que costumavam ser. Pode parecer que seu bebê faz tudo o que não tem permissão para fazer. Ou ele pode estar especialmente travesso, às vezes, quando você está com pressa para terminar algo e não tem muito tempo para lidar com ele.

"Nós não estamos autorizados a cuidar de nosso próprio negócio. Se fizermos isso, então tudo o que disse a nossa filha para não tocar, de repente se torna extremamente interessante, como o telefone e os botões do aparelho de som. Temos que observá-la cada segundo do dia."

Mãe de Jenny, 47ª semana

"Minha filha continua engatinhando atrás de mim. Eu acho que é adorável. Mas se ela não faz isso, ela faz uma bagunça. Ela puxa os livros de suas prateleiras e tira a terra para fora dos vasos de flores."

Mãe de Ashley, 43ª semana

"Sempre que minha bebê vê que estou ocupada, ela engatinha para as coisas que não tem permissão para tocar."

Mãe de Nina, 43ª semana

"Meu filho se agarra a mim todo o dia, e quando ele não faz isso, eu tenho que continuar disciplinando-o e tirando as coisas de perto dele."

Mãe de Kevin, 43ª semana

Como este salto pode afetar você

Enquanto o novo mundo de seu bebê se expande para incluir sequências, sua pieguice e as mudanças que se seguem irão afetar você também. Aqui estão alguns sentimentos que você pode encontrar.

Você pode se sentir insegura

As mães muitas vezes se preocupam quando seu bebê está chateado. Elas tentam encontrar uma causa para seu choro mais frequente. Assim que elas encontram uma, elas se tranquilizam. Nessa idade, elas estão muitas vezes inclinadas a decidir que os dentes estão nascendo.

> "Eu acho que a boca de meu filho estava doendo. Ele não estava como habitualmente, descontraindo-se."
>
> Mãe de John, 43ª semana

> "Meu filho chorou muito. Eu não acho que ele tenha dormido o suficiente."
>
> Mãe de Frankie, 43ª semana

> "Minha filha está chorosa e exigente sempre que eu estou ocupada fazendo alguma coisa. Talvez, ela esteja tendo mais dificuldade em lidar com suas irmãs no momento."
>
> Mãe de Juliette, 42ª semana

Você pode (de novo) estar esgotada

Mães de bebês que exigem muita atenção e precisam de pouco sono se sentem completamente exaustas no final de um período difícil. Algumas se queixam de dores de cabeça, dores nas costas, náuseas e falta de concentração também.

> "Eu sinto que estou esgotada completamente, porque eu não estou recebendo nenhum apoio ou reconhecimento. Eu realmente adoraria ter uma noite de descanso. À noite, eu continuo correndo para o andar de baixo para o quarto de minha filha e voltando. Muitas vezes, isso vai até o meio da noite. Para mim, esta é a idade mais difícil até agora. Eu até mesmo continuo adiando escrever neste diário. Eu simplesmente não consigo me concentrar nele."
>
> Mãe de Emily, 46ª semana

Você pode ficar irritada

No fim deste período difícil, as mães se tornam cada vez mais irritadas com seus pequeno agarradores mal-humorados. Elas ficam irritadas por estarem constantemente preocupadas com as exigências deles e não parecem mais ter vida própria.

"É tedioso, literalmente, não ser capaz de mover um centímetro. Meu filho exige constante atenção ou então ele faz uma birra, e isso é devagar, mas, certamente, está se tornando muito irritante. Às vezes, eu sinto que ele está me controlando e isso faz com que me sinta revoltada. Então eu me farto. Eu continuo pensando se deveria levá-lo de volta para a creche, apesar de tudo. Eu o mantive em casa por algumas semanas agora. No início, senti-me melhor, mas agora, de vez em quando, eu posso sentir que estou ficando um pouco agressiva de novo."

Mãe de Bob, 46ª semana

"Estou muito ocupada e eu não posso mais ter minha filha agarrada nas minhas pernas ou sentada em frente da pia quando estou trabalhando. Agora, quando chego ao limite, é hora de levá-la para a cama. Talvez eu esteja começando a perder a paciência."

Mãe de Juliette, 45ª semana

"Mesmo que eu tenha o mais fácil bebê que alguém poderia desejar, quando ele começa a chorar histericamente, noto que fico um pouco impaciente com ele e o levo para a cama."

Mãe de John, 43ª semana

Às vezes, a mãe fica irritada porque no fundo ela sabe que seu bebê é capaz de mais do que ele está mostrando e suspeita que seu comportamento seja muito infantil para a sua idade. Ela acha que é hora de ele começar a se comportar de forma mais independente.

"Quando eu deito meu filho para colocar uma fralda limpa, ele sempre começa a gritar. Acontece o mesmo com roupas limpas também. Isso está começando a me incomodar cada vez mais. Acho que ele está velho demais para esse tipo de comportamento. Na verdade, é hora de ele começar a cooperar um pouco."

Mãe de Bob, 47ª semana

Você pode começar a brigar

No fim de cada período difícil, muitas mães que ainda estão amamentando pensam se não será hora de parar. Uma das razões é que o bebê quer mamar o dia todo. Isso é chato e cansativo, e as mães começam a recusar aos bebês às vezes. O pequeno, no entanto, acha isso inaceitável e, antes que você perceba, ele e sua mãe discutem.

"Eu continuo ficando cada vez mais irritada porque eu tenho que acalmar meu filho para dormir em meu peito. Eu tive que começar a fazer isso de novo quando ele estava tendo muita dificuldade em adormecer. Agora, está começando a se tornar um hábito outra vez. Além disso, ele quer mamar muito e começa a gritar quando não consegue o que quer. Eu simplesmente não sinto mais vontade de fazer isso."

Mãe de Matt, 47ª semana

A boa notícia é que, para as mães que persistem com a amamentação, o padrão de alimentação normal vai se restaurar assim que o período difícil acabar. Depois que tudo se acalmar novamente, as mães parecem se esquecer de suas irritações.

Outro campo de batalha é o território familiar de negociação de um acordo entre a mãe e a criança sobre a quantidade de contato físico e atenção.

"Estou irritada com o choro contínuo de meu filho apenas para que ele possa se sentar em meu colo. Eu fico terrivelmente irritada quando ele me morde se eu não respondo rápido o suficiente para ele. Dói tanto que eu lhe dou automaticamente um empurrão. Uma vez, ele caiu e bateu a cabeça com muita força. Não foi minha intenção, mas eu fiquei tão furiosa que simplesmente aconteceu."

Mãe de Kevin, 44ª semana

É fundamental lembrar que ter sentimentos de raiva e frustração, por vezes, não é anormal ou perigoso, mas agir guiada por eles sim. Tente obter ajuda muito antes de você perder o controle.

Como emergem as novas habilidades do bebê

Aproximadamente na semana 46, você vai ver seu bebê ficar mais calmo e tentar fazer coisas que são novas para ele. Você vai vê-lo lidar com seus brinquedos de uma maneira diferente e apreciar novas atividades. Ele será mais preciso sobre suas ações do que nunca e vai prestar ainda mais atenção aos detalhes.

Seu bebê agora pode compreender que, por vezes, uma coisa deve seguir outra para fazer uma sequência. Ele vai perceber que ele pode encontrar e construir sequências em todos os sentidos, e, como de costume, o bebê não é capaz de explorá-los todos de uma vez. Suas inclinações, preferências e temperamento vão ajudá-lo a selecionar os aspectos do mundo que ele acha mais interessante e as habilidades que vai desenvolver. Ajude-o a fazer o que ele está pronto para fazer, ao invés de tentar forçá-lo.

Durante o último salto para frente, seu bebê percebeu que certas coisas têm tanto em comum que elas pertencem a um grupo ou categoria. Para categorizar as coisas, ele muitas vezes as examina, quebrando-as e as desmontando. Por exemplo, ele poderia desmontar uma torre de blocos um a um, tirar uma chave de um cadeado ou afrouxar um puxador de uma cômoda. Isso pavimentou o caminho para o salto atual, onde o oposto ocorre, e ele começa a fazer experiências colocando de volta as coisas juntas. Todos os bebês precisam aprender a desmontar uma torre antes de poderem construir uma. Mesmo a atividade aparentemente simples de escolher o bloco seguinte

(continua na página 253)

Meu diário

Como meu bebê explora o novo mundo das sequências

Marque as caixas abaixo enquanto você observa seu bebê mudando. Pare de preencher assim que o próximo período de tempestade começar, anunciando a chegada do próximo salto.

Este mundo é tão multifacetado como todos os outros que seu bebê já entrou em sua curta vida. Cada bebê tem suas próprias ideias sobre o que é interessante. Seu bebê não pode experimentar tudo de uma vez. Se ele sempre foi um bebê ouvinte ou observador, isso pode continuar, em detrimento de atividades mais físicas. É perfeitamente normal se a maioria dessas habilidades não se tornarem evidentes até vários meses depois.

APONTANDO E FALANDO

❏ Segue e aponta para uma pessoa, animal ou objeto que você acabou de dizer o nome, seja na vida real ou em uma imagem

❏ Aponta um ou dois itens para que você diga os nomes, tais como pessoas, animais ou objetos

❏ Aponta e diz o nome de um ou dois itens, por sua vez

❏ Deliberadamente olha um livro, fazendo sons diferentes para uma ou duas imagens

❏ Aponta para o nariz quando você pergunta: "Onde está seu nariz?"

❏ Aponta para uma parte do corpo, por exemplo, o nariz dele ou o seu, querendo que você diga o nome

❏ Imita o som quando você diz o nome de um animal, por exemplo, quando você pergunta: "O que faz o gato?". Ele diz: "Miau"

❏ Levanta os braços quando você pergunta: "De que tamanho você vai ficar?"

- Diz "hum" quando quer a próxima mordida
- Diz "não, não", quando não quer fazer alguma coisa
- Usa uma palavra de forma prolongada, por exemplo, diz "eca" para algo sujo, mas também quando ele tem que ter cuidado com alguma coisa, porque "eca" passou a significar "não toque" para ele

O QUE VAI JUNTO E O QUE VEM DEPOIS

- Sabe que pode empurrar um pino redondo através de um buraco redondo, por exemplo, ele vai escolher o pino redondo de uma pilha de pinos e tentar empurrá-lo através do buraco redondo de uma placa de pinos
- Tenta reunir três peças de um quebra-cabeça simples
- Tentar empurrar moedas através de uma fenda
- Tenta encaixar dois tamanhos diferentes de recipientes um no outro
- Leva uma chave de outro lugar e tenta inseri-la em um buraco de fechadura
- Olha a lâmpada e se aproxima dela quando você aperta o interruptor de luz
- Tenta falar em um telefone
- Coloca objetos em um recipiente, cobre, retira a tampa, remove os objetos e repete o ciclo novamente
- Tenta colocar um anel de rosca em uma haste vertical
- Empurra carros de brinquedo ao redor, fazendo o som *vrrrm*
- Apanha areia com uma pá e depois a coloca dentro de um balde
- Enche os brinquedos de banho com água e os esvazia novamente
- Dá uma boa olhada em dois blocos Primo e tenta encaixá-los juntos

(continua)

Meu diário (cont.)

❏ Tenta rabiscar em um pedaço de papel com um lápis ou lápis de cera

FAZENDO E USANDO FERRAMENTAS

❏ Ajuda-se a aprender a andar encontrando um objeto para empurrar

❏ Encontra algo para usar como degrau para chegar a um lugar ou objeto desejado

❏ Aponta com o dedo na direção que ele quer ir quando está sendo carregado

LOCOMOÇÃO

❏ Desce as escadas, de uma cadeira ou do sofá de costas. No início, ela às vezes até começa a engatinhar para trás em direção as escadas antes de iniciar sua descida

❏ Abaixa a cabeça em posição de iniciar uma cambalhota com ajuda

❏ Dobra os joelhos e depois estica as pernas com força, para saltar do chão com os dois pés

❏ Tenta mirar antes de atirar ou chutar uma bola

❏ Olha primeiro para ver se pode atingir outro objeto de apoio dentro do número de degraus que pode subir sozinho

BRINCANDO COM OS OUTROS

❏ Brinca com você. Claramente expressa quais jogos ele quer jogar, iniciando-os e, em seguida, olhando para você com expectativa

❏ Repete um jogo

❏ Convida-o a brincar com ele, talvez fingindo que é incapaz de fazer algo que você já viu ele fazendo sozinho antes

ESCONDE-ESCONDE

❏ Procura por algo que você escondeu completamente com outra coisa: tanto como um jogo ou porque você não quer que ele pegue

❏ Oculta algo que pertence a outra pessoa, espera e observa, depois ri quando a outra pessoa encontra

COPIA UMA SEQUÊNCIA DE GESTOS

❏ Imita dois ou mais gestos em sequência

❏ Examina a forma como a mesma sequência de gestos parece na realidade e no espelho

❏ Copia um ou dois movimentos enquanto você está cantando uma música com ele

AJUDANDO COM AS TAREFAS DOMÉSTICAS

❏ Ajuda você com coisas que quer arrumar uma por uma

❏ Pega objetos simples se você lhe pedir

❏ Pega as roupas que você acabou de tirar dele e as coloca no cesto de roupa suja

❏ Obtém seu próprio balde com roupa de bonecas e o coloca na máquina de lavar

❏ Pega uma vassoura e varre o chão com ela

❏ Obtém um pano e limpa a poeira

❏ Imita você cozinhar, por exemplo, bate um garfo em uma tigela ou mexe com uma colher

(continua)

Meu diário (cont.)

VESTINDO E SE ARRUMANDO

- ❏ Tenta se despir, por exemplo, tenta tirar uma meia, puxando os dedos dos pés
- ❏ Tenta colocar seu sapato ou meia sozinho, por exemplo, agarra-se ao seu sapato ou meia e seu pé, e os coloca juntos
- ❏ Ajuda quando você o veste. Inclina-se para você quando você puxa um suéter ou tira ou mete o pé quando a meia ou o sapato estão chegando
- ❏ Penteia os cabelos
- ❏ Usa uma escova de dente
- ❏ Às vezes usa um penico

COMENDO E MAMANDO

- ❏ Oferece aos outros uma mordida ou gole ao comer e beber
- ❏ Assopra os alimentos antes de dar uma mordida
- ❏ Coloca um pedaço de pão em um garfo de bebê e come
- ❏ Consegue pegar comida com uma colher e colocá-la em sua boca

OUTRAS MUDANÇAS QUE VOCÊ OBSERVA

_____

_____

e, em seguida, deliberadamente colocá-lo na posição requer um salto mental que, até este ponto, o bebê não estava preparado para dar.

À medida que suas novas habilidades começam a criar asas, seu pequeno se envolve pela primeira vez na *construção*, em *colocar as coisas em conjunto e conectar as coisas*. Por exemplo, ela pode agora pegar uma chave de uma mesa e tentar colocá-la em uma fechadura. Ele pode aprender a cavar a areia com uma pá e, em seguida, colocá-la em um balde. Ele pode aprender a mirar a bola primeiro e depois jogá-la. Ao cantar uma canção, como *Adoleta*, ele pode começar a fazer gestos diferentes, sucessivamente, sem você ter que dar o exemplo. Ela pode aprender a pegar comida com uma colher e, em seguida, colocá-la na boca. Ela pode aprender a pegar suas roupas do chão e, em seguida, colocá-las no cesto de roupa suja. Nesta idade, os bebês estão apenas começando a ter consciência das sequências, e é uma façanha se eles conseguem encadear duas ações em conjunto. Embora eles saibam o que está associado, suas tentativas nem sempre são bem-sucedidas. Por exemplo, seu bebê pode tentar colocar os sapatos pegando-os, mas, em seguida, sentam-se e os esfregam contra os pés tentando colocá-los.

Você também consegue ver pelas reações do bebê que agora ele está começando a perceber como certos eventos costumam seguir outros no curso normal dos acontecimentos. Você vai notar que agora ele sabe qual é o próximo passo em qualquer sequência particular. Por exemplo, se ele vê você apertar uma campainha, você pode ver seu bebê parar para ouvir a campainha.

"Quando uma fita cassete acaba, meu filho agora olha para o leitor de cassetes, não para o alto-falante. Ele agora sabe que eu tenho que fazer alguma coisa no leitor para ele ouvir mais música."

Mãe de Bob, 48ª semana

Seu bebê também pode começar agora a apontar e nomear pessoas, animais e objetos diferentes. Quando ele faz isso por conta própria, ele pode muitas vezes ainda dizer *pa* em vez de usar a palavra adequada. Quando ele faz isso junto com você, ele pode apontar as coisas e querer que você diga os nomes ou faça o som apropriado. Ele pode gostar de fazer o jogo ao contrário: você aponta enquanto ele lhe diz como se chama o objeto. Quando você está carregando-o ao redor, você também pode começar a notar que seu bebê irá apontar na direção que ele quer que você vá.

Os bebês que não tinham progredido muito a falar agora podem começar a nomear pessoas, animais e objetos, ou partes deles, pela primeira vez. O próprio ato de dar nome é uma forma de relacionar uma palavra ou som falado com uma pessoa, animal ou objeto. Apontar ou olhar seguido de uma palavra é uma sequência também. Mas alguns bebês ainda vão adiar falar em favor de outras habilidades, como andar.

As escolhas de seu bebê: uma chave para a sua personalidade

Os bebês agora podem perceber e brincar com sequências. Isso abre um novo mundo de possibilidades, e seu bebê vai fazer suas próprias escolhas de acordo com seu desenvolvimento mental, estrutura, peso e coordenação. Alguns bebês são muito sociais e gostam de se concentrar em habilidades que envolvam pessoas, outros preferem brinquedos. Alguns escolhem cada pequeno detalhe e outros estão mais interessados em obter uma impressão geral de muitas habilidades diferentes. Você pode achar irresistível fazer comparações com outros bebês, mas se lembre de que cada bebê é único.

Observe seu bebê de perto para determinar quais são seus interesses. Entre as semanas 46 e 51, ele irá selecionar as habilidades que mais gosta deste mundo. Respeite suas escolhas. Você vai descobrir o que é que o torna único, e quando você seguir seus interesses, você vai ajudá-lo a brincar e aprender da melhor forma. Os bebês adoram novidades e é importante que você responda quando notar quaisquer novas habilidades ou interesses. Ele vai se divertir se você compartilhar essas novas descobertas, e seu aprendizado progredirá mais rapidamente.

O que você pode fazer para ajudar

Todos os bebês precisam de tempo e ajuda para aprender novas habilidades. Você pode ajudar seu bebê lhe dando oportunidade e tempo para brincar com as sequências. Você pode incentivá-lo quando ele tem sucesso e consolá-lo quando não tem. Você pode tentar facilitar suas tentativas e tornar suas falhas mais fáceis de suportar.

Seu bebê vai encontrar muitas oportunidades para entrar em contato com as sequências sozinho. Permita que ele as veja, ouça, cheire e prove, e permita tudo o que ele mais gosta. Quanto mais ele encontra brinquedos com sequências, mais ele vai aprender a compreendê-los. Preste atenção, no entanto. Ele pode pensar que sabe tudo. Não importa se ele prefere aprender sobre sequências através da observação, da manipulação de brinquedos, da fala, dos sons, da música ou da locomoção. Logo ela será capaz de colocar a experiência que ganhou em uma área em prática em outras áreas sem problema nenhum.

Ajude seu bebê a explorar o novo mundo através das experiências

Quando seu bebê entra no mundo das sequências, ele percebe que tem que fazer as coisas em uma ordem determinada, se quiser ter sucesso. Ele observou como os adultos executam uma sequência particular, mas ele tem que dominá-la, tentando e errando. Muitas vezes, suas "soluções" são estranhas. A sequência que ele executa pode estar correta (pegar algo e colocar em outra coisa), mas ele pode por os objetos errados nos alvos errados. Ele sabe que os panos sujos vão para um recipiente. Então, por que só no cesto de roupa suja e não no lixo ou no vaso sanitário? Afinal, a sequência é quase a mesma!

> "Meu filho puxa os plugues das tomadas e, em seguida, tenta colocá-los na parede. Ele também tenta enfiar outros objetos com duas saliências nas tomadas. Eu tenho que observá-lo ainda mais de perto agora e tomar as precauções de segurança."
>
> Mãe de Bob, 48ª semana

> "Quando a minha filha quer subir em nossa cama, ela abre uma gaveta da nossa mesa de cabeceira, sobe nela e, em seguida, sobe para a cama. Se ela abre a gaveta muito longe, todo o criado-mudo começa a balançar para frente e para trás. Ela me deixa muito nervosa."
>
> Mãe de Jenny, 49ª semana

Ou a própria sequência pode ser estranha. Por exemplo, seu bebê sabe como sua mãe sobe as escadas. Mas os degraus são demasiado elevados para ele, então, ele tem que engatinhar. No entanto, em cada degrau ele se levanta.

> "Meu filho quer desesperadamente subir as escadas sozinho, mas ele se comporta de forma perigosa. Ele engatinha de joelhos para o próximo degrau, levanta-se, em seguida, continua para cima de joelhos, levanta-se de novo, e assim vai. Eu não gosto nem um pouco. Eu tenho que manter um olho atento sobre ele."
>
> Mãe de Steven, 45ª semana

Uma vez que ele acredita que domina uma determinada sequência, está "estabelecido". Ele não vai aceitar que isso seja feito de outra forma e ele pode ser muito teimoso se você tentar mudar sua mente. Portanto, sempre preste muita atenção. Seu jovem sabichão ainda não conhece o significado de perigo.

Ajude seu bebê a explorar o novo mundo através da independência

Muitos bebês se recusam a ser ajudados e resistem a qualquer forma de interferência dos outros. Esses bebês querem fazer tudo o que podem, ou pensam que podem, por si mesmos. Se seu bebê é assim, tente ter tanta consideração por seus sentimentos quanto possível. Esta é a idade em que muitos pequeninos gostam de começar a afirmar sua independência.

> "Meu filho sempre gostou de praticar caminhada junto comigo. Mas se eu segurar suas mãos agora, ele se senta imediatamente. Então, quando eu a largo, ele tenta outra vez. Em cada tentativa bem-sucedida, não importa quão pequena seja, ele olha para mim triunfante."
>
> Mãe de Paul, 46ª semana

> "Meu filho continua tentando rabiscar alguma coisa no papel com um lápis, assim como seu irmão mais velho faz. Mas sempre que seu irmão tenta guiar sua mão para lhe mostrar como se deve trabalhar, ele puxa a mão."
>
> Mãe de Kevin, 48ª semana

> "Quando nós empurramos pinos na placa de pinos de meu filho juntos, ele começa a atirá-los. Mas assim que ele está sozinho no cercadinho, ele tenta fazer igual. Para dizer a verdade, isso me irrita."
>
> Mãe de Paul, 53ª semana

> "Minha filha come apenas se puder colocar a comida na boca dela sozinha. Quando eu faço isso, ela atira para fora de novo."
>
> Mãe de Laura, 43ª semana

Nessa idade, muitas mães gastam enormes quantidades de tempo levando as coisas para longe de seus filhos e os disciplinando. É importante considerar que seu bebê não é necessariamente desobediente. Ele só quer fazer as coisas sozinho.

"Minha filha está sendo problemática e quer fazer tudo do seu jeito. Ela fica com raiva quando eu lhe recuso algo. É muito cansativo."

Mãe de Jenny, 50ª semana

"Meu filho tenta fazer as coisas gritando e fazendo birra."

Mãe de Matt, 46ª semana

"Quando eu reclamo, minha filha grita e dá uma bronca em tudo e todos ao seu redor, ou puxa uma planta do vaso. Isso me irrita profundamente. Ela se comporta muito melhor com sua babá."

Mãe de Laura, 49ª semana

Mostre um pouco de compreensão com as frustrações

Muitas mães veem o empenho de seus bebês pela independência como rebeldia. Mas, se você parar para pensar, não é. Seu bebê simplesmente quer fazer as coisas sozinho. Afinal, ele está se tornando consciente do que está associado e da ordem em que as coisas precisam ser feitas. Ele está convencido de que sabe tudo e é capaz de fazer qualquer coisa. Ele não quer que você interfira ou lhe diga como as coisas devem ser feitas. Ele quer tomar suas próprias decisões. Mas, como sua mãe, você realmente não está acostumada a isso. Você, naturalmente, ajuda-o como você sempre fez, sem pensar duas vezes. Você sabe muito bem que seu bebê ainda não é capaz de fazer as coisas que ele quer fazer corretamente. E você sabe que ele vai inevitavelmente fazer uma bagunça ao tentar.

Mãe e bebê muitas vezes podem ter diferentes pontos de vista sobre as coisas. Isso pode levar a conflitos. A mãe vê o bebê como sendo difícil, e o bebê sente que sua mãe está causando todos os problemas. Os adolescentes podem passar por fases mais difíceis, mas bebês e crianças também não ficam para trás.

"Agora, nós estamos presos em uma dessas frases: 'não, não toque nisso' e 'não, não faça isso'. Mas meu filho sabe exatamente o que quer, e pode ficar muito irritado quando não concorda com algo. Recentemente, ele ficou tão chateado que nem percebeu que estava de pé sozinho."

Mãe de Frankie, 49ª semana

Ajude seu bebê a explorar o novo mundo através de feedback

Nesta idade, os bebês começam a testar os limites de quão longe eles podem ir antes que alguém os pare. Se você fizer com que eles saibam claramente quando estão fazendo algo errado e simplesmente por que é ruim ou perigoso, eles podem aprender muito com isso.

Da mesma forma, você deve fazer com que seu bebê saiba que ele está fazendo algo da forma correta, elogiando-o. Isso vai lhe ensinar qual comportamento é bom ou mau. A maioria dos bebês pede elogios para eles mesmos, de qualquer maneira. Quando eles fazem algo certo, eles pedem para ser recompensados o tempo todo. Eles olham para você e riem, cheios de orgulho ou chamam sua atenção. Muitas vezes, eles podem continuar repetindo comportamentos também, pedindo uma recompensa a seguir a todas as vezes.

"Toda vez que minha filha coloca um anel ao redor do cone ela olha para mim, sorrindo como louca e batendo palmas."

Mãe de Eve, 49ª semana

Se seu bebê está frustrado por coisas que ele não consegue ou não tem permissão para fazer, você ainda pode facilmente distraí-lo com um brinquedo favorito ou um jogo. Naturalmente, é diferente para cada bebê.

"Esta semana, meu filho adorou jogar futebol. Ele chutava muito forte a bola e, em seguida, nós corríamos atrás dela muito rapidamente enquanto segurava suas mãos. Isso o fez rir tanto que, às vezes, ele tinha que se deitar no chão por um momento para parar de rir."

Mãe de Paul, 48ª semana

"Meu filho continua querendo ajudar. Ele acha que essa é a melhor coisa do mundo e começa a sorrir. No entanto, é devagar com ele. Leva 10 vezes mais tempo para colocar uma pilha de fraldas no armário com sua ajuda. Ele me entrega cada fralda separadamente, mas antes de me deixar pegá-la, ele a coloca em seu ombro e esfrega o lado do queixo nela."

Mãe de Matt, 48ª semana

Ajude seu bebê a explorar o novo mundo através da linguagem

Um bebê que vive no mundo das sequências pode começar a apontar e nomear pessoas, animais e objetos diferentes. Apontar ou procurar, seguido de uma palavra, é uma sequência. Se você observar seu bebê fazendo isso, ouça-o e deixe que ele saiba que você entendeu e que você acha que ele é maravilhoso. Não tente melhorar sua pronúncia. Isso vai estragar a diversão de seu bebê e não fará diferença na forma como ele fala.

Certifique-se de que você usa sempre as palavras corretas. Desta forma, o bebê vai aprender automaticamente a pronúncia certa no tempo devido. Por um tempo, eles vão "traduzir" o que você diz em sua própria pronúncia de bebê.

"Minha filha está começando a usar palavras e aponta para o que ela está falando. No momento, ela está apaixonada por cavalos. Quando ela vê um cavalo, ela aponta para ele e diz 'Hoss' (do inglês: horse). Ontem no parque, um grande cão afegão passou correndo por ela. Ela também o chamou de 'Hoss'."

Mãe de Hannah, 48ª semana

"Meu filho de repente disse 'nana' para um gato de brinquedo. Nós nunca usamos essa palavra. Ele tem um monte de animais de brinquedo. Quando eu perguntei: 'Onde está nana?', ele continuou apontando para o gato."

Mãe de Paul, 48ª semana

Entenda os medos de seu bebê

Quando seu bebê está aprendendo novas habilidades, ele também pode perceber as coisas que não entende completamente ainda. De certa forma, ele descobre novas ansiedades: perigos que até agora não sabia que existiam. Assim que ele reconhece esses perigos e até que ele possa ter certeza que eles são inofensivos, seus medos vão permanecer. Então, mostre a ele um pouco de compreensão.

"Minha filha continua querendo se sentar em seu penico. Mesmo que ela não faça nada, ela leva o penico no banheiro para esvaziá-lo e dá a descarga. Mas enquanto ela parece fascinada pela descarga, ao mesmo tempo, ela também tem medo. Ela não fica muito assustada quando ela dá a descarga do banheiro sozinha, somente quando outra pessoa faz isso. Então, ela não gosta nada disso."

Mãe de Jenny, 50ª semana

"Minha filha é fascinada por aviões. Ela os reconhece em toda parte: no ar, em fotos e em revistas. Nesta semana, ela de repente ficou assustado com o som, mesmo que já o tivesse ouvido antes."

Mãe de Laura, 46ª semana

Alguns bebês podem dizer que eles se lembram de determinadas situações ou que viram algumas pessoas antes, usando a linguagem corporal e os sons. Se você observar seu bebê fazendo isso, fale muito com ele, explique a ele o que você está vendo e reaja ao que ele diz sobre isso mais tarde.

"Nós vamos nadar todas as semanas. Normalmente, vemos as mesmas pessoas lá. Um dia, vimos uma das mães na rua. Imediatamente, meu filho gritou: 'Oh oh' e apontou para ela, como se a tivesse reconhecido. Então, ele viu uma garota na piscina que vive perto de nós e a quem

(continua na página 266)

Brincadeiras excelentes para esta semana mágica

Aqui estão jogos e atividades que a maioria dos bebês mais gosta agora. Lembre-se, todos os bebês são diferentes. Veja a quais seu bebê responde melhor.

JOGOS DE AJUDAR

Seu bebê gosta de se sentir necessário. Deixe que ele saiba que você pode, certamente, usar alguma ajuda dele. Nessa idade, ele não vai ajudar de verdade, mas vai conseguir compreender as ações envolvidas em muitas atividades comuns. Além disso, é uma boa maneira de prepará-lo para o próximo salto.

FAZENDO TRABALHOS DOMÉSTICOS

Mostre ao seu bebê como você cozinha e limpa. Envolva-o. Explique o que você está fazendo. Dê a ele um de seus espanadores. Isso vai ser muito mais interessante do que usar sua própria fralda. Quando você estiver fazendo um bolo, dê a ele sua própria tigela de plástico e colher.

VESTINDO

Isso é mais divertido na frente de um espelho. Tente despir, enxugar e vestir seu bebê enquanto ele consegue ver a si próprio algumas vezes. Diga os nomes das partes que você está secando. Quando você notar que ele começa a cooperar, peça-lhe para ajudar. Peça-lhe para levantar um braço ou esticar a perna quando você está prestes a colocar um suéter ou meia. Elogie-o quando ele faz isso.

ARRUMANDO-SE SOZINHO

Permita que seu bebê se arrume sozinho. Isso é mais divertido na frente de um espelho também. Dessa forma, o bebê pode ver o que está fazendo, aprender mais rápido e se divertir mais. Penteie o cabelo dele na frente de um espelho, em seguida, deixe-o tentar sozinho. Você pode fazer o mesmo com ao escovar os dentes. Você também pode ver se ele tomaria banho sozinho. Dê a ele uma esponja quando está no banho e diga algo como: "Vamos, lave o rosto." Reaja com entusiasmo em cada tentativa. Você vai ver como isso o deixa orgulhoso.

ALIMENTANDO-SE SOZINHO COM UMA COLHER

Permita que seu bebê coma sozinho com uma colher. Ou lhe dê um garfo de bebê para comer cubos de pão ou pedaços de frutas. Coloque uma grande folha de plástico debaixo da cadeira para que depois você facilmente seja capaz de limpar a bagunça que ele faz.

JOGOS DE DAR NOME

Seu bebê, muitas vezes entende muito mais do que você pensa e ele adora ter permissão para provar isso.

ESTE É SEU NARIZ

Tocar e dizer os nomes das partes de sua anatomia vai ajudar seu bebê a descobrir seu próprio corpo. Você pode jogar este jogo enquanto o veste ou o despe, ou enquanto vocês estão sentados juntos. Também veja se ele sabe onde é seu nariz.

APONTANDO E DIZENDO O NOME

Para muitos bebês, apontar e dizer o nome das coisas, ou fazer os sons apropriados, é um jogo divertido. Você pode jogar este jogo em qualquer lugar: no exterior, em uma loja ou com um livro. Desfrute dos nomes errados que seu bebê diz também.

(continua)

Jogos excelentes para esta semana mágica (cont.)

JOGOS DE CANTAR E MEXER

Agora seu bebê pode querer participar ativamente das músicas. Ela pode começar a fazer um ou dois movimentos sozinho também.

PINTINHO AMARELINHO

Sente-se de frente para o seu bebê e cante:

Meu pintinho amarelinho, cabe aqui na minha mão (na minha mão)
(Bata palmas e deixe seu bebê acompanhá-la.)
Quando quer comer bichinhos
Com os seus pezinhos ele cisca o chão
(Adicione movimentos de piscar e bater e deixe seu bebê acompanhá-la.)
Ele bate as asas, ele faz "piu-piu", mas tem muito medo é do gavião.
(Na palavra "gavião" o cutuque na barriga)

A DONA ARANHA

Sente-se de frente para o seu bebê e cante:

A dona aranha
Subiu pela parede
(Passeie seus dedos no ar ou sobre o bebê como uma aranha.)
Veio a chuva forte e a derrubou
(Faça mímicas da chuva caindo e faça a ação da água levando para longe.)
Já passou a chuva, o sol vem surgindo
(Desenhe o sol no ar.)
E a dona aranha continuou a subir.
(Passeie seus dedos no ar ou sobre o bebê como uma aranha de novo.)

REMA, REMA REMADOR

Sente-se no chão de frente para seu filho. Coloque o bebê entre suas pernas. Pegue as mãos dele e cante enquanto suavemente balança para frente e para trás:

Vou, vou, vou remando, remo sem parar
Remo, remo alegremente logo vou chegar
Vou, vou, vou remando, remo sem parar
Remo, remo alegremente logo vou chegar

JOGOS DE ESCONDE-ESCONDE

Muitos bebês gostam de encontrar brinquedos que você escondeu completamente.

DESEMBRULHANDO UM PACOTE

Enrole um brinquedo em um pedaço de papel ou saco de batata frita que estale, enquanto o bebê observa. Em seguida, entregue-lhe o pacote e o deixe recuperar o brinquedo como que por magia. Incentive-o em cada tentativa que ele faz.

DEBAIXO DO COPO

Coloque um brinquedo na frente de seu bebê e coloque um copo sobre ele. Em seguida, coloque um copo idêntico ao lado do primeiro e pergunte ao seu bebê onde está o brinquedo. Admire-o todas as vezes que ele olhar para o brinquedo escondido, mesmo que ele não o encontre imediatamente. Se este jogo ainda é um pouco complicado, tente jogá-lo com um pano em vez de um copo. Ele conseguirá ver o contorno do brinquedo através do tecido. Jogue este jogo ao contrário também, deixe seu bebê esconder algo que você tem que encontrar.

ele viu apenas umas duas vezes, e ele reagiu da mesma maneira."

Mãe de Paul, 49ª semana

"No caminho para a loja, vimos uma grande pilha de pedras. Eu disse: 'Veja todas essas pedras'. Meu filho olhou para elas com atenção. No dia seguinte, ele começou a apontar para as pedras de uma certa distância, olhando para mim e gritando 'eh, eh'."

Mãe de Steven, 51ª semana

A virtude da paciência

É importante manter a paciência com seu bebê enquanto ele tenta aprender novas habilidades. Quando você vê que ele não está interessado, pare. Ele estará bastante ocupado com outras coisas que são mais interessantes para ele naquele momento.

"Estou muito ocupada praticando dizer 'papai' com meu menino e brincando jogos como: 'Onde está seu nariz?'. Mas, até agora, tivemos pouco resultado. Ele apenas ri, pula e prefere morder meu nariz ou puxar o meu cabelo. Mas eu estou feliz o suficiente que ele tenha se tornado um pequenino tão animado."

Mãe de Frankie, 49ª semana

"Eu tento cantar com o meu filho, mas eu não acho que ele está se saindo muito bem. Ele não parece particularmente interessado. Ele parece estar preocupado com o ambiente ao redor."

Mãe de John, 47ª semana

Entre as semanas 47 e 52, um novo período de relativa facilidade chega. De 1 a 3 semanas, você pode se surpreender com a alegria e independência de seu bebê. Ele pode prestar muito mais atenção quando você fala. Ele pode parecer mais calmo e controlado quando está brincando, e pode jogar bem sozinho novamente. Ele pode querer ser colocado de volta em seu berço: ele pode até mesmo não querer ser retirado. E, finalmente, ele pode parecer notavelmente mais velho e mais sábio. Ele está se tornando uma criança de verdade agora.

 Brinquedos excelentes para esta semana mágica

Aqui estão os brinquedos e as coisas que a maioria dos bebês mais gostam.

- Trens de madeira com as estações, pontes e ramais
- Carros de brinquedo
- Bonecas com mamadeiras de brinquedo
- Tambor, potes e panelas para bater
- Livros com imagens de animais
- Caixas de areia com balde e pá
- Bolas de todos os tamanhos, desde bolas de pingue-pongue a grandes bolas de praia
- Colares de plástico gigantes
- Bichos de pelúcia, em especial, os que tocam música quando você os aperta
- Bicicletas, carros ou tratores que ele pode sentar em cima ou mover ao redor
- Blocos Primo
- Pequenas figuras de plástico de pessoas ou animais
- Espelhos

Lembre-se de guardar ou tomar precauções de segurança com tomadas elétricas, escadas, equipamentos de som, televisores, aspiradores, máquinas de lavar, animais de estimação e pequenos objetos, como bugigangas, pinos ou pequenos pedaços de vidro colorido.

"Minha filha está ficando mais bonita a cada dia. Ela continua ficando melhor a se entreter. Ela realmente consegue se manter ocupada com alguma coisa agora. Eu peguei o cercadinho de novo esta semana. Mas a coisa que eu achei mais impressionante foi que ela, afinal, não parece se importar de passar uma hora ou mais nele, ao passo que há algumas semanas ela gritaria histericamente se eu a levasse para perto dele. É como se ela estivesse descobrindo seus brinquedos mais uma vez e desfrutando da paz e tranquilidade no cercadinho."

Mãe de Ashley, 52ª semana

"Minha filha se tornou uma verdadeira amiga de brincadeira de sua irmã mais velha. Ela reage exatamente como você esperaria que o fizesse. Elas fazem muito mais coisas juntas. Elas tomam banho juntas também. Ambas apreciam uma a outra tremendamente."

Mãe de Hannah, 47ª semana

"Estas foram semanas adoráveis. Meu filho é mais que um amigo de novo. A creche está funcionando bem. Ele sempre gosta de ver as outras crianças e chega em casa de bom humor. Ele dorme melhor à noite. Ele entende muito mais e parece fascinado pelos brinquedos com os quais brinca. Ele engatinha para outra divisão por conta própria novamente também e ri muito. Estou curtindo cada minuto com ele."

Mãe de Bob, 51ª semana

capítulo 10

Semana Mágica 55:
O mundo dos programas

O primeiro aniversário de todas as crianças é uma ocasião significativa. O final do primeiro ano significa para muitos pais o início do fim da infância. Seu pequeno querubim está prestes a se tornar uma criança. De muitas maneiras, é claro, ele ainda é um bebê. Ele ainda tem muito a aprender sobre seu mundo: que se tornou um lugar tão interessante para explorar. Ele pode se mover muito melhor agora também, e ele se tornou fã de conseguir tudo o que lhe interessa.

Logo após o primeiro aniversário, aproximadamente na semana 55, seu pequeno vai ter de atravessar outra grande mudança em seu desenvolvimento mental e estará pronto para explorar o mundo dos programas. Isso vai fazê-lo parecer ainda mais como uma pequena pessoa com sua própria maneira de abordar o mundo. Um pai atento começará a ver o desabrochar de uma nova compreensão na forma como a criança pensa.

A palavra "programas" é muito abstrata. Aqui está o que significa neste contexto. No salto passado em desenvolvimento, o bebê aprendeu a lidar com a noção de sequências: o fato de que os acontecimentos se sucedem ou objetos se encaixam de uma maneira particular. Um programa é um grau mais complicado do que uma sequência, uma vez que permite que o resultado final seja alcançado de várias formas. Uma vez que sua criança se torna capaz de perceber os programas, ela pode começar a entender o que significa lavar a roupa, arrumar a mesa, almoçar, arrumar-se, vestir-se, construir uma torre, fazer uma chamada telefônica e as milhões de outras coisas que compõem a vida cotidiana. Tudo isso são programas.

A principal característica do programa é que ele tem um objetivo, mas

Observação: a primeira fase (período difícil) deste salto para o mundo perceptivo dos "programas" é previsível e relacionado à idade, emergindo entre as semanas 49 e 53. A maioria dos bebês começa a segunda fase (ver caixa de texto "Tempo de qualidade: um capricho não natural" na página 17) deste salto 55 semanas após o nascimento a termo. A primeira percepção do mundo dos programas põe em andamento o desenvolvimento de toda uma gama de habilidades e atividades. No entanto, a idade em que essas habilidades e atividades aparecem pela primeira vez varia muito e depende das preferências, experiências e desenvolvimento físico de seu bebê. Por exemplo, a capacidade de perceber programas é uma condição necessária para "lavar pratos" ou "aspirar", mas essas habilidades normalmente aparecem em qualquer momento a partir da semana 55 até muitos meses depois. As habilidades e atividades são mencionadas neste capítulo na idade mais precoce possível em que podem aparecer, para que você possa observá-las e reconhecê-las. (Elas podem ser rudimentares inicialmente.) Desta forma, você pode reagir e facilitar o desenvolvimento de seu bebê.

as medidas tomadas para realizá-lo são flexíveis. Esta é a forma como ele se diferencia de uma sequência, que é a mesma todas as vezes. Um exemplo de uma sequência de contagem é de 1 a 10. Você faz isso da mesma maneira todas as vezes. Espanar é um exemplo de um programa. Você não tem necessariamente que espanar um objeto da mesma maneira todas as vezes: você pode espanar as pernas de uma mesa e depois a parte de cima, ou o contrário. Toda vez que espana, você pode escolher a sequência que você acha que é a melhor para aquele dia, naquele quarto, naquela cadeira e de acordo com seu humor. Não importa como você opta por fazer isso, o programa em que você está trabalhando continua sendo "espanar". Assim, um programa pode ser visto como uma rede de sequências possíveis que podem acontecer em uma variedade de formas. As opções podem ser limitadas em espanar, mas se você pensar em exemplos como "ir de férias" ou "mudar de emprego", os programas se tornam muito complexos.

Seu filho agora pode pensar em um objetivo, como "ir às compras", e sei que isso pode significar colocar chapéus, casacos e botas e entrar no carro. Ou ele pode estar ansioso para "ajudar" você: ao fazer a limpeza, levando o cachorro para passear e guardando as compras. Ele pode insistir em fazer as coisas sozinho: lavar as mãos, alimentar-se e até mesmo se despir.

Uma vez que a criança muda, você pode sentir que ela está mais imprevisível do que nunca. Interpretar suas ações costumava ser fácil quando elas faziam parte de sequências simples, porque uma coisa sempre levava para a próxima em um padrão familiar. Agora, seu mundo é muito mais flexível e qualquer ação pode fazer parte de qualquer programa. Isto é confuso para vocês dois. Até que você se acostume com a forma como ela está fazendo as coisas, algumas de suas ações podem ser difíceis de entender, porque você não consegue mais adivinhar o que ela está tentando conseguir. Este salto também será evidente em sua forma de brincar. Ela começará a se interessar por alguns de seus brinquedos de novo, e você pode notar pela primeira vez uma imaginação crescente e brincadeira mais complexa.

Entre as semanas 49 e 53, a criança começa a perceber que seu mundo está mudando de novo. Enquanto ela está resolvendo essa nova complexidade, ela vai precisar de algum apoio e conforto extra, e isso faz com que ela pareça difícil e exigente por um tempo. Este período difícil, muitas vezes, dura de 4 a 5 semanas, mas pode ser tão curto como 3 semanas ou tão longo quanto 6. Se seu bebê está irritadiço, observe-o de perto. Há uma boa chance de que ela esteja tentando dominar novas habilidades.

Sinais difíceis desta semana

Seu filho pode chorar mais facilmente do que chorava durante as últimas semanas. As crianças geralmente choram mais rápido agora do que suas mães estavam acostumadas. Elas querem estar perto de suas mães, de preferência durante todo o dia. Algumas crianças são muito mais insistentes sobre isso do que outras, é claro. Elas também podem parecer irritadas, incontroláveis e temperamentais.

> "Meu filho consegue ficar muito mal-humorado às vezes. Não o tempo todo: ele brinca sozinho por um tempo, mas, de repente, tudo acaba e ele fica terrivelmente choroso a seguir. Em seguida, ele quer que o pegue no colo. E toda essa comoção ocorre em apenas uma manhã."
>
> Mãe de Bob, 52ª semana

> "Minha filha estava muito rápida para chorar. Tudo o que eu tinha que fazer era dizer 'não', e ela tinha uma crise de choro imediata. Não parece nada com ela."
>
> Mãe de Eve, 52ª semana

Geralmente, as crianças choram menos quando estão com suas mães ou quando suas mães estão de alguma forma ocupadas com elas, brincando com elas ou as observando.

> "Embora minha menina esteja fazendo as coisas, eu tenho que ficar sentada no sofá, de preferência sem fazer nada. Anseio pelo dia em que eu possa ser capaz de tricotar algo em silêncio enquanto estou sentada lá."
>
> Mãe de Emily, 53ª semana

"Sempre que estou ocupada fazendo alguma coisa, meu filho quer ser pego no colo. Mas uma vez que ele está no meu colo, ele quer sair rapidamente de novo, e ele espera que eu o siga ao redor. Ele está absolutamente impossível."

Mãe de Frankie, 52ª semana

Como você sabe que é hora de crescer

Ainda é muito cedo para que seu pequeno lhe diga em palavras como ele está sentindo. Mas, ainda assim, ele é capaz de expressar a turbulência que sente por dentro. Veja como.

Ele pode se agarrar às suas roupas

Seu pequeno pode começar a se agarrar mais em você de novo: muitas crianças fazem isso nesta idade. Ele pode querer ser carregado ou se agarrar às suas pernas para impedir que você se afaste e o deixe para trás. Outros não precisam necessariamente do contato físico, mas podem continuar voltando para ficar perto de suas mães por apenas breves momentos ou para tocá-las. Toda criança volta para a sua própria "recarga de mãe".

"Minha filha está mais perto de mim de novo, brinca por um momento e depois volta para mim."

Mãe de Hannah, 54ª semana

"Eu não posso fazer nada enquanto meu filho está acordado. Quando ele está fora de seu berço, ele está constantemente nos pés, e quando ele está no cercadinho, eu tenho que ficar perto dele. Caso contrário, ele tem um ataque de grito."

Mãe de Frankie, 55ª semana

"Quando eu levanto e ando até a cozinha, imediatamente minha filha quer vir depois de mim e quer ser pega no colo. Ela realmente faz uma cena. É tudo terrivelmente dramático. Você acharia que algo terrível está acontecendo."

Mãe de Emily, 53ª semana

Ele pode ficar mais tímido com estranho

Quando há estranhos perto, seu pequeno pode se agarrar a você ainda mais fanaticamente do que alguma vez se agarrou. Mais uma vez, muitas crianças de repente querem ter menos contato com estranhos agora. Às vezes, isso inclui até mesmo os próprios membros da família.

> "Esta semana, minha filha de repente ficou extremamente chateada e ela só quer ficar comigo. Se eu colocá-la para baixo ou a der para o meu marido, ela entra em pânico."
>
> Mãe de Jenny, 56ª semana

> "Minha menina não aceita nada para comer de estranhos, nem mesmo uma fatia de pão ou uma bolacha."
>
> Mãe de Nina, 54ª semana

Mas também há crianças que querem apenas ficar com o pai.

> "Minha filha ficou completamente louca por seu pai por 2 dias. Ela não queria ficar comigo então, mesmo que eu não tivesse feito nada de errado com ela. Se ele não a pega imediatamente, ela começa a chorar."
>
> Mãe de Juliette, 53ª semana

Ela pode querer que o contato físico seja o mais próximo possível

Algumas crianças se agarram tão firmemente quanto possível, mesmo quando elas estão no colo. Elas não querem ser colocadas para baixo. Há também os pequeninos que não se importam de ser colocados para baixo, contanto que suas mães não vão embora. Se alguém sai, isso é permitido apenas para o pequeno tirano.

> "Uma noite, eu tive que sair. Quando eu coloque meu filho para baixo para colocar meu casaco, ele começou a chorar, agarrou-me e puxou minha mão, como se não quisesse me deixar ir."
>
> Mãe de Paul, 52ª semana

"Eu realmente tenho que manter um olhar atento sobre a minha filha. Se eu quiser colocá-la no chão para ir até a cozinha por um segundo para pegar alguma coisa, ela vai até o cão, finge acariciá-lo e, ao mesmo tempo, ela puxa bigodes e tufos de pelo."

Mãe de Emily, 53ª semana

Ele pode querer se divertir

Seu pequeno pode começar a pedir mais atenção. Muitas crianças fazem isso. As exigentes fazem isso o dia todo. Mas mesmo as crianças de temperamento fácil preferem fazer as coisas junto com suas mães.

"Minha filha continua vindo me pegar, puxa-me pela mão para que possamos brincar juntas com seus blocos ou bonecas ou para ver um livro em conjunto."

Mãe de Jenny, 53ª semana

Ela pode ficar ciumenta

Algumas crianças mais possessivas parecem fazer uma cena quando suas mães prestam atenção a outra pessoa ou a outra coisa. Elas fingem ficar irritadas, travessas ou determinadas a se machucar. Outras agem de forma exageradamente doce e meiga, a fim de chamar a atenção de suas mães.

"Meu filho fica com ciúmes quando eu dou algo para o pequeno bebê que eu cuido."

Mãe de Matt, 53ª semana

"Minha amiga trouxe seu bebê. Toda vez que eu falo com o bebê, a minha filha intervém entre nós com um grande sorriso em seu rosto."

Mãe de Jenny, 54ª semana

Ele pode ficar mal-humorado

Seu pequeno pode estar alegremente ocupado um momento e depois ficar triste, com raiva ou se enfurecer sem nenhuma razão aparente. Você pode não ser capaz de identificar uma causa particular.

"Às vezes, meu filho senta e brinca com os blocos como um anjinho, mas de repente ele fica furioso. Ele grita e bate seus blocos juntos ou os joga por toda a sala."

Mãe de Steven, 52ª semana

Ele pode dormir mal

Seu filho pode dormir menos bem. A maioria das crianças resiste a ir para a cama, tem dificuldade em adormecer e acorda mais cedo. Algumas dormem menos bem durante o dia, outras ficam inquietas à noite e outras ainda simplesmente se recusam a ir para a cama descansar em qualquer momento.

"Esta semana, eu percebi pela primeira vez que minha criança muitas vezes fica acordada por um tempo durante a noite. Às vezes, ela chora um pouco. Se eu pegá-la, ela volta a dormir em segundos."

Mãe de Ashley, 54ª semana

"Nós realmente gostaríamos que nossa filha fizesse menos alarido para ir dormir. Agora, isso envolve muitos gritos e choro, às vezes, quase histeria, mesmo quando ela está exausta."

Mãe de Jenny, 52ª semana

"Meu filho está acordando muito durante a noite, terrivelmente angustiado. Ele realmente entra em pânico. Às vezes, é difícil fazer com que ele se acalme novamente."

Mãe de Bob, 52ª semana

Ela pode "sonhar acordada"

Ocasionalmente, algumas crianças pode simplesmente sentar, olhar para o nada, como se estivessem em seus próprios pequenos mundos. As mães não gostam nada deste devaneio. Devido a isso, muitas vezes elas tentam invadir esses devaneios.

"Às vezes, minha filha se senta, curva-se e balança para trás e para frente, olhando para o nada. Eu sempre largo tudo o que eu estou fazendo para agitá-la e despertá-la novamente. Eu tenho pavor que possa haver algo errado com ela."

Mãe de Juliette, 54ª semana

Ele pode perder o apetite

Muitos pequeninos são comedores agitados. Suas mães quase sempre acham isso preocupante e irritante. Uma criança que ainda está sendo amamentada no peito normalmente quer a mama com mais frequência, não porque ela realmente quer mamar, mas para que ela possa ficar perto de sua mãe.

"Minha filha está de repente menos interessada em comida. Anteriormente, ela comia tudo em 15 minutos. Ela era como um poço sem fundo. Agora, às vezes, levo meia hora para alimentá-la."

Mãe de Ashley, 53ª semana

"Meu filho pulveriza seu almoço em torno de sua boca. Ele suja tudo. Nos primeiros dias, eu achei muito engraçado. Mas devo dizer que não acho mais."

Mãe de Bob, 53ª semana

Ele pode estar mais infantil

Às vezes, um comportamento infantil supostamente desaparecido vai ressurgir. As mães não gostam de ver isso acontece: elas esperam um progresso constante. Ainda assim, durante as fases difíceis, recaídas como essas são perfeitamente normais. Isso lhe diz que o progresso, na forma de um novo mundo, está a caminho.

"Minha filha engatinhou novamente um par de vezes, mas ela provavelmente fez isso para chamar a atenção."

Mãe de Jenny, 55ª semana

"Minha filha está colocando as coisas em sua boca um pouco mais frequentemente de novo como ela costumava fazer."

Mãe de Hannah, 51ª semana

"Meu filho quer que eu o alimente novamente. Quando eu não faço isso, ele empurra sua comida."

Mãe de Kevin, 53ª semana

Ele pode agir de forma excepcionalmente doce

Alguns pequenos agarradores de repente vêm até suas mães por alguns momentos apenas para acariciá-las. Então eles se afastam novamente.

"Às vezes, meu filho vem engatinhando até mim simplesmente amoroso por um momento. Ele coloca a cabecinha muito suavemente em meus joelhos, por exemplo, muito carinhosamente."

Mãe de Bob, 51ª semana

"Minha filha, muitas vezes vem para um abraço rápido. Ela diz 'beijo' e então eu recebo um também."

Mãe de Ashley, 53ª semana

Ele pode se aproximar de um objeto de pelúcia mais frequentemente

Seu pequeno pode abraçar um objeto favorito com um pouco mais de paixão. Muitas crianças fazem isso, especialmente quando elas estão cansadas ou quando suas mães estão ocupadas. Elas abraçam brinquedos de pelúcia, tapetes, panos, chinelos ou até mesmo roupa suja. Qualquer coisa macia onde elas podem colocar suas mãozinhas. Elas beijam e acariciam suas coisas fofinhas também. As mães acham isso cativante.

"Meu filho me dá carinho enquanto estou ocupada. Ele segura a orelha de seu elefante de brinquedo com uma mão e enfia dois dedos de sua outra mão em sua boca. É um grande momento."

Mãe de John, 51ª semana

Ele pode ficar travesso

Seu filho pode tentar obter sua atenção ficando extremamente impertinente, especialmente quando você está ocupada e realmente não tem tempo para ele.

"Eu tenho que continuar dizendo 'não' para a minha filha, porque ela parece estar fazendo coisas só para chamar minha atenção. Se eu não reajo, ela eventualmente para. Mas eu não posso fazer isso sempre, porque às vezes há uma chance de ela poder quebrar qualquer coisa."

Mãe de Jenny, 53ª semana

"Meu filho está sendo difícil no momento. Ele mexe em tudo e se recusa a ouvir. Eu realmente não posso fazer nada até que ele esteja na cama."

Mãe de Frankie, 55ª semana

"Às vezes, eu suspeito que meu filho não escuta de propósito."

Mãe de Steven, 51ª semana

Ele pode fazer mais birras

Se você tiver um pequeno de cabeça quente, ele pode perder as estribeiras assim que não consegue obter o que quer. Você pode até mesmo ver uma birra que vem do nada, talvez porque ele está antecipando que você não vai lhe deixar fazer ou ter o que ele tem em mente.

"Meu filho quer que eu o pegue no colo e o alimente com sua mamadeira de suco de fruta novamente. Se ele ao menos suspeitar que isso pode não acontecer rápido o suficiente, ele vira a mamadeira na sala e começar a gritar, gritar e chutar para que eu volte para ele."

Mãe de Matt, 52ª semana

"Se eu não respondo imediatamente quando minha filha quer atenção, ela fica furiosa. Ela belisca meu braço, de forma sórdida, rápida e violenta."

Mãe de Emily, 53ª semana

"Meu filho se recusa a ir para a 'cama'. Ele fica tão irritado que ele bate o queixo nas grades do berço, machucando-se a si mesmo todas as vezes. Então, agora, eu realmente tenho medo de colocá-lo na cama."

Mãe de Matt, 52ª semana

Sinais de que meu bebê está crescendo de novo

Entre as semanas 49 e 53, a criança pode apresentar sinais de que está pronta para dar o próximo salto para o mundo dos programas.

❑ Chora com mais frequência e está mais frequentemente irritada ou inquieta

❑ Está alegre em um momento e chora no seguinte

❑ Quer que você a mantenha ocupada ou faça isso com mais frequência

❑ Agarra-se às suas roupas ou quer estar mais perto de você

❑ Age de forma surpreendentemente doce

❑ Está travessa

❑ Faz birras ou se joga mais vezes

❑ Está ciumenta

❑ Está mais obviamente tímida com estranhos

❑ Quer que o contato físico seja mais apertado ou mais próximo

❑ Dorme mal

❑ Tem "pesadelos" ou tem pesadelos mais vezes

❑ Perde o apetite

❑ Às vezes, só fica lá, em silêncio sonhando acordada

❑ Chupa o polegar ou faz isso com mais frequência

❑ Aproxima-se de um brinquedo fofinho ou faz isso com mais frequência

❑ Está mais infantil

OUTRAS MUDANÇAS QUE VOCÊ OBSERVA

_____

_____

_____

"Eu estava visitando amigos com a minha filha e falava com um deles. De repente, minha filha pegou o copo e o quebrou no chão."

Mãe de Laura, 55ª semana

Como este salto pode afetar você

Sem dúvida, você está sentindo o estresse das mudanças de seu bebê também, mesmo que indiretamente. Aqui estão alguns dos sinais.

Você pode se sentir insegura

Quando a mãe está se confrontado com um pequeno teimoso, ela pode, no início, ficar preocupada. Ela quer saber o que está errado com seu filho. Mas nesta idade, a irritação logo se estabelece.

Durante este período, algumas mães também se perguntam por que seus filhos não estão andando tão rápido quanto esperavam. Elas temem que possa haver algo de errado fisicamente com eles.

"Passamos muito tempo praticando e eu estou espantada que minha filha não consiga andar sozinha ainda. Ela tem andando segurando a minha mão por tanto tempo, agora eu sinto que ela deveria ter começado a andar há muito tempo. Além disso, eu acho que um de seus pés está apontando para dentro, por isso, ela sempre tropeça nele. Mostrei isso para as pessoas na creche. Eles me disseram que eu não era a única mãe preocupada com o pé apontando para dentro nessa idade. Ainda assim, eu vou ficar mais feliz quando ela estiver andando."

Mãe de Emily, 53ª semana

Você pode ficar muito frustrada

Perto do fim do período difícil, os pais muitas vezes se tornam cada vez mais irritados com as exigências de seus bebês sobre eles. Tornam-se cada vez mais irritados com as travessuras aparentemente propositadas e a forma como eles usam birras para obter o que querem.

"Estou tão irritada com as crises de choro de minha filha quando eu saio do quarto. Eu não consigo aguentar o fato de que ela imediatamente engatinha atrás de mim também, segurando minha perna e se arrastando comigo. Eu não consigo fazer nada desta forma. Quando eu chego ao limite, coloco-a na cama."

Mãe de Juliette, 52ª semana

"Meu filho continua puxando a grande planta para chamar minha atenção. Distrai-lo não funciona. Agora eu fico com raiva e o afasto ou lhe dou uma palmada suave em seu bumbum."

Mãe de Matt, 56ª semana

"Minha filha fica furiosa todas as vezes que não tem permissão para fazer algo ou não consegue fazer. Ela atira seus brinquedos e começa a choramingar como uma louca. Eu tento ignorar isso. Mas se ela tem vários acessos de raiva seguidos, eu a coloco na cama. Quando ela começou a fazer isso há 2 semanas, eu achei muito divertido. Agora eu estou terrivelmente irritada com isso. Suas irmãs apenas riem dela. Às vezes, quando ela as vê fazendo isso, ela se alegra e sorri de volta para elas timidamente. Ela geralmente é travessa, mas não o tempo todo."

Mãe de Ashley, 53ª semana

Você pode brigar

Durante este período difícil, as brigas são normalmente provocadas por crises de birra.

"Eu me sinto ficando com raiva quando minha filha começa a chorar se ela não tiver o que quer. Esta semana, ela ficou furiosa quando eu não a segui imediatamente para a cozinha. Então, dei-lhe uma boa palmada no bumbum. Depois disso sua raiva se transformou em lágrimas de verdade. Eu sei que eu não deveria ter feito isso, mas eu estava farta."

Mãe de Jenny, 54ª semana

É compreensível que as coisas possam ser demais às vezes. Mas bater ou dar uma "boa palmada no bumbum" não resolve nada. Ela desnecessariamente machuca o bebê e prejudica a confiança que seu bebê tem em você.

Durante cada período difícil, as mães que amamentam no peito sentem o desejo de parar. Nessa idade, isso é porque o bebê continua querendo o peito aos trancos e barrancos, ou porque suas exigências são acompanhados por birras.

"Eu realmente desisti agora. Meu filho estava fazendo birras apenas ao pensar em meu peito. É confusa toda a nossa relação com ele puxando o meu suéter, chutando, gritando e eu ficando com raiva. Talvez essas birras comecem a desaparecer agora também. A última vez que ele mamou no peito foi na noite de seu primeiro aniversário."

Mãe de Matt, 53ª semana

Como emergem as novas habilidades do bebê

Aproximadamente na semana 55, você vai notar que seu pequeno está menos exigente. Ao mesmo tempo, você deve perceber que ele está tentando e conseguindo fazer coisas inteiramente novas outra vez. Ele lida com as pessoas, brinquedos e outros objetos de uma forma mais madura, e ele gosta de fazer coisas novas com brinquedos conhecidos e objetos domésticos que estavam lá desde que ele nasceu. Neste momento, ele não se sente como seu pequeno "bebê" mais, mas parece que vai ser transformado em uma pequena criança. Isso porque ele está entrando no mundo dos programas, onde ele está começando a ver que o mundo está cheio de objetivos e sequências de ação que levaram a tal objetivo. Este novo mundo é sua flexibilidade para descobrir, mas, como de costume, ele vai querer fazer isso de sua forma e em sua própria velocidade. Como pai, sua ajuda será tão vital como sempre, embora nem sempre se sinta isso quando outra birra acontece.

No salto passado em desenvolvimento, o bebê aprendeu a lidar com a noção de sequências: onde os eventos se sucedem ou objetos se encaixam de uma maneira particular. Um programa é mais complicado do que uma sequência, porque você pode alcançar o resultado final de várias formas.

O mundo de um adulto é preenchido com programas complicados. Felizmente, o mundo de seu filho é mais simples. Em vez de lidar com enormes programas como "sair de férias", seu filho estará trabalhando com programas como "comer o almoço". No entanto, a operação de um programa implica escolhas em cada encruzilhada: é um pouco como encontrar o caminho pela cidade. Durante o almoço, ele terá que decidir após cada mordida se ele prefere dar outra mordida na mesma comida, mudar para algo diferente, tomar um gole de sua bebida ou, talvez, até mesmo três goles. Ele pode decidir se quer dar a próximo mordida com as mãos ou usar uma colher. Ele pode optar por terminar o que ele tem ou gritar pela sobremesa. Tudo o que ele opta, ainda vai ser o programa "almoçar".

Sua pequena criança vai fazer experiências, como de costume, com este novo mundo. Espere que ela brinque com as diferentes escolhas que pode fazer em cada momento: ela pode apenas querer experimentar todas. Ela precisa saber quais são as possíveis consequências das decisões que toma em diferentes momentos: para que possa decidir esvaziar a próxima colherada no chão em vez de colocá-la em sua boca.

Ela também pode decidir quando colocar um programa em funcionamento. Por exemplo, ela pode pegar a vassoura do armário, porque quer varrer o chão. Ela pode pegar o casaco, porque quer sair e fazer as compras. Infelizmente, é fácil ocorrerem mal-entendidos. Afinal, ela não pode explicar o que quer ainda e sua mãe pode facilmente interpretá-lo de forma errada. Isso é muito frustrante para uma pessoa tão jovem, e uma criança temperamental pode até fazer uma birra. Mesmo que a mãe entenda seu filho corretamente, ela pode simplesmente não querer fazer o que ele quer naquele momento. Isto também pode frustrar essa criança muito rapidamente, pois ela não consegue entender a ideia de "esperar" nesta idade.

Alterações cerebrais

As ondas cerebrais de seu filho mostrarão de novo mudanças aproximadamente nos 12 meses. Além disso, a circunferência de sua cabeça vai aumentar, e o metabolismo de glicose no cérebro dele vai mudar.

Além de ser capaz de aprender a realizar um programa, ela agora pode perceber quando alguém está fazendo a mesma coisa. Assim, ela pode começar a entender que, se sua mãe está fazendo chá, um lanche seguirá em breve e ele pode esperar por um biscoito, ou não.

Agora que sua criança pode aprender a perceber e explorar este mundo, ela também percebe que tem a opção de recusar um programa que não gosta, pelo menos em teoria. Se não concorda com o plano de sua mãe, ela pode se sentir frustrada e, às vezes, até ter uma crise de raiva. Você pode estar vendo um monte deles nos dias de hoje.

As escolhas de sua criança: a chave para a sua personalidade

Todas as crianças vão começar, nesta idade, a entender e experimentar o mundo dos programas: um mundo que oferece uma vasta gama de novas habilidades para brincar. Seu filho vai escolher as coisas que o interessam, coisas que ele talvez tenha assistido os outros fazerem no mundo, mas também aquelas coisas que mais atendam às suas próprias inclinações, interesses e constituição física. Cada pequenino aprende sobre os programas de sua própria maneira. Algumas crianças serão observadoras aguçadas, examinando com cuidado a forma como as coisas ao redor delas são feitas. Outras podem querer "ajudar" o tempo todo. Outras ainda vão querer fazer sozinhas, e elas vão deixar você saber, em termos inequívocos, que não querem nenhuma interferência.

(continua na página 289)

Meu diário

Como meu bebê explora o novo mundo dos programas

Marque as caixas abaixo enquanto você observa seu bebê mudando. Algumas das habilidades na lista abaixo podem não aparecer até semanas ou meses mais tarde. Sua criança irá fazer suas próprias escolhas explorando o que ela pode fazer em seu novo mundo.

INICIANDO UM PROGRAMA SOZINHO
- ❑ Pega uma vassoura ou espanador e tenta varrer ou limpar o pó
- ❑ Vai ao banheiro e tenta limpar o vaso sanitário
- ❑ Chega até você com coisas que ele quer que sejam arrumadas
- ❑ Pega o pote de biscoitos e espera um lanche
- ❑ Chega até você com casaco, boné ou saco de ir às compras
- ❑ Pega o casaco e a pá, pronto para ir para a caixa de areia
- ❑ Tira suas roupas e quer vesti-las

PARTICIPANDO DE SEU PROGRAMA
- ❑ Joga as almofadas da cadeira com antecedência para ajudar quando você está limpando
- ❑ Tenta pendurar a toalha de volta no lugar quando você termina
- ❑ Coloca um objeto ou um alimento no armário correto
- ❑ Traz seu próprio prato, talheres e jogo americano quando você está pondo a mesa
- ❑ Diz-lhe com palavra, som ou gesto que é hora de trazer a sobremesa quando ele terminou de comer
- ❑ Coloca colheres em copos e geralmente começa a mexer
- ❑ Pega um item de você e quer levá-lo sozinho

- ❏ Tenta colocar algo sozinho enquanto ele está sendo vestido ou ajuda puxando seus leggings ou mangas
- ❏ Escolhe uma fita ou CD e ajuda a colocá-lo. Sabe qual botão apertar para reproduzir ou ejetar

EXECUTANDO UM PROGRAMA COM SUPERVISÃO

- ❏ Coloca blocos de diferentes formatos nos orifícios corretos em uma caixa quando você ajuda, apontando o que fica aonde
- ❏ Usa o penico quando você lhe pede ou quando ele precisa. Em seguida, carrega o penico para o banheiro sozinho ou ajuda a levá-lo (se ele não anda) e dá a descarga
- ❏ Pega canetas e papel e rabisca quando você o ajuda

PROGRAMAS INDEPENDENTES

- ❏ Tenta alimentar bonecas ou bichinhos de pelúcia, copiando seu próprio programa de alimentação
- ❏ Tentar dar banho em uma boneca, copiando seu próprio ritual de banho
- ❏ Tenta colocar a boneca no penico, talvez depois de usá-lo
- ❏ Come tudo em seu prato sem ajuda, muitas vezes ele quer fazer isso enquanto está sentado na mesa educadamente como os adultos
- ❏ Come uvas passas sozinho a partir de um pacote
- ❏ Constrói uma torre de pelo menos três blocos
- ❏ Inicia e continua uma conversa por telefone, às vezes, marca no início ou terminar a conversa com "tchau"
- ❏ Engatinha pela sala seguindo "caminhos" de sua própria escolha, de acordo com cadeiras e mesa e através de túneis estreitos, e muitas vezes indica a direção que ele pretende ir primeiro

(continua)

Meu diário (cont.)

❑ Engatinha pela sala com um carro de brinquedo ou trem dizendo "Vroom Vroom". Segue todos os tipos de rotas diferentes: debaixo de cadeiras e mesas, ou entre o sofá e a parede

❑ É capaz de encontrar algo que você escondeu

OBSERVANDO OUTRAS PESSOAS REALIZAREM UM PROGRAMA

❑ Assiste a um desenho animado ou programa infantil na televisão, que consegue manter sua atenção por cerca de 3 minutos

❑ Ouve uma pequena história no rádio ou no CD

❑ Expressa compreensão do que está acontecendo em imagens: por exemplo, diz "hum" quando a criança ou animal na imagem está comendo ou oferecendo algo para comer

q Olha e escuta quando você joga jogos de "fingir": alimenta, dar banho e veste suas bonecas e bichos de pelúcia ou os faz falar e responder

q Examina como as crianças mais velhas realizam um programa com seus brinquedos, como elas brincam com um jogo de chá, uma garagem com carros, cama de boneca ou conjunto de trem

q Examina outros membros da família quando eles estão realizando um programa todos os dias, por exemplo, quando estão se vestindo, comendo, desenhando ou telefonando

OUTRAS MUDANÇAS QUE VOCÊ OBSERVA

_____

_____

_____

Você provavelmente está começando a conhecer a personalidade de sua criança muito bem agora, e muitas de suas escolhas seguirão os padrões que você já notou anteriormente enquanto ela crescia. No entanto, ela ainda é capaz de explorar novas habilidades e interesses, enquanto a oportunidade se apresenta. Observe sua criança com cuidado para determinar quais são seus interesses. Use a lista nas páginas 286-288 para marcar ou destacar o que seu filho escolhe. Entre as semanas 55 e 61, ele vai começar a escolher o que quer explorar a partir do mundo dos programas. Lembre-se de respeitar essas escolhas e deixar seu filho se desenvolver em seu próprio ritmo. Concentre-se em ajudá-lo a fazer o que ele está pronto para fazer. As crianças adoram novidades e é importante que você responde quando notar quaisquer novas habilidades ou interesses. Ele vai se divertir se você compartilhar essas novas descobertas, e seu aprendizado progredirá mais rapidamente.

O que você pode fazer para ajudar

Ajude sua criança enquanto ela dá seus primeiros passos em direção ao seu encontro com os programas. Fale sobre o que ela vai alcançar e como ela vai fazer isso. Se ela gosta de observar você, incentive isso. Fale sobre o que você está fazendo enquanto você está realizando seu programa. Ofereça-lhe a oportunidade de ajudá-lo. Permita que ela tente realizar seu próprio programa quando você percebe o que ela parece ter um em mente.

Ajude seu bebê a explorar o novo mundo através da independência

Se seu filho está interessado em se vestir, despir-se e se arrumar, então o deixe ver como você faz essas coisas. Explique-lhe o que você está fazendo, bem como por que você está fazendo isso. Ele será capaz de entender mais do que é capaz de lhe dizer. Se você tiver um pouco de tempo, deixe-o brincar de se lavar ou se vestir ou, se ele quiser, fazer isso com outra pessoa da família.

"Minha filha tenta puxar as calças para cima sozinha ou colocar seus próprios chinelos, mas ela não consegue fazer isso ainda. Então, de repente, eu a encontro andando com meus chinelos."

Mãe de Jenny, 55ª semana

"Minha filha gosta de andar por aí com um boné ou chapéu. Não importa se é meu, seu ou de uma boneca: é tudo a mesma coisa para ela."

Mãe de Eve, 57ª semana

"Na semana passada, meu filho continuou colocando todos os tipos de coisas na cabeça: panos de prato, toalhas e, algumas vezes, as calças de alguém. Ele andava impermeável em volta da casa, enquanto seu irmão e sua irmã morriam de rir."

Mãe de Frankie, 59ª semana

"Assim que a minha filha está vestida, ela engatinha sobre a minha penteadeira e tenta se pulverizar com perfume."

Mãe de Laura, 57ª semana

"Ontem, quando entrei no quarto de meu filho para pegá-lo, ele estava de pé no berço sorrindo divertidamente. Ele tinha quase que completamente se despido sozinho."

Mãe de John, 58ª semana

"Minha filha alimenta suas bonecas, dá banho e as coloca na cama. Quando ela usa seu penico, ela coloca suas bonecas no penico também."

Mãe de Jenny, 56ª semana

Se seu pequeno quer comer sozinho, deixe-o tentar fazer isso sempre que puder. Tenha em mente que ele é criativo o suficiente para querer testar diferentes métodos de alimentação, e todos eles vão provavelmente ser confusos. Se a limpeza ficar cansativa, você pode tornar a limpeza mais fácil, colocando uma grande folha de plástico no chão por baixo da cadeira.

"Desde que meu filho aprendeu a comer seu jantar sozinho com uma colher, ele insiste em fazer isso completamente sozinho. Caso contrário, ele não come. Ele também insiste em se sentar em sua cadeira à mesa quando está comendo."

Mãe de Kevin, 57ª semana

"De repente, minha filha descobriu que era muito divertido primeiro agitar algo com uma colher, em seguida, colocar em sua boca."

Mãe de Jenny, 56ª semana

"Meu filho adora comer uvas passas de um pacote sozinho."

Mãe de Matt, 57ª semana

"Minha filha diz 'torta' quando ela termina de comer sua comida, então ela sabe que virá mais. Assim que ela termina a sobremesa, ela tem que ser tirada de sua cadeira."

Mãe de Emily, 60ª semana

Malas, bolsas com dinheiro, televisão, rádio, utensílios de limpeza, maquiagem: muitos desses pequeninos querem usar tudo da mesma forma que as mães fazem. Algumas crianças agora deixam seus próprios brinquedos pousados em algum canto. Tente descobrir o que seu pequeno está tentando fazer, mesmo que nem sempre isso torne a vida mais fácil para você.

"Eu vi meu filho apertando botões de telefone pela primeira vez hoje, colocando o fone no ouvido e balbuciando ativamente. Algumas vezes ele disse 'papa' antes de desligar."

Mãe de Frankie, 56ª semana

"Minha filha atendeu ao telefone quando ele estava tocando e eu estava fora do quarto por um segundo e ela realmente 'conversou' com sua avó."

Mãe de Emily, 60ª semana

"Minha menina sabe exatamente qual é o botão que deve pressionar para abrir o leitor de cassetes. Quando ela vem até mim com um CD de músicas infantis, ela realmente prefere colocar sozinha o CD no leitor de CD."

Mãe de Jenny, 57ª semana

"Meu filho está apaixonado pelo vaso sanitário. Ele joga todos os tipos de coisas nele e o limpa com a escova a cada 2 minutos, encharcando o chão do banheiro ao mesmo tempo."

Mãe de Frankie, 56ª semana

"Meu filho me traz jornais, garrafas de cerveja vazias e sapatos. Ele quer que eu os arrume e os jogue fora."

Mãe de Frankie, 56ª semana

Ajude seu bebê a explorar o novo mundo através dos brinquedos

Muitas crianças ficaram interessadas em brinquedos mais complexos que lhes permitem imitar programas, como uma garagem com carros, um trem com pista, uma fazenda com animais, bonecas com fraldas ou roupas, jogos de chá com potes e panelas ou uma loja de jogo com pacotes e caixas. Se seu pequeno mostra interesse em tais brinquedos, ofereça-lhe a oportunidade de brincar com eles. Ajude-o de vez em quando. Este ainda é um mundo muito complicado para ele.

"Quando eu sento ao lado de meu filho no chão e o incentivo, muitas vezes ele constrói torres altas com oito blocos."

Mãe de Matt, 57ª semana

"Quando minha filha brinca sozinha e precisa de ajuda, ela chama 'Mama'. Então ela me mostra o que quer que eu faça."

Mãe de Hannah, 55ª semana

"Minha filha está se tornando cada vez mais interessada nos brinquedos Primo, especialmente nas pequenas pessoas e nos carros. Ela também está começando a tentar construir coisas a partir dos blocos. Ela encaixa as peças corretamente de vez em quando. Ela consegue continuar fazendo isso por muito tempo."

Mãe de Emily, 57ª semana

"Meu filho está ficando muito melhor a brincar sozinho. Agora ele está vendo novas possibilidades em brinquedos antigos. Seus bichinhos de pelúcia, trens e carros estão voltando à vida."

Mãe de Bob, 55ª semana

A maioria das crianças está interessada em ver a "coisa real" também. Por exemplo, se seu bebê está interessado em garagens, leve-o para ver os carros sendo reparados. Se ele está interessado em cavalos, visite uma escola de equitação. E se o trator, o guindaste ou o barco são seus brinquedos favoritos, ele certamente vai querer ver um deles de verdade em funcionamento.

Ajude seu bebê a explorar o novo mundo através da linguagem e da música

Quando ela salta para o mundo dos programas, a criança fica fascinada por histórias. Você pode deixá-la ouvi-las e vê-las. Você pode deixá-la assistir a uma história na televisão, você pode deixá-la ouvir uma fita cassete ou, melhor de tudo, você pode lhe contar uma história, com ou sem um livro de imagens. Apenas se certifique de que as histórias correspondem ao que seu filho está passando ou aos seus interesses. Para algumas crianças, serão carros, para outras será uma flor especial, os animais, a piscina ou seus brinquedos fofinhos. Tenha em mente que cada história deve conter um programa curto e simples. A maioria dos pequeninos desta idade só consegue se concentrar em uma história por cerca de 3 minutos.

"Meu filho consegue realmente ficar absorvido por um programa de criança na televisão. É muito engraçado. Anteriormente, ele simplesmente não se interessava."

Mãe de Kevin, 58ª semana

Também ofereça a um pequeno falador a oportunidade de contar sua própria história quando vocês estão olhando para um livro de imagens juntos.

"Minha filha consegue entender uma imagem em um livro. Ela me diz o que vê. Por exemplo, se ela vê uma criança em uma imagem dando um doce para outra criança, ela diz: 'hum'."

Mãe de Hannah, 57ª semana

Muitas crianças pequenas são tagarelas ansiosas. Elas vão contar "histórias" completas recheadas de perguntas, exclamações e pausas. Elas esperam uma resposta. Se sua criança é uma contadora de histórias, tente levar suas histórias a sério, mesmo se você ainda não conseguir entender o que ela está dizendo. Se você ouvir atentamente, às vezes, você pode conseguir entender uma palavra real.

"Meu filho fala pelos cotovelos. Ele realmente consegue manter uma conversa. Às vezes, ele faz isso no modo de questionamento. É muito fofo. Eu gostaria de saber o que ele está tentando me dizer."

Mãe de Frankie, 58ª semana

"Meu filho tagarela como um louco. Às vezes, ele para e olha para mim até que eu diga alguma coisa, e então ele continua sua história. Na semana passada, parecia que ele estava dizendo 'beijo', e então ele realmente me deu um beijo. Agora, eu presto 10 vezes mais atenção."

Mãe de Frankie, 59ª semana

Muitos pequeninos adoram ouvir músicas infantis, desde que elas sejam simples e curtas. Tais músicas são um programa também. Se sua criança

Seja feliz com a ajuda dele

Quando você percebe que seu filho está tentando dar uma mão, então, aceite isso. Ele está começando a entender o que você está fazendo e precisa aprender a fazer sua própria parte.

> "Minha filha quer ajudar com tudo. Ela quer levar os mantimentos, pendurar o pano de prato de volta no lugar quando eu termino, levar o jogo americano e talheres para a mesa quando estou arrumando a mesa e assim por diante."
>
> Mãe de Emily, 62ª semana

> "Minha filha sabe que o suco de maçã e o leite devem ser colocados na geladeira e vai até a porta para abri-la. Para os biscoitos, ela vai direto para o armário e tira a lata."
>
> Mãe de Jenny, 57ª semana

gosta de música, ela agora pode gostar de aprender a fazer todos os gestos apropriados também.

> "Minha filha brinca de *"Pat a cake, pat a cake, baker's man"* sozinha, com o canto incompreensível."
>
> Mãe de Jenny, 57ª semana

Algumas crianças também se divertem tocando sua própria música. Bateria, pianos, teclados e flautas parecem ser seus favoritos. Naturalmente, a maioria dos futuros músicos prefere instrumentos de verdade, mas eles vão ser capazes de fazer menos estragos com um instrumento de brinquedo.

"Minha filha adora seu piano de brinquedo. Normalmente, ela brinca com um dedo e ouve o que está fazendo. Ela também gosta de ver seu pai tocar piano. Então, ela caminha até o piano e bate nele com as duas mãos."

Mãe de Hannah, 58ª semana

Ajude seu bebê a explorar o novo mundo através das experiências

Se sua criança é uma pequena pesquisadora, você pode vê-la fazendo o seguinte programa ou experiência: como é que estes brinquedos aterrissam, rolam e saltam? Seu pequeno Einstein pode examinar essas coisas pelo que parece ser uma eternidade. Por exemplo, ele pode pegar diferentes pessoas de brinquedos e deixá-las cair em cima da mesa 25 vezes e, em seguida, repetir isso até 60 vezes com todos os tipos de blocos de construção. Se você vir seu filho fazendo isso, então simplesmente o deixe continuar. Esta é sua maneira de fazer experiências com as características dos objetos de uma forma muito sistemática. Ele será capaz de dar bom uso a esta informação mais tarde, quando tiver que decidir no meio de um programa se faz alguma coisa

Ensine-o a respeitar você

Muitas crianças estão começando a entender que você pode estar no meio de um programa, bem como, por exemplo, quando você estiver limpando ocupada. Quando você percebe que seu bebê começa a compreender essas coisas, você também pode começar a fazer com que ele tenha consideração por você, para que você possa terminar o que está fazendo. Nessa idade, no entanto, você não pode esperar que ele espere muito tempo.

"Quando meu filho quer fazer o que tem vontade, ele se deita no chão fora do alcance de meu braço. Dessa forma, eu tenho que ir até ele."

Mãe de Matt, 56ª semana

Lembre-se

Quebrar velhos hábitos e estabelecer novas regras também são parte do desenvolvimento de cada nova habilidade. Seja qual for a nova regra que seu bebê entenda, você pode exigir dele nada mais, mas também nada menos.

desta ou daquela maneira. As crianças não estão simplesmente brincando: elas estão se esforçando, muitas vezes levando longas horas para descobrir como o mundo funciona.

"Quando meu filho está fazendo algo, por exemplo, construindo, de repente ele balança a cabeça, diz 'não' e começa a construir de uma maneira diferente."

Mãe de Kevin, 55ª semana

"Minha filha pega sua pequena locomotiva e sobe nela quando quer suas coisas do armário. Ela costumava usar sempre a cadeira."

Mãe de Jenny, 56ª semana

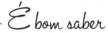

É bom saber

Algumas crianças são extremamente criativas quando se trata de inventar e experimentar diferentes maneiras de atingir o mesmo objetivo final. As crianças superdotadas podem ser particularmente desgastantes para os pais. Elas continuamente tentam ver se as coisas podem ser feitas de outra maneira. Sempre que elas falham ou são proibidas de fazer alguma coisa, elas sempre procuram outra forma de contornar o problema ou proibição. Parece um desafio para elas nunca mais fazer algo da mesma forma duas vezes. Elas simplesmente acham as repetições entediantes.

(continua na página 300)

Brincadeiras excelentes para esta semana mágica

Aqui estão jogos e atividades que a maioria das crianças gosta mais agora. Lembre-se, todas as crianças são diferentes. Veja a qual deles seu pequeno responde melhor.

FAZENDO UM TRABALHO SOZINHO

Muitas crianças amam serem autorizadas a fazer algo muito maduro sozinhas. Fazer uma bagunça com água é o trabalho mais popular. A maioria das crianças se acalma enquanto brinca com água.

DAR UM BANHO NA BONECA

Encha uma banheira de bebê ou uma bacia com água morna. Dê ao seu filho um pano e uma barra de sabão e o deixe ensaboar sua boneca ou brinquedo fofinho. Lavar os cabelos normalmente é uma parte muito popular deste jogo.

LAVANDO A LOUÇA

Amarre um grande avental em seu filho e o coloque em uma cadeira em frente à pia. Encha a tigela com água morna e lhe dê sua esponja de lavar louça e uma variedade de itens adequados para as crianças lavarem, como bandejas e copos de plástico, colheres de madeira e todos os tipos de filtros e funis. Uma boa cobertura de bolhas de sabão irá deixá-lo ainda mais ansioso para começar a trabalhar. Certifique-se de que a cadeira onde ele está de pé não se torne escorregadia quando molhada, fazendo com que ele perca o equilíbrio em seu entusiasmo. Em seguida, afaste-se e deixe a diversão começar.

AJUDANDO

Sua criança pode preferir fazer as coisas com você. Ela pode ajudar a preparar o jantar, pôr a mesa e comprar mantimentos. Ela vai ter suas próprias ideias sobre o trabalho, mas ela vai aprender muito ao fazê-lo com você. Isso a ajuda a se sentir adulta e contente.

DESEMBALANDO E ARRUMANDO MANTIMENTOS

Guarde as coisas frágeis e perigosas primeiro, depois deixe seu pequeno assistente ajudá-lo a desembalar. Você pode receber ajuda dele para lhe trazer as compras, uma por uma, conforme ele escolher. Ou você pode lhe perguntar: "Você poderia me dar. . . , e agora o. . . " Você também pode lhe perguntar onde ele colocaria. E, finalmente, ele pode fechar as portas do armário quando tiver terminado. Incentive e o agradeça.

JOGOS DE ESCONDE-ESCONDE

Agora você pode tornar estes jogos mais complicados do que antes. Quando seu filho estiver de bom humor, ele normalmente irá gostar de exibir seus truques. Ajuste o ritmo para o seu filho. Torne o jogo nem impossivelmente difícil nem muito fácil para ele.

JOGO DE ESCONDER DUPLO

Coloque dois copos diante dele e coloque um brinquedo em um deles. Em seguida, alterne os copos em volta deslizando-os sobre a mesa. Dessa forma, o copo A ficara no lugar onde estava o copo B, e vice- versa. O objetivo do exercício aqui não é enganar seu bebê, mas o inverso. Certifique-se de que seu filho está observando de perto quando você move os copos e o encoraje a encontrar o brinquedo. Dê-lhe muitos elogios por cada tentativa. Isso é realmente muito complicado para ele.

JOGO DE SOM

Muitas crianças adoram procurar por um som. Pegue seu filho no colo e o deixe ver e ouvir um objeto que faz som: por exemplo, uma caixa de música. Em seguida, tape os olhos dele e peça para outra pessoa esconder o objeto enquanto está tocando. Certifique-se de que seu pequeno não possa ver onde ele está sendo escondido. Quando ele desaparecer de vista, incentive-o a procurar por ele.

"Quando eu pergunto a minha filha: 'Você precisa usar seu penico?'. Ela o usa mesmo que realmente não precise. Ela faz xixi, leva para o banheiro sozinha e dá a descarga. Mas, às vezes, ela fica sentada, então ela se levanta e faz xixi ao lado de seu penico."

Mãe de Jenny, 54ª semana

Mostre compreender os medos irracionais

Quando seu pequeno está ocupado explorando seu novo mundo, ele vai se deparar com coisas que ele não entende completamente. Ao longo do caminho, ele descobre novos perigos, que ele nunca imaginou que existissem. Ele ainda não é capaz de falar sobre eles, por isso, mostre-lhe um pouco de compreensão. Seu medo desaparecerá apenas quando ele começar a entender tudo melhor.

"De repente, meu filho ficou com medo da lâmpada de nosso barco quando estava ligada, provavelmente porque ela brilha muito."

Mãe de Paul, 57ª semana

"Minha filha tem um pouco de medo do escuro. Ela nunca fica no escuro, mas anda de um quarto iluminado para um quarto escuro."

Mãe de Jenny, 58ª semana

"Meu filho fica assustado quando eu encho um balão. Ele não entende."

Mãe de Matt, 58ª semana

"Minha filha ficou assustada com uma bola que esvaziou."

Mãe de Eve, 59ª semana

"Meu filho fica terrivelmente assustado com ruídos altos, como aviões a jato, toques de telefones e da campainha."

Mãe de Bob, 55ª semana

"Minha filha está com medo de tudo o que se aproxima rapidamente. Tal como o periquito, esvoaçando em torno de sua cabeça, seu irmão

Brinquedos excelentes para esta semana mágica

Aqui estão os brinquedos e as coisas que a maioria dos bebês mais gosta agora:

- Bonecas, carrinhos de boneca e camas de boneca
- Fazenda, animais de fazenda e cercas
- Garagem e carros
- Trem de madeira com trilhos, plataformas, pontes e túneis
- Conjunto de chá inquebrável
- Potes, panelas e colheres de pau
- Telefone
- Blocos Primo
- Bicicleta, carro, cavalo de brinquedo ou motor onde ele possa se sentar
- Vagões de empurrar que ele pode usar para transportar todos os tipos de coisas
- Cavalo de balanço ou cadeira de balanço
- Caixa com blocos e buracos de diferentes formatos
- Recipientes empilháveis e haste com anéis empilháveis
- Esfregão, vassoura, pá de lixo e escova
- Esponjas coloridas para esfregar ou brincar no banho
- Folhas grandes de papel e marcadores
- Livros com animais e filhotes ou carros e tratores
- Instrumentos musicais, como tambores, pianos de brinquedo e xilofones
- Fitas cassete ou CD com contos simples

Lembre-se de neste momento arrumar ou tomar precauções com armários e gavetas que podem conter coisas perigosas ou venenosas, botões em equipamentos de áudio e vídeo, eletrodomésticos, fornos e luzes e tomadas de energia.

atrás dela e um carro de controle remoto que pertencia a um amigo de seu irmão mais velho. Era muito rápido para ela."

Mãe de Emily, 56ª semana

"Meu filho simplesmente se recusa a entrar na banheira. Ele não se importa de entrar na banheira de bebê quando está na grande banheira."

Mãe de Frankie, 59ª semana

Por volta da semana 59, a maioria das crianças se torna um pouco menos problemática do que era. Algumas ficam particularmente admiráveis por sua loquacidade simpática, e outras por sua vontade bonita de ajudar com as tarefas de casa. A maioria está começando agora a depender menos de birras para conseguir o que querem. Em suma, sua independência e alegria se afirmam mais uma vez. Com sua nova vivacidade e mobilidade, no entanto, muitas mães podem ainda considerar seus pequeninos um pouco difíceis. Isso porque eles pensam que sabem tudo, mas você sabe que eles ainda têm que aprender muito.

"Minha filha é meticulosamente precisa. Tudo tem seu próprio pequeno lugar. Se eu fizer mudanças, ela percebe e coloca as coisas de volta. Ela também não se agarra mais a nada quando está andando. Ela caminha alegremente pela sala. E pensar que eu estive tão preocupada com isso."

Mãe de Emily, 60ª semana

"Meu filho está muito feliz no cercadinho novamente. Às vezes, ele não quer ser retirado. Eu não tenho que brincar com ele mais também. Ele se mantém ocupado, especialmente, com seus carros de brinquedo e quebra-cabeças. Ele está muito mais alegre."

Mãe de Paul, 60ª semana

"Minha filha não brinca mais com os brinquedos, ela nem sequer olha para eles. Observar, imitar e se juntar a nós é muito mais fascinante para ela agora. Ela tem iniciativas também. Ela pega seu casaco e sua bolsa quando quer sair e a vassoura quando algo precisa de limpeza. Ela é muito madura."

Mãe de Nina, 58ª semana

"Agora que meu filho corre como o vento e percorre todo o apartamento, ele também faz um monte de coisas que não deveria. Ele continua arrumando copos, garrafas de cerveja e sapatos, e ele consegue ser extremamente imaginativo. Se eu tirar meu olho dele por um momento, as coisas acabam na lata de lixo ou no vaso sanitário. Então, quando eu o repreendo, ele fica muito triste."

Mãe de Frankie, 59ª semana

"Minha filha é uma menina encantadora, a forma como ela joga conversa fora. Ela está muitas vezes cheia de alegria. Essas birras parecem coisa do passado. Mas talvez seja melhor eu bater na madeira."

Mãe de Ashley, 59ª semana

capítulo 11

Semana Mágica 64:
O mundo dos princípios

Após o salto anterior, seu pequeno companheiro começou a entender o que é um "programa". Seus programas diários de comer, fazer compras, dar um passeio, brincar e lavar os pratos parecem normais para ele nesta fase. Às vezes, ele parece estar seguindo sua liderança e outras vezes ele aproveita a oportunidade de mostrar o que ele pode fazer. Você também deve ter notado que seu pequeno ajudante tem uma abordagem um pouco diferente para as tarefas domésticas do que as que você tem. Ele usa alguma corda para aspirar. Para limpar, ele usa um pano, molhando-o na boca. E ele arruma usando seus poderes mágicos para banir toda e qualquer coisa em seu caminho para aquele lugar escondido especial: no banheiro, no lixo ou sobre o balcão. Não há mais bagunça. Seu pequeno ajudante ainda está vinculado a certas rotinas rígidas, que tendem a ter uma natureza um pouco mecânica. Ele é, portanto, apenas um novato no mundo complexo dos programas. Ele ainda não é capaz de adaptar o programa que está realizando a diferentes circunstâncias. Isso vai exigir vários anos de experiência antes de ele se tornar proficiente em tais assuntos.

Nós, pais, temos a vantagem da experiência. Você é capaz de se adaptar às mudanças. Você varia a ordem em que faz as coisas. Enquanto faz compras de supermercado, você opta pela fila curta no açougue em vez de entrar em uma longa fila no balcão de frios. Se você estiver com pressa ou se você quiser ingredientes especiais para uma receita, você se adapta. Também adaptamos nossos programas para aqueles que nos rodeiam. Se alguém perguntar sua

Observação: a primeira fase (período difícil) deste salto para o mundo perceptivo dos "princípios" é previsível e ligada à idade, e começa entre as semanas 59 e 63. A maioria dos bebês começa a segunda fase (ver caixa de texto "Tempo de qualidade: um capricho não natural" na página 17) deste salto 64 semanas após o nascimento a termo. A primeira percepção do mundo dos princípios põe em andamento o desenvolvimento de toda uma gama de habilidades e atividades. No entanto, a idade em que essas habilidades e atividades aparecem pela primeira vez varia muito e depende das preferências, experiências e desenvolvimento físico de seu bebê. Por exemplo, a capacidade de perceber princípios é uma condição necessária para "fingir cozinhar para suas bonecas", mas esta atividade normalmente aparece em qualquer momento a partir da semana 64 a muitos meses depois. As habilidades e atividades são mencionadas neste capítulo na idade mais precoce possível em que podem aparecer, para que você possa observá-las e reconhecê-las. (Elas podem ser rudimentares inicialmente.) Desta forma, você pode reagir e facilitar o desenvolvimento de seu bebê.

opinião, você mede sua resposta em categoria, de acordo com seu estatuto e idade. Você também adapta seu humor ou a direção para a qual você quer que seu estado de espírito vá. Você prepara uma refeição de diferentes maneiras, dependendo se você tem tempo para relaxar e se divertir ou se você tem que correr para uma reunião importante. Você antecipa todos os acontecimentos que lhe preocupa. Você sabe o que quer e qual a melhor forma de obtê-lo. Você se certifica de atingir seus objetivos. Por isso, os programas parecem ser tão flexíveis e naturais.

Seu anjinho começará a perceber como ele pode lidar melhor com determinadas situações assim que ele der seu próximo salto. Ele vai pousar no mundo dos "princípios". Aproximadamente na semana 64 – aproximando-se dos 15 meses – você vai notar que ele está tentando coisas novas. Este é um salto que se revelou anteriormente para o pequeno companheiro.

Aproximadamente na semana 61 – 14 meses – nosso pequeno travesso começa a notar que "as coisas estão mudando". Um labirinto de novas impressões está transformado sua realidade em sua cabeça. Inicialmente, é uma tarefa e tanto ele lidar com as mudanças. Primeiro, ele vai ter que criar alguma ordem neste caos recém-descoberto. Ele se vira para o ambiente familiar. Ele fica apegado. Ele precisa de uma "recarga de mãe".

Sinais difíceis desta semana

Seu bebê está rápido para chorar? Muitas mães reclamam que raramente ouvem seu bebê rir agora. Elas rotulam sua criança de "mais frequentemente séria" ou "mais vezes triste". Os momentos de tristeza são inesperados, geralmente são de curta duração, sem causa clara.

Lembre-se

Se seu pequeno se torna apegado, procure por novas habilidades ou tentativas de coisas novas.

"Esta semana, ele chorou muito. Por quê? Eu não sei. De repente, ele explodia em lágrimas."

Mãe de Gregory, 64ª semana ou 14 meses e meio

Seu pequeno também poderá estar mais irritado, impaciente, frustrado ou com raiva, por exemplo, se ele ao menos imagina que a mãe não se levantou para estar à sua disposição ou se a mãe não entende o que ele quer ou diz, bem como se a mãe o corrige ou lhe diz "NÃO!". Isso pode até acontecer se seu último projeto de construção foi derrubado ou se uma cadeira se recusa a se mover, e ainda se ele corre para uma mesa.

"Se ela não recebe a minha atenção direta, ela se estende no chão berrando."

Mãe de Josie, 62ª semana ou 14 meses

"Ela fica mais rapidamente irritada, com raiva e impaciente do que antes. Se ela quer me dizer alguma coisa e eu não entendo completamente o que ela quer, ela começa a gritar e a reclamar ainda mais alto."

Mãe de Eve, 64ª semana ou 14 meses e meio

"Ele estava muito chorão esta semana. Seu choro ficava mais alto e mais insistente se ele não conseguisse o que queria ou se tivesse de esperar. Acontecia o mesmo se as minhas mãos estavam cheias e eu não conseguia pegá-lo."

Mãe de Kevin, 65ª semana ou se aproximando dos 15 meses

"Ele está realmente em dificuldade. Se ele não consegue fazer algo certo na primeira vez, ele tem um ataque de raiva."

Mãe de Gregory, 66ª semana ou 15 meses

Como você sabe que é hora de crescer

Ele pode se agarrar às suas roupas

A maioria das crianças faz o que for necessário para estar em torno da mãe. Mas crianças pequenas se tornam maiores. Ocasionalmente, algumas crianças ficam contentes se podem instigar a mãe em um jogo de fazer contato apenas com os olhos brevemente e desviando o olhar. Este é um passo considerável para a independência. No entanto, na maioria das vezes, a criança se parece mais como um bebê pequeno. Ela só está feliz se estiver sentada no colo ou se estiver sendo carregada nos braços. Às vezes, quando ela está especialmente apegada, a mãe decide que transportar no marsúpio de bebê é o melhor: e a pequena agarradora se submete alegremente.

> "Ele me seguia constantemente, arrastando seu brinquedo. Se eu estava em pé ou me sentava, ele brincava nos meus pés ou mesmo debaixo deles. Ele começou a me desgastar."
>
> **Mãe de Kevin, 62ª semana ou 14 meses**

> "Ela sempre queria subir em meu colo, mas isso era inconveniente, porque eu estava passando a roupa. Eu a colocava no centro da sala algumas vezes com seus brinquedos, mas não, ela só tinha olhos para o meu colo. Na próxima vez que ela veio para o meu colo, ela pegou o fio do ferro e ele caiu nos meus pés. Porque ela estava enrolada no fio, não consegui tirar o ferro de meu pé de imediato, o que me fez gritar de dor. Ela, então, presa em minha perna, gritou. No momento em que finalmente me libertei, ela estava tão chateada que eu tive que levá-la comigo para o banheiro para que eu pudesse colocar o meu pé em um pouco de água fria corrente. Lição um: não passar ferro com ela por perto!"
>
> **Mãe de Julia, 63ª semana ou 14 meses e uma semana**

> "Ele gosta de chamar a minha atenção de uma distância curta, apenas olhando para mim. Ele brilha em nossa relação mútua."
>
> **Mãe de Luke, 63ª semana ou 14 meses e uma semana**

"Esta semana, ele se agarrou a mim, literalmente. Ele subia a minha volta. Agarrava meu cabelo. Engatinhava para mim. Ele se sentava entre as minhas pernas e as agarrava, dessa forma, eu ficava incapaz de dar um passo. Ao mesmo tempo em que fazia disso um jogo, era difícil ficar impaciente. E, nesse meio tempo, ele tinha o que queria."

Mãe de Matt, 65ª semana ou se aproximando dos 15 meses

"Ele engatinha em meu colo com mais frequência, mas não fica lá. Mesmo que ele esteja andando, ele gosta de ser pego no colo por um tempo."

Mãe de Frankie, 66ª semana ou 15 meses

Ela pode ficar tímida com estranhos

A maioria das crianças não se afasta do lado da mãe quando estão na companhia de estranhos. Algumas parecem tentar subir de volta para o colo da mãe. Elas absolutamente não querem ser pegas por outra pessoa. Sua mãe é a única pessoa que pode tocá-las, às vezes, a única que pode falar com elas. Até mesmo o pai pode ser demais. Geralmente, elas parecem assustadas. Você acha que, por vezes, elas estão ficando tímidas.

"Quando estamos visitando ou temos convidados, ele fica bem perto de mim por um tempo antes de se aventurar lentamente. Mas assim que ele imagina que alguém vai pegá-lo, ele se apressa para me agarrar por um tempo."

Mãe de Gregory, 64ª semana ou 14 meses e meio

"Ele está tímido com estranhos. Se há um grupo, ele engatinha e coloca a cabeça entre as minhas pernas e permanece lá por um tempo."

Mãe de Kevin, 63ª semana ou 14 meses e uma semana

"Ele chora se eu deixá-lo em uma sala com outras pessoas. Se eu for para a cozinha, ele faz o mesmo. Especialmente hoje, ele não saiu do meu lado, e isso aconteceu enquanto sua avó estava no quarto. Ele conhece bem sua avó e a vê todos os dias."

Mãe de Frankie, 63ª semana ou 14 meses e uma semana

"Mesmo que o pai queira a atenção dela, ela vira a cara. E quando ele a coloca em sua banheira, ela começa a gritar. Ela só quer estar comigo."

Mãe de Josie, 64ª semana ou 14 meses e meio

Ela pode querer que o contato físico seja o mais próximo possível

Muitas vezes, uma criança pequena não quer que a distância entre ela e sua mãe aumente. Se alguém está indo para qualquer lugar, então, a criança quer esta pessoa. A mãe deve permanecer no local onde ela está e não se mover nem um centímetro.

"Ela odeia quando eu saio. Ela não quer nem que eu me levante para tomar uma ducha. Se eu sair da cama de manhã e ela ficar com o pai dela, então ela começa a gritar. Eu tenho que pegá-la se eu quiser sair da cama. Ela nunca fez isso antes."

Mãe de Laura, 62ª semana ou 14 meses

"Quando eu a deixo na creche e tento sair, ela chora muito. No entanto, ela só fez isso no começo."

Mãe de Ashley, 65ª semana ou se aproximando dos 15 meses

"Ele fica com raiva quando eu o deixo na creche e ele me mostra isso quando eu venho buscá-lo. Ele me ignora por um tempo. Como se eu não existisse. No entanto, quando ele termina de me ignorar, ele fica muito doce e se aconchega colocando a cabeça no meu ombro!"

Mãe de Mark, 66ª semana ou 15 meses

Ela pode querer se divertir

A maioria das crianças não gosta de brincar sozinha. Elas querem que a mãe brinque junto. Elas não querem se sentir sozinhas e seguirão a mãe se ela for embora. Ela está realmente dizendo: "Se você não tem vontade de brincar

comigo, então eu vou junto com você." E porque as tarefas da mãe são geralmente domésticas, as tarefas domésticas são muito populares, embora não seja para todas as crianças. De vez em quando, um pequeno inteligente pensa em uma nova estratégia com uma trapaça brincalhona ou fantástica para atrair a mãe para brincar. É difícil resistir a tal iniciativa. Mesmo que a mãe possa estar retida em seu trabalho, ela está disposta a ignorar. Sua criança já está ficando grande.

"Quando é menos conveniente, ele quer que a gente ouça um CD para crianças. Tenho de me aconchegar a ele, sorrir e aguentar. Mesmo ler uma revista está fora de questão."

Mãe de Robin, 63ª semana ou 14 meses e uma semana

"Ela quase não brinca mais, ela me segue constantemente. Só quer ver o que estou fazendo ao redor da casa e meter o nariz."

Mãe de Jenny, 64ª semana ou 14 meses e meio

"Ele quase nunca quer brincar sozinho. O dia inteiro ele é um cavaleiro e a mãe é o cavalo. Com manobras engraçadas, ele me manteve ocupada, o tempo todo pensando que eu não estava em seu joguinho."

Mãe de Matt, 65ª semana ou se aproximando dos 15 meses

Ela pode ficar ciumento

Às vezes, as crianças querem mais atenção da mãe quando ela está na companhia de outras pessoas - especialmente se as outras pessoas são crianças. Isso as deixa inseguras. Elas querem a mãe para elas próprias, elas devem ser o centro das atenções da mãe.

"Ele quer particularmente a minha atenção quando estou perto de outras pessoas. Especialmente se as outras pessoas são crianças. Então, ele fica com ciúmes. Ele ouve se eu lhe digo que está na hora de ir e brincar sozinho, mas ele fica perto de mim."

Mãe de Thomas, 61ª semana ou 14 meses

"Às vezes, ele fica com ciúmes se outra criança está em meu colo. Eu nunca o vi fazer isso antes."

Mãe de Taylor, 62ª semana ou 14 meses

Ele pode estar mal-humorado

Algumas mães notam que o humor de seu pequeno pode mudar completamente de um minuto para o outro. Em um momento o pequeno camaleão está mal-humorado, no próximo ele é todo sorrisos. Em um minuto ele está muito fofinho, no próximo, com tanta raiva que atira a xícara da mesa, então ele pode ficar triste com lágrimas jorrando e assim por diante. Você poderia dizer que sua criança está praticando para a puberdade. Os pequenos nessa idade são capazes de muitas formas de comportamento para expressar seus sentimentos. E uma criança que está em conflito com ela própria tenta todos eles.

"Ela alternava entre estar mal-humorada ou alegre, apegada ou independente, séria ou boba, incontrolável ou submissa. E todos esses diferentes humores se revezavam como se tudo estivesse completamente normal. Foi difícil."

Mãe de Juliette, 62ª semana ou 14 meses

"Em um momento, ele está travesso, no seguinte ele está um exemplo de obediência. Em um momento, ele está me batendo, no próximo ele está me beijando. Em um momento, ele insiste em fazer tudo sozinho e no próximo ele se lamenta e precisa de minha ajuda."

Mãe de Mark, 65ª semana ou se aproximando dos 15 meses

Ele pode dormir mal

Muitos pequeninos dormem menos também. Eles não querem ir para a cama e choram quando é hora, mesmo durante o dia. Às vezes, as mães dizem que todo padrão de sono de seu filho parece mudar. Elas suspeitam que seu filho está prestes a passar de duas sestas por dia para uma. Embora as crianças não adormeçam, muitas mães não ficam em paz. As que dormem mal choram no sono ou acordam regularmente em desamparo. Elas estão claramente com medo de alguma coisa. Às vezes, elas voltam a dormir se consoladas. Mas alguns pequenos só querem continuar dormindo se a mãe fica com eles ou se eles puderem ocupar o lugar precioso entre a mãe e o pai na cama grande.

"Porque ela não quer mais tirar cochilos durante o dia, eu a coloquei comigo durante o dia em minha cama, pensando talvez que isso iria ajudar. Não. Acabamos de sair da cama de novo. Resultado: ela e eu estávamos mortas de cansaço! Eu acho que ela está quase passando de duas sonecas para uma."

Mãe de Josie, 62ª semana ou 14 meses

"Se ela acorda durante a noite, ela se agarra a mim. Como se estivesse com medo."

Mãe de Jenny, 62ª semana ou 14 meses

"Dormir era impossível. Ele dormia muito, mas ele estava se debatendo e virando. Eu continuei ouvindo seus gritos. Não parecia que ele estava descansando."

Mãe de Mark, 63ª semana ou 14 meses e uma semana

"Ela fica muito agitada, aborrecida e tenta morder quando é hora de ir para a cama. Parece que ela não quer dormir sozinha. Demora algum tempo. Depois de chorar por algum tempo, ela finalmente cai no sono, mas depois de eu estar mentalmente esgotada. Ontem à noite, ela dormiu entre nós. Ela se espalha com um braço e uma perna sobre o pai e um braço e uma perna sobre a mãe."

Mãe de Emily, 64ª semana ou 14 meses e meio

"Parece que ele precisa de menos sono. Ele vai para a cama mais tarde. Ele também fica acordado por meia hora todas as noites. Em seguida, ele quer brincar."

Mãe de Gregory, 65ª semana ou se aproximando dos 15 meses

Ele pode ter "pesadelos"

Muitas crianças têm pesadelos com mais frequência. Às vezes, elas acordam olhando desamparadas, às vezes com medo ou em pânico. E outras vezes muito frustradas, irritadas ou temperamentais.

> "Por duas vezes esta semana ele acordou gritando, coberto de suor e completamente em pânico. Levou meia hora para parar de chorar. Ele estava praticamente inconsolável. Isso nunca aconteceu antes. Notei também que ele levou algum tempo antes de ficar à vontade novamente."
>
> **Mãe de Gregory, 62ª semana ou 14 meses**

> "À noite, ele estava muitas vezes acordado. Ele parecia desamparado ou realmente em pânico. Uma noite, ele dormiu comigo, porque ele não conseguiu controlar sua ansiedade. Deitar ao meu lado o relaxa."
>
> **Mãe de Thomas, 62ª semana ou 14 meses**

> "Eu vi que ela estava dormindo, desci as escadas e, de repente, ouço um barulho alto e gritos. Corri de volta para cima e quando fui buscá-la para consolá-la, ela estava no meio de um ataque. Ela rolava no chão, chutando e gritando. Tentei segurá-la perto de mim, mas ela resistiu com toda a força. Ela simplesmente teve que se livrar de sua raiva, o que levou algum tempo."
>
> **Mãe de Julia, 64ª semana ou 14 meses e meio**

Ela pode "sonhar acordado"

Às vezes, os pequenos se sentam com o olhar perdido no nada. É um momento de autorreflexão.

> "Notei que ele estava bastante silencioso. Ele ficou lá olhando. Ele nunca tinha feito isso antes."
>
> **Mãe de Thomas, 63ª semana ou 14 meses e uma semana**

"Esta semana, ele estava muitas vezes visivelmente na terra dos sonhos. Ele deitava no chão e ficava apenas olhando."

Mãe de Gregory, 65ª semana ou se aproximando dos 15 meses

Ele pode perder o apetite

Nem todas as crianças têm os melhores hábitos alimentares. Às vezes, elas simplesmente pulam uma refeição. As mães acham difícil se seu filho não come bem, e isso dá ao pequeno a atenção que ele precisa. Crianças que amamentam no peito, no entanto, parecem querer mamar mais vezes. Mas, assim que elas mamam um pouco, elas largam o mamilo e olham ao redor. Ou elas apenas seguram o mamilo em sua boca. Afinal de contas, elas estão onde querem estar: com a mãe.

"Ele não tem comido bem esta semana. Especialmente o jantar. Ele vira a cabeça na primeira mordida, independentemente do que eu coloquei na frente dele."

Mãe de Frankie, 64ª semana ou 14 meses e meio

"Ele acorda muitas vezes durante a noite novamente e quer o peito. É hábito ou será que ele realmente precisa disso? Eu me pergunto por que ele quer mamar com tanta frequência. Gostaria também de saber se eu não estou deixando ele muito dependente de mim."

Mãe de Bob, 63ª semana ou 14 meses e uma semana

Ela pode estar mais infantil

Pode parecer que sua criança é um bebê novamente. Isso não é realmente o caso. Regressão durante um período de apego significa que o progresso está chegando. E porque as crianças nessa idade são capazes de muito mais, uma regressão é mais evidente.

"Ela não usa as palavras que tinha aprendido! De repente, ela chama todos os animais de 'am'."

Mãe de Julia, 61ª semana ou 14 meses

"Ele está engatinhando com mais frequência novamente."

Mãe de Luke, 63ª semana ou 14 meses e uma semana

"Ela está pronta para seu cercadinho de novo, cheio de brinquedos de bebê!"

Mãe de Hannah, 63ª semana ou 14 meses e uma semana

"Se nós programarmos certo e perguntarmos se ela precisa fazer xixi, ela geralmente vai para seu penico, mas agora ela voltou unicamente a usar fraldas. Como se ela tivesse completamente esquecido como fazer."

Mãe de Jenny, 62ª semana ou 14 meses

"Estou de novo dando suas mamadeiras, como quando ela era um bebê. Ela nem mesmo a segura sozinha."

Mãe de Emily, 62ª semana ou 14 meses

Ele pode agir de forma excepcionalmente doce

Algumas mães cedem a um abraço generoso, beijo ou enxurrada de carinhos de seus filhos. Os pequenos têm certamente notado que é mais difícil para a mãe resistir a essas demonstrações de afeto do que se lamentar, ficar apegado e ser um incômodo. E, desta forma, eles podem "se recarregar da mãe" se for necessário.

"Agora ele sobe atrás de mim na cadeira e continua até o meu pescoço para me dar um abraço enorme."

Mãe de Matt, 63ª semana ou 14 meses e uma semana

"Às vezes, ela é muito carinhosa. Ela vem e abraça com um braço em volta do meu pescoço, apertando o rosto dela no meu, acaricia meu rosto e me beija. Até mesmo passa a mão e beija a gola de meu casaco de pele. Ela nunca foi tão carinhosa antes."

Mãe de Nina, 65ª semana ou se aproximando dos 15 meses

Ele pode pegar um objeto de pelúcia mais frequentemente

Às vezes, as crianças usam cobertores, bichos de pelúcia e todas as coisas suaves para se aconchegar. Elas fazem isso principalmente se a mãe estiver ocupada.

"Ele se aconchega aos seus bichinhos de pelúcia."

Mãe de Matt, 65ª semana ou se aproximando dos 15 meses

Ele pode ficar travesso

Muitas crianças ficam impertinentes de propósito. Ser impertinente é a maneira perfeita de chamar a atenção. Se alguma coisa quebra, está suja ou perigosa, ou se a casa fica de cabeça para baixo, a mãe vai ter que lidar com este mau comportamento. Esta é uma maneira secreta de obter uma "recarga de mãe".

"Ela não tem permissão para tocar o aparelho de som, videocassete ou outros dispositivos. Ela sabe que está fora dos limites! Ela recebe um aviso e, em seguida, uma palmada nos dedos."

Mãe de Vera, 62ª semana ou 14 meses

"Eu estava realmente com raiva quando ele deliberadamente jogou algumas coisas em nossa varanda. Não havia como recuperar as coisas porque elas caíram na água. Depois, se ele fizer de novo, eu o pego e o coloco em seu cercadinho explicando que tais coisas não são permitidas."

Mãe de Luke, 62ª semana ou 14 meses

"Ela se comporta mal de propósito. Ela coloca as mãos exatamente onde sabe que não tem permissão. Ela balança a porta para as escadas (que está destruída agora), tira as agulhas de tricô de meu tricô, só para começar. Realmente me deixa nervosa."

Mãe de Vera, 65ª semana ou se aproximando dos 15 meses

"Ele repetidamente tem períodos em que só faz o que não é permitido. Não me resta fazer nada além de dizer 'não' e manter um olho nele."

Mãe de Gregory, 66ª semana ou 15 meses

Ela pode fazer mais birras

Muitas crianças ficam mais rapidamente irritáveis, com raiva e de mau humor do que as mães estão acostumadas. Esses pequeninos rolam chutando e gritando no chão se eles não conseguirem o que querem, se eles não conseguem fazer algo de primeira, se eles não são compreendidos diretamente ou até mesmo sem nenhuma razão clara.

"Ela teve sua primeira crise de raiva. É a novidade. No princípio, pensamos que seria dor dos dentes nascendo. Ela caiu de joelhos e começou a berrar. Isso acabou por ser uma crise de raiva. Não há passeios no parque!"

Mãe de Josie, 63ª semana ou 14 meses e uma semana

"Quando seu pai o colocou de volta na cama às 5h30 da manhã, ele realmente teve um ataque. Ele, obviamente, tinha planos diferentes dos nossos."

Mãe de Frankie, 62ª semana ou 14 meses

"Ela queria comer, sem nenhuma ajuda e nós não entendemos isso inicialmente. Ela gritou, começou a chutar e praticamente quebrou sua cadeira. Eu não tinha ideia de que ela poderia ser insuportável. Que difícil!"

Mãe de Nina, 62ª semana ou 14 meses

"Quando estamos perto de outras pessoas, eu não posso me afastar um centímetro ou ele cai no chão e tem um ataque de raiva."

Mãe de Frankie, 63ª semana ou 14 meses e uma semana

"Se ela não conseguir o que quer, ela se joga no chão gritando e se recusa a se sentar ou levantar. Então, eu a pego e chamo sua atenção para outra coisa."

Mãe de Julia, 62ª semana ou 14 meses

Meu diário

Sinais de que meu bebê está crescendo de novo

Entre as semanas 59 e 63, seu filho pode mostrar sinais de que ele está pronto para dar o próximo salto, para o mundo dos princípios.

- Chora com mais frequência e está mais frequentemente irritado ou inquieto
- Está alegre em um momento e chora no seguinte
- Quer se divertir ou quer isso com mais frequência
- Agarra-se às suas roupas ou quer estar mais perto de você
- Age de forma surpreendentemente doce
- Está travesso
- Faz birras ou se joga mais vezes
- Está ciumento
- Está mais obviamente tímido com estranhos
- Quer que o contato físico seja mais apertado ou mais próximo
- Dorme mal
- Tem pesadelos ou tem pesadelos mais vezes
- Perde o apetite
- Às vezes, só fica lá, em silêncio sonhando acordado

- Aproxima-se de um brinquedo fofinho ou faz isso com mais frequência
- Está mais infantil
- Resiste a ser vestido

OUTRAS MUDANÇAS QUE VOCÊ OBSERVA

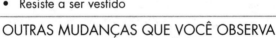

Como este salto pode afetar você

Você pode ficar muito frustrada

As mães têm claramente menos paciência com o apego, lamentações e provocações com uma criança desta idade. Quando ele ainda era um bebê, tal comportamento as fazia se preocuparem. Agora, isso as aborrece.

> "Ela nunca teve problemas para dormir antes. Agora ela tem. Nas últimas duas noites, não há nada além de choros. Estou completamente irritada com isso. As noites são as horas que tenho para mim e agora ela as está dominando também. Espero que isso não se torne um hábito."
>
> **Mãe de Maria, 69ª semana ou se aproximando dos 16 meses**

No momento em que as mães ficam chateadas, elas irão mostrar isso. Nesta idade, a criança persistente vai ouvir quando sua mãe desaprova seu comportamento. Usando palavras que ele entende, ela explica o que não gosta. A língua começa a desempenhar um papel mais importante. E um choramingo incômodo é mais rápido ao pousá-la em seu cercadinho ou em sua cama do que quando era mais nova. A paciência da mãe está mais curta. As mães acham que seu filho é grande o suficiente para se comportar melhor. Além disso, elas pensam que suas crianças devem aprender a ser mais atenciosas com elas.

> "Eu providenciei uma babá. Realmente me incomoda que ela se agarre a mim quando vamos a algum lugar. Todas as outras crianças estão correndo por aí e brincando com brinquedos. Ela raramente faz isso. Só depois que ela ficou de lado e observou tempo suficiente é que ela começa a soltar o meu vestido. Eu só espero que ela possa superar o apego quando ela for para a babá."
>
> **Mãe de Julia, 64ª semana ou 14 meses e meio**

> "Quando eu estou cozinhando, ele vem e fica bem nos meus pés. Se isso passa dos limites e ele não quer sair do caminho quando eu peço, eu o coloco em seu cercadinho. Então, minha paciência se esgotou."
>
> **Mãe de Frankie, 64ª semana ou 14 meses e meio**

"Ele sempre quer subir no meu colo e, melhor ainda, ir para o mamilo – de preferência todo o dia. Isso realmente me incomoda. Em primeiro lugar, eu tento tirá-lo de cima de mim com alguma brincadeira para distraí-lo. Mas se ele continua vindo e me puxando, ele tem uma boa chance de acabar na cama. Isso simplesmente começa a passar dos limites."

> **Mãe de Robin, 65ª semana ou se aproximando dos 15 meses**

"Às vezes, ele quer ser pego no exato momento em que estou ocupada com alguma coisa e isso me incomoda. Eu tento explicar em termos simples porque eu não posso pegá-lo. E explicando ajuda!"

> **Mãe de Gregory, 65ª semana ou se aproximando dos 15 meses**

"Eu fico um pouco perturbada quando ele finge não ouvir o que eu digo. Eu o agarro e o viro de frente para mim, para que ele tenha que olhar para mim e escute quando eu digo alguma coisa."

> **Mãe de Taylor, 65ª semana ou se aproximando dos 15 meses**

"Se ele persistir em ser impertinente, não sabe o que quer, chora por qualquer coisinha e não ouve o que eu digo, eu suponho que ele está muito cansado e que é hora de ir para a cama. Eu preciso desabafar, porque, então, minha paciência chega ao fim."

> **Mãe de Taylor, 67ª semana ou 15 meses e uma semana**

Você pode brigar

Sua criança está ficando maior. Cada vez mais frequentemente ela e a mãe estão em desacordo. Se ela não está autorizada a interromper, a se agarrar ou ficar sem controle, ela se rebela ferozmente. Brigas reais são o resultado. Tal explosão é mais provável no final do período difícil. É quando a mãe e a criança estão mais rápidas a ficarem temperamentais.

"Nós tivemos uma briga real! Ele continuava pegando os gatinhos e os empurrando ao redor do chão, como carros de brinquedo. Eu tive que pará-lo."

> **Mãe de Mark, 63ª semana ou 14 meses e uma semana**

"Ele chora ainda mais alto se não conseguir o que quer, em vez de parar com a birra. Se ele não parar muito rapidamente, eu o coloco em seu cercadinho como punição. Mas ele não gosta de nada disso. Ele faz uma enorme birra. Eu o deixo ir até ele explodir, mas não é agradável."

Mãe de Luke, 63ª semana ou 14 meses e uma semana

"Ela está nos deixando loucos. Ela chora muito e requer atenção constante a partir das 7h da manhã até às 22h30 da noite. Às vezes, uma boa palmada no bumbum é realmente necessária. Tentar falar com ela é como falar com uma parede, ela não ouve. Suas sonecas são apenas de uma hora e meia. Nós não temos tempo para nós mesmos ou uns para os outros mais, porque ela praticamente gerencia nossas vidas. Talvez devêssemos prestar menos atenção a ela. Eu gostaria de saber se outras crianças são tão difíceis nessa idade. Nunca ouvimos outros pais reclamando. Estamos sem ideias. No momento, estamos achando a paternidade uma tarefa bastante ingrata."

Mãe de Jenny, 65ª semana ou se aproximando dos 15 meses

Se seu bebê procura atenção de uma forma tão intencional, ele pode deixar você desesperada. Isso é absolutamente normal. No entanto, você não deve reagir no desespero. Machucar seu bebê ou a criança nunca é uma boa maneira de lhe ensinar as regras.

"Se ele não conseguir o que quer, ele fica furioso e me bate. Isso foi me incomodando há algum tempo e agora a minha paciência chegou ao fim. Eu lhe bati para que ele pudesse sentir isso. Então eu expliquei para ele por fim que o ato de bater deve parar."

Mãe de Mark, 65ª semana ou se aproximando dos 15 meses

Se ele não pode bater em você, então você não deve bater nele. Se você bater em seu filho, então não há muito sentido dizer que ele não deve bater. Suas palavras devem coincidir com suas ações. Bater não resolve nada e não é bom para o seu pequeno.

"Ela se recusa a ouvir e isso realmente pode ser aborrecido ou perigoso. Às vezes, é necessário lhe dar uma palmada. Mas isso nem sempre funciona. Esta semana, as coisas já estavam complicadas, eu lhe disse: 'a mamãe não gosta de você agora, vá embora'. E sua reação me pegou de surpresa. Ela começou a chorar incontrolavelmente. Ela realmente ficou mortificada, foi pior do que uma palmada. Espero nunca dizer isso de novo em desespero. Eu não queria que fosse tomado tão literalmente."

Mãe de Jenny, 66ª semana ou 15 meses

Como emergem as novas habilidades do bebê

Aproximadamente na semana 64, quase 15 meses, você percebe que grande parte do apego começa a desaparecer. Sua criança está um pouco mais empreendedora novamente. Talvez, você já veja que ela está diferente e age de forma diferente. Ela está ficando muito mais determinada. Pensa de forma diferente. Manuseia seus brinquedos de forma diferente. Seu senso de humor mudou. Você vê essas mudanças, porque nessa idade a capacidade de sua criança para observar e implementar "princípios" está surgindo. Obter essa capacidade é comparável com a descoberta de um novo mundo. Sua criança com seus talentos, preferências e temperamento escolhe por onde quer começar. Descubra para onde ela vai e a ajude com isso. Esta nova habilidade que ela adquiriu, por vezes, "dá-lhe uma dor de cabeça", como uma figura de linguagem.

"Ele não quer sentar em meu colo muitas vezes, ele está ativo novamente."

Mãe de Thomas, 67ª semana ou 15 meses e uma semana

"Todo o desânimo e mau humor passaram. Ela até mesmo ficava feliz em ir para a creche. O período difícil já passou."

Mãe de Josie, 66ª semana ou 15 meses

"Às vezes, eu me preocupo. Tenho a sensação de que ele está ocupado no interior. De certa forma, ele fica mais fechado em si. Mas, ao mesmo tempo, ele gosta de ficar perto de mim. Sem fazer nada, só ficar perto de mim."

Mãe de Luke, 67ª semana ou 15 meses e uma semana

Ele brinca mais sozinho e está mais calmo, mais focado, mais solene, com iniciativa, fazendo testes, observando e independente no sentido de que ele faz as coisas sozinho. Ele está menos interessado em brinquedos. Seus interesses estão mais virados para as coisas domésticas. Além disso, ele realmente gosta de estar no exterior apenas passeando e explorando. No entanto, ele não precisa que você fique ao redor.

mágico salto adiante

Agora que sua criança dá seus primeiros passos no mundo dos "princípios", você percebe que ela completa vários "programas" de forma mais flexível e natural. Você entende agora o que ela está fazendo e o que ela quer. Os princípios influenciarão seu processo de pensamento. Ela começa a ficar por dentro das coisas, assim como um professor tem de estar por dentro das coisas para conseguir explicá-las. Sua criança travessa não é mais "apanhada" em um programa, em vez disso ela pode "criar" ou mudar e julgar por si própria o que é o quê. Começa a pensar em programas. E assim como na execução de programas que ela delibera cada movimento e decide se irá fazê-lo desta ou daquela maneira, no mundo dos princípios, sua pequena criança começa a pensar sobre o pensar. Ela está mais ocupada no quarto. E ela sente isso.

"Ele está sentindo seu caminho com a cabeça. Literalmente. Ele toca várias coisas com a testa: o chão, o pé de uma mesa, um livro, seu prato e assim por diante. Ele me chama para me mostrar. Eu não posso segui-lo. Certas vezes, eu acho que ele quer dizer que você pode dar de cara com essas coisas. Outras vezes, parece ser o início de uma nova forma de pensar, como se ele sentisse que pode compreender mentalmente o mundo."

Mãe de Luke, 67ª semana ou 15 meses e uma semana

No mundo dos princípios seu pequeno vai pensar no futuro, contemplar, considerar as consequências de suas ações, fazer planos e avaliá-los. Ele virá com estratégias: "Devo pedir ao papai ou a avó para conseguir o doce?" "Como eu posso atrasar sutilmente?" Naturalmente, a criança não é muito adepta da elaboração de planos, eles também não são tão complexos como os nossos. Como adultos, levamos anos para dominar isso. Pela prática, cada um de nós aprendeu princípios de execução de programas e a enfrentar vários milhares de situações diferentes. Seu pequeno novato não pode compreender plenamente o significado de tantas coisas novas. Como uma "Alice no País das Maravilhas", ele vagueia o mundo complicado dos princípios. Ele começa a imergir nele desde a manhã até a noite em que ela terá de fazer escolhas. Sim, ela percebe que é inevitável: ela deve escolher, escolher e escolher novamente. Talvez você tenha notado seu pequeno hesitando infinitamente sobre o que ele deve fazer.

> "Ele agora percebe que o dia inteiro ele tem que fazer todos os tipos de escolhas. Ele escolhe de forma muito consciente e com calma. Ele hesita indefinidamente se deve ligar a TV ou não. Se brinca com alguma coisa fora da varanda ou não. Se dorme na cama grande ou na pequena, e se ele se senta com o pai ou comigo. E assim por diante."
>
> **Mãe de Luke, 67ª semana ou 15 meses e uma semana**

No mundo dos princípios, a criança não só tem de escolher o que ela vai fazer, mas enquanto ela está fazendo isso, ela deve continuar fazendo escolhas: "Devo destruir a minha torre, apenas deixá-la ou construí-la mais alto?" E se ela escolhe a segunda opção, ela deve escolher a forma de fazer isso: "Devo colocar um bloco em minha torre ao lado ou, desta vez, uma boneca?" Com tudo o que ela faz, ela terá que escolher: "Devo fazer isso com cuidado, de forma descuidada, imprudente, rapidamente, de modo selvagem, perigoso ou com atenção?" Se a mãe acha que é hora de dormir, ela terá que escolher se quer ir junto em silêncio ou se quer tentar atrasar. Novamente ela deve escolher: "Qual é a melhor estratégia para me manter fora da cama por mais tempo? Apenas correr o mais rápido que eu posso? Puxar uma planta de seu vaso? Ou fazer alguma outra artimanha?" E se ela sabe muito bem que uma coisa não é permitida, ela deve escolher se quer ou não simplesmente ir até ela ou se espera até que a barra esteja limpa. Ela contempla, escolhe, faz testes e deixa a mãe desesperada.

Com todas essas opções, sua criança percebe que ela também pode controlar, igual à mãe, o pai e todas as outras pessoas. Ela se torna possessiva também. Não compartilha rapidamente seus brinquedos, especialmente, com outras crianças. Ela agora conta como uma pessoa. É dona de seu próprio mundo. Sua vontade própria alterna. Em um momento, ela decide colocar um copo cheio em cima da mesa com cuidado e, no outro, ela deixa o copo cair e derrama o conteúdo. Em um momento, ela tenta conseguir um biscoito de sua mãe com beijos e carícias. No momento seguinte, opta por uma abordagem menos sutil. E a mãe não tem ideia de que ela está atrás de um biscoito! Sua criança está cheia de surpresas. Usando todo o seu arsenal e estudando suas reações e das outras pessoas, sua pequena criança descobre que as várias estratégias que emprega levam a resultados diferentes. Assim, sua criança descobre quando é melhor ser simpática e atenciosa, agressiva, assertiva, cuidadosa ou educada. E isso não é tudo. Seu filho inventa algumas das estratégias sozinho, outras ele imita: "Ah, aquele garoto bateu na mãe. Eu devo experimentar isso?" Sua criança vagueia no mundo dos princípios e realmente precisa da mãe e das outras pessoas em seu processo de aprendizagem.

Nós adultos já temos anos de experiência no mundo dos princípios. Por tentativas e erros, tornamo-nos qualificados neste mundo. Sabemos, por exemplo, o que significa para nós justiça, bondade, humanidade, utilidade, criatividade, moderação, calmaria, confiança, frugalidade, cautela, cooperação, cuidado, delegação de poder, assertividade, paciência e carinho. Nós sabemos o que significa ser atencioso com os outros, ser eficiente, cooperar, ser amoroso, respeitoso e sabemos como acalmar outras pessoas. Ainda assim, nem todos interpretam esses princípios da mesma forma. Sabemos, por exemplo, que é educado apertar a mão quando nós nos apresentamos, isto é, em nossa cultura. No entanto, na Inglaterra, não se espera um aperto de mão. Lá, um aceno de cabeça e uma saudação é suficiente. E, na Tanzânia, as duas mãos são esperadas. Uma mão estendida é apenas metade da oferta. Nós cumprimos nossos princípios de acordo com nossa personalidade, com a da família e da cultura em que crescemos.

Em geral, pode-se dizer que ao perseguir um determinado objetivo, um princípio é uma estratégia comum que usamos sem ter que passar por todas as etapas específicas uma a uma. Os exemplos anteriores são, principalmente, princípios morais, que lidam com normas e valores. Mas há outros tipos de princípios que dizem respeito à forma como fazemos as coisas. Por exemplo, existem as estratégias que você usa quando joga um jogo de tabuleiro. Outro exemplo é quando ao planejar uma viagem de fim de semana você planeja tempo suficiente para dormir. Ainda outro exemplo é o princípio de que ao escrever um artigo, você deve levar em conta seu público-alvo. Ou o princípio de manter dupla contabilidade ou o desenvolvimento de um "tema" de musical. Depois, há as leis da natureza que ditam como as coisas se movem, equações químicas que descrevem como uma matéria complexa é construída por elementos simples ou a geologia que descreve os movimentos da crosta terrestre. Tudo isso pertence ao que chamamos de mundo dos princípios.

Sua criança está naturalmente longe de estar pronta para tais aplicações adultas dos princípios, tais como estratégia no xadrez, as leis da natureza ou regras ou normas dos adultos. Tudo isso são grandes coisas que nós não costumamos associar a crianças. Mas, de sua maneira rudimentar, seu pequeno entra no mundo dos princípios. Ele já desenvolveu estratégias para ser capaz de ficar acordado até mais tarde! E algumas crianças passam o dia todo brincando com carrinhos de brinquedo, vendo-os descer um declive.

Não pode haver grandes diferenças com o modo pelo qual um adulto classifica um princípio na prática. Nós nos preparamos constantemente para a mudança das condições que se apresentam. Assim, nem sempre somos pacientes, cuidadosos ou econômicos e, damos carinho, atenção e respeito para todos da mesma forma. Isso não seria prudente. Às vezes, por exemplo, achamos que é menos importante sermos diretos com alguém, outras vezes achamos isso mais importante levando em conta a situação ou idade da outra pessoa. Suponha que seu esposo e seu filho dão a você um desenho de um macaco e olham para você cheios de expectativa. Você provavelmente irá ser mais honesto com seu cônjuge. Você pode até dizer que ele deveria ficar com seu trabalho. Mas você elogia o pequeno desenhista por seu esforço. Mesmo se não conseguir dizer o que é, você diz que é o macaco mais charmoso que você já viu. E, como uma demonstração de apreço, você coloca o

macaco pendurado na geladeira. Sem sequer pensar nisso, você tomou a idade do desenhista em conta. Não teria sido benéfico se você tivesse sido direto com seu bebê. Você poderia ter destruído permanentemente sua vontade de desenhar.

Nesta idade, a criança ainda não pode se preparar para todas as várias condições. Ela ainda tem de adquirir a sutileza. Ela ainda está ligada às estratégias que aprendeu. Isto acontece porque ela recebeu apenas seu primeiro sopro de princípios e ela só é capaz de aplicá-los de forma fixa. Só depois que ela der seu próximo salto você vai notar que a criança começa a se tornar mais adaptável ao seu redor. Ela adapta sua estratégia. Assim como seu pequeno foi capaz de captar os programas depois de dar seu salto para o mundo dos princípios, a criança irá, após o próximo salto, entender que ela pode escolher o que quer ser: honesta, cordial, atenciosa, cuidadosa, paciente, engenhosa, eficiente, justa, solidária ou frugal. E que ela pode optar por não ser nada ou tudo isso. Ela começa a entender que pode prestar atenção ao avô, ou que ela não precisa fazer isso. Que ela pode confortar um amigo, ou escolher não fazer isso. Ou, então, que ela pode tratar o cachorro com cuidado ou ela pode ser rude. Que ela pode ser educada com o vizinho e cooperar com a mãe, ou não...

"Nora fugiu! A avó estava cozinhando e ela estava brincando docemente com sua boneca e as coisas. Lentamente, ela expandiu os limites de seu território para o corredor. Mas ela não estava pensando em parar por aí. Ela deve ter fechado a porta do corredor muito calmamente e com a mesma habilidade abriu a porta da frente. A avó achou tudo muito quieto na sala. Ela olhou ao redor e a porta fechada a fez temer o pior. Ela correu para fora antes de saber o que fazer. Duas ruas abaixo, ela a viu. Ela estava correndo como um coelho atrás de seu carrinho com sua boneca para o mundo, longe da casa da vovó. Quando ela viu a avó, ficou muito assustada e começou a protestar em voz alta: 'Nora não gosta disso! Nora não gosta disso!' Ela queria continuar vagando sozinha. Ela não aguentaria ser pega. A partir de agora, a porta da frente da casa da avó será trancada."

Mãe de Nora, 87ª semana ou 20 meses

"Ela já estava querendo dar ao banheiro uma boa examinada, mas ainda não tinha tido sucesso. Subitamente, ela encontrou uma solução para seu desejo de limpeza. De repente, ouvimos a porta da fechadura do banheiro e esse enorme som de limpeza vindo do quarto menor. Havia barulho de esfregar, de descarga e de lixeiras chocalhando. Uma descarga, outra e outra. Os salpicos de água levaram toda a família a bater e a chamar na porta. Mas, mesmo com a avó, o avô e eu implorando, a porta permaneceu trancada com o som contínuo de limpeza vindo de dentro. Lentamente, um pouco de água escoou por debaixo da porta. Mas a porta permaneceu fechada. Cerca de vinte

minutos depois, a porta se abriu e a pequena senhora da limpeza saiu. Completamente molhada, orgulhosa e satisfeita: 'Tudo feito', ela disse e foi embora. Tudo estava seco: as paredes, o vaso sanitário, o chão. Os rolos de papel higiênico estavam no vaso sanitário e folhas de papel higiênico estavam presas na parede. E, no chão, havia uma panela, uma escova e uma toalha. Ela tinha se preparado bem para o trabalho."

Mãe de Angela, 92ª semana ou 21 meses

Alterações cerebrais

A partir de pesquisas dos EUA em 408 gêmeos idênticos, concluiu-se que aproximadamente nos 14 meses de idade, houve influência hereditária clara no desenvolvimento mental. O desenvolvimento diz respeito às habilidades não verbais e à compreensão da fala.

As escolhas de sua criança: uma chave para a sua personalidade

Todas as crianças receberam a capacidade de perceber e sustentar os princípios. Elas precisam de anos para se familiarizarem completamente com a vasta gama de novas competências para usar, mas, como são crianças, elas dão seus primeiros passos delicados no mundo dos princípios.

Nessa idade, por exemplo, a criança escolhe como vai fazer as coisas: com cuidado ou de forma imprudente. Ela escolhe se quer ou não prestar atenção na mãe ou tentar fazer o que quer com um ataque da obstinação. Em suma, ela escolhe qual estratégia vai usar para atingir a meta que estabeleceu para si mesma. E, como todas as outras crianças, primeiro ela escolhe o que melhor se adapta ao seu talento, à mobilidade, às preferências e às suas circunstâncias particulares. As primeiras escolhas se tornam aparentes quando ela está na semana 64 ou quase nos 15 meses de idade. Não compare seu filho com outras crianças. Cada criança é única e vai escolher de forma diferente.

Observe com cuidado sua criança. Estabeleça quais são seus interesses. Use a lista em Meu Diário nas páginas 332-333 para marcar ou destacar o que seu filho escolhe. Você também pode olhar para ver se há alguns princípios que você acha que seu filho pode usar e aprender. Pare de marcar quando seu filho começar a dar o próximo salto. Isso geralmente acontece quando ele está na semana 71 ou 16 meses e meio.

No mundo dos princípios, a criança vai descobrir que existem várias maneiras de alcançar um objetivo. Todas as estratégias que ele pode utilizar: "Devo fazer isso com cuidado, de forma imprudente, agressiva ou doce?

Crianças são assim

Tudo que é novo para ele, seu filho gosta mais. Portanto, sempre reaja às novas habilidades e interesses que sua criança apresenta. Dessa forma, ele aprende de forma mais agradável, mais fácil, mais rápida e muito mais.

(continua na página 334)

Meu diário —

Como meu bebê explora o novo mundo dos princípios

EXERCITANDO SUA VONTADE PRÓPRIA
- Escolhe conscientemente
- Toma a iniciativa
- Quer ter uma palavra a dizer se os outros fazem algo
- Sente mais necessidade de pertencer, de ser aceito
- Possessivo com brinquedos
- O que tenho notado de outra forma:_____

COPIANDO E IMITANDO
- Observa adultos
- Observa outras crianças
- Imita o comportamento doce
- Imita o comportamento agressivo
- Imita ações físicas evidentes, como cambalhota, escalar
- Imita as habilidades motoras sutis, como segurar um lápis
- Imita "esquisitices", como mancar, andar como um corcunda
- Imita o que vê na TV ou em um livro
- O que tenho notado de outra forma: _____

PRATICANDO ESTRATÉGIAS, EXPLORANDO OS LIMITES E SE TORNANDO ENGENHOSO
- Experiências com as habilidades motoras
- Experiências em guardar e recuperar objetos
- Experiências de engatinhar dentro ou atrás de alguma coisa e sair novamente
- Experiências a manipular as coisas com cautela e cuidado
- Experiências a fazer escolhas: o que devo escolher?
- Experiências com o significado de "sim" e "não"
- Experiências a enganar mãe; age como se fosse desobediente

- Experiências com rampas e subidas; sente com o dedo e as estuda ou desliza seus carros para cima e para baixo
- O que tenho notado de outra forma: _____

IMPLEMENTANDO ESTRATÉGIAS E TÁTICAS

- É útil (mais frequentemente) ou tenta ser
- É obediente (mais frequentemente) ou dá o seu melhor para ser assim
- É (mais frequentemente) cuidadoso e carinhoso ou tenta ser
- Aceita (mais frequentemente) que ele ainda é pequeno, precisa de ajuda e, portanto, deve obedecer. Entende, por exemplo, que as ruas são perigosas e que, portanto, deve andar de mãos dadas
- Tira sarro para conseguir algo ou para fazer com que outras pessoas façam algo
- É (mais frequentemente) extra doce para conseguir o que quer
- Tenta (mais frequentemente) conseguir o que quer sendo agressivo
- Mostra (mais frequentemente) seus sentimentos em um ataque de obstinação
- Faz (mais frequentemente) o que ele sente, segue seu próprio caminho
- Aproveita-se de outras pessoas para fazer alguma coisa que ele não conseguiu de outra forma e que a mãe não aprovava, por exemplo, "talvez o pai me dê um biscoito?"
- O que tenho notado de outra forma:_____

OUTRAS MUDANÇAS QUE VOCÊ OBSERVA

_____

_____

Ou eu deveria tentar uma brincadeira?" Seu pequeno está se tornando mais engenhoso. Isso se deve ao fato de que ele está crescendo rapidamente de forma mais nítida em todas as áreas. Ele começa a andar mais habilmente e é capaz de fazer rapidamente seu caminho. Ele entende melhor você e, por vezes, pode responder de volta. Ele pratica brincar com suas emoções e nem sempre ao redor de você. Ele pode pensar no futuro e sabe que ele conta também. Ele está cada vez melhor em comer e beber, ao limpar, ao construir torres, a colocar as coisas em conjunto, a empurrar e chutar outras crianças. Seu objetivo lançado melhorou, assim como outras coisas. Tudo vem mais naturalmente para ele nas próximas semanas. E ele vai continuar usando novas estratégias para alcançar seu objetivo. É claro que nem todas as estratégias que sua criança inventa conseguem o efeito desejado. Isso exige tempo e prática. Por tentativa, a criança percebe que várias estratégias levam a resultados diferentes. Algumas são um sucesso estrondoso, outras são o inverso e a maioria é mais ou menos.

Dê ao seu filho a oportunidade de experimentar todos os tipos de estratégias, testando-as e refletindo neles. Ele vai aprender a se comportar em determinadas situações apenas por ser engenhoso, por medir sua reação e através de muita prática.

Talento artístico

Disparates físicos

Quando a criança está tentando atravessar o mundo dos princípios, ela também vai querer saber o que seu pequeno corpo é capaz de fazer: em outras palavras, como usar seu corpo quando ela quer ser rápida, lenta, cuidadosa, engraçada ou inteligente. Seu pequeno vai fazer experiências com seu corpo. Ele testa suas capacidades. Quais acrobacias meu corpo pode fazer? Eu consigo caber ali? Como faço para subir as escadas? Como faço para descer? Como faço para descer no escorregador? Entre os brinquedos e móveis será um bom lugar para ficar? Quão forte eu sou? Em suma, o pequeno está ficando cheio de habilidade com o seu corpo. Ele às vezes parece imprudente, o que assusta a mãe.

> "Ela sobe e desce um degrau. Ela pratica isso durante todo o dia. Agora eu presto atenção aos outros objetos de diferentes alturas para que ela possa desenvolver essa habilidade."
>
> **Mãe de Hannah, 67ª semana ou 15 meses e uma semana**

"Nós colocamos um colchão no chão para que ela possa pular nele. Ela ama galopar sobre ele. Ela mergulha no colchão e tenta dar uma cambalhota. Ela continua testando o quão longe pode ir na superfície macia."

Mãe de Josie, 66ª semana ou 15 meses

"Thomas gosta de ficar no sofá o dia inteiro. Ele sobe de costa usando a parede para se levantar."

Mãe de Thomas, 66ª semana ou 15 meses

"Todos os dias ele descobre novos jogos. Ele encontrou um pequeno túnel atrás de sua cama e cômoda e adora ir e voltar nele. Ele desliza sob o sofá e examina a distância que pode ir antes de ficar preso. E ele se diverte deslizando ao redor da sala de joelhos em vez de usar seus pés."

Mãe de Matt, 70ª semana ou 16 meses

"Ela pratica diferentes formas de caminhar. Caminhar para trás, girando em círculos, anda rápido, anda devagar. Ela estuda muito sobre todos esses truques."

Mãe de Eve, 64ª semana ou 14 meses e meio

"Ela está sobre e dentro de tudo: na banheira da boneca, na cama da boneca e nas almofadas espalhadas no chão."

Mãe de Ashley, 64ª semana ou 14 meses e meio

"Ele ri enquanto rola nas cortinas."

Mãe de Matt, 69ª semana ou se aproximando dos 16 meses

"De repente, ele está pegando cadeiras e bancos."

Mãe de Kevin, 70ª semana ou 16 meses

Familiarizar-se com o exterior

Muitas crianças gostam de passear no exterior. Elas parecem que estão tateando, mas na verdade elas estão inspecionando a área. Isto não quer dizer que elas não precisam da mãe: elas precisam! Muitas questionam interminavelmente sobre tudo: o que é isso e como é que isso se chama. E todas as crianças absorvem o que você diz e o que elas veem com a máxima concentração.

"Ela se assustou quando caminhou através de uma poça e se molhou. Ela caminhou de volta para olhar e investigar a poça."

Mãe de Ashley, 64ª semana ou 14 meses e meio

"Ele acha interessante espirrar através das poças. Isso realmente lhe agrada."

Mãe de Matt, 71ª semana ou 16 meses e uma semana

"Ela ficou cara a cara com uma vaca de verdade e ela não soube o que fazer. Isso foi no jardim zoológico das crianças. Ela não estava pronta para acariciar o animal ainda. Mesmo estando nos braços do pai. No caminho para casa, ela estava tranquila enquanto refletia sobre isso. Essa foi a impressão deixada pela versão viva da vaca do livro."

Mãe de Victoria, 61ª semana ou 14 meses

Conseguindo ser hábil com as coisas

Seu filho vai se tornar cada vez mais habilidoso com jogos e objetos no mundo dos princípios. Ele só come corretamente se ele puder comer sozinho. Ajudar quando não é desejado pode resultar com toda a comida no chão. Ele consegue muito bem construir coisas ou brincar com seu jogo de anéis e quebra-cabeças. Mas cuidado! Ele tenta abrir a torneira, garrafas e frascos com tampa de rosca regularmente. Sua criança está primeiramente interessada em testar qual das estratégias funciona melhor quando ela precisa. Ela reflete e experimenta. O que vai acontecer se eu largar o chaveiro atrás do armário? E se eu colocá-lo debaixo da cama? E o que vai acontecer com o chaveiro se eu deixá-lo deslizar para baixo entre o sofá e a parede? E como vou fazê-lo reaparecer? E se eu não conseguir alcançá-lo, posso chegar até ele com uma vara? Em suma, ela está aprendendo a esconder algo, colocar algo longe e recuperá-lo. Mais tarde, se ela for habilidosa o suficiente ou pensar ser, ela vai usar seus truques, talvez para divertir você com uma brincadeira. Ela também pode esconder um jogo, se, por exemplo, não quer que um de seus amigos brinque com ele. Preste atenção ao que seu pequeno está fazendo. Coloque itens perigosos fora do alcance e fique atenta ao seu pequeno explorador.

"Nós fazemos quebra-cabeças juntos. Agora ele gosta e participa de bom grado. Não que isso sempre funcione bem, mas é um começo."
Mãe de Kevin, 65ª semana ou se aproximando dos 15 meses

"Agora o jogo do anel é popular. Ele vê claramente se coloca o anel errado no polo e diz: 'Não'. Se ele acerta, então ele fica muito orgulhoso, olha para mim e espera aplausos."
Mãe de Harry, 64ª semana ou 14 meses e meio

"Ele esconde a bola e o balão atrás de alguma coisa. A consequência é que ele não consegue mais alcançá-los."
Mãe de Luke, 66ª semana ou 15 meses

"Ela joga as coisas no chão quando você menos espera. Ela examina o efeito de jogar sobre o objeto."
Mãe de Josie, 64ª semana ou 14 meses e meio

"Ele gosta de brincar com seus carros. Esta semana, ele tentou ver o quão bem eles se comportam uns em cima dos outros."
Mãe de Robin, 72ª semana ou 16 meses e meio

"Quando ela está aspirando com seu poderoso aspirador à pilha, ela prefere ir para os lugares mais impossíveis. Ela aspira esses pontos como se sua vida dependesse disso: sob o armário, entre as cadeiras e pernas de mesa, em armários abertos. Ela ignora os grandes espaços abertos fáceis."

Mãe de Victoria, 61ª semana ou 14 meses

"Uma vez ou outra ela abriu a minha gaveta da mesa, então eu a tranquei. Ela então tentou várias maneiras de conseguir abri-la. Agachou e puxou, sentou-se e puxou, impulsionou com o pé. Isso a frustrou completamente."

Mãe de Laura, 65ª semana ou se aproximando dos 15 meses

"Ela queria os bombons que estavam na cornija da lareira. Eu não os dei a ela. Então, ela entrou no modo agressivo. Como ela não parou, eu a coloquei na sala para se acalmar. Eu tinha esperança de que ela iria esquecer os bombons, mas eu estava errada. No minuto em que ela voltou para o quarto, ela arrastou uma cadeira da sala de jantar para o quarto. Levou 15 minutos. Quando a cadeira chegou à lareira, ela pediu ao seu irmão para levantar a cadeira. Ele percebeu que não era para fazer isso, então ele riu dela. Ela então desistiu. O avô dela estava de visita naquela noite e ele estava brincando com ela. Ele tem um verdadeiro desejo de doces e quando viu o bombom, ele pegou um. Ela também ganhou um. Mais tarde, quando voltei para a sala, ela entrou vitoriosa em minha direção e me mostrou seu prêmio. Ela ganhou no final."

Mãe de Victoria, 61ª semana ou 14 meses

"Ela não conseguia tirar algo do cesto de revistas. Quando finalmente conseguiu depois de tentar puxar e arrancar cinco ou seis vezes, ela riu satisfeita consigo mesma. Ela nunca tinha feito isso antes."

Mãe de Emily, 68ª semana ou 15 meses e meio

Tornando-se hábil com a linguagem

No mundo dos princípios a criança está continuamente compreendendo melhor o que as grandes pessoas ao seu redor estão dizendo umas para as outras e para ela. Ela também está entendendo melhor instruções breves e muitas vezes as levam com muito entusiasmo. Ela sente como se fizesse parte de alguma coisa. Ele também se diverte apontando para as partes do corpo quando você diz os nomes. O mesmo vale para várias coisas em casa, estejam elas no chão, nas paredes ou no teto. Muitas mães pensam que seu pequeno deveriam estar falando mais, uma vez que eles já sabem muito. Mas esse não é o caso. Somente após o próximo salto, a fala de sua criança realmente vai decolar. Seu filho terá 21 meses nesse momento. No mundo dos princípios a maioria das crianças se contenta em pronunciar palavras isoladas, imitar sons de animais e reproduzir todos os tipos de outros ruídos.

Leve seu filho para jogar um jogo de apontar e dar nome com você. Você diz o nome de algo e deixa seu filho apontar para ele, quer seja um brinquedo, uma parte do corpo ou o qualquer outra coisa. E tente ver o que seu filho acha do jogo de chamar uns aos outros. É melhor se seu filho começar chamando você. Chame o nome dele para levá-lo a chamar seu nome. Chame o nome dele novamente. Para muitas crianças, isso lhes dá um sentimento de orgulho e importância, seus egos contam.

"Ele entende cada vez mais. É inacreditável a rapidez com que uma criança aprende novas palavras. No entanto, ele escolhe apenas algumas para usar em seu discurso. Ele prefere as palavras que começam com 'b' como suas coisas favoritas: bola (do inglês: ball) e menino (do inglês: boy). Ele pronuncia bem e completamente as palavras. Parece que ele sabe como pronunciar as palavras, mas ele não tem a coordenação."

Mãe de Harry, 69ª semana ou se aproximando dos 16 meses

"Ela aponta enérgico para seu pé, dedo do pé, olho, ouvido, nariz, barriga, mãos e cabelos. Ela também sabe que você lava o cabelo com shampoo, bem como qual é o frasco de shampoo."

Mãe de Juliette, 69ª semana ou se aproximando dos 16 meses

"Ela gritou 'papai' quando seu pai estava ocupado na cozinha. O chamar automático evoluiu para um jogo de linguagem. Revezando, os dois chamavam o nome de cada um: 'Anna...', 'Papai...', 'Anna...', 'Papai'. Interminável. Agora acontece o tempo todo, se um deles sai da vista do outro."

Mãe de Anna, 70ª semana ou 16 meses

Imitando os outros

No mundo dos princípios, a criança vai observar como os adultos ou as outras crianças fazem as coisas e qual o efeito que suas ações têm. "Como é que ele faz isso com tanta habilidade?" "Essa criança recebe atenção imediata de todos se ela morde a avó." "A mamãe e o papai se sentam regularmente no vaso sanitário. Isso deve fazer parte de ser 'grande'." "Ele continua chutando a perna da senhora da casa ao lado. Ela ri, por isso, chutar deve ser engraçado." Só para começar. Ele copia, imita e experimenta o que vê. As pessoas ao seu redor são seus modelos. Além disso, o comportamento que ele vê em livros e na TV dão a ele uma fonte inesgotável de ideias.

Reaja ao comportamento de seu pequeno. Faça com que ele saiba o que você acha de seu comportamento. Só assim a criança vai aprender o que é certo e errado, e se ela pode fazer as coisas melhor, mais rápido, de forma mais eficiente ou mais agradável.

"Imitar agora é sua ocupação principal. Ele imita cada comportamento que vê: alguém bate o pé, ele bate seus pés; alguém bate, ele bate; alguém cai, ele cai; alguém atira, ele atira; alguém morde, ele morde."

Mãe de Thomas, 63ª semana ou 14 meses e uma semana

"Tudo o que eu faço, ele quer fazer também. Também o que as outras crianças fazem, ele entende imediatamente. Mesmo se ele vê algo apenas uma vez, ele capta diretamente. Ele copia comportamentos agradáveis e não tão agradáveis."

Mãe de Paul, 64ª semana ou 14 meses e meio

"Ela passa mais tempo e está cada vez mais atenta aos livros e à TV. Uma criança na TV mostrou a língua para a outra, e ela imitou diretamente."

Mãe de Josie, 64ª semana ou 14 meses e meio

"Ela quer escovar os dentes sozinha. Ela escovas para cima e para baixo uma vez e bate a escova na borda da pia - toc, toc, toc - desliza a escova novamente para cima e para baixo em sua boca e bate novamente - toc, toc, toc. E ela escova. O engraçado é que ela está me imitando. Eu bato a escova na borda da pia, mas só depois que eu acabei completamente e de ter lavado a minha escova. Eu faço isso para tirar a água da escova."

Mãe de Victoria, 61ª semana ou 14 meses

"Inicialmente, ela ligava seu aspirador com os dedos da mão. Então, ela viu que eu uso o meu pé para ligar o meu. A partir daí, ela usa o pé para ligar o dela também."

Mãe de Victoria, 61ª semana ou 14 meses

Repetindo

No mundo dos princípios, a criança repete o negócio doméstico diário em casa e fora. Ela "cozinha", "faz compra", "dá passeios", "diz adeus" e "cuida de seus filhos bonecos". Naturalmente, ela faz tudo isso em sua forma de criança. No entanto, você começa a reconhecer melhor o que ela está fazendo. Acima de tudo o que você vê ou não, ele dá o seu melhor para ser

cuidadosa ou útil, se ela está apenas sendo mandona ou se ela está mamando suavemente. Ela pode fazer isso simplesmente porque acha que é parte de seu papel, ou porque ela está imitando as pessoas ao seu redor.

Dê ao seu filho a oportunidade para ele se estabelecer em seu papel. Brinque com ele de vez em quando. Seu pequeno então sente que ele conta e que o que ele faz é importante. Muitas crianças nessa idade estão muito ansiosas por sinais de valorização. Elas realmente querem ser compreendidas.

"Ela 'cozinha' para sua boneca. Eu lhe dou algum alimento real, porque é isso que ela quer. Ela coloca tudo em uma tigela pequena, alimenta sua boneca e, em seguida, remove a comida."

Mãe de Emily, 68ª semana ou 15 meses e meio

"Ele assa tortas de lama: conchas e baldes cheios para despejar novamente. Ele acha tudo muito interessante."

Mãe de Thomas, 66ª semana ou 15 meses

"Nos últimos dias, ele despejava água de um balde para o outro. Isso o mantém ocupado. De vez em quando, eu recebo um pedido para encher um balde. Caso contrário, ele parece ter se esquecido de mim e é consumido por seu líquido especial."

Mãe de Steven, 63ª semana ou 14 meses e uma semana

"Ela caminhava com orgulho nas instalações do zoológico com o carrinho de boneca atrás. Uma cabra bloqueou seu caminho e ela começou uma discussão mais ampla com o animal desatento. Infelizmente incompreensível. Parecia que ela estava a chamando à razão."

Mãe de Hannah, 64ª semana ou 14 meses e meio

"Ele sempre brinca de 'dizer adeus'. Ele pega uma bolsa, caminha até a porta e diz: 'Tchau'. Ele acena quando faz isso."

Mãe de Frankie, 64ª semana ou 14 meses e meio

"Ele sempre se aconchega, beija, conforta e acaricia seus bonecos e ursos. Ele também os coloca para dormir. É realmente adorável."

Mãe de Luke, 66ª semana ou 15 meses

Às vezes, uma criança imita ser pai ou mãe. Ele examina como é ser pai ou mãe. Quando uma menina quer ser mãe, a verdadeira mãe está realmente no caminho. Elas, então, parecem estar competindo. Naturalmente, o mesmo acontece se o pai está em casa e ele quer ficar no lugar do pai. E se um menino está brincando de pai, ele quer saber como a mãe reage a este novo pai.

Compreenda o que seu filho está fazendo. Dê-lhe a oportunidade de atuar em seu papel e brinquem juntos. Seu pequeno aprende muito com isso. Ele sente a necessidade de se expressar desta forma e experimentar como é ser mãe ou pai.

"Ele vai até a cama de seu pai e se espalha, olhando em volta como se fosse sua. Além disso, assim como seu pai, ele vai até a cadeira do pai e se senta para ler o jornal. É importante que ele faça como o pai faz. Ele quer a minha reação a isso também."

Mãe de Jim, 66ª semana ou 15 meses

"Assim que eu tiro os sapatos, ela os calça. E então ela dá um passeio com meus sapatos. Ela também quer regularmente se sentar na minha cadeira. Eu tenho que a desocupar para ela. Ela começa a puxar e a me tirar de lá e, se eu não concordo, ela faz uma birra."

Mãe de Nina, 69ª semana ou se aproximando dos 16 meses

Praticando com emoções

No mundo dos princípios, muitas crianças fazem experiências com suas emoções. Como você se sente se eu estiver feliz, triste, tímida, irritada, engraçada ou emotiva? E quando eu cumprimento alguém, o que é que o meu rosto faz então? O que meu corpo faz? E como eu posso usar essas emoções se eu quiser que os outros saibam como eu me sinto? E como devo agir se eu quiser ter ou fazer alguma coisa mal?

"Ele anda por aí rindo muito artificialmente como se estivesse fazendo experiências com a forma como ele se sente rindo. Ele faz o mesmo com o choro."

Mãe de Bob, 63ª semana ou 14 meses e uma semana

"Desta vez, ela cumprimentou o vovô de forma muito diferente do que ela costumava fazer. Normalmente, ela se joga em cima dele colocando a cabeça em seu pescoço e ombro. Quando ela parava por um momento, a saudação acabava e ela começava a brincar com ele. Mas, desta vez, ela se endireitou olhando para ele, apenas para se lançar sobre ele de novo. Ela repetiu isso várias vezes. Então, ela lhe deu um beijo cauteloso e olhou para ele de novo. Isto, também, repetiu-se várias vezes. Ela nunca cumprimentou o avô de uma maneira tão estudiosa antes. Ela estava claramente fazendo experiências com uma saudação."

Mãe de Victoria, 61ª semana ou 14 meses

"Ela queria ler um determinado livro novamente pela oitava vez e notou que eu já estava farta. Ela ficou lá um pouco com a cabeça virada para baixo. Muito calmamente ela praticou um beicinho. Quando ela pensou que tinha a expressão certa, ela me olhou com um perfeito beicinho nos lábios e passou o livro de volta para mim."

Mãe de Josie, 65ª semana ou se aproximando dos 15 meses

"De repente, ele ficou tímido. Se eu o elogiar, por exemplo, ele foge quase com vergonha. Eu nunca vi isso antes. No entanto, ele é rápido a perceber se eu falo sobre ele."

Mãe de Luke, 68ª semana ou 15 meses e meio

Pensar no futuro já começou

No mundo dos princípios, a criança pode pensar no futuro, contemplar e fazer planos. Ela agora entende que a mãe pode e faz isso também. Você logo perceber isso pelas reações de sua pequena criança. Ela percebe quais são as consequências de algo que a mãe faz ou quer que ela faça. E, de repente, ela comenta sobre algo que ela costumava achar bastante normal ou até mesmo gostava. Lembre-se de que ela não é indisciplinada. Seu desenvolvimento deu apenas um salto. Isso é progresso!

"Agora é difícil para ela quando eu saio para o trabalho. Até recentemente, ela corria para a porta da frente para se despedir de mim. Agora, ela protesta e me segura. Eu acho que isso é porque ela agora entende os efeitos. Mandar alguém sair pode ser divertido, mas quando a mãe sai, ela fica fora por pelo menos algumas horas. E isso não é tão bom."

Mãe de Eve, 67ª semana ou 15 meses e uma semana

"Pensar no futuro já começou! Eu escovo os dentes depois que ela teve uma chance. Isso sempre leva a gritaria terríveis. Até recentemente, quando ela ouvia 'hora de escovar os dentes', ela vinha correndo. Agora, ela atira a escova de dente no canto quando eu dou para ela, porque ela sabe o que se segue após a diversão de fazer isso sozinha."

Mãe de Laura, 67ª semana ou 15 meses e uma semana

"Às vezes, ela vai embora depois de ter esquecido sua chupeta. Então ela diz: 'Ah, não', e se vira para ir buscá-la."

Mãe de Ashley, 69ª semana ou se aproximando dos 16 meses

"Agora ele se lembra de onde escondeu ou deixou para trás suas coisas, mesmo quando foi no dia anterior."

Mãe de Luke, 63ª semana ou 14 meses e uma semana

"Quando ele percebeu que teria de subir na bicicleta pela segunda vez hoje, no tempo congelante, ele ficou muito zangado. Ele lembrou claramente como estava frio, e repetir o passeio em tais condições meteorológicas severas não caiu bem para ele."

Mãe de James, 67ª semana ou 15 meses e uma semana

"Esta foi a primeira vez que eu consegui ver que ela tinha uma expectativa clara. Tínhamos pintado com o dedo e ela tinha decorado o espelho. Enquanto ela estava tomando banho, eu escapuli para limpar o espelho. Eu não deveria ter feito isso. Quando ela saiu do banho, ela caminhou para o espelho à procura de sua decoração. Muito triste."

Mãe de Josie, 65ª semana ou se aproximando dos 15 meses

Persistente e seguindo seu próprio caminho

A classe drama

Seu pequeno tenta conseguir o que quer de forma brusca, rolando, batendo e jogando as coisas? Ele perde a paciência pela menor das razões? Por exemplo, se ele não receber a atenção direta, se ele não tem permissão para fazer alguma coisa, se seu jogo for interrompido para jantar, se sua construção cair ou apenas do nada você não detecta que algo está errado? Por que uma

criança faz isso? Porque a mãe e os brinquedos não estão reagindo da forma como ela acha que deve ser. Ela está frustrada e precisa expressar isso. Ela faz isso usando as estratégias mais óbvias: ficando com raiva e fazendo o maior barulho possível. Ela ainda tem de descobrir e praticar estratégias mais rápidas, mais bem-sucedidas, mais doces, a fim de persuadir você a fazer o que ela quer ou para construir um prédio melhor. Seu filho persistente só é capaz de exprimir sua vontade agindo assim. Compreenda a frustração de seu filho. Deixe-o esfriar a cabeça, se ele precisar. E o ajude a descobrir que há outras e melhores estratégias que ele pode usar quando quer fazer algo. Formas que são mais receptivas e mais bem-sucedidas.

> "Ela só quer comer se puder comer sozinha. É uma saga quando não entendemos isso! Tudo voa pelo ar."
>
> **Mãe de Juliette, 65ª semana ou se aproximando dos 15 meses**

> "Na mínima coisinha ou se as coisas não saem como ela tem em mente, ela se joga no chão. Ela cai de costa e bate a cabeça, então se deita no chão batendo os pés e gritando."
>
> **Mãe de Julia, 65ª semana ou 14 meses e meio**

> "Ele tem um número excessivo de crises de raiva. Ele grita e atira coisas se for corrigido, se ele morder mais do que pode mastigar ou se sua hora de brincadeira for interrompida. Se eu distraí-lo rapidamente, porém, ele não derrama nenhuma lágrima. Mas se levar muito tempo, em seguida, seu temperamento se transforma em um triste ataque de lágrimas."
>
> **Mãe de Matt, 68ª semana ou 15 meses e meio**

> "Ele teve várias crises de raiva esta semana. Uma delas foi tão ruim que ele ficou completamente mole. Se ele não conseguir o que quer, ele fica muito irritado e então é uma verdadeira batalha. Ele está realmente em seu próprio mundo! No momento, ele não escuta nada."
>
> **Mãe de James, 67ª semana ou 15 meses e uma semana**

> "Ela tem um crescente número de crises de raiva. Ontem, eu a tirei da cama e, sem motivo, ela fez uma birra. Isso durou um bom tempo, com

ela rolando no chão, batendo a cabeça, chutando e me empurrando para longe, e gritando o tempo todo. Nada do que eu tentei ajudou, nem abraçar, nem palavras para distrair ou para chamar a atenção. Depois de um tempo, eu me sentei perplexa no sofá, recostei-me e observei enquanto ela rolava no chão. Então, eu fui para a cozinha para cortar uma maçã. Ela lentamente se acalmou, veio para a cozinha e ficou ao meu lado."

Mãe de Julia, 65ª semana ou se aproximando dos 15 meses

Ele quer se pronunciar

No mundo dos princípios, seu pequeno descobre que ele conta também, como todas as pessoas grandes. Ele começa a falar por si próprio. Mas às vezes, isso vai longe demais: sua vontade é lei e ele não vai ser influenciado. Isso acontece porque está se tornando cada vez mais claro para ele que ele pode impor sua vontade. Ele conta também! Ele percebe que, assim como a mãe ou o pai, ele pode decidir se, quando ou onde ele faz algo, como ele vai fazer e quando ele vai terminar. Por outro lado, ele quer dar seu contributo se a mãe quiser fazer alguma coisa. Ele quer ajudar a decidir como é feito. E se ele não conseguir o que quer ou se não for de acordo com o plano, ele fica irritado, decepcionado ou triste. Mostre-lhe sua compreensão. Ele ainda tem que aprender que o que ele quer fazer nem sempre será possível de imediato e que ele também tem que aprender a considerar os desejos dos outros, mesmo que ele deseje se levantar e se afirmar.

A diferença entre os sexos

Os meninos expressam seu sentimento de impotência e desprazer com mais frequência do que as meninas. Isso é muitas vezes porque os pais aceitam este tipo de manifestações mais facilmente de meninos do que das meninas, por isso, as meninas aprendem a suprimir esses sentimentos de impotência e desprazer. Consequentemente, elas podem também se tornar mais facilmente deprimidas.

"Ela enfaticamente quer escolher qual mama quer. Ela hesita um pouco, olhando em qual peito mamar, aponta para o vencedor e diz 'tha'. Às vezes, parece que ela está decidindo entre dois sabores diferentes."

Mãe de Juliette, 65ª semana ou se aproximando dos 15 meses

"Se ele tiver algo em mente, é impossível fazê-lo mudar de ideia. É como falar com uma parede de tijolos. Ele simplesmente vai para o quarto ao lado e trama algo mau. Os brinquedos nas gavetas de seu irmão e sua irmã foram o alvo desta semana. Ele realmente tinha projetos para a massa de modelar. Ele sabe muito bem para que ele tem permissão, mas ele está menos preocupado com o que eu penso sobre tudo isso."

Mãe de Frankie, 65ª semana ou se aproximando dos 15 meses

"Se ele não quer ouvir, ele balança a cabeça para dizer 'não'. Esses dias, ele anda por aí o dia inteiro balançando a cabeça, enquanto isso recai sobre seu negócio. Recentemente, quando ele estava pescando na lata de lixo, eu fiquei com raiva dele. Um pouco mais tarde, eu o vi chateado no canto chorando."

Mãe de John, 70ª semana ou 16 meses

"De repente, ela desenvolveu sua própria vontade! Nós escolhemos um livro na loja de livros infantis. Isso foi muito divertido. Quando eu decidi que era hora de ir embora, ela tinha outras ideias. Primeiro ela gritou alto na loja e, em seguida, continuou gritando quando saímos. Na bicicleta, ela continuou em pé em seu assento. Eu tinha que continuar a empurrá-la para baixo em seu assento. Nós quase tivemos uma briga real. Ela não queria deixar a livraria e eu não tinha voto na matéria. Eu ainda estou espantada."

Mãe de Josie, 68ª semana ou 15 meses e meio

"Há três semanas, fomos às compras para o Thomas. Ele precisava de um 'terno de rapazinho' para uma festa. Quando tínhamos escolhido um terno, ele veio na ponta dos pés virados para trás com um par de sapatos: de couro envernizado, delicado, preto brilhante. Ele tentou convencer o pai de que ele precisava destes sapatos. O pai não achou que isso fosse uma boa ideia e colocou os sapatos de volta na prateleira.

Uma semana mais tarde, Thomas e eu voltamos à loja de sapatos. Ele ia ganhar seu primeiro par de sapatos. Fui direto para a parte masculina. Parecia em minha opinião que meu garotão iria querer o mesmo, mas ele tinha outras ideias. Na prateleira das meninas, ele encontrou um par de botas lace-up brilhantes com penas. Ele as adorou e tinha que tê-las. Com o prêmio em mãos, ele veio cambaleando até mim. Fiquei surpresa. Lá estava o meu menino Thomas radiante com um par de botas de couro envernizado delicado em suas mãos um  pouco menos delicadas. Eram exatamente as botas princesas que eu tanto amava quando criança, foi desconcertante meu menino gostar da mesma coisa. Eu rapidamente recomendei uma série de estilos de menino enquanto furtivamente as botas brilhantes foram de volta para o lugar delas. Thomas olhou para a prateleira de menino e rapidamente encontrou algo muito de seu agrado. 'Vroom, Vroom', ele gritou e pegou um par de sapatos de sola grossa com caminhões saindo dos lados dos sapatos. Isso os tornou os sapatos sobre rodas. Como um verdadeiro amante de carro, eles lhe chamaram a atenção. Ele os queria e estava muito contente, bem como eu. Mas quando eu estava pagando os sapatos sobre rodas, ele me cutucou. Lá ele estava tentando colocar alguma coisa em cima do balcão de vendas. Eram as botas."

Mãe de Thomas, 69ª semana ou se aproximando dos 16 meses

"Ela está cada vez mais insistente. Quando ela não coopera, nós entramos em uma briga. Ao se vestir, comer ou se estou com pressa. Ontem, aconteceu de novo. Eu perdi minha calma e acabei gritando e xingando ela."

Mãe de Julia, 66ª semana ou 15 meses

"Às vezes, se ela vê alguma coisa em minha mão, como uma faca, ela quer pegar. Isso pode resultar em brigas reais."

Mãe de Nina, 67ª semana ou 15 meses

Agressão

Muitas mães dizem que sua doce criança, por vezes, se transforma em um tigre agressivo. Isso faz com que as mães fiquem preocupadas. No entanto, é uma mudança compreensível. No mundo dos princípios, seu filho tenta todos os tipos de comportamento. Ser agressivo é um deles. Seu filho examina como a mãe, outros adultos e crianças reagem se ele bate, morde, empurra ou chuta, ou se ele deliberadamente quebra alguma coisa.

Mostre ao seu filho o que você acha de seu comportamento. Esta é a única maneira para ele aprender que ser agressivo não é doce, interessante ou engraçado. Desta forma, ele descobre que dói e que os adultos não se divertem com comportamento agressivo ou destrutivo.

"Ela me bateu no rosto. Eu disse 'não faça isso', e ela fez isso de novo e começou a rir. Isso realmente me incomodou. É difícil estabelecer regras básicas."

Mãe de Hannah, 70ª semana ou 16 meses

'Ele mordeu uma criança na creche. Por nenhuma razão aparente."

Mãe de Marcos, 70ª semana ou 16 meses

Meu e seu

No mundo dos princípios, seu pequeno descobre que alguns brinquedos na casa são seus e somente seus. Assim como as pessoas grandes, ele se torna de repente dono de suas próprias coisas. Esta é uma descoberta considerável para uma criança. Ela também precisa de tempo para entender o que "meu e seu" significa. Enquanto descobre isso, as coisas não são fáceis para ela.

Dicas sobre agressão

A pesquisa mostrou que, pouco tempo depois do primeiro aniversário, as mães relatam a primeira agressão física. Aos 17 meses, 90 por cento das mães relatam que seus filhos às vezes são agressivos. Picos de agressão física pouco antes do segundo aniversário. Depois disso, esse tipo de comportamento recua. No momento em que as crianças chegam na idade escolar, isso terá desaparecido quase completamente em circunstâncias normais.

Claro, algumas crianças são mais propensas a comportamentos agressivos do que outras. No entanto, o ambiente de uma criança também é muito importante. Ele ajuda a determinar quanto tempo a criança permanece agressiva. Se as crianças vivem com adultos e crianças agressivos, então elas podem assumir que "ser agressiva" é um comportamento social normal. No entanto, as crianças também podem viver em um ambiente onde a agressão não é tolerada e onde o comportamento doce e amigável é recompensado. O resultado é que a criança não vai começar a bater e chutar quando ela está frustrada, quer alguma coisa ou é corrigida. Ela usa formas mais aceitáveis de se expressar.

Algumas crianças acham inquietante se outra criança pega algo de suas mãos sem motivo, sem reconhecê-las como proprietárias. Essa falta de compreensão delas dá início ao choro. Outras se tornam muito cautelosas e protegem seu território o melhor que podem. Elas vêm com todos os tipos de estratégias para evitar que outras pessoas cheguem perto de suas coisas. Eles não confiam especialmente em crianças. Seu filho ainda tem que aprender a dar, compartilhar e brincar com os outros.

"Ele está desenvolvendo um certo desejo de possuir. Quando temos convidados, ela vem e orgulhosamente mostra seus pertences. Se formos brincar na casa de um amigo, ela pega suas coisas e as dá para mim para mantê-las seguras. Ela espera que ao fazer isso evite que a amiga brinque com elas."

Mãe de Eve, 64ª semana ou 14 meses e meio

"De repente, ele está muito possessivo com meus seios. Se o pai chega perto, ele tenta proteger seu território. Ele coloca sua boca em um mamilo e cobre o outro com a mão para que o pai não possa alcançá-lo."

Mãe de Thomas, 65ª semana ou se aproximando dos 15 meses

"Toda vez que seu amiguinho agarra um de seus brinquedos, ele explode em lágrimas."

Mãe de Robin, 68ª semana ou 15 meses e meio

"Ele não deixa ninguém tirar nada dele. Você não pode sequer seduzi-lo com um 'bom negócio' também. Se ele estiver segurando, ele continua segurando. Ele está interessado, porém, em tirar as coisas dos outros. Ai ele não tem escrúpulo nenhum."

Mãe de Kevin, 65ª semana ou se aproximando dos 15 meses

Ser bom e apaziguar

A estratégia da piada

No mundo dos princípios, truques e artimanhas desempenham um papel cada vez maior. Seu filho pode começar a fazer suas primeiras piadas e ele vai ser muito exigente com ele mesmo. Você pode notar que ele aprecia as piadas das outras pessoas também. Muitas crianças fazem isso. Elas gostam de piadas, e se as pessoas ou os animais fazem algo fora do comum, seja na vida real ou na TV, isso as faz rir. Elas acham empolgante. Algumas crianças travessas fazem truques para tentar contornar as regras.

Você pode notar que "ser engraçado" é utilizado como uma estratégia para fazer algo que de outra forma seria desaprovado. Algo agradável e inesperado é cada vez mais bem-sucedido na obtenção de uma boa reação da mãe ao invés de uma crise de raiva. Dê ao seu filho a oportunidade de ser criativo ao fazer diversão e truques. Seja muito clara quando ele ultrapassar os limites. Ele é incapaz de saber as diferenças sem você.

"Ele está constantemente brincando e se diverte fazendo isso. Ele e seus amigos têm ataques de riso agindo de forma boba. Ele realmente cai na gargalhada se vê um animal fazer algo bobo ou inesperado."

Mãe de Robin, 68ª semana ou 15 meses e meio

"Ele simplesmente adora ser bobo. Ele ri e se sua irmã começa a rir, ele realmente começa a gargalhar."

Mãe de James, 69ª semana ou se aproximando dos 16 meses

"Os desenhos realmente o fazem rir, especialmente se algo repentino ou inesperado acontece. Ele até mesmo adora os monstros em 'Vila Sésamo'." Ele realmente começa a rir quando eles falam e se movem."

Mãe de Robin, 70ª semana ou 16 meses

"Ele adora que corra atrás dele dizendo: 'Eu vou te pegar'. No entanto, quando eu quero colocar o casaco dele, ele foge gritando e fazendo um jogo disso."

Mãe de James, 70ª semana ou 16 meses

"Ela morre de rir quando me ignora, é desobediente ou está tirando sarro de mim, ou quando ela esconde algo de mim e é difícil de encontrar. Ela acha que é muito inteligente."

Mãe de Laura, 66ª semana ou 15 meses

"Ela adora fazer brincadeiras. Quando chegamos à porta da frente, ela não espera por mim para colocar a chave na fechadura, ela simplesmente continua andando para a porta ao lado. Ela realmente acha que é engraçado."

Mãe de Ashley, 70ª semana ou 16 meses

Negociando e regateando

Costumava ser a mãe a ditar a lei. As crianças tinham que obedecer. Os adultos não aceitavam respostas malcriadas. Tudo muda. Hoje em dia, assume-se geralmente que as crianças que aprenderam a negociar crescem com mais capacidades de pensar por si próprias. Quando a criança entra no mundo dos princípios, você pode ver um negociador em desenvolvimento.

Sua criança faz experiência com as palavras "sim" e "não"? Ela, às vezes, faz isso acenando ou balançando a cabeça, ocasionalmente, pronunciando em voz alta "sim" ou "não". Ela também tenta acenar dizendo não e balançar dizendo sim, o que é muito divertido para elas. Seus bichos de pelúcia têm lições obrigatórias de "sim" e "não". Outras vezes, ela pratica sozinha enquanto constrói algo ou passeia pela casa simplesmente procurando algo para entrar, mas principalmente ela pratica seu sim e não de rotina com sua mãe. Ela também é boa em fazer experiência com suas piadas.

Dê ao seu filho a oportunidade de ser criativo com os conceitos de sim e não. Este tipo de prática lhe permite aprender a usar um sim ou um não a seu favor. Como a mãe faz isso? Ele pode encontrar a melhor estratégia de sim e não para várias situações. Ele descobre qual estratégia é mais adequada para atender às suas necessidades.

"Ele é capaz de responder a todos os tipos de perguntas com apenas um sim ou não. Ele, às vezes, erra. Ele diz 'sim' quando quer dizer 'não' e se eu agir de acordo com sua resposta, ele sorri e muda rapidamente para um 'não', em um tom de 'não mesmo'."

Mãe de Luke, 65ª semana ou se aproximando dos 15 meses

"Ela diz 'sim' e 'não' com a autoridade aumentando, mas ela gosta de tentar me enganar usando sim e não."

Mãe de Juliette, 66ª semana ou 15 meses

"Ela testa as palavras sim e não comigo continuamente: Seu 'sim' é um sim verdadeiro e seu "não" permanecerá um não? Talvez eu possa encontrar uma maneira de enganar? Ela me testa para ver até onde ela pode ir."

Mãe de Nina, 70ª semana ou 16 meses

"Ele sabe o que quer e está ficando melhor a responder com um definitivo 'sim' ou 'não'. Ele também tem diferentes sim e não. Alguns indicam muito claramente onde seus limites estão. Quando ele chega ao seu limite, eu sei que ele está totalmente contra. Em seus outros sim e não falta finalidade. Eu sei então que posso pressioná-lo para um melhor negócio."

Mãe de Paul, 71ª semana ou 16 meses e uma semana

Pedir ajuda

Seu filho pode ser inventivo ao colocar alguém em uma situação difícil. Ele pode fazer isso de uma forma inteligente, sorrateira ou doce. Ele ainda precisa de um pouco de prática para aprender os truques de negociação.

Basta observar seu pequeno praticar com você ou outra pessoa quando ele precisa fazer alguma coisa. Diga a ele o que você pensa. Seu filho ainda está pesquisando no mundo dos princípios. Ele aprende com o seu feedback.

"Quando ele me pede para pegar algo para ele e eu pergunto onde deveria colocá-lo, ele vai até um ponto e aponta para onde devo colocar. Então, ele fica muito simpático e fácil de lidar."

Mãe de Steven, 65ª semana ou se aproximando dos 15 meses

"Ela está expressando melhor seus desejos. Ela pega a minha mão e me leva se precisa de uma nova fralda. Ela pega meu dedo se precisa que eu faça algo para ela com o meu dedo, como pressionar um botão. Ela também me leva para onde ela não quer ir sozinha. Não importa se eu estou fazendo alguma coisa ou não. Ela quer que as coisas sejam feitas de imediato."

Mãe de Josie, 67ª semana ou 15 meses e uma semana

"Ele aponta para as coisas cada vez mais. Ele também aponta para as coisas que ele quer que você pegue para ele. Esta semana, ele atraiu sua avó para a cozinha, foi até o armário onde os biscoitos estão e apontou para a prateleira de cima."

Mãe de Frankie, 63ª semana ou 14 meses e uma semana

"Com um olhar astuto em seu rosto, ela apontou para um ovo e, em seguida, um prato. Ela quis dizer: 'coloque o ovo em meu prato'. Ela foi tão encantadora que ninguém poderia recusar."

Mãe de Hannah, 62ª semana ou 14 meses

"Nestas últimas semanas, ele vem comandando como um general. Ele grita em voz alta e com força: 'Mãe! Mãe!' quando quer alguma coisa. Quando olho para ele, ele fica lá com o braço estendido, apontando para o brinquedo de sua escolha. Ele quer que lhe deem e  quando ele recebe seu pedido, ele puxa o braço para trás e continua brincando. Dar ordens se tornou uma segunda natureza para ele. Esta semana, foi a primeira vez que eu realmente notei isso."

Mãe de Matt, 68ª semana ou 15 meses e meio

"Hoje ela me mostrou o que queria quando estávamos visitando uma pessoa. Ela pegou minha mão e foi até a porta, atrás da qual estavam os nossos casacos, abriu a porta, foi até os nossos casacos e apontou enquanto olhava para mim com um olhar interrogativo no rosto. Apanhei uma grande surpresa."

Mãe de Emily, 67ª semana ou 15 meses e uma semana

Cooperação

No mundo dos princípios, seu filho tem escolhas: "Estou indo a favor ou contra?" "Eu me importo com o que a mãe diz ou não?" Além disso, seu bebê está crescendo cada vez mais sincero e mais capaz. Pequenas tarefas estão ficando mais fáceis para ele, como: "Pegue seus sapatos", "Vá buscar sua mamadeira", "Jogue isso no lixo", "Dê isso ao papai", "Coloque isso na sala" ou "Coloque isso no cesto". Você já deve ter notado que, às vezes, você não tem que dizer o que fazer. Seu pequeno companheiro já pega o que você quer e está trabalhando em conjunto. É cada vez mais fácil estabelecer certas regras básicas.

Tente envolver seu filho nos negócios do dia-a-dia e se envolver em seu dia-a-dia também. Faça ele se sentir compreendido, apreciado e importante. Seu ego está crescendo. Também o elogie se ele pensar no futuro para você. Ele está demonstrando que sabe o que precisa ser feito.

"Todas as vezes antes de irmos a algum lugar, ela pega seu próprio casaco."
Mãe de Josie, 65ª semana ou se aproximando dos 15 meses

"Ele agora compreende que precisa ficar comigo quando estamos na calçada."
Mãe de Luke, 66ª semana ou 15 meses

"Ela entende melhor. Quando eu digo: 'Vá pegar sua mamadeira', ela retorna depois de sua expedição e faz um gesto de 'sumiu'."
Mãe de Eve, 72ª semana ou 16 meses e meio

"Quando ela precisa mudar a fralda, ela anda comigo para sua cômoda. Ela deita quieta e praticamente me ajuda."
Mãe de Laura, 63ª semana ou 14 meses e uma semana

"Ela sabe que não é permitido colocar as nozes das taças na mesa. Então, ela pensou em um truque para poder comer as nozes e ainda estar de acordo com as regras.

Ela pegou seu próprio prato e uma colher e colocou algumas nozes em seu prato. Ela, então, comeu seu prêmio com a colher. Desta forma, ela pode pegar algumas nozes e comê-las também, sem quebrar as regras em seu ponto de vista."

Mãe de Ashley, 68ª semana ou 15 meses e meio

"Quando estamos discutindo coisas práticas, ele acompanha a conversa, totalmente focado. Quando a conversa termina, ele sorri exuberantemente para demonstrar que ele entendeu um pouco do que foi dito, mesmo que não tenha sido dirigido para ele. Depois disso, ele gosta de provar isso com uma façanha ou outra. É quase como se nós simplesmente tivéssemos uma conversa. Ele realmente ganha o dia quando nos entendemos muito bem."

Mãe de John, 63ª semana ou 14 meses e uma semana

"Ela continua tentando envolver um de nós em seus jogos."

Mãe de Jenny, 72ª semana ou 16 meses e meio

Ser útil

Quando as crianças pousam no mundo dos princípios, a maioria delas está particularmente interessada em todos os acontecimentos sobre a casa, embora haja uma grande chance de que seu pequeno já não se contente apenas em assistir a mãe fazer suas tarefas. Ele quer ajudar. Ele quer aliviar sua carga.

Deixe seu filho fazer a sua parte. Ele realmente quer acreditar que ele é uma grande ajuda e que sem ele as coisas seriam uma grande confusão ou que o jantar não seria bom. Certifique-se de que ele recebe um elogio merecido.

"Ele sempre quer me ajudar. Quer seja arrumar, limpar, ir para a cama ou outro lugar, não importa. Ele quer muito participar da rotina do dia-a-dia de seu próprio jeito. Quando ele é levado a sério, isso faz com que ele sinta um profundo contentamento. Compreender o outro é fundamental nos dias de hoje."

Mãe de Jim, 64ª semana ou 14 meses e meio

"Ela me ajuda a arrumar e limpar a mesa, bem como aspirar. Ela acabou de começar um dia e é decepcionante para ela não conseguir o
tempo e o espaço necessários para ser criativa."

Mãe de Josie, 62ª semana ou 14 meses

"Ela ajuda de bom grado a fazer bebidas. Às vezes, eu a deixo fazer
sua própria bebida. Ela utiliza todos os tipos de ingredientes. Quando
ela bebe, ela sai por aí murmurando, 'hum, hum, hum'."

Mãe de Juliette, 68ª semana ou 15 meses e meio

"Assim que eu pego o aspirador de pó, ela pega o seu de brinquedo.
Ela quer muito ajudar. Então, o que acontece é que ela quer usar o meu
aspirador, porque é melhor. Por isso, eu começo com o dela e quando
ela o pega de volta, eu posso tranquilamente continuar com o de verdade."

Mãe de Victoria, 61ª semana ou 14 meses

"Ela gostava de me ver fazendo minhas coisas. Agora,
ela quer ajudar. Quando ela me vê com uma fatia de
limão, ela corre para o balcão para ser pega, para
que ela possa colocar o limão no espremedor de ci-
trinos. Se ela vê pratos sujos, ela corre até o balcão
para lavar."

Mãe de Nina, 64ª semana ou 14 meses e meio

Sendo cuidadosa

Sua criança faz experiências sendo "impulsiva" ou "cuidadosa"? "Devo
jogar meu copo no chão ou devo colocá-lo cuidadosamente sobre a mesa?"
Comportamento imprudente parece ser muito popular. Corrida, escalada,
brincadeiras selvagens e manuseio irresponsável de objetos parece ser o passatempo favorito. Mas perceba que através das experiências e da obtenção
de sua reação a esse tipo de comportamento, seu pequeno aprende o que
significa ser imprudente ou cuidadoso.

"Ele pratica o equilíbrio. Lá fora, ele quer chegar ao céu, aqui dentro ele quer chegar ao teto. Ele sobe em cadeiras e mesas para poder chegar mais alto e não parece compreender que o espaço está fora de alcance. Enquanto tenta alcançar, ele de repente se deixa cair."

Mãe de Luke, 64ª semana ou 14 meses e meio

"Quando você menos espera, ela joga a mamadeira para longe, por exemplo, quando estamos andando de bicicleta, e então ela analisa nossa reação a seu comportamento com o canto do olho."

Mãe de Hannah, 64ª semana ou 14 meses e meio

"Ele escala como um macaco. Ele sobe em tudo. Ele sobe muitas vezes em cadeiras. Eu também o encontro constantemente na mesa da sala de jantar, alegando que ele não pode descer! Ele é cuidadoso. Ele está consciente do perigo, mas às vezes ele cai muito mal. "

Mãe de Frankie, 66ª semana ou 15 meses

"Lutar com seu irmão agora é a atração principal. Às vezes, eles ficam realmente brutos."

Mãe de Kevin, 69ª semana ou se aproximando dos 16 meses

"Ela derramou algumas gotas de sua bebida no chão. Peguei uma meia velha, que estava em torno e enxuguei. Ela olhou para mim chocada e espantada, foi propositadamente aos lenços umedecidos, tirou um da caixa e limpou tudo de novo. Quando ela terminou, ela olhou para mim como se quisesse dizer: 'É assim que deve ser feito'. Fiquei surpresa ao nível da limpeza e a elogiei por isso."

Mãe de Victoria, 61ª semana ou 14 meses

"Ela expressa muito bem que algo está sujo. Ela diz repetidamente 'cocô' para a menor mancha na cama. Espero que isso seja temporário e que ela não se torne uma esquisita'."

Mãe de Josie, 64ª semana ou 14 meses e meio

"Quando seu irmão estava procurando em seus bonecos um robô especial, ele atirou todos os bonecos no chão. Até mesmo a boneca da Elisabeth. Ela imediatamente correu para sua filha caída e a pegou, correu para mim e colocou a boneca em minha mama. Ela, então, lançou para o seu irmão um olhar feio."

Mãe de Elisabeth, 63ª semana ou 14 meses e uma semana

Mostre compreender os medos irracionais

Quando a criança está ocupada explorando seu novo mundo e trabalhando em suas capacidades recém-descobertas, ela vai encontrar coisas e situações que são novas e estranhas para ela. Ela está, na verdade, descobrindo novos perigos, aqueles que até agora não existiam para ela. Ela não é capaz de falar sobre isso ainda. Só depois que ela chega a compreender as coisas mais plenamente seus medos vão desaparecer. Mostre simpatia.

"Ele era louco por pilhas. Todas as pilhas tinha que sair e ser colocadas de volta, fora, dentro, fora, dentro, era interminável."

Mãe de Steven, 61ª semana ou 14 meses

"Ele está com medo do patinho de sua irmã. Ele o contorna se ele estiver no caminho. Quando ele o pega, ele deixa cair imediatamente."

Mãe de James, 66ª semana ou 15 meses

"Parece que ela tem medo de se sentar na banheira sozinha. Grita e berra. Nós não sabemos o motivo. Ela quer entrar, desde que um de nós se junte a ela. Ela não tem medo da piscina. Ela gosta de ficar lá dentro."

Mãe de Josie, 67ª semana ou 15 meses e uma semana

"Ela não tem medo de coisas novas, mas você percebe que ela não fica completamente convencida."

Mãe de Josie, 68ª semana ou 15 meses e meio

Aprender as regras

Lamentar-se e choramingar para conseguir o que quer, comportamento infantil, como constantemente a necessidade de se divertir e sempre querer uma chupeta, ficar confuso sem nenhuma razão, não ser cuidadoso e expressamente magoar os outros, fazer todo o possível para ser ruim: você provavelmente quer saber se você é o único que está tendo tantos problemas com o comportamento de seu pequeno. Não, certamente não. Seu filho não é mais um bebê. Chegou a hora de estabelecer algumas regras básicas. Seu filho está pronto para você começar a pedir e esperar mais dele. E mais: ele está procurando por esses limites. Agora que ele entrou no mundo dos princípios, ele anseia por regras. Ele está à procura de oportunidades para se familiarizar com elas. Assim como ele deve satisfazer seu apetite por comer, assim também ele deve satisfazer este anseio por regras. A maioria das regras ele só vai descobrir se forem apresentadas a ele por você. As regras sociais, em particular, são importantes. Você deve mostrar a ele o que é aceitável e o que não é aceitável socialmente. Não há problema nenhum em estabelecer as leis. Pelo contrário, você deve isso a ele, e quem melhor para fazer isso do que alguém que o ama?

"Eu acho que ele deve ser capaz de colocar as coisas em cima da mesa de forma ordenada. Realmente me irrita se ele atira seu sanduíche e uma garrafa quando ele termina. Ele tem que parar com isso. Ele é capaz de colocar as coisas corretamente."

Mãe de Thomas, 67ª semana ou 15 meses e uma semana

"Ela ainda geme e choraminga para conseguir o que quer, o que torna difícil ser consistente. Parece que este é o ponto onde ela precisa de orientação. É muito mais fácil dar a ela o que ela quer, porque ela para de se lamentar depois. Se eu não der o que ela quer, então tudo pode dar errado. Então há uma luta pelo poder, que ela ganha facilmente. Eu nunca estive tão consciente do poder como eu estou agora."

Mãe de Josie, 68ª semana ou 15 meses e meio

"Às vezes ele faz algo que não deveria de propósito. Ele atira pedras, coloca as baterias em sua boca ou esfrega sua comida no chão. Eu o repreendo, enquanto tiro tudo o que ele tem em suas mãos e coloco fora do alcance. Isso às vezes termina em um argumento."

Mãe de Paul, 69ª semana ou se aproximando dos 16 meses

"Minha filha é a única que rola ao redor no chão, chutando e gritando quando não consegue o que quer? Eu não ouço os outros pais reclamando muito. Eu a deixo escapar muitas vezes da punição? Eu atendo demais às suas necessidades? Será que é porque ela vai para a creche com mais frequência? O que devo fazer? Certo, estabelecer regras do jogo claras, isso é o que vou fazer."

Mãe de Vera, 70ª semana ou 16 meses

"Eu lhe ensino que ele não tem permissão de simplesmente tomar as coisas de outras crianças."

Mãe de Thomas, 70ª semana ou 16 meses

(continua na página 368)

Brincadeiras excelentes para esta semana mágica

Aqui estão jogos e atividades que a maioria das crianças de 15-16 meses de idade gostam mais agora e que ajudam a desenvolver suas novas habilidades. Lembre-se, todas as crianças são diferentes. Veja a qual deles seu pequeno responde melhor.

Talento artístico

No mundo dos princípios, as crianças ultrapassaram programas e adoram praticar infinitamente variações e experiências com esses programas. Ao fazer isso, elas se tornam hábeis e descobrem como e quando elas podem fazer as coisas de forma melhor. Eles também são observadores aguçadas.

DISPARATES FÍSICOS

Seu filho vai gostar de correr, subir, perseguir outras crianças, pular na cama, dar cambalhotas, rolar no chão, lutar com outras crianças, brincar de "Eu vou pegar você", andar em escadas sem se segurar, andar nas paredes, pular nas paredes e a lista é interminável. Aproveite o tempo para lhe dar a oportunidade de fazer isso.

EXPLORANDO O GRANDE EXTERIOR

Passear no exterior, sem fazer nada em particular enquanto observa é, muitas vezes, o passatempo favorito: no zoológico de animais de estimação, no parque infantil ou no zoológico. Até mesmo apenas ser carregado pela mãe ou pelo pai em um festival é possível por várias horas.

JOGOS DE APONTAR

Desafie seu pequeno para jogar um jogo de apontar. Você diz uma palavra e ele tem de apontar para onde está o objeto, brinquedo ou parte do corpo.

JOGOS USANDO MÃOS E PÉS COM MÚSICA E CANÇÕES DE NINAR

Use canções de ninar ou músicas que envolvam o uso das mãos e dos pés. Por exemplo, eles adoram: "Indiozinhos", "Se você está feliz", "A dona aranha" ou "Cabeça, Ombros, Joelhos e Pés".

JOGOS DE CHAMAR

Veja como seu filho gosta de jogar um "jogo de chamar". É melhor começar com seu filho lhe chamando. Em seguida, chame o nome dele e o faça chamar você de volta. Chame seu nome novamente. A maioria das crianças se sentem orgulhosas ao ouvir seu nome sendo chamado. Isso faz com que elas se sintam como se fizessem parte.

Brincando ao redor

No mundo dos princípios, brincadeira e diversão vão começar a desempenhar um papel mais importante. Até agora, a criança descobriu um pouco como as coisas funcionam. Por isso, quando as coisas ficam fora de controle, ela realmente se diverte com isso, se alguém agir de forma engraçada ou quebrar as regras.

APENAS SENDO BOBO

Seu filho adora agir de forma boba: caretas, forma de andar engraçada ou sons estranhos. Especialmente se ele não está esperando por isso. É uma verdadeira bagunça quando os pequenos se reúnem. Eles morrem de rir quando seu irmão e irmã

(continua)

Jogos excelentes para esta semana mágica (cont.)

se juntam as travessuras. Ele e seus amiguinhos também se divertem brincando de ser bobo.

A PIADA COMO ESTRATÉGIA

Seu filho se faz de bobo para obter algo ou fazer com que alguém faça algo. Surpresas agradáveis são muito mais eficazes na obtenção de algo da mãe do que birras. Alguns travessos empregam várias artimanhas a fim de dobrar ou contornar as regras. Não ouvir, ser rebelde ou provocar a mãe são motivos de riso. Dê ao seu filho a oportunidade de brincar de palhaço. Mas seja claro e o corrija se e quando ele ultrapassar os limites. Ele não vai sempre saber ainda se foi longe demais.

DESENHOS ANIMADOS, MONSTROS E ANIMAIS

Animais que fazem algo bobo ou de forma inesperada são os favoritos das crianças. Por exemplo, os monstros em "Vila Sésamo" são realmente engraçados. Desenhos animados realmente o fazem rir, especialmente se acontece alguma coisa que o pegue de surpresa.

Jogos domésticos

No mundo dos princípios, a criança re-encena a atividade diária e em torno da casa. Dê a ela a oportunidade e brinque com ela às vezes. Faz a criança sentir que ela faz parte do clube. É ótimo se ela realmente puder ajudar. Aqui abaixo estão alguns exemplos, mas você é obrigado a inventar mais.

PRÁTICA NA COZINHA

Dê-lhe algumas pequenas tigelas, um pouco de comida de verdade e uma bacia de água, para que ela possa cozinhar e alimentar sua boneca.

ASPIRANDO

Há aspiradores de brinquedos que são réplicas exatas do aspirador real. Aspirar junto pode ser divertido!

LAVANDO OS PRATOS

A água vai para todos os lugares, mas é para isso que os panos de chão servem.

FAZENDO EXATAMENTE O QUE A MÃE FAZ

Deixe seus sapatos a volta, para que ela possa calçá-los.

Jogos com emoções

Seu filho fará experiências com emoções, tais como variar suas expressões quando ele cumprimenta as pessoas ou quando quer alguma coisa. Preste especial atenção e brinque junto com o drama. Por exemplo, você pode imitá-lo e brincar de se lamentar. Isso provavelmente irá fazê-lo rir.

Esconde-esconde

JOGO DE ESCONDER

O jogo de esconder é um clássico que sempre funciona.

ESCONDE-ESCONDE

A cada salto, o jogo "esconde-esconde" se torna um pouco mais avançado. Nesta idade, a criança já é boa em permanecer escondida em um só lugar.

Brinquedos excelentes para esta semana mágica

Aqui estão os brinquedos e as coisas que a maioria das crianças de 15-16 meses de idade mais gosta agora e que ajudam a desenvolver a nova habilidade:

- Trepa-trepa, escorregador
- Bolas
- Livros
- Caixa de areia
- Jogo de chá com água ou suco gelado em copos ou canecas
- Quebra-cabeças
- Garrafas de plástico
- Utensílios de limpeza
- Aspiradores de brinquedo
- Brinquedos em uma corda
- Vila Sésamo
- Desenhos animados

Tenha cuidado com o seguinte:

- Latas de lixo
- Vasos sanitários
- Bastões de beisebol, tacos de hóquei no corredor

Aproximadamente na semana 68 ou se aproximando dos 16 meses, a maioria das crianças se torna um pouco menos problemática do que eram. Elas estão maiores e têm se tornado mais sábias, e estão vivendo junto com todos nós. Você às vezes se esquece que elas ainda são muito pequenas.

"Ele parece mais magro, menos encorpado, com o rosto mais fino, ele está crescendo. Às vezes, vejo-o sentado calmamente, atento à sua comida. Ele parece bastante maduro."

Mãe de Luke, 66ª semana ou 15 meses

"Tudo está mais fácil para ela agora, desde se alimentar até a limpeza. Ela estão realmente simplesmente como todos nós. Eu continuo esquecendo que ela ainda é uma criança muito pequena."

Mãe de Eve, 67ª semana ou 15 meses e uma semana

"De repente, ela parece mais sábia e mais madura. Parece que ela deu um salto gigante para frente. Ela entrou no vasto mundo, cheio de confiança e sem medo de nada nem ninguém. Ela está indo muito bem, está descontraída e doce, e à noite ela dorme muito mais fácil."

Mãe de Josie, 70ª semana ou 16 meses

capítulo 12

Semana Mágica 75:
O mundo dos sistemas

Apartir do salto anterior, a criança começou a entender o que são os "princípios". Uma vez que ela fez progressos nos limites anteriores dos "programas", ela perdeu seu caráter mecânico. Pela primeira vez, ela conseguiu avaliar os programas existentes e até mesmo mudá-los. Você podia vê-la constantemente mudando de um programa e, em seguida, analisando os efeitos. Você também pode vê-la realizando brincadeiras físicas, explorando ao ar livre, ficando hábil com objetos e com a linguagem, imitando outras pessoas, repetindo o dia a dia, fazendo experiência com as emoções, começando a planejar, encenando sua própria classe de drama, insistindo em tomar parte, usando a agressão, aprendendo o que é dela e o que não é, utilizando piadas como uma estratégia para alcançar um objetivo, fazendo experiências com "sim" e "não", sendo engenhosa em colocar as pessoas em dificuldade, aprendendo a cooperar, querendo ajudar em casa e fazendo experiências em ser imprudente e ser cuidadosa.

Assim como seus programas eram mecânicos antes que ela tivesse alçado novos voos, seus princípios também tinha certa falta de flexibilidade. Ela só era capaz de aplicá-los de uma forma definida, sempre os mesmos, independentemente da situação.

Nós, adultos, somos capazes de ajustar nossos princípios para atender a diferentes circunstâncias. Somos capazes de ver em panorama. Nós vemos como certos princípios estão ligados e formam um sistema inteiro. O conceito de "sistema" engloba a nossa ideia de uma unidade organizada. Usamos o termo "sistema" se as partes que consistem são interdependentes e funcionam como um todo. Há exemplos concretos, como um relógio de pêndulo que precisa de enrolamento, uma rede elétrica ou o sistema muscular

Observação: a primeira fase (período difícil) deste salto para o mundo perceptivo dos "sistemas" é previsível e ligada à idade, e começa a partir da semana 71 em diante. A maioria dos bebês começa a segunda fase (ver caixa de texto "Tempo de qualidade: um capricho não natural" na página 17) deste salto 75 semanas após o nascimento a termo. A primeira percepção do mundo dos sistemas põe em andamento o desenvolvimento de toda uma gama de habilidades e atividades. No entanto, a idade em que essas habilidades e atividades aparecem pela primeira vez varia muito e depende das preferências, experiências e desenvolvimento físico de seu bebê. Por exemplo, a capacidade de perceber os sistemas é uma condição necessária para "ser capaz de apontar o caminho para o supermercado ou parque", mas esta habilidade normalmente aparece em qualquer lugar a partir da semana 75 a muitos meses depois. As habilidades e atividades são mencionadas neste capítulo na idade mais precoce possível em que podem aparecer, para que você possa observá-las e reconhecê-las. (Elas podem ser rudimentares inicialmente.) Desta forma, você pode reagir e facilitar o desenvolvimento de seu bebê.

humano. Esses sistemas formam um conjunto coerente de princípios sobre, respectivamente, relações de transmissão, amplificadores elétricos e volts e as tensões musculares equilibradas.

Há também exemplos menos tangíveis. Pegue as organizações humanas: elas são organizadas com base em princípios que você não consegue identificar. Existem regras (ou acordos) para funções atribuídas a determinados cargos, regras de comportamento social como ser pontual e regras para aprender as metas que seu chefe impõe. Para citar apenas alguns exemplos de organizações humanas, pegue os escoteiros, a família, o clube de teatro, a delegacia de polícia, a igreja, nossa sociedade, nossa cultura e a lei.

Quando a criança der seu próximo salto, ela vai pousar no mundo dos sistemas. Pela primeira vez em sua vida, ela vai perceber os "sistemas". Claro, é tudo novo para ela. Ela precisará de um certo número de anos antes que entenda o que a nossa sociedade, nossa cultura ou a lei realmente implicam. Ela começa com o básico e fica perto do familiar. Ela desenvolve a ideia de si mesma como um sistema, e, juntamente com a mãe e o pai, ela forma uma família. E a família não é a mesma que a de seu pequeno amigo, nem a casa é a mesma que a dos vizinhos.

Lembre-se

Se sua criança está apegada, observe-a de perto. Há uma boa chance de que ela esteja tentando dominar novas habilidades.

Assim como seu pequeno aprende a ser mais flexível com os programas depois que ele deu o salto para o mundo dos princípios, a criança começa a ser mais flexível na aplicação dos princípios após saltar para o mundo dos sistemas. Agora, ela começa a entender que ela pode escolher o que ela quer ser: honesta, prestativa, cuidadosa, paciente e assim por diante. Ser ou não ser, eis a questão. Ela aplica princípios menos rígidos e começa a aprender como pode refinar sua abordagem para todos os tipos de circunstâncias diferentes.

Aproximadamente na semana 75 ou 17 meses e mais de uma semana, você geralmente percebe que seu pequeno começa a tentar coisas novas. No entanto, ele já sentia o próximo salto para o mundo dos sistemas em uma idade mais precoce. A partir da semana 71 ou pouco depois dos 16 meses em diante, a criança tem notado que seu mundo está mudando. Um labirinto de novas impressões vira realidade em sua cabeça. Ela não pode processar a novidade de uma só vez. Primeiro, ela vai ter que criar ordem a partir do caos. Ela volta para uma base familiar e seguro. Ela fica apegada. Ela precisa de uma "recarga de mãe".

Neste último capítulo, já não descrevemos em detalhes os indícios de que seu bebê está prestes a dar um salto de desenvolvimento. Agora, eles serão familiares para você. Por este motivo, incluímos apenas a seção "Meu Diário" abaixo para que você possa se lembrar. Um auxiliar de memória útil é

o CAI: CHORO, APEGO e IRRITABILIDADE. Lembre-se que sua criança só quer duas coisas: estar perto de você e ter sua atenção. Ela também está maior e mais esperta agora, e mais capaz de encontrar novos caminhos para esses mesmos objetivos.

Como você sabe que é hora de crescer

Com qual destes sinais (ou todos eles) você notou que seu bebê começou a dar este salto?

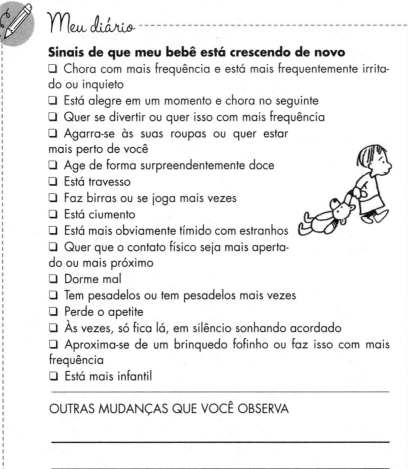

Meu diário

Sinais de que meu bebê está crescendo de novo
❑ Chora com mais frequência e está mais frequentemente irritado ou inquieto
❑ Está alegre em um momento e chora no seguinte
❑ Quer se divertir ou quer isso com mais frequência
❑ Agarra-se às suas roupas ou quer estar mais perto de você
❑ Age de forma surpreendentemente doce
❑ Está travesso
❑ Faz birras ou se joga mais vezes
❑ Está ciumento
❑ Está mais obviamente tímido com estranhos
❑ Quer que o contato físico seja mais apertado ou mais próximo
❑ Dorme mal
❑ Tem pesadelos ou tem pesadelos mais vezes
❑ Perde o apetite
❑ Às vezes, só fica lá, em silêncio sonhando acordado
❑ Aproxima-se de um brinquedo fofinho ou faz isso com mais frequência
❑ Está mais infantil

OUTRAS MUDANÇAS QUE VOCÊ OBSERVA

_____

_____

Como este salto pode afetar você

Inicialmente você estava unicamente preocupada que algo estava errado com seu bebê, quando ele ficou apegado, irritadiço e chorava com mais frequência. No momento em que ele completou seis meses de idade, você começou a ficar cada vez mais irritada quando ficou claro que não havia nada de errado, mas geralmente você deixava passar. Afinal, ele era tão pequeno. Após seu primeiro aniversário, você começou a tomar medidas se estiver irritada e, por vezes, resulta em uma briga. Você era capaz de desfrutar os verdadeiros prazeres da paternidade! Todos os pais relatam que brigam com sua criança "adolescente". Sabe-se que os adolescentes são capaz de tornar a vida complicada para seus pais. As crianças podem fazer isso também. Isso lhe dá uma prévia do que está por vir daqui a dez anos. É parte do acordo.

Você pode ficar muito frustrada

"Se ela me pergunta com uma voz chorosa se eu quero fazer alguma coisa, eu digo de forma muito simpática: 'Sim, a mãe quer...' Em seguida, ela repete muito docemente: 'Mamãe, você quer...'."

> **Mãe de Anna, 71ª semana ou uns bons 16 meses**

"Eu fiquei realmente irritada esta semana. Ele não queria tirar o seu cochilo. Se ele não quer, então ele não precisa. É mais fácil e isso me poupa um monte de problemas. Ele também não quer usar fralda, por isso, muitas vezes o deixo ficar sem."

> **Mãe de Taylor, 73ª semana ou se aproximando dos 17 meses**

"Foi difícil para mim quando ela dominou completamente o meu tempo. Ela estava me deixando louca. Eu pensei: 'O que estou fazendo de errado?' Tento relaxar e não fazer planos e pegar as coisas como elas vêm, mas não é fácil."

> **Mãe de Ashley, 73ª semana ou se aproximando dos 17 meses**

"Uma ou outra vez esta semana eu o coloquei em seu cercadinho, embora ele ficasse se lamentando. Ele estava constantemente sendo agressivo e impaciente. Ele queria conseguir tudo o tempo todo."

> **Mãe de Frankie, 74ª semana ou 17 meses**

"Eu fiquei com medo de mais uma vez ter criado uma monstrinha terrivelmente mimada."

Mãe de Elisabeth, 74ª semana ou 17 meses

"Eu tentei uma vez e outra não ceder, mas ela sempre acabava de volta no meu colo."

Mãe de Josie, 74ª semana ou 17 meses

Você pode brigar

"Regularmente entramos nisso. Quando ela vê bombons, ela quer alguns, mas nem sempre consegue. Ela desiste quando vê que não vai conseguir. Eu não tenho a sensação que isso a perturba."

Mãe de Julia, 72ª - 74ª semana ou 16-17 meses

"Em várias ocasiões, tivemos grandes brigas. Ele não tem permissão para reorganizar a cozinha da casa de férias como ele faz em casa. Ele se comportou muito bem na semana passada, mas agora ele parou de ouvir, então eu o coloquei para fora com a porta aberta para que ele pudesse voltar para dentro, mas ele não gostou nem um pouco."

Mãe de Luke, 74ª semana ou 17 meses

Como emergem as novas habilidades do bebê

Aproximadamente na semana 75 semanas ou 17 meses e umas boas semanas, você vai notar que uma grande parte do apego desaparece. As birras e discussões com a sua criança "adolescente" acalmam. Ela está de volta à sua autoiniciativa. Você pode notar que ela mudou, que seu comportamento é diferente, que ela está se tornando muito consciente de si mesma como uma pessoa, que ela pensa de forma diferente e que ela tem uma melhor noção do tempo. Ela brinca com seus brinquedos de forma diferente e o uso de fantasia decola. Seu humor mudou. Esta mudança nas crianças é evidente, porque nessa idade a capacidade de sua criança de perceber os sistemas e aplicar o conceito de sistema está emergindo. Esta nova habilidade é equivalente a um novo mundo se abrindo. Seu filho, com seus talentos, preferências e temperamento, escolhe por onde ele vai começar a explorar. Tente ver o que ele está fazendo e o ajude. Mas cuidado! Ele quer fazer tudo sozinho.

"Seu pai afirma que ele está mais paciente."
Mãe de Gregory, 74ª semana ou 17 meses

"As coisas ficaram muito mais fáceis com ela, embora ela seja muito cabeça-dura e precise de muita atenção."
Mãe de Juliette, 75ª semana ou uns bons 17 meses

Quando a criança entra no mundo dos sistemas, ele agora é capaz de ver claramente o mundo dos princípios. Ela já não aplica princípios tão rigidamente quanto antes. Ela é capaz de ajustar seus princípios a novas circunstâncias. Por exemplo, ela agora é capaz de optar por aplicar um princípio moral ou não. A partir desta idade, você pode vê-la desenvolver os primórdios de uma consciência, ao defender sistematicamente suas normas e valores.

"Ela pula quando a pegamos fazendo algo que não é permitido. Em seguida, ela deixa escapar 'não'."
Mãe de Jenny, 73ª semana ou se aproximando dos 17 meses

O sistema que sua criança vive dia após dia é o que ela conhece melhor: ela própria. Ela é sua própria pessoa. Quando o mundo dos sistemas se abre para ela, ela começa a desenvolver sua noção de eu. Isto tem várias consequências. Sua criança agora descobre que ela possui e controla seu próprio corpo. Ela também descobre que pode orquestrar coisas, que pode fazer as coisas sozinha, que pode controlar as coisas e que pode tomar decisões, todas as coisas que resultam de seu conceito cada vez maior de si mesma.

"Agora ele expressamente faz coisas de forma diferente do que se espera ou se pede dele. Por exemplo, se você lhe perguntar: 'Dê um beijo na mãe?', ele dá a todos um beijo, anda até mim e diz: 'Hahahahaha' e não me dá um beijo. Parece-me que ele quer mostrar que ele é sua própria pessoa. Que ele não é mais uma pessoa comigo, mas uma pessoa separada. É isso."

Mãe de Thomas, 80ª semana ou uns bons 18 meses

Sua criança começa a entender que a mãe e o pai são pessoas distintas. Ela começa a usar termos como "você" e "eu" e também está muito interessada no físico da mãe e do pai. O menino descobre que tem um pênis, assim como seu pai, e que a mãe não. A criança avalia todas as semelhanças e as diferenças. Pela primeira vez em sua vida, a criança pode se colocar no lugar de alguém, agora que ela percebe que nem todas as pessoas são iguais. Pela primeira vez, ela vê que nem todo mundo gosta das mesmas coisas que ela faz. Isso nunca teria passado pela cabeça dela quando era menor. Podemos resumir isso com uma palavra elegante, ela se tornou menos egocêntrica. Isso tem todos os tipos de consequências. Ela agora é capaz de confortar alguém. Ela está em seu ponto alto na imitação. Ela copia tudo ao seu redor. Sua imaginação ganha vida.

Sua criança exploradora também é fascinada por outros seres vivos: formigas, cães e assim por diante. Eles são todos sistemas também.

Sua criança "adolescente" começa a perceber que ela é parte de uma família, que sua família é diferente da família de seu pequeno amigo, a quem ela visita duas vezes por semana. Afinal, sua família é a primeira organização

humana que ela passa a conhecer a partir do interior, e ela não erra em perceber que a família de seu pequeno amigo não come necessariamente uma salada no jantar como sua própria família. Em sua família, eles têm um conjunto diferente de regras.

Assim como a criança reconhece a família como um sistema, ela começa a distinguir a família dos outros. Ela já faz o mesmo com seus amigos, casa e vizinhança. Ela está ficando melhor em encontrar o seu caminho em torno dos ambientes familiares fora de sua casa.

Ela começa a prestar grande atenção às suas roupas. Ela pode ser bastante vaidosa e muito possessiva com seus brinquedos.

Sua pequena criança artista começa a criar arte com letra maiúscula. Ela já não rabisca, agora ela chama "cavalos", "barcos" e "eu". Ela também começa a apreciar a música: que, também, é um sistema.

Sua criança começa a desenvolver um sentido de tempo. Ela agora é mais capaz de recordar experiências passadas e de compreender melhor o que o futuro trará.

Ela agora vai começar a formar suas primeiras frases. Nem toda criança faz isso, no entanto. Assim como ocorre com outras habilidades, as crianças diferem muito na idade em que elas começam. Todas as crianças agora entendem muito do que você diz a elas, mas algumas não estão prontas para começar a falar. Outras usam várias palavras e constantemente mímica, mas ainda não formam frases. Algumas, porém, falam em frases. Não importa o que sua criança faça ou não, isso depende de como você interage com ela.

Alguns exemplos do mundo adulto vão ajudar a esclarecer o que se entende por um sistema. Tomemos, por exemplo, a prática da matemática.

No nível de programas, pensamos, usamos a lógica e lidamos com símbolos matemáticos. No plano dos princípios, nós pensamos sobre o pensamento e, portanto, pensamos em como fazemos uso da matemática. Em um nível de sistema, nós olhamos para a matemática como um todo, como um sistema intelectual.

De um modo semelhante, a ciência da física é um grande sistema que consiste em princípios cuidadosamente descobertos. Isso vale também para a ciência da biologia e da teoria da evolução e dos princípios de acompanhamento da seleção natural. Isso se aplica a outras ciências também.

Visões de mundo ou perspectivas sobre a vida também são sistemas. Nossas vidas cotidianas também oferecem exemplos de sistemas. Nossa abordagem à dieta nos leva a formular princípios relativos de alimentos, que por sua vez determinam nossos programas alimentares. Outro exemplo de um sistema é a democracia. Assim como com outras organizações humanas, alguns aspectos são tangíveis e demonstráveis, enquanto outros são muito superficiais. No momento em que alguém é capaz de ver algo da mesma maneira que você, a situação poderia ter mudado completamente. Podemos apontar para o governo, para o orçamento anual ou para as práticas de contratação de funcionários. O que não podemos fazer é apontar a autoridade, cooperação, política de bastidores, compromissos ou organização em geral. Você pode apontar para o que você pensa ser uma evidência de sua existência, mas você não pode demonstrar isso tão facilmente como você pode com uma coisa simples e tangível, como uma rocha.

Outros exemplos de organizações humanas como sistemas são a família, a escola, a igreja, o banco, uma fábrica, o exército, o governo, o clube de futebol e o clube de bridge. Tais instituições sociais têm a importante tarefa de incentivar seus membros a se familiarizar com seus objetivos, normas e valores. Algumas instituições insistem nisso. Na família, ela é chamada de socialização. Nela, a aprendizagem de valores, normas e outros princípios é praticamente automática, pois as crianças imitam tudo e qualquer coisa que veem. Há também inúmeras oportunidades de aprendizagem, onde tais coisas muitas vezes não são enfatizadas, mas atuam como algo natural.

Pode parecer diferente de um sistema como física ou matemática. "Isso é muito avançado para um pequeno companheiro" a maioria das pessoas dirá. "Ele não vai aprender até o ensino médio." Mas se você observá-lo a brincar, se você vir como ele segura uma bola sob a água várias vezes para vê-la saltar para fora da água, se você o vir indefinidamente rolando as coisas em rampas ou correndo para cima e para baixo em uma rampa sem parar, você não pode ignorar que ele está fazendo experiências com os princípios fundamentais da física para estabelecer seus sistemas em sua

mente, o que o coloca em boa companhia. Foi o próprio Newton que fez experiências com algo tão simples como uma maçã caindo. Talvez não fosse má ideia os professores de física procurarem aconselhar as crianças nas brincadeiras para trazer algumas demonstrações agradáveis para suas aulas.

Isto se aplica a outros sistemas, assim como aqueles da matemática e da física. A criança também está interessada em arquitetura básica. Ela pode assistir os construtores por horas ou imitar seu pai fabricando cimento. Ela mistura água e areia durante todo o dia e, em seguida, começa a "rebocar paredes." Seus edifícios Lego também se tornaram mais complexos. Por exemplo, ela pode fazer trilhos de trem e passar seus trens sobre eles.

 ## Alterações cerebrais

Entre os 16 e os 24 meses, o número de sinapses no cérebro aumenta imensamente, tanto dentro das diversas subáreas do cérebro como entre essas subáreas. No segundo semestre do segundo ano, uma parte do cérebro por trás da testa amadurece (o lobo orbitofrontal), e uma variedade de novas habilidades emergem. A metade direita do cérebro se desenvolve a passos largos no primeiro ano e meio. Em seguida, o desenvolvimento na metade esquerda do cérebro, onde os centros de linguagem residem, assume o lugar. Na medida em que a compreensão de palavras únicas está em causa, aos 20 meses, um confinamento ocorre a partir de todo o cérebro para algumas pequenas áreas na metade esquerda.

As escolhas de sua criança: a chave para a sua personalidade

Para todas as crianças foram dadas a capacidade de perceber e controlar os sistemas. Elas precisam de anos para se familiarizar completamente com a vasta gama de novas competências para brincar, mas, como crianças, elas dão seus primeiros passos delicados no mundo dos sistemas. Por exemplo, nesta idade, a criança opta por se esforçar para conseguir usar seu corpo e deixá-lo falar para mais tarde, usando apenas algumas palavras e não frases. Ou ela pode estar muito ocupada com sua família, amigos, casa e vizinhança. Ou ela pode preferir as artes, desenhando sem parar e ouvindo música. Assim como todos os bebês, ela escolhe o que melhor se adapta aos seus talentos, mobilidade, preferências e circunstâncias. As primeiras escolhas se tornam aparentes quando ela chega na semana 75 ou 17 meses e uma boa semana. Não compare seu filho com outras crianças. Cada criança é única e irá escolher em conformidade.

Observe com cuidado sua criança. Estabeleça quais são seus interesses. Já é possível ver facilmente quais os talentos e preferências que ela tem, bem como seus pontos fortes. Se seu filho tem uma inteligência musical elevada, isso agora se tornou claro. Use a lista em "Meu Diário" nas páginas 384-389 para marcar ou destacar o que seu filho escolhe. Você também pode procurar sozinha, para ver se existem alguns sistemas que você acha que seu filho pode usar e aprender. Pare de marcar quando seu filho começar a dar o próximo salto. Isso geralmente ocorre quando ele tem cerca de 20-21 meses de idade.

Crianças são assim

Tudo o que é novo, sua criança gosta mais. Portanto, sempre reaja às novas habilidades e interesses que sua criança apresenta. Dessa forma, ela aprende de forma mais agradável, mais fácil, mais rápida e muito mais.

(continua na página 390)

Meu diário ---

Como meu bebê explora o novo mundo dos sistemas

A CONSCIÊNCIA

- ❏ Salta e deixa escapar um sonoro "não" quando é apanhada
- ❏ Testa você, fazendo o que não é permitido
- ❏ Imita o comportamento da TV
- ❏ Fica magoado e confuso com sanções injustas
- ❏ É capaz de "mentir"
- ❏ O que tenho notado de outra forma:_____

A noção de si próprio

- ❏ Eu e meu corpo
- ❏ Eu controlo meu corpo
- ❏ Eu posso fazer coisas por conta própria
- ❏ Eu tenho a minha própria vontade
- ❏ Eu posso decidir por mim mesmo
- ❏ Eu quero poder
- ❏ O que tenho notado de outra forma:_____

LONGE DA VISTA, MAS NÃO FORA DA MENTE

- ❏ Esconde-se e quer ser encontrado
- ❏ Procura por pessoas sem simplesmente voltar para onde elas estavam
- ❏ O que tenho notado de outra forma:_____

EU E VOCÊ

- ❑ Entende que a mãe e o pai não são a mesma pessoa
- ❑ Avalia as semelhanças e diferenças
- ❑ Quer ser reconhecido como sua própria pessoa
- ❑ Pode se colocar no lugar dos outros
- ❑ Pode perceber que outra criança quer algo diferente
- ❑ Pode consolar outra pessoa
- ❑ Está em seu ponto alto na imitação
- ❑ A imaginação decola
- ❑ Inicia o tratamento de brinquedos como agentes autônomos
- ❑ O que tenho notado de outra forma:_____

OUTROS SERES VIVOS

- ❑ Acena para pássaros e aviões
- ❑ Cheira as plantas
- ❑ Gosta de alimentar as galinhas
- ❑ Está interessado em abelhas, formigas, joaninhas e similares
- ❑ Ri em filmes de natureza com os animais que fazem coisas incomuns
- ❑ Quer regar as plantas
- ❑ O que tenho notado de outra forma:_____

(continua)

Meu diário --

A FAMÍLIA NUCLEAR

❏ Entende que os membros de sua família nuclear são pessoas separadas, mas ainda assim pertencem umas as outras

❏ Brinca o dia inteiro com bichos de pelúcia, alimenta-os e os coloca para dormir

❏ Entende que há outras famílias nucleares com outras mães e pais, irmãos e irmãs

❏ O que tenho notado de outra forma:_____

FAMÍLIA E AMIGOS

❏ Entende a diferença entre seus familiares e seus amigos

❏ Sabe exatamente quem pertence a quem

❏ Quer telefonar para a vovó e para o vovô

❏ Quer visitar a vovó e o vovô

❏ O que tenho notado de outra forma:_____

CASA, VIZINHANÇA E ENCONTRANDO O CAMINHO

❏ Ele tem uma boa ideia da disposição do terreno em seu entorno

❏ Sabe exatamente onde encontrar as coisas dentro e ao redor da casa

❏ Reconhece sua própria casa e a casa do vovô e da vovó

❏ Pode apontar o caminho para o supermercado ou para o parque

❏ Reconhece coisas, mesmo se elas estão em uma vizinhança menos familiar

❏ O que tenho notado de outra forma:_____

PROPRIEDADE

❑ Sabe perfeitamente bem qual roupa pertence a quem, ao separar da máquina de lavar

❑ Sabe exatamente qual bolsa e casaco pertence a qual criança

❑ Sabe exatamente qual brinquedo pertence a quem e o que está fora dos limites

❑ Não pretende continuar compartilhando seus brinquedos com outras crianças

❑ Coleta coisas e insiste que elas não devem ser jogadas fora

❑ Não gosta de bagunça. Quer tudo sistematicamente organizado

❑ O que tenho notado de outra forma:_____

QUEBRA-CABEÇAS E COISAS PEQUENAS

❑ Agora é bom a fazer quebra-cabeças. Os quebra-cabeças consistem em 7, 12 ou, no máximo, 20 peças

❑ As habilidades motoras são cada vez mais refinadas

❑ Acha o kit de costura ou uma vasta variedade de botões interessante

❑ É um defensor do detalhe

❑ O que tenho notado de outra forma:_____

INVENTA SEUS PRÓPRIOS JOGOS

❑ Inventa jogos com suas próprias regras

❑ Inventa seus próprios truques de magia

❑ O que tenho notado de outra forma:_____

(continua)

Meu diário

ARTE

- ❏ Entende que os brinquedos simbolizam o mundo real, coisas ou pessoas
- ❏ Começa a desenhar de uma maneira completamente diferente. Os rabiscos aleatórios dão espaço para círculos, quadrados e semelhantes
- ❏ Desenha cavalos, barcos, aviões, cachorro, a avó, o avô e ele próprio
- ❏ Gosta quando você desenha também
- ❏ Os amantes da música podem ouvir música por um longo tempo
- ❏ Gosta de tocar teclado
- ❏ Ergue mais edifícios
- ❏ O que tenho notado de outra forma:_____

SENTIDO DE TEMPO

- ❏ Lembra de experiências passadas
- ❏ Prevê eventos e programas diários familiares
- ❏ Lembra você durante todo o dia de sua promessa de ir para a casa da vovó e do vovô
- ❏ Faz planos, se você prometer fazer algo e esquecer, ele fica chateado e ofendido
- ❏ Lembra-se de manhã o que fez na noite anterior
- ❏ O que tenho notado de outra forma:_____

FÍSICA BÁSICA

- ❏ Segura uma bola debaixo da água para vê-la aparecer
- ❏ Fica infinitamente ocupado derramando sua mistura especial de um recipiente para outro

- ❏ Presta atenção às cores
- ❏ Acha sua primeira neve intimidante
- ❏ Tem medo da escova de dente elétrica
- ❏ Está ocupado com os fenômenos básicos da física
- ❏ O que tenho notado de outra forma:_____

ARQUITETURA BÁSICA

- ❏ Observa construtores por horas
- ❏ Imita a fabricação de cimento misturando areia e água
- ❏ Imita rebocar a parede
- ❏ Monta trilhos de trem de Lego
- ❏ Tenta construir blocos de Lego
- ❏ O que tenho notado de outra forma:_____

LÍNGUA

- ❏ Compreende maior parte do que é dito
- ❏ Se ele está exposto a diferentes línguas, ele pode distinguir entre elas e pode ignorar uma
- ❏ Produz sempre mais palavras
- ❏ Mais cedo ou mais tarde é capaz de combinar palavras para formar frases
- ❏ Imita sons de animais
- ❏ Faz muitas mímicas. É capaz de se comunicar com gestos
- ❏ Adora livros. Ouve atentamente histórias curtas até o fim
- ❏ O que tenho notado de outra forma:_____

O que você pode fazer para ajudar

No mundo dos sistemas, a criança vai descobrir que ela pode escolher seus princípios. Ela vai descobrir a si mesma, sua família, seus amigos, sua casa, seu bairro, sua arte e muito mais. Dê a sua criança a oportunidade de experimentar todos os tipos de sistemas. Só a partir de sua esperteza, de ver suas reações e através de muita prática, ela aprende como o mundo dos sistemas é composto.

Eu e minha consciência

A consciência é um sistema de princípios morais, de valores, normas e regras. O desenvolvimento de uma consciência não deve ser tomada como garantida. Seu filho tem de construir sua consciência usando os exemplos que ela vê em você. Você deve demonstrar o certo e o errado. É preciso tempo, muito tempo, antes de a criança ter visto exemplos suficientes dos quais tirar conclusões. Felizmente, suas ações têm sido consistentes. Se você diz uma coisa uma vez e outra coisa uma outra vez, então vai ser mais demorado para sua criança. O mesmo se aplica se os sinais que você dá a ela são confusos. Vai ser difícil para ela descobrir isso tudo. A partir desta idade, seu pequeno tenta descobrir um sistema em tudo, também em valores, normas e regras. Ele anseia por regras e testa os limites. Assim como ele tem o direito de suas refeições diárias, da mesma forma ele está autorizado à sua porção diária de regras.

"Ela sabe que as coisas na prateleira de cima do armário são de seu irmão. Agora ela sobe no armário para pegar e roubar alguma coisa. Se ela for apanhada, ela deixa cair e olha para você com um olhar de 'Como isso foi parar aqui?'."

> Mãe de Victoria, 76ª semana ou 17 meses
> e uma boa semana

"Ele nos testa, fazendo o que não é permitido."

> Mãe de Harry, 77ª semana ou 17 meses e meio

"Ele ri quando surpreende o pai ou a mim de repente ao fazer algo inesperado e expressamente proibido. Ele também ri quando é apanhado."

Mãe de John, 79ª semana
ou 18 meses

"Ele imita tudo o que vê na TV. Por exemplo, ele cai no chão de propósito, e em um filme, ele viu crianças lutando. Ele observou isso e se bateu."

Mãe de Thomas, 80ª semana ou uns bons 18 meses

"Eu também notei que ele não quis ouvir e notei seu mau comportamento. Eu nunca o vi assim. Ele bateu na cabeça de alguém sem nenhuma razão e jogou outra pessoa para o chão pela sua camisa. É muito irritante e algumas vezes eu fiquei realmente irritada. Eu continuo explicando que dói se ele faz isso. Talvez eu fale muito com ele, por isso ele só ouve quando quer. Não tem nenhum efeito sobre ele se eu disser que ele não pode fazer alguma coisa ou se eu lhe pedir para ajudar com algo. Eu descobri que eu preciso lhe dizer que nós podemos fazer esta tarefa em conjunto. Como colocar uma garrafa de volta onde ela deve estar, em vez de simplesmente jogá-la."

Mãe de Jim, 81ª semana ou 18 meses e meio

"Eu percebi que se ele cai, ele não chora muito rapidamente e aceita bem. Mas se ele acha que é corrigido de forma injusta, ele fica muito magoado e confuso. Por exemplo, ele gritou porque ele não tem permissão para estar na cama com suas botas. Eu disse que estava bem porque elas estavam limpas, mas a babá não sabia e não entendia. Eu poderia dizer pelo jeito que ele gritou que isso realmente o chateia e o magoa, mesmo que isso não seja um grande problema. Eu raramente o ouvi assim. Eu ouvi o mesmo grito depois de ele ter ficado com o pai, que lhe diz sim onde eu digo não."

Mãe de Taylor, 81ª semana ou 18 meses e meio

"Nós mudamos a rotina para ir para a cama. Ela costumava não ir para a cama até às 22h e, em seguida, ela queria dormir em nosso colo primeiro e só depois poderíamos colocá-la na cama. No sábado passado, nós a colocamos na cama às 20h, depois de ela ter sido muito cansativa. Ela gritou alto por 45 minutos antes de finalmente cair no sono. Desde aquela noite, ela vai para a cama entre às 20h e 20h30. Cantamos músicas com ela, seu pai fala com ela um pouco mais e então ela cai no sono e dorme até às 7h da manhã seguinte. Embora, o pai tenha que colocá-la na cama."

Mãe de Jenny, 84ª semana ou 19 meses

"A última moda é fazer as coisas. Ele terminou jogando um jogo de simulador de voo no computador com o pai e me disse que seu pai não fez bem e que ele havia caído ao aterrissar. Isso não era completamente a verdade, como se viu, mas ele disse isso de propósito. Ele gosta de poder fazer as coisas. Ele ri com vontade quando o pai fala o que aconteceu de verdade."

Mãe de Jim, 85ª semana ou 19 meses e meio

"Ele agora é capaz de 'mentir'. Por exemplo, ele come um biscoito e sua boca está cheia de chocolate quando a próxima rodada de biscoitos é entregue. Quando é a vez dele, ele põe a mão atrás das costas com o biscoito na mão e diz que ele não pegou ainda. Se lhe é permitido pegar outro, ele ri e depois mostra o que ele já tinha em sua mão."

Mãe de Thomas, 87ª semana ou 20 meses

Eu e minha noção de eu

O sistema com o qual a criança entra mais em contato é ela própria. Isso é o que ela começa a conhecer primeiro, e tem todos os tipos de consequências. Sua criança descobre que ela é o dona de seu próprio corpo e que tem o controle sobre seu próprio corpo. Ela também descobre que pode fazer as coisas acontecerem, que tem sua própria vontade e pode tomar suas próprias decisões, e que ela tem o poder de influenciar. Ela pensa em termos de eu, eu, eu.

Eu e meu corpo

"Ele está muito interessado em seu 'pipi'. Ele puxa e esfrega sempre que pode. Costumo deixá-lo andar nu."

Mãe de Mark, semana 72 ou 16 meses e meio

"É como se ela tivesse redescoberto os dedos dos pés. Ela os estuda pouco a pouco, por alguns minutos de cada vez."

Mãe de Victoria, 73ª semana ou uns bons 16 meses e meio

"Ela se chama de Mita. Ela se deu esse nome."

Mãe de Victoria, 75ª semana ou 17 meses

"Muitas vezes, ele bate a cabeça com força contra a parede. Isso me deixa doente. Eu gostaria que ele parasse. Eu acho que ele faz isso para experimentar sua noção de si mesmo."

Mãe de Kevin, 76ª semana ou 17 meses e uma boa semana

"Ela morreu de rir com um boneco bobo no supermercado."

Mãe de Maria, 81ª semana ou 18 meses e meio

"Ela está obcecada com os anjos. Eu perguntei: 'É você?' 'Sim', ela disse."

Mãe de Nina, 82ª semana ou uns bons 18 meses e meio

"Ninguém está autorizado a tocá-lo. Nem o médico durante a pesagem e medição, nem o cabeleireiro, mesmo que ela fosse sua amiga. Nem mesmo sua avó ao se vestir."

Mãe de Matt, 82ª semana ou uns bons 18 meses e meio

"Ela também diz: 'Sou eu'."

Mãe de Hannah, 83ª semana ou 19 meses

"Se alguém lhe diz: 'Lindos cachos', ele passa as mãos pelo seu cabelo como a estrela no filme Nos tempos da Brilhantina."

Mãe de Thomas, 86ª semana ou se aproximando dos 20 meses

"Ela está muito ocupada colocando e tirando a roupa. Ela até mesmo coloca seus chinelos, suas meias e calças. Ela também é muito vaidosa. Quando ela tem roupas novas, ela fica em nossa cama na frente do espelho para se ver melhor. Uma vez, ela insistiu em vestir um vestido quando eu tentei lhe vestir umas calças. Ela adora fazer seu cabelo no cabeleireiro."

Mãe de Vera, 74ª - 87ª semana
ou 17 a 20 meses

Eu tenho controle sobre o meu corpo

"Ele caminha pelas escadas ereto e dá grandes passos. Pé direito em um degrau e o pé esquerdo no próximo e assim por diante."

Mãe de Bob, 72ª semana ou 16 meses e meio

"Eu já fiquei com raiva uma vez esta semana. Ela subiu até um lance perigoso de escadas depois que eu já tinha proibido."

Mãe de Eve, 74ª semana ou 17 meses

"Ele para em uma barra, balança para trás e para frente e depois cai no chão de rir."

Mãe de Paul, 74ª semana ou 17 meses

"Ele sobe em tudo. Nada é demais. Ele é cuidadoso, no entanto. Ele tem consciência dos perigos."

Mãe de James, 76ª semana ou se
aproximando dos 17 meses e meio

"Ela encontra todos os tipos de formas de conseguir fazer o que não é permitido. Eu coloquei algumas coisas fora do alcance e protegi outras. Isso não adianta mais. Ela encontra uma maneira de chegar até elas. Mesmo que ela precise arrastar uma cadeira ou pegar uma escada."

Mãe de Victoria, 76ª semana ou se
aproximando dos 17 meses e meio

"Ela sobe como uma acrobata. Ela sobe em mim, segurando minhas mãos. Ela empurra meu estômago para trás."

Mãe de Laura, 80ª semana ou 18 meses e uma semana

"Ele desceu no escorregador de plástico no McDonald's pela primeira vez de barriga."

Mãe de Steven, 81ª semana ou 18 meses e meio

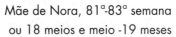

"Ela aprendeu a dar cambalhota, deslizar para baixo no escorregador sozinha e subir de volta sozinha. Ela agora entra e sai da cama sozinha."

**Mãe de Nora, 81ª-83ª semana
ou 18 meios e meio -19 meses**

"Ele gosta de saltar de lugares altos, se acha que pode fazer isso. Quando ele não pode, ele diz 'assustador' e estica os braços, que quer dizer: 'É muito alto para mim, podemos fazer isso juntos?' Ele também gosta de caminhar ao longo de pequenos muros, praticando o equilíbrio. Ele gosta de fazer isso se a parede tiver cerca de um metro e vinte de altura. Eu ajo com calma, mas por dentro ele me assusta."

Mãe de Luke, 83ª - 86ª semana ou 19 a quase 20 meses

"Há um mês, a novidade é tentar fazê-la cair durante a travessia no colchão d'água."

Mãe de Eve, 82ª semana ou se aproximando dos 19 meses

"Ela gostava de disparar pequenos blocos com a boca, isso a faz rir. Correndo para baixo nas dunas de areia e correndo atrás do cachorro na praia foi a melhor coisa."

Mãe de Hanna, 86ª - 88ª semana ou aproximadamente 20 meses

Eu posso fazer isso sozinho

"Ela descasca e come uma laranja sozinha, abre portas e pode dizer seu próprio nome. Ela liga seu rádio de brinquedo sozinha e anda ao redor ouvindo."

Mãe de Juliette, 72ª semana ou 16 meses e meio

"Ela compreende que ela pode usar seu penico. Duas vezes ela foi até ele e se sentou com uma fralda e se aliviou."

Mãe de Josie, 73ª semana ou se aproximando dos 17 meses

"Ela não quer se sentar em sua cadeira mais. Ela quer sentar em uma cadeira normal na mesa de jantar. Além disso, ela não quer usar um babador e ela quer comer sozinha."

Mãe de Julia, 73ª - 75ª semana ou aproximadamente nos 17 meses

"Esta semana, ele andava com guardanapos. Ele os usava como babador ou toalha, mas particularmente como uma luva de forno. Quero dizer, quando ele vai pegar alguma coisa, ele coloca o guardanapo em cima e, em seguida, pega. Ele fez isso principalmente na cozinha com os puxadores das gavetas."

Mãe de Paul, 74ª semana ou 17 meses

"Agora ele está ocupado com os aspectos espaciais. Colocar as coisas em cima ou em baixo de algo é muito interessante para ele. Não é tão interessante por algo se encaixa em algum lugar, mas sim por que ele é o único a colocar e tirar as coisas. Ele está mais interessado em pesquisar seu próprio potencial, em vez das qualidades das coisas em si. Ele agora tem uma urgência renovada de olhar para as panelas. Agora não é sobre eu lhe mostrando o que estamos comendo e lhe dizendo como se chama, mas que ele olha e identifica sozinho. Brincar com o balde com as formas de encaixar assumiu uma nova reviravolta. Agora é sobre ele colocar as peças como ele quer. Ele propositadamente tenta forçar as formas através dos furos errados. Se ele acidentalmente coloca uma no buraco correto, ele rapidamente a puxa para fora. Ele quer colocar as peças como lhe aprouver, não de acordo com as regras do jogo."

Mãe de Frankie, 76ª semana ou se aproximando dos 17 meses e meio

"Esta semana ele gosta de desenhar. Eu acho que é porque é algo que ele faz sozinho. Ele faz algo por si próprio."

Mãe de John, 77ª semana ou 17 meses e meio

"Ela faz desenhos e depois ri deles."

Mãe de Maria, 77ª semana ou 17 meses e meio

"Hoje em dia, ele quer comer sozinho no jantar. Isso não é isento de problemas, mas, em geral, ele faz bem. Ele imita cada vez mais. Ele limpa o chão com uma esponja, ele assoa o nariz com um lenço e aspira com o aspirador de pó. Ele agora sabe exatamente para que as coisas servem."

Mãe de James, 77ª semana ou 17 meses e meio

"Se eu perguntar: 'Você quer que a mãe faça isso?', ela diz: 'Não, Anna.' Mesmo que ela tenha quebrado algo e perguntamos quem fez isso, ela diz: 'Anna.' Ela é muito consciente de si mesma. Ela ri, se ela deixa cair alguma coisa ou joga algo no chão."

Mãe de Anna, 77ª semana ou 17 meses e meio

"Esta semana, ele veio andando orgulhosamente com um peni- co cheio. Eu fiquei tão orgulhosa quanto ele. Se ele anda por aí sem fralda, ele está indicando que quer usar seu penico ou que o usou antes mesmo de eu saber. Ele espera fazer xixi até ter o penico. Ele usa todo o seu poder para fazer coco e cada pedacinho deve ser feito no banheiro. Cativante. Então ele diz 'mais'. Isso significa que ele quer usá-lo novamente. Quando está tudo feito, ele diz 'terminou'."

Mãe de Mark, 78ª - 79ª semana ou se
aproximando dos 18 meses

"Agora, ela solta o cinto e sai de sua cadeira sozinha."

Mãe de Ashley, 80ª semana
ou 18 meses e uma semana

"Ele agora pode funcionar como um 'garoto de recados'. Ele entende tudo o que é pedido a ele. Ele pega o controle remoto, o guia da TV, as meias. Ele liga a máquina de lavar roupa, 'aquecimento médio por favor'. Ele pega os sapatos. Obtém os produtos de limpeza. E se ele e o pai estão jogando no simulador de voo no computador, ele segue seus comandos: 'Gás!' 'Trem de aterragem!' 'Ejetar!'. Eu tenho orgulho de meu grande menino. Ele realmente dá o seu melhor e faz tudo o que lhe é pedido de imediato. Mas eu tenho pena da pobre criança. Ele realmente é colocado para trabalhar."

Mãe de Thomas, 80ª semana
ou 18 meses e uma semana

"Ela é uma perita com os instrumentos de médico de brinquedo."

Mãe de Elisabeth, 81ª semana ou 18 meses e meio

"Ela usou o penico. Ela diz: 'coco-coco' se faz em sua fralda, o que significa que ela quer uma fralda limpa. De vez em quando, ela usa o banheiro."

Mãe de Nina, 80ª - 83ª semana ou uns bons 18 a 19 meses

"Ele gosta de andar nu após o banho. Em seguida, ele se agacha e se esforça para fazer xixi. Uma vez, ele fez xixi em seu armário."

Mãe de Robin, 82ª semana ou se aproximando dos 19 meses

"Ela nunca deixa de me surpreender com o quão bem ela entende o que está acontecendo. De vez em quando, ela tem tudo planejado. Por exemplo, se ela não pode alcançar alguma coisa, ela vai ao banheiro, pega um banquinho e o coloca onde ela precisa. Isso é apenas um dos muitos momentos que eu a vejo resolver seus próprios problemas."

Mãe de Vera, 82ª semana ou se aproximando dos 19 meses

"Ela colore com lápis de cor agora."

Mãe de Laura, 83ª semana ou 19 meses

"Ela é capaz de organizar as cores. Ela viu que um dos marcadores tinha a cor no topo errada."

Mãe de Victoria, 84ª semana ou uns bons 19 meses

"Ele me disse antes do tempo que precisa usar o banheiro."

Mãe de Taylor, 84ª semana ou uns bons 19 meses

"De vez em quando, ela quer usar seu penico. Ela se senta por um segundo e vai limpando furiosamente, mas ainda tem que fazer alguma coisa no penico."

Mãe de Eve, 85ª semana ou 19 meses e meio

"Ele está cada vez mais útil e imita mais. Ele traz a taça para a cozinha e a coloca no balcão ou pega um prato. Ele também gosta de brincar como se estivesse martelando alguma coisa. Ele quer beber do copo de uma pessoa grande e não de uma mamadeira ou de um copo do bebê."

Mãe de Bob, 86ª semana ou se aproximando dos 20 meses

"Ela usou uma vez no banheiro."

Mãe de Anna, 87ª semana ou 20 meses

"Ela vai para o penico sozinha se já estiver nua. Se ela está vestindo calça, ela faz em suas calças, mas nos alerta diretamente."

Mãe de Hannah, 87ª semana ou 20 meses

"Completamente treinada no penico. Depois de apenas 3 noites, ela parou completamente de molhar a cama."

Mãe de Emily, 87ª semana ou 20 meses

"Ele consegue assoar o nariz. Agora, ele tenta assoar o nariz em tudo, até mesmo nos descansos de copo."

Mãe de Gregory, 88ª semana ou 20 meses

Eu tenho a minha própria vontade

"Nos últimos meses, ele tem sido impertinente e tem sondado para ver o que é permitido e o que não é, bem como as consequências. No momento, ele sabe muito bem o que é permitido. Agora, ele está apenas impertinente para exibir: 'Eu faço o que eu quero. Então o que você vai fazer sobre isso?'."

Mãe de Harry, 76ª semana ou se aproximando dos 17 meses e meio

"Ele não ouve as advertências mais. Parece que ele está proclamando que sabe o que está fazendo. Fazer experiências é prioridade: cair, calor, temperos fortes, etc. Ele decide o que ele come, quando e como."

Mãe de Matt, 76ª semana ou se aproximando dos 17 meses e meio

"Ele realmente faz suas vontades. De preferência, à procura de problemas."

Mãe de James, 77ª semana ou 17 meses e meio

"Ela queria muita atenção se não tinha permissão para algo ou se demorava muito para conseguir fazer algo. Ela continuava me puxando, estava muito cabeça-dura, chorona, teimosa, impertinente, exaltada e incontrolável."

Mãe de Josie, 77ª semana ou 17 meses e meio

"Ele entra em tudo, mas eu tenho que manter uma estreita vigilância sobre ele. É muito perigoso deixá-lo sozinho, porque ele está sempre desafiando as regras. Eu realmente fiquei com raiva quando ele tentou acender o fogão com uma panela quente sobre ele. Realmente me fez saltar. Felizmente, ele só teve pequenas queimaduras e houve apenas danos mínimos, mas ele certamente recebeu um aviso físico. Espero que ele tenha entendido que ele não tem permissão para tocar no fogão. É muito divertido cozinharmos juntos, mas se ele não aprendeu a lição não faremos mais isso."

Mãe de Steven, 78ª semana ou se aproximando dos 18 meses

"Recentemente, ela abandonou seus brinquedos pelas coisas que ela não pode tocar, como o leitor de DVD."

Mãe de Laura, 78ª semana ou se aproximando dos 18 meses

"Eu tenho que acompanhá-lo em todos os lugares. Ele tem muita iniciativa e é bastante explorador. Tudo deve ser virado de cabeça para baixo e de dentro para fora comigo presente. Tivemos uma briga, porque ele faz bagunça mais rápido do que eu posso limpar."

Mãe de Luke, 79ª semana ou 18 meses

"Ele é um palhaço real. Ele não presta atenção a nada, só faz as coisas de seu jeito. Ele gosta de brincar ao redor. Nós o chamamos de 'pequeno duende'."

Mãe de James, 80ª semana ou uns bons 18 meses

"Ela está cada vez mais independente. Ela sai sozinha ou junto com outras pessoas. Um aceno rápido e ela se vai."

Mãe de Elisabeth, 80ª - 81ª semana, ou uns bons 18 meses e meio

"Nos últimos dias ele vem brincando com carros. Quarta-feira, eu consegui meia hora só para mim. Ele brincou alegremente com seus blocos e carros e eu não o ouvi por meia hora."

Mãe de James, 81ª semana ou 18 meses e meio

"Ela colocou o dedo no chá quente. Ai!"

Mãe de Julia, 84ª semana ou uns bons 19 meses

"De vez em quando ela realmente se diverte bem sozinha. Ela brinca sozinha se eu estou por perto, mas eu não estou autorizada a ler. Por vezes, leio um pouco, que é mais do que eu costumava fazer."

Mãe de Nina, 83ª - 86ª semana ou 19 a quase 20 meses

"Sua consciência pessoal cresce diariamente. Ela indica o que ela quer e o que ela não quer. Ela sopra beijos quando se despede e, se ela dá alguma coisa para você, é uma decisão consciente."

Mãe de Ashley, 83ª - 86ª semana, ou 19 a quase 20 meses

"Ela não quer que eu escove os dentes, mas se ela faz isso, ela não escova, mas come a pasta e, em seguida, ela terminou. Uma vez, quando eu fui em frente e escovei os dentes para ela, ela ficou com raiva de mim pela meia hora seguinte."

Mãe de Anna, 86ª semana ou se aproximando dos 20 meses

Posso decidir por mim mesma

"Ela começa a rir quando já está planejando algo impertinente."
Mãe de Eve, 76ª semana ou se aproximando dos 17 meses e meio

"Ele anuncia tudo o que faz. Ele sempre aponta para si mesmo."
Mãe de Kevin, 76ª semana ou se aproximando dos 17 meses e meio

"Ela realmente sabe o que é 'bah' se ela sujou a calça. Ela chega e diz: 'bah'. Se ela pode escolher o local onde mudar de fralda, então ela não faz uma cena e concordará com isso. Ela encontra os pontos mais estranhos para mudar de fralda. Trocar de roupa é a mesma coisa: 'Encontra seu lugar' e lá vai ela."
Mãe de Nora, 86ª semana ou se aproximando dos 20 meses

"Ele quer escolher suas próprias roupas atualmente. Ele realmente tem certas preferências. Suas calças de jogging confortáveis com ratos impressos está 'em baixa'. Às vezes, ele coloca o casaco do pai com uma gravata e vai acorda a mãe."
Mãe de Thomas, 86ª semana ou se aproximando dos 20 meses

Eu quero poder

"As birras realmente chamam a atenção. Ela realmente pode gritar alto. O grito é breve, mas poderoso. Ela também observa seu irmão com muito cuidado quando ele se comporta mal. Parece que ela está tomando notas mentais."
Mãe de Victoria, 72ª semana ou 16 meses e meio

"Se ela não concordar, ela começa a gritar. O rolar no chão diminuiu. Ela tenta fazer o que quer por meio de gritos."
Mãe de Jenny, 72ª semana ou 16 meses e meio

"Ele me assusta com cobras e ratos e faz o mesmo com a menina da casa ao lado."

Mãe de Frankie, 74ª semana
ou 17 meses

"Ele tenta colocar carros de grandes dimensões em sua pequena garagem brinquedo. Ele nunca tentou isso antes."

Mãe de Robin, 76ª semana ou se
aproximando dos 17 meses e meio

"Ele sempre bate e às vezes belisca se ele não conseguir o que quer. Se ele está com raiva, ele bate forte, é mais suave quando ele está brincando. A ideia geral é que eu tento quebrar o mau hábito calmamente corrigindo-o, oferecendo-lhe um travesseiro para bater ou lhe pedindo para se acalmar. Eu às vezes fico com raiva se realmente doer. Isso faz com que ele fique triste e, em seguida, ele começa a distribuir beijos."

Mãe de Luke, 76ª semana ou se
aproximando dos 17 meses e meio

"Ele insiste em comer e beber o que eu tenho, mesmo que ele tenha o mesmo. Ele quer o que eu tenho. Ele toma a comida e bebida de mim. Nós lutamos como duas crianças."

Mãe de Gregory, 76ª semana ou se
aproximando dos 17 meses e meio

"Ela grita muito alto e em um tom agudo se não conseguir o que quer ou falhar em alguma coisa. Isso realmente me incomoda e eu quero por um ponto final nisso em breve. Tivemos várias brigas esta semana por causa disso."

Mãe de Juliette, 77ª semana
ou 17 meses e meio

"Um par de vezes por dia ela fica com raiva, especialmente se ela não conseguir o que quer. Isso geralmente para por si só. Às vezes, eu tenho que intervir para acalmá-la. Ela é bastante feroz."

Mãe de Maria, 77ª semana ou 17 meses e meio

"Ele ficou notavelmente mais rude. Ele também joga com força as coisas e realmente
não suporta não conseguir o que quer. Às
vezes, ele joga as coisas no gato, como o
despertador."

Mãe de Matt, 77ª semana ou 17 meses e meio

"Ele é muito bem humorado e extremamente enérgico. Ele está tão ocupado com o que parece precisar fazer, que nem sequer pestaneja quando eu expresso meu desagrado em certas coisas. Ele joga e bate com qualquer coisa que ele esteja segurando, com toda a força. Eu acho que ele arremessa coisas assim porque sente um certo poder por seus pertences. O mesmo vale para bater. Eu tento deixar claro para ele quando tomo medidas, ameaçando puni-lo. Se ele persistir em jo-gar e bater, eu o coloco em seu cercadinho. Ele se senta em silêncio esperando sair, apenas para continuar de onde ele parou, atirando e batendo. A única coisa que ajuda é distraí-lo. Parece que estamos lidando com um novo padrão de aprendizagem."

Mãe de Kevin, 78ª semana ou se aproximando dos 18 meses

"Se ele não conseguir o que quer, ele fica irritado. Por exemplo, se ele quiser sair, ele aponta para sua jaqueta. Se eu disser que não, ele fica irritado. Ele também fica com raiva se ele não conseguir mais bombons ou se seu amigo não está em casa."

Mãe de Robin, 77ª semana ou 17 meses e meio

"Se ela tem que vir para dentro do jardim, ela chora e bate o pé. Nes-tes casos, eu lhe deixo de castigo."

Mãe de Vera, 79ª semana ou 18 meses

"Às vezes, eu duvido se posso ou não gerenciar suas atividades obstinadas e dinâmicas."

Mãe de Harry, 79ª semana ou 18 meses

"Ele joga tudo no chão e para longe dele. Ele morde e bate. Eu realmente fiquei com raiva esta semana, quando ele espalhou sua comida e bebida por todo o chão."

Mãe de John, 79ª semana ou 18 meses

"Eu experimento a raiva e exijo obediência, insistindo que ele tem que parar, mas nada ajuda. Ele não fica nada impressionado. É difícil quando ele age dessa forma. Se ele está cansado, é ainda pior. Então, ele fica realmente esmagador."

Mãe de Paul, 79ª semana ou 18 meses

"Se eu sair da sala rapidamente ou negligenciá-la um pouco, ela começa a cavar na minha planta."

Mãe de Laura, 80ª semana
ou uns bons 18 meses

"Ela estava muito chata esta semana. Ela insistia em fazer o que queria. Se ela não conseguir o que quer, então ela começa a gritar e se joga no chão. Se nós apenas a deixarmos, ela vem para perto sozinha."

Mãe de Emily, 81ª semana ou 18 meses e meio

"Se ela não consegue pegar alguma coisa, tem que ir para a cama ou não consegue o que quer, ela chora e esperneia."

Mãe de Ashley, 84ª semana
ou uns bons 19 meses

"Atirar e bater parecem estar diminuindo. Mas a mordida é por vezes muito forte. Repreensão dura, explicar, uma surra: nada parece ajudar."

Mãe de John, 83ª - 86ª semana
ou 19 a quase 20 meses

"Ele aterroriza os gatos. Ele constantemente mantém o controle sobre onde ambos estão. Então, ele tem que conseguir acariciá-los."

Mãe de Jim, 83ª - 86ª semana ou 19 a quase 20 meses

"Ela não quer ser visto como 'pequeno'. Fomos tomar um sorvete em um lugar agradável, onde as bolas são caras. O pai disse: 'Elisabeth pode comer com a gente.' Quando o sorvete veio, ela podia lambê-lo, mas ela não tinha permissão para segurá-lo. Isso a fez ter uma crise de raiva. Ela queria ir embora. Ela foi insultada por ter sido tratada como pequena. O pai então foi a uma sorveteria inferior para mais um sorvete. Ela o segurou, mas não o comeu. Sua birra continuou durante todo o tempo. Ela estava profundamente ofendida. Pela próxima meia hora a 45 minutos, ela não se divertiu. Ela bateu no pai também."

Mãe de Elisabeth, 86ª semana ou se aproximando dos 20 meses

"Ela é muito voluntariosa, o que às vezes é difícil. Ela chora, se não tem permissão para algo ou se ela não conseguir o que quer. Lágrimas reais são reservadas para quando ela cai ou se machuca."

Mãe de Julia, 87ª semana ou 20 meses

Estou fora de vista, mas não fora do pensamento

Porque a criança agora entende que ela é um sistema separado, ela também entende que os mesmos princípios que se aplicam às pessoas e objetos ao seu redor também se aplicam a ela. Ela entende que eles continuam a existir, mesmo que eles não possam estar em seu campo de visão. Ela também entende que ela ainda existe para a mãe e para o pai quando eles não podem vê-la. Além disso, ela agora entende que outras pessoas não necessariamente permanecem onde ela as viu pela última vez. Ela começa a perceber que elas podem se movimentar e mudar suas posições. Quando ela olha para o pai agora, ela entende que ela não só precisa olhar para onde ela o viu pela última vez.

"Ele gosta de engatinhar em armários e fechar todas as portas."

Mãe de Steven, 81ª semana ou 18 meses e meio

"Ela se esconde no armário, desliza as portas e as fecha e, em seguida, chama 'mãe'. Isso realmente a faz rir quando finalmente a encontro."

Mãe de Josie, 85ª semana ou 19 meses e meio

Eu e você

Agora que a criança vê a si mesma como um indivíduo, ela vai começar a usar termos como "eu" e "você". Ela entende que a mãe e o pai são indivíduos que levam também suas próprias vidas. Ela começa a se comparar com eles e mapeia as semelhanças e as diferenças.

"Ela descobriu que seu pai tem um pênis. Ela o chama de 'Pino'."

Mãe de Victoria, 72ª semana ou 16 meses e meio

"Seu próprio pipi é realmente a novidade. Bem como o de seu pai e a falta do meu."

Mãe de Bob, 73ª semana ou se aproximando dos 17 meses

"Hoje em dia, ele aponta primeiro para si mesmo e, em seguida, para mim, como se ele quisesse apontar a diferença."

Mãe de Mark, 75ª semana ou uns bons 17 meses

"Se eu proponho: 'Vamos sair juntas?', ela aponta para si mesma como se quisesse dizer: 'Você quer dizer eu?', como se existissem outras pessoas na sala."

Mãe de Nina, 75ª semana ou uns bons 17 meses

"Ele adora quando faço referência especial para ele. Ele aponta para si mesmo para se distinguir de mim e como uma confirmação de que é para ele."

Mãe de Luke, 77ª semana ou 17 meses e meio

"Se eu imitar certas declarações ou comportamento dela estereotipadas, isso a faz rir."

Mãe de Hannah, 78ª semana ou se aproximando dos 18 meses

"Ele está muito interessado em seu pai: no chuveiro, na cama, no 'John'. Ele o segue para todos os lugares e sempre fala sobre ele."

Mãe de Frankie, 79ª - 86ª semana,
ou 18 a quase 20 meses

"Ela aprendeu os termos 'eu' e 'você'."

Mãe de Juliette, 86ª semana ou se aproximando dos 20 meses

Agora que a criança pode distinguir entre si mesma e as outras pessoas, ela também pode se colocar na posição da outra pessoa. Em uma experiência simples, mostrou-se que as crianças de 13 a 15 meses não foram capazes de imaginar que outra pessoa poderia fazer uma escolha que fosse diferente da delas. Aos 18 meses, elas serão capazes de fazer isso pela primeira vez. Isso tem todos os tipos de consequências.

A cenoura pendurada

"Nós saímos da loja e lá estava um brinquedo de helicóptero para as crianças. Se você colocar dinheiro, ele se move por um tempo com as luzes piscando. Nora adora e foi autorizada a ir uma vez. Mas já havia uma criança lá, que não queria sair depois de sua vez. Nora olhou em volta e correu para um minicarrinho de compras e começou a empurrá-lo ao redor. O outro garoto saiu do helicóptero imediatamente e queria empurrar o carrinho ao redor também. Nora correu para o helicóptero e entrou."

Mãe de Nora, 87ª semana ou 20 meses

Posso consolar

"Ela nos diz que temos de chorar e, em seguida, ela nos dá um beijo e faz um carinho suave."

Mãe de Jenny, 79ª - 80ª semana ou 18 meses

Eu e minha imitação

"Ele reencena humor. Ele diz, por exemplo: 'pare!'. De uma maneira que uma menina faz, um pouco atrevida. Ele imita certos gestos, como virar a cabeça e corpo, coloca a mão para cima e fala com a mão."

Mãe de Taylor, 80ª semana ou uns bons 18 meses

"Imitar certas posturas e movimentos é um dos passatempos favoritos. Ela até tenta imitar o gato."

Mãe de Maria, 83ª - 86ª semana ou 19 a quase 20 meses

"Ele observou os macacos e como eles quebram as nozes. Nós coletamos as avelãs no bairro e, em casa, ele realmente entendeu como descascá-las."

Mãe de Bob, 83ª - 86ª semana ou 19 a quase 20 meses

"Ela imita as outras crianças um pouco. Se elas escalam uma cerca, ela tenta também. Se elas batem em uma janela, ela faz o mesmo. Se eles fizerem isso, ela copia."

Mãe de Vera, 87ª semana ou 20 meses

Eu e meu jogo de fantasia

Em seu jogo de faz de conta, a criança começa a tratar seus brinquedos como se eles brincassem junto também, como pessoas capazes de fazer as coisas.

"Ela pegou algo imaginário de sua mão e colocou na boca. Ela fez isso algumas vezes. Foi muito estranho. Parecia seu primeiro jogo de faz-de-conta."

Mãe de Josie, 71ª semana ou uns bons 16 meses

"De repente, ela se tornou mais independente. Ela brinca muito bem sozinha. De vez em quando, parece que ela está em um mundo de sonho. Ela fantasia. Eu ainda a não tinha visto fazer isso. Ela faz esse jogo com sua boneca. Às vezes, ela me conta suas fantasias."

Mãe de Victoria, 75ª semana ou uns bons 17 meses

"Ele fez um desenho de um cocô e depois pisou com o pé nele. Eu não permito que ele pise no cocô na rua."

Mãe de Paul, 77ª semana ou 17 meses e meio

"Depois de ter visto suas fotos de bebê, uma tarde, ele decidiu que todos os seus animais eram seus bebês e brincou com eles toda a tarde em sua cama."

Mãe de Gregory, 84ªsemana ou
uns bons 19 meses

"Ela indica muito mais claramente o que quer e fica frustrada se eu não entender o que ela quer dizer. Brincar de faz de conta tem muito a ver com isso. Ela me dá um cachorro e eu tenho que entender que o cão precisa ser alimentado na mama."

Mãe de Emily, 86ª semana ou
se aproximando dos 20 meses

"Ele brinca de faz de conta muitas vezes. Dá uma festa de chá. Sentando junto em seu carro Lego, nos degraus. Ele dá um tapinha no chão ao lado dele, da maneira mais convidativa e adora sentar junto."

Mãe de Thomas, 86ª semana
ou se aproximando dos 20 meses

Outros seres vivos

Outros seres vivos são sistemas separados com suas próprias regras e programas comportamentais. Seu filho é fascinado por isso.

"Esta semana, ela estava muito interessada em pássaros. Ela ria se um pássaro que estava observando voltava. Ela ria mais quando via de onde os sons vinham, os sons que ouvira antes mesmo de ver o pássaro. É o mesmo com os aviões. Ela também gosta de investigar o cheiro das plantas."

Mãe de Eve, 73ª semana ou se aproximando dos 17 meses

"Ela acena para aviões e pássaros e, às vezes, para as pessoas."

Mãe de Eve, 74ª semana ou 17 meses

"Esta semana, ele gostou de alimentar as galinhas. Ele ficou com seu avô na fazenda."

Mãe de Jim, 77ª semana ou 17 meses e meio

"Ele viu um caracol na rua e, em seguida, antes que eu notasse isso, ele disse que o caracol estava morto. Descobriu-se que ele e seu pai tinham falado sobre este tema algumas vezes."

Mãe de Harry, 79ª semana ou 18 meses

"Ele gostava das abelhas de seu avô, o apicultor."

Mãe de Steven, 83ª semana ou 19 meses

"Ela morreu de rir quando viu uma cobra comer um rato em um filme sobre a natureza."

Mãe de Laura, 84ª semana ou uns bons 19 meses

"Esta semana, ele estava realmente interessado pelas formigas no jardim."

Mãe de Matt, 84ª semana ou uns bons 19 meses

"Ela realmente se interessou por insetos nesta semana: joaninhas e formigas."

Mãe de Anna, 85ª semana ou 19 meses e meio

"Ela gostou de molhar as plantas nestes dias. Ela começa fazendo ruídos de bater como se as plantas estivessem com fome: 'As plantas querem comer'. De preferência, ela as alimenta duas vezes por dia. Para Ashley, é o encher e derramar o regador que a faz sentir que fez sua ação do dia."

Mãe de Ashley, 85ª semana
ou 19 meses e meio

"Na praia, ele foi capaz de brincar sem parar na areia, escavando e empurrando conchas na areia e, em seguida, dizendo que estavam mortos."

Mãe de Kevin, 87ª semana ou 20 meses

Faço parte de uma família nuclear

A família nuclear é um sistema como outras organizações humanas. E é a primeira organização humana que a criança experimenta a partir do interior, desde o início. No entanto, só agora é que ela começa a ver que uma família nuclear é uma unidade, um sistema.

"Ela agora tem uma estrita divisão de tarefas. A mãe recebe a taça e o pai enche."

Mãe de Victoria, 73ª semana
ou se aproximando dos 17 meses

"Ela agora entende que somos uma família, um grupo. Se eu usar apenas os nomes Xaviera, Marko e Thomas em uma frase, ela corrige as omissões de Mita (Victoria) e Kitan (Christian)".

Mãe de Victoria, 74ª semana ou 17 meses

"Ela está ocupada com suas bonecas e bichos de pelúcia durante todo o dia. Um vai na cadeira. Se ela pega algo para comer, ela primeiro dá algo aos seus 'amigos'. Ela também os coloca a todos na cama em seu carrinho de boneca e depois vai e deita na cama grande."

Mãe de Elisabeth, 74ª - 75ª semana ou 17 meses

"Ela sabe exatamente quem pertence a quem ou quem lhe deu o quê."

Mãe de Vera, 75ª semana ou 17 meses

"Ela ri quando brincamos com os gatos ou se os gatos se irritam."

Mãe de Jenny, 71ª - 76ª semana ou
uns bons 16 a quase 17 meses e meio

"Ele aponta para o pai, para mim e para si mesmo. Então, eu devo dizer que todos somos pessoas diferentes e que ainda estamos juntos. Então, ele acena com a cabeça em aprovação 'sim' e suspiros de contentamento."

Mãe de Frankie, 76ª semana ou se aproximando dos 17 meses e meio

"Hoje em dia, ele é um 'amigo' de verdade. Ele me pede para acompanhá-lo no carro Lego. Ele quer ler junto comigo. Ele quer colorir junto comigo."

Mãe de Thomas, 78ª semana ou se aproximando dos 18 meses

"Quando nós levamos seu irmão para a escola ou o pegamos, ela não gosta que eu chame outras mulheres de 'mãe de fulano'. Havia apenas uma mãe e era eu. Agora, ela entende que há outras famílias e que essas mulheres são mães de outras crianças. Ela ainda protesta se ela ouve chamar 'mãe'. A única inequívoca mãe é a mãe dela."

Mãe de Victoria, 79ª semana ou 18 meses

"Se seu irmão mais velho ou irmã está em meu colo, ele fica irritado e permanece assim até meu colo ficar desocupado."

Mãe de James, 82ª semana ou se aproximando 19 meses

"Esta semana, ele gostou de ficar na cama e se aconchegar com a mãe e o pai."

Mãe de Gregory, 83ª semana ou 19 meses

"Ele é muito ousado e já brinca com seu irmão e irmã, às vezes, os tirando do sério."

Mãe de James, 83ª semana ou 19 meses

"Agora ela entende que a nossa não é a única família. Recentemente, fomos pegar seu irmão que estava brincando na casa de um amigo. Nós ficamos para tomar um café. Ela estava claramente chateada e continuou chamando o nome da irmã do menino e perguntando onde ela estava. Mas a irmã estava brincando na casa de uma amiga. A família estava incompleta sem a irmã e isso a perturbava. Ela viu que isso estava errado."

Mãe de Victoria, 84ª semana ou uns bons 19 meses

"James, por vezes, fica de fora por seu irmão e irmã, quando eles querem jogar. Eles o colocam na sala e fecham a porta na cara dele. Ele vem para mim despedaçado e precisa ser consolado."

Mãe de James, 87ª semana ou 20 meses

"Ela sabe que seu pai se chama Hank e sua mãe Miko".

Mãe de Julia, 87ª semana ou 20 meses

Eu e minha família ou amigos

Assim como a família nuclear é um sistema, então isso também se estende a família e ao círculo de amigos. Seu filho começa a reconhecer isso agora também. Ele também aprende as diferenças entre sua família e as famílias de seus amigos.

"Ela veio até mim com o telefone e uma foto de seus avós e sinalizou que queria ligar para eles."

Mãe de Juliette, 78ª semana ou se aproximando dos 18 meses

"Se eu falar sobre seu amigo, ele sabe quem ele é e ele diz seu nome com entusiasmo. Ele certamente conhece seu amigo."

Mãe de Steven, 78ª semana ou se aproximando dos 18 meses

"Estamos muito próximos. Ele acompanha minhas conversas e interações com as outras pessoas. Ele reage a declarações, mesmo que elas não sejam dirigidas a ele. Quando meu amigo chamou seu filho, que estava muito longe, ela disse que ele não a ouviu, por isso, meu filho saiu correndo para ir buscá-lo. Ele tentou arrastá-lo junto, mas seu amigo o segurou, o que resultou em uma partida de gritos, porque meu filho não gosta de ficar preso."

Mãe de Luke, 79ª semana ou 18 meses

"Quando a vizinha foi para casa para cozinhar, ele queria ir com ela. Isso foi bom e eu acenei para ele. Eu esperava que meu filho gostaria de voltar em breve. Não foi isso que aconteceu. Depois de uma hora e meia, fiquei preocupada e fui ver o que estava acontecendo. Mas Thomas não queria voltar para casa. Ele queria que eu ficasse também.

Então, ele me mostrou tudo o que tinha visto lá, a geladeira, as uvas, etc. Ele se divertiu lá, porque ele está autorizado a fazer o que ele quer. Enquanto ela estava cozinhando, ele se sentou no balcão da cozinha com os pés na pia brincando na água."

Mãe de Thomas, 80ª semana ou uns bons 18 meses

"Vovô e vovó vivem na esquina. Paramos lá muitas vezes e, naturalmente, nem sempre entramos. Se passarmos por lá, ela sempre grita 'vó' ou 'vô'."

Mãe de Victoria, 82ª semana
ou se aproximando dos 19 meses

Encontrando meu caminho ao redor de minha casa e minha vizinhança

Sua própria casa é um sistema, bem como a vizinhança circundante. Seu filho aprende a reconhecer isso agora e começa a aprender como encontrar seu caminho. Ele constrói um mapa na cabeça de seus arredores. Tal mapa mental é, na verdade, um sistema também.

"Ele está tentando encontrar seu rumo. Mesmo quando ele não está em ambiente familiar, ele olha para outros pontos de reconhecimento e fica muito satisfeito quando os encontra. Ele quer compartilhar isso imediatamente, bem como o que está chegando."

Mãe de Harry, 74ª semana ou 17 meses

"Um mês atrás, ele não notou o mar enquanto estava na praia. Desta vez, ele gritou de alegria quando ele avistou o mar de cima da duna. Ele ficou praticamente tomado de alegria quando viu o mar. Dia após dia, um lembrete constante."

Mãe de Bob, 74ª semana ou 17 meses

"Ele sabe onde estamos indo. Se eu perguntar, ele responde corretamente."

Mãe de John, 79ª semana ou 18 meses

"Ele conhece o caminho do acampamento para o mar."

Mãe de Jim, 80ª - 81ª semana ou
se aproximando dos 18 meses e meio

"Taylor e eu mudamos para outro andar do mesmo edifício. Taylor se sentia em casa em sua nova morada e depois de se instalar, começou a ir por aí com o seu carrinho. Ele estava familiarizado com a casa, porque os habitantes anteriores tinham dois filhos. Ele parecia já acostumado com ela."

Mãe de Taylor, 82ª semana ou se aproximando dos 19 meses

"Algumas vezes, ela não quer entrar comigo para visitar, independentemente se forem estranhos ou a vovó e o vovô. É realmente estranho, ela nunca fez isso antes. Quando ela finalmente entrava, ela ficava bem."

Mãe de Maria, 82ª semana ou se aproximando dos 19 meses

"Ele tem um bom mapa da vizinhança em sua cabeça. Ele sabe exatamente onde encontrar as coisas, em casa, do lado de fora ou no trabalho do pai. Ele pode me apontar o caminho para o supermercado ou o caminho para o trabalho do pai, bem como o caminho para dentro do prédio para seu escritório. Ele também conhece a casa ao lado da vizinha muito bem. Ele sabe onde está tudo. As uvas e assim por diante. Ela normalmente tem uvas. No entanto, ele fica decepcionado se elas não estão no lugar certo."

Mãe de Thomas, 83ª semana ou 19 meses

"Se deixarmos o cão solto na vizinhança, ela pergunta 'vó' ou 'vô' e aponta na direção certa para a sua casa, mesmo que a casa ainda esteja fora de vista ao virar da esquina. Claramente ela quer visitá-los."

Mãe de Victoria, 86ª semana ou se aproximando dos 20 meses

"Neste verão, minha amiga e eu fomos para a praia regularmente. Nossos dois meninos se davam bem. Eles ainda são bons amigos. Jim tinha esperado se encontrar com seu amigo antes de irmos. Ele ficava perguntando onde ele estava. Desta vez, eles estavam nos esperando na praia."

Mãe de Jim, 87ª semana ou 20 meses

Eu e meus pertences

Em um sistema de família nuclear, há todos os tipos de princípios, entre os quais há valores, normas e regras. Considere, por exemplo, "vamos compartilhar de forma justa" ou "não roubarás". Existem regras para o que pertence a quem e a que temos direito. Seu filho aprende as regras na prática. Às vezes, ele pega despercebido e é uma agradável surpresa descobrir o que ele aprendeu sozinho. Outras vezes é preciso alguma persuasão.

Eu e minha roupa

"Ela sabe exatamente quais bolsas, casacos e o que não pertence a qual criança, e quando deixamos ela vai buscar as nossas coisas."

Mãe de Nina, 82ª semana ou se aproximando dos 19 meses

"Quando esvazio a máquina de lavar roupa, coloco para fora todas as peças na máquina e as coloco em forma antes de colocá-las na secadora. Ela está em cima de tudo, classificando as coisas à sua maneira. Ela sabe exatamente o que pertence a quem: 'é do Thomas, 'é da mamãe', 'é da Mita'."

Mãe de (Mita)/Victoria, 83ª semana ou 19 meses

"Ele parece ciente de suas novas roupas, cuecas e camisetas em vez do macacão. Ele o acha muito interessante. Ele ama seus sapatos novos."

Mãe de Paul, 83ª - 86ª semana ou 19 a quase 20 meses

Eu e minhas coisas

"Ao visitar um amigo, Robin brincou com um de seus carros de brinquedo, o qual não tinha sido autorizado a levar para casa com ele. Ele chorou todo o caminho de volta para casa e em casa jogou fora seus próprios carros."

Mãe de Robin, 76ª semana ou se aproximando dos 17 meses e meio

"Ela se lembra de onde deixou as coisas. Se eu perguntar onde está uma coisa, ela se lembra."

Mãe de Emily, 78ª semana ou se aproximando dos 18 meses

"Ela encontra um 'diamante' após o outro. Seu irmão coleciona pedras bonitas e as coloca em seu quarto. Então ela limpa vasculha por pedras também. Pedaços de cascalho entram em seu bolso um após o outro e absolutamente nenhum deles pode ser jogado fora."

Mãe de Victoria, 78ª semana ou se aproximando dos 18 meses

"Um dia, ela veio até mim, pegou minha mão e me levou para a sala onde todos os brinquedos estão. Ela apontou: 'É do Thomas, é do Thomas, é do Thomas... e Mita?' Este foi um grande protesto. Recentemente, Thomas não lhe permitia tocar em seus brinquedos, porque ela tinha quebrado algumas coisas. E, de fato, isso a deixou com muito pouco para brincar!"

Mãe de Mita/Victoria, 83ª semana ou 19 meses

"Quando Lisa (agora com 25 meses) vem visitar, é terrível. Lisa não tem permissão para brincar com nada. Se Lisa tiver algo em suas mãos, Hannah toma dela."

Mãe de Hannah, 87ª semana ou 20 meses

"Ele não quer compartilhar seus brinquedos com outras crianças. Ele fica irritado e agitado se elas pegam seus brinquedos."

Mãe de Robin, 88ª semana ou uns bons 20 meses

Sem confusão

Você nunca viu nada como isso antes. Ele não consegue suportar uma bagunça. Aproveite enquanto dura. Isso dura até o próximo salto e não estará de volta por vários anos: se alguma vez voltar. Ele quer tudo organizado de forma sistemática.

"Ele não consegue lidar com confusão. Isso o perturba. Então eu disse aos meus pais: 'O que vocês nunca conseguiram, meu filho fez. Agora, eu sempre limpo.' À noite, sempre limpamos os Legos. Toda vez que terminamos de ler um livro, ele o coloca de volta antes de pegar outro."

Mãe de Thomas, 86ª semana
ou se aproximando dos 20 meses

Fazendo quebra-cabeças

Um quebra-cabeça é um sistema também: uma unidade organizada que é um todo, devido à interdependência dos componentes de que é composta.

"O que ele gosta de fazer é colocar quebra-cabeças de animais juntos. Um tem doze peças, o outro tem sete. Ele sabe exatamente como montá-lo. Ele o faz de forma rápida e não tem paciência para colocar bem as peças. Ele também reconhece o lado de trás das peças."

Mãe de Kevin, 72ª semana ou 16 meses e meio

"Suas habilidades motoras continuam melhorando. Esta semana, ela gostava de colocar contas em varas e depois os palitos em buracos. Ela também gosta de levar meu dinheiro e espalhá-lo."

Mãe de Anna, 73ª semana ou se aproximando dos 17 meses

"Ela resolve os quebra-cabeças sozinha."

Mãe de Laura, 75ª semana ou uns bons 17 meses

"Ele é bom em quebra-cabeças com um pouco de ajuda. Até mesmo quebra-cabeças que não tenha visto ainda."

Mãe de Matt, 76ª semana ou se aproximando dos 17 meses e meio

"Eu fingi que não conseguia resolver o quebra-cabeça. Todas as vezes que eu errava, ele dizia: 'Não, não' e então me dizia onde eu deveria colocar a peça. Depois de repetir essa encenação várias vezes, eu me fartei. Puxei as peças do quebra-cabeça e as coloquei novamente juntas rapidamente. Eu agi como se estivesse muito orgulhosa e disse: 'Veja, eu posso fazer isso também'. Ele respondeu assim: 'Não'. Descobriu-se que um pequeno canto de uma peça do quebra-cabeça estava apontando para cima. Ele empurrou-a e então ele estava certo!"

Mãe de Thomas, 80ª semana ou uns bons 18 meses

"De repente, ele montou direito o quebra-cabeça. Ele os virou para que eles se encaixam bem. Nem sempre, mas na maior parte das vezes."

Mãe de Frankie, 82ª semana ou se aproximando dos 19 meses

"Ela gosta da caixa de botões e todas as várias tampas."

Mãe de Jenny, 82ª semana ou se aproximando dos 19 meses

"Ela resolve muitos quebra-cabeças agora. Seus primeiros quebra-cabeças, os mais fáceis, já não são divertidos. Agora, ela tem uma tarefa difícil, 13 peças."

Mãe de Julia, 86ª semana ou se aproximando dos 20 meses

"Ele presta atenção aos mínimos detalhes. Como a menor peça do quebra-cabeça que não está muito direita. Ele parece um pouco picuinhas. Por exemplo, no conto de fadas 'Branca de Neve' a futura mãe diz que gostaria de ter uma menina. Uma com a pele branca como a neve e lábios vermelhos como sangue. A mãe tinha acabado de espetar o dedo e houve uma pequena gota de sangue visível na imagem. Ele notou isso, mesmo que nunca tivesse visto nada parecido com 'picar o dedo'. Ele apontou para a imagem onde estava vermelho."

Mãe de Thomas, 86ª semana
ou se aproximando dos 20 meses

"De repente, ela resolveu um quebra-cabeça de 20 peças sem pestanejar. Ela não tinha resolvido o quebra-cabeça antes. Depois disso, ela perdeu o interesse por quebra-cabeças."

Mãe de Xaviera, 87ª semana ou 20 meses

Criando um jogo

Um quebra-cabeça é um sistema idealizado por outra pessoa. Seu filho agora é capaz de pensar em sistemas por si só, por exemplo, um jogo onde ele faz as regras. Ou um truque de mágica.

"Ele criou um jogo próprio, revezando-se a jogar dados. Uma pessoa joga, a outra tem que pegar. Ele é rigoroso em manter a sequência. Ele fica olhando para curvas apertadas para lançar o dado."

Mãe de Mark, 83ª - 86ª semana
ou 19 a quase 20 meses

"Hoje ela fez um truque de magia que ela própria inventou. Ela observa seu irmão fazendo truques muitas vezes. Ela colocou uma bola de gude em uma garrafa e disse: 'Uh, oh.' Ela balançou a garrafa de cima para baixo e disse: 'Não'. Ela quis dizer que a bolinha estava presa. Então ela se virou em um círculo (como um mágico faz) e segurou a garrafa de cabeça para baixo. Tada!"

Mãe de Victoria, 83ª semana ou 19 meses

Eu e minha arte

Depois de um ano e meio, a criança começa a usar os brinquedos de uma forma que significa que ela sabe o que os brinquedos significam, o que ou quem eles representam. Em seu jogo, é visível que ela está familiarizada com as pessoas, os objetos e as situações da vida cotidiana que são representadas pelos brinquedos. Os brinquedos simbolizam alguém ou algo do mundo real. Sua criança pode brincar com estes símbolos em sua imaginação.

 Sua capacidade de simbolizar lhe permite criar desenhos que são completamente diferentes dos desenhos anteriores e que representam algo do mundo verdadeiro, por exemplo, um carro, um cachorro ou até mesmo a si mesma. Esta nova capacidade de simbolizar não veio de forma gradual. Ela surgiu de repente com um salto e é uma nova qualidade. A arte nasce. Se seu pequeno artista adora fazer desenhos, será complicado mantê-lo abastecido de papel. O começo de uma enorme coleção está na mão. Se ele experimenta algo emocionante, como fogos de artifício de Ano Novo, é provável que ele faça um desenho para capturar o momento.

Não só ele começar a fazer desenhos, mas começa a construir edifícios também. E se você tem um pequeno amante de música, ele tocará em seu teclado e pode ouvir música por um bom tempo e se divertir.

"Seus desenhos são muito diferentes agora. Os rabiscos abriram caminho para os pequenos círculos minúsculo. Ela está realmente atenta aos detalhes."

Mãe de Victoria, 78ª semana ou
se aproximando dos 18 meses

"Agora, ela colore seus desenhos. Ela é muito precisa e dificilmente colore fora das linhas."

Mãe de Victoria, 79ª semana ou 18 meses

 "Ele desenha cavalos e barcos agora e esta manhã ele meticulosamente desenhou um círculo e um quadrado e, em seguida, apontou para si mesmo. Ele havia se desenhado."

Mãe de Luke, 79ª semana ou 18 meses

"Ele começou a construir mais, ao passo de que ele costumava estar mais virado para a destruição."

> Mãe de Taylor, 83ª semana ou 19 meses

"Ele desenhou um carro. Ficou um bom desenho de um carro. Ele só pode fazer isso se estiver deitado de lado com a cabeça apoiada em seu outro braço estendido. Qual é a aparência do carro? São dois círculos, as rodas, com uma linha no meio. Os círculos são 'Vroom Vroom'. Ele também desenha aviões e, apenas recentemente, pernas. Uma espiral é um volante: um volante gira."

> Mãe de Thomas, 83ª semana ou 19 meses

"Ela gosta de desenhar, especialmente se eu desenhar um urso, coelho ou um animal de estimação."

> Mãe de Juliette, 84ª semana ou uns bons 19 meses

"Ela tem um livro do Bambi. Nele, há uma imagem de gambás pendurados pelas caudas em um galho de árvore. 'Ei', Elisabeth pensou, 'isso não está certo'. Então ela virou o livro de cabeça para baixo, para que ela pudesse vê-lo melhor."

> Mãe de Elisabeth, 85ª semana ou 19 meses e meio

"Ele adora música. Ele gosta de tocar em seu teclado elétrico. Ele coloca um certo ritmo para acompanhar sua mão. Na loja, ele ouviu praticamente todo um CD de música clássica. Durou quase uma hora. Ele ficou chateado quando eu o incomodei a meio para ir em frente com as compras. Ele teve que ouvir até o fim."

> Mãe de Thomas, 86ª semana ou se aproximando dos 20 meses

Que as crianças no Japão conseguem tocar violino muito bem com dois anos de idade não é sem razão. Claro, elas usam pequenos violinos especiais. Na cultura ocidental, não há muitas pessoas ansiosas para treinar suas crianças tão cedo na vida em busca de tal maestria. "Liberdade e felicidade" é o lema.

No entanto, não estamos abordando as diferenças culturais aqui. O fato é que as crianças nessa idade normalmente têm a capacidade de aprender essas coisas.

"Ele disse que ia desenhar o avô. Ele desenhou uma cabeça quatro vezes e disse: 'Errado'. Ele ainda não estava satisfeito. Na quinta vez, quando ele conseguiu colocar o cavanhaque no lugar certo, ele ficou satisfeito e disse: 'Vovô'!"

Mãe de Thomas, semana 101 ou 23 meses

A evolução da arte

A arte surgiu tarde na evolução de nossa espécie. Embora consideremos que nossa evolução tenha acontecido em uma questão de milhões de anos, a maioria das evidências do surgimento da arte é datada tão recentemente quanto 35 mil anos atrás. Nesta época, tantos artefatos foram encontrados que se falava de uma explosão de arte. De repente, houve um superávit. Estamos falando de desenhos rupestres, pequenas esculturas em pedra e instrumentos musicais. Um achado muito raro dos restos de uma flauta que remonta há 90.000 anos. A arte é caracteristicamente humana. O surgimento da arte foi precedida por um aumento maciço no tamanho de nosso cérebro. Estamos, no entanto, ainda no escuro sobre como isso aconteceu. Mas a noção de si mesmo, a fantasia e a linguagem certamente desempenham um grande papel, assim como o aumento do tamanho do lobo frontal localizado logo atrás de nossa testa.

Eu e meu sentido de tempo: Passado, presente e futuro

Seu filho começa a desenvolver um sentido de tempo. Sua memória de experiências passadas melhora e ele fica melhor em antecipar o futuro.

"Eu não posso lhe dizer mais de manhã que nós vamos fazer algo divertido no período da tarde. Ela me lembra o dia inteiro até que aconteça: 'Agora ir vô e vó'?"

Mãe de Victoria, 78ª semana ou se aproximando dos 18 meses

"Ela faz planos. Quando nos sentamos para jantar, ela pergunta se pode desenhar. Digo-lhe que primeiro vamos comer. Então ela me diz onde colocar a caneta e o papel. Eu devo dizer que eu entendo e que isso vai acontecer. Se eu me esquecer depois do jantar, ela fica com muita raiva e se ofende."

Mãe de Victoria, 80ª semana ou uns bons 18 meses

"Ele se lembra das promessas. Se eu prometo que vamos fazer algo depois do banho, ele me lembra. Quando ele acorda de manhã, ele se refere ao que fizemos antes de ir dormir."

Mãe de Gregory, 82ª semana ou se aproximando dos 19 meses

Física básica

Se você observar bem seu jogo, você não pode ignorar que ele está ocupado com os fenômenos básicos da física.

"Ele molha as coisas como uma bola debaixo de água para experimentar sua resistência. Ele também desmonta um pequeno telefone elétrico. Agora ele olha para isso de forma diferente do que ele fazia antes, quando apenas fazia barulho. Isso não funciona mais depois de sua experiência. Ele achar jogar as coisas e desmontá-las realmente interessante. Ele tenta as coisas."

Mãe de Harry, 77ª semana 17 meses e meio

"Ela pode passar horas despejando um líquido de um recipiente para outro. Ela usa garrafas, copos, pratos ou copos. Enquanto ela está ocupada, ela gosta de adicionar o comentário necessário."

Mãe de Ashley, 78ª semana ou se aproximando dos 18 meses

"Ela presta muita atenção às cores: verde, vermelho, amarelo. Vermelho e amarelo juntos. Eu estava brincando com ela quando eu disse que era suposto ser dessa forma."

Mãe de Josie, 78ª semana ou se aproximando dos 18 meses

"Nevou na Páscoa. Foi sua primeira neve. Ele estava um pouco cansado e de mau humor. Ele simplesmente não conseguia entendê-la. Queria ficar sozinho depois de tomar todas as novas impressões."

Mãe de Thomas, 80ª semana ou uns bons 18 meses

Com princípios, temos visto como sua criança começou a "pensar sobre o pensar". Quando ela entrou no mundo dos sistemas, pela primeira vez ela pode aprimorar seus princípios em um sistema, os princípios que aprendeu com a experiência. É bem possível que ela esteja fazendo isso, tendo sua "pausa para pensar".

"Às vezes, ele gosta de ficar sozinho. Ele diz: 'tchau' e vai para seu quarto ficar sozinho. Ele está ponderando vida. Às vezes, ele faz isso uma meia hora de cada vez com um brinquedo. Outras vezes, ele olha e pensa por dez minutos como uma pessoa de 50 anos. Ele só quer um pouco de paz depois de ter se divertido tanto a jogar. Depois que ele fez sua pausa para coletar seus pensamentos, ele retorna alegre, diz 'oi', quer mamar um pouco e depois vai dormir ou brincar um pouco. Ele realmente precisa de sua privacidade."

Mãe de Thomas, 80ª semana ou uns bons 18 meses

"Inicialmente, ele estava com medo da escova de dente elétrica, mas agora que ele se acostumou a ela, está tudo bem e ele diz 'ligar'."

Mãe de John, 83ª semana ou 19 meses

"Ela entende que o trem tem baterias e que elas acabaram. Ela vai e encontra novas."

Mãe de Hannah, 86ª semana ou se aproximando dos 20 meses

"Ao jogar o simulador de voo no computador, ele não trata o joystick descuidadamente como ele costumava fazer, ele está muito consciente. Ele coloca o trem de pouso para baixo direito. Ele verifica para ver se isso aconteceu como ele queria, fazendo o avião subir um pouco e depois voltando para baixo."

Mãe de Jim, 86ª semana ou se aproximando dos 20 meses

Arquitetura básica

Seu interesse pelos fenômenos da física se estende a mais sistemas do que apenas física. Ele também está interessado em arquitetura básica. Ele pode passar horas observando os construtores e você vai notar que seu jogo vai produzir mais estruturas desde seu último salto, como torres de copos juntos e as estruturas mais elaboradas.

"Meu marido cimentou a lagoa de peixes esta semana. Ele explicou para o meu filho mais velho como misturar o cimento. Ele então explicou o mesma para Victoria. Agora eles estão juntos durante todo o dia misturando areia e água para cimentar. Ela faz tudo o que ele faz. Ela olha para o Thomas."

Mãe de Victoria, 79ª semana ou 18 meses

"Os carros caíram em desuso. Agora é mais o transporte alternativo, como motos, caminhões grandes, caminhões basculantes, bondes. Ele gosta de assistir aos construtores."

Mãe de Mark, 80ª semana ou uns bons 18 meses

"Ela foi escolhida como uma pessoa de teste para novos brinquedos Lego para crianças. Ela foi recompensada por seus esforços com um trem elétrico para crianças de 3 anos. Para surpresa de todos, ela rapidamente assentou os trilhos do trem. Ela abordou isso como um quebra-cabeça. As peças retas são fáceis. As peças curvas são um pouco mais difíceis. Ela não completou a pista. É uma pista com um início e um fim. Quando ela terminou com a pista, ela colocou o braço do guarda de trânsito no trem e foi andar por aí. Isso me pareceu estranho e eu disse isso a ela. Porém, ela não mudou nada o que me surpreendeu, até que eu descobri que ela tinha copiado isto da foto na caixa, que mostrava o braço do guarda no trem, assim como ela tinha feito. Ela não está realmente interessada em brincar com o trem, no entanto. Ela prefere colocar trilhos. Ela sempre desmonta a pista e começa de novo."

Mãe de Emily, 82ª semana ou se aproximando dos 19 meses

"Ele tenta colocar os pequenos blocos de Lego juntos nestes dias. Ele não consegue gerenciar, porque é preciso um pouco de força. Mas ele tenta. Ele não usa os blocos maiores."

Mãe de Matt, 86ª semana ou se aproximando dos 20 meses

Eu e minha fala

Entre os 17 e 22 meses, as crianças começam a usar o sistema de linguagem para adultos, com um aumento explosivo no vocabulário falado e duração média de vez de falar. Elas também começam a combinar palavras para formar frases. Elas são capazes de distinguir duas línguas diferentes uma da outra e ignorar uma das duas. Além disso, há um aumento expressivo na compreensão da linguagem verbal em torno dos 18 meses.

Há grande variação individual no desenvolvimento da fala em cresci-mento. Algumas crianças não usam muitas palavras (cerca de seis) no tempo em que este salto acontece. Os pais sabem que elas realmente conhecem e entendem muitas mais palavras, o que causa um pouco de irritação. Outras crianças usam muitas palavras, repetindo depois de você (por vezes, apenas a primeira sílaba) ou tomando a iniciativa, mas não frases ainda. Elas po-dem se fazer entender, porém, literalmente com as mãos e pés. Elas fazem mímicas em suas partes. Um terceiro grupo já forma frases, enquanto elas ainda estão imitando.

Entende tudo, poucas palavras

"As palavras que ele usa agora são limitadas: 'biscoito', 'mamadeira', 'ai', 'obrigado', 'mãe', 'pai', 'pão' e 'çã' (= maçã, ele só pronuncia a última sílaba). Ele entende tudo e segue bem as instruções."
Mãe de James, 76ª semana ou se aproximando dos 17 meses e meio

"Ele coloca os braços no ar em 'hip, hip, hurra ' e grita algo como 'oora!'. Ele conhece todos os gestos também, como 'bater palmas'. E se ele não for bem-sucedido, ele diz 'doga' (droga)."
Mãe de Robin, 76ª semana ou se aproximando dos 17 meses e meio

"Ela usa cada vez mais palavras. Ainda não muito claramen-te pronunciadas, principalmente as sílabas pesadas."
Mãe de Anna, 79ª semana ou 18 meses

"Ele diz três palavras: 'di dah' é tic-tac, 'moo' é lua, e 'hi hi' é cavalo."
Mãe de Robin, 80ª semana ou uns bons 18 meses

"Ela repete cada vez mais. Se ela pega o telefone, ela diz 'oi'. As palavras que ela diz agora são: 'papai', 'mamãe', 'cima', 'oi', 'mama-deira', 'pão', 'biscoitos', 'maçã', e 'fora'. Ela balança a cabeça com 'não', se ela não quer algo. Ela acena com a cabeça com 'sim' se ela quer alguma coisa."

> Mãe de Laura, 80ª semana
> ou uns bons 18 meses

"Ele não diz muito ainda, mas ele entende tudo! E ele comunica exatamente o que ele quer."

> Mãe de James, 81ª semana ou 18 meses e meio

"Agora, ela diz 'queijo', 'boom', 'papai' e 'mamãe'."

> Mãe de Anna, 82ª semana
> ou se aproximando dos 19 meses

"Ele entende tudo que você diz e pergunta. Ele tem muita iniciativa, está sempre fazendo alguma coisa, andando pela casa o dia todo cantando ou murmurando alguma coisa."

> Mãe de James, 83ª semana ou 19 meses

"Ela está usando mais algumas palavras novas."

> Mãe de Laura, 83ª semana ou 19 meses

"Ele usa cada vez mais palavras, embora seu vocabulário seja limitado. Ele fala muito sua própria língua. Esta semana, ele disse claramente 'avó' para chamar a atenção dela. As palavras que ele agora usa ocasionalmente são: 'avó', 'vovô', 'ai', 'oi', 'mamadeira', 'morder', 'sentar', 'eu' e 'olhe'."

> Mãe de James, 84ª semana, uns bons 19 meses

"Ele apanha cada vez mais palavras. Agora ele sabe 'pai', 'mãe', 'queijo', 'ouw', 'boom', 'formiga', 'mais', 'di dah', 'lua' e 'sars' (= estrelas)."

> Mãe de Robin, 84ª semana ou uns bons 19 meses

"Ela imita sons de animais."

> Mãe de Laura, 85ª semana ou 19 meses e meio

"Ele definitivamente usa mais palavras agora. Ele responde, por vezes, agora com 'sim'. 'Eese' (= queijo) e 'comida' agora fazem parte de seu repertório. Em geral, ele ainda não é muito falador. Apontando e com alguns oohs e ahs nós o entendemos. Ele recebe o que precisa."

Mãe de James, 86ª semana ou 19 meses e meio

"Ela fala muito e repete muito."

Mãe de Anna, 86ª semana ou 19 meses e meio

Entende tudo, muitas palavras, um monte de mímica, nenhuma frase

"A palavra mais compreensível no momento é 'queijo'. 'Ird' (= pássaro) também é clara. 'Papa' ele diz como se tivesse passado o verão na Itália. É encantador."

Mãe de Taylor, 72ª semana ou 16 meses e meio

"Ele fala cada vez mais. Agora ele gosta de fazer ruídos com a língua: 'llll'. Nós jogamos um monte de jogos de linguagem. Ele adora isso."

Mãe de Luke, 72ª semana ou 16 meses e meio

"Um grande momento nesta semana foi o contato completo que tivemos quando estávamos brincando de fazer barulhos. Foi muito engraçado. Nós tentamos manter nossas línguas dentro e fora de nossas bocas enquanto fazíamos barulho. Mais tarde, tentamos empurrar nossas línguas contra a parte de trás dos dentes da frente para produzir o som 'lll', como em: 'Lala'. Ela achou interessante e desafiador e queria fazer o que eu fiz. Ao mesmo tempo, parecia que ela estava pensando 'eu vou te pegar'. Eu vi tantas expressões diferentes em seu rosto. Nós duas adoramos isso e rimos sempre mais, especialmente quando ela disse 'lala' espontaneamente com um beijo."

**Mãe de Ashley, 73ª semana ou
se aproximando dos 17 meses**

"Sua maneira de falar mudou novamente. Mesmo que seu discurso seja, na maior parte incompreensível, parece que ele está formando mais frases, e eu penso: 'Caramba, eu estou entendendo!' Ele explica claramente através de gestos e palavras o que lhe aconteceu na minha ausência. Por exemplo, quando ele estava na casa da avó na cozinha e eu perguntei o que ele tinha feito. Ele disse algo que eu não conseguia entender com a palavra 'queijo', o que me levou a entender que ele tinha conseguido um pedaço de queijo da vovó. Quando perguntei, ele acenou com a cabeça que sim."

Mãe de Taylor, 74ª - 77ª semana
ou 17 a quase 18 meses

"Parece que ela está falando. Ela tem estado curiosa por um longo tempo com como as coisas são chamadas, mas parece que ela se desenvolveu de alguma forma. Ela pergunta o nome com a intenção de repetir o nome para si mesma. Alguns são perfeitamente pronunciados. A maioria é apenas com a primeira sílaba: bola é 'bo', a água é 'á' e o peito é 'pe'. É muito bom ouvir o som de sua voz. Ela se orgulha também, e repete quando lhe pedem."

Mãe de Elisabeth, 74ª semana ou 17 meses

"Sua forma de comunicar esta semana foi interessante. Ele parece estar formando frases em sua própria língua. Ele continua até que eu o entenda. Um exemplo: nós atravessamos a rua para o mar pela segunda vez, Luke estava nas costas do pai. Eu tinha a bolsa com os equipamentos e a pá de areia aparecendo. De repente ele grita: 'da, da, da'. Demorou um pouco antes de eu entender que ele queria dizer pá. Quando eu disse 'a pá?', ele disse 'Sim' e apontou da pá para o mar. Repito em palavras: 'Sim, nós vamos com a pá para a praia'. Ele suspirou contente e se recostou. Nós temos este tipo de conversa muitas vezes."

Mãe de Luke, 74ª semana ou 17 meses

"Agora podemos realmente ter um diálogo. Nós nos comunicamos extensivamente. O que ela mais quer comunicar para mim é seu plano mundial.

Por exemplo: rastrear a sujeira e depois dizer 'bah, bah' para mostrar que ela pode encontrar sujeira e que ela sabe o que é e o que fazer com ela."

Mãe de Elisabeth, 75ª semana ou uns bons 17 meses

"Ela faz frases que parecem uma palavra longa faltando algumas letras. Mas eu consigo entendê-la se eu prestar muita atenção. Ela viu que a luz estava vermelha e apontou para ela. Eu não tinha visto ainda, mas a ouvi dizer isso, e ela estava certa, embora eu não soubesse exatamente o que ela disse. Muito estranho! Era como se ela não soubesse o que ela estava dizendo, mas pronunciou alguns sons que pareciam se ajustar a imagem."

Mãe de Ashley, 76ª semana ou se aproximando dos 17 meses e meio

"Eu posso mantê-lo ocupado com histórias ao mudar a fralda."

Mãe de Luke, 76ª semana ou se aproximando dos 17 meses e meio

"Ele usa um monte de palavras. Ele as repete ou começa a falá-las sozinho. Ele diz a primeira sílaba e geralmente está bem. Ele realmente não tenta formar frases. Ele tagarela às vezes."

Mãe de Bob, 76ª semana ou se aproximando dos 17 meses e meio

"Esta semana foi interessante testemunhar seu desejo de dar a tudo um nome. Que desejo infinito de aprender uma língua no interior de uma pessoa tão pequena. Outra joia é como ele pode se comunicar muito bem. Ele, literalmente, usa as mãos e os pés para passar sua mensagem. Ele é um mímico. Mesmo quando eu estou falando com outras pessoas, ele entra na conversa. Ele faz mímica de sua parte."

Mãe de Luke, 76ª semana ou se aproximando dos 17 meses e meio

"Ela está interessada em repetir palavras e praticar comigo mais do que antes."

Mãe de Ashley, 77ª semana ou 17 meses e meio

"Ele usa um monte de palavras, especialmente a primeira sílaba. Cada vez mais palavras que eu não faço ideia do que são. A alegria que ele tem a falar é comovente."

Mãe de Bob, 77ª semana ou 17 meses e meio

"A comunicação sobre o que ele faz, o que quer fazer e sobre o que ele tem feito é central. Ele é muito criativo em dizer o que ele quer com a linguagem corporal, as coisas que ele não consegue dizer ainda em palavras. Ele enuncia muito melhor. As palavras não são cortadas pela raiz. Ele está começando a usar palavras que não deixavam pistas. A partir da memória."

Mãe de Kevin, 78ª semana ou se aproximando dos 18 meses

"Ela conhece novas palavras: 'cavalo', 'vaca' e 'melão'. Ela também sabe o nome das crianças com quem ela tem brincado. 'Nina' ela sabe pronunciar melhor."

Mãe de Ashley, 80ª semana ou uns bons 18 meses

"Eu acho que ele basicamente pode repetir tudo que eu digo em primeiro lugar. Depende de seu humor, se ele quer ou não."

Mãe de Taylor, 81ª semana ou 18 meses e meio

"Ela usa muitas palavras agora. Ela as começa com as letras corretas, mas as coloca na ordem errada, como 'flor' se torna 'folr'. Cada dia traz novas palavras. Ela pratica por um tempo até ela conseguir as letras certas. Com algumas letras é muito difícil, como o 'h' e o 'r'."

**Mãe de Ashley, 82ª semana
ou se aproximando dos 19 meses**

"A forma como ele se expressa é muito criativa. Ele aponta para os olhos dele, se ele quiser espreitar a fralda que eu joguei para longe."

Mãe de Kevin, 82ª semana ou se aproximando dos 19 meses

"Se eu não entendê-lo e ele não sabe a palavra, ele refere as palavras que foram usadas nesse contexto antes. Normalmente, somos capazes de descobri-la."

Mãe de Luke, 82ª semana ou se aproximando dos 19 meses

"Ele agora usa a palavra 'bonito'. Ele vem com um livro na mão, aponta para a capa e diz: 'Bonito'."

Mãe de Taylor, 83ª semana ou 19 meses

"Ele vem até mim com o dedo indicador pressionado no polegar e que significa 'dinheiro'.

Mãe de Taylor, 84ª semana ou uns bons 19 meses

"De repente, ele tem uma ideia e diz as palavras completamente. Quando eu o elogio, ele fica tão orgulhoso quanto pode. Ele ainda não se dá ao trabalho de fazer frases. Ele prefere a linguagem do corpo. Acontece uma centena de vezes por dia ele querer ver uma coisa que eu estou fazendo ou algo que eu proibi. Ele aponta com os olhos. Isso significa 'Eu só quero dar uma olhada'. Seu outro sentido precisa transmitir da mesma forma, apontando para o sentido relativo."

**Mãe de Kevin, 83ª - 86ª
semana ou 19 a quase 20 meses**

"Ele diz alguma coisa se ele está com medo. Não tenho certeza se ele entende a palavra 'assustador', mas as coisas que ele não gosta ou que são esmagadoras, como barulhos altos ou estar fisicamente abaixado, ele chama de assustador. Ele acha alguns animais assustadores, bem como algumas situações de perigo, como quando ele quase cai. 'Assustador' nem sempre significa 'fugir'. Ele tenta superar seus medos, confrontando o que é assustador."

Mãe de Luke, 83ª - 86ª semana
ou 19 a quase 20 meses

"Ele não gosta de repetir palavras mais. Mas ele ainda está melhorando. Há cada vez mais palavras que ele repete, assim como cada vez mais palavras com mais de uma sílaba."

Mãe de Luke, 83ª - 86ª semana
ou 19 a quase 20 meses

Entende tudo, muitas palavras e frases também

"Ela está começando a cantar. Por exemplo, quando eu canto 'Atirei o pau no gato' eu canto 'que o gato deu' e ela canta 'miau'."

Mãe de Jenny, 73ª semana
ou se aproximando dos 17 meses

"Ela realmente 'lê' livros agora. Ela conta uma história enquanto olha para as fotos. Não consigo entender uma palavra, mas é muito comovente. Além disso, ela pode falar em frases inteligíveis também."

Mãe de Victoria, 75ª semana ou 17 meses

"Se quer que o gato venha até ela, ela chama: 'Wittie, venha aqui'."

Mãe de Jenny, 75ª
semana ou 17 meses

"Ela repete cada palavra que dizemos e sabe exatamente o que é o quê. Ela não repete, a menos que ela saiba o que está dizendo."

Mãe de Emily, 76ª
semana ou uns bons 17 meses

"Recentemente, ele tem tido alguns pesadelos. Para o fim de seu sono REM [Movimento Rápido dos Olhos], ele disse muitas palavras novas. Eu acho que ele fica muito frustrado porque ele realmente quer falar. Ele sonha agora em voz alta. Depois de sua visita ao zoológico, ele imitou todos os animais."

Mãe de Thomas, 80ª semana ou uns bons 18 meses

"Ela diz que várias coisas juntas, como 'isso é bom', 'agora não' ou 'mamãe e papai'."

Mãe de Emily, 81ª semana ou 18 meses e meio

"Ele queria o sabão. Mas eu não tinha vontade de reagir ao 'eh, eh' e disse: 'Diga-me o que você quer?' Então ele disse: 'Sim, isso, isso, mim'."

Mãe de Thomas, 82ª semana ou se aproximando dos 19 meses

"No centro de jardinagem, ele tinha outra frase legal: 'Que... legal'."

Mãe de Thomas, 82ª semana ou se aproximando dos 19 meses

"Ela agora coloca duas e três palavras juntas."

Mãe de Emily, 83ª semana ou 19 meses

"Ela continua fazendo progressos com a fala. Às vezes, ela coloca três palavras juntas. Por exemplo: 'Papai me senta'."

Mãe de Jenny, 84ª semana ou uns bons 19 meses

"Ele ama seus livros. Agora ele ouve e lê contos de fadas. São pequenos livros com histórias muito curtas que ele recebeu quando visitou o parque de diversões. Quando eu leio para ele, eu sempre deixo o Príncipe Thomas desempenhar o papel principal. Ele ouve tudo até o final do conto."

Mãe de Thomas, 86ª semana ou se aproximando dos 20 meses

"Ela já fala em frases completas, uma após a outra."

Mãe de Emily, 87ª semana ou 20 meses

Mostre compreender os medos irracionais

Quando a criança está ocupada explorando seu novo mundo e elaborando suas capacidades recém-descobertas, ela vai encontrar coisas e situações que são novas e estranhas para ela. Ela está, na verdade, descobrindo novos perigos, aqueles que até agora não existiam para ela. Só depois que ela chega a compreender as coisas mais plenamente, seus medos vão desaparecer. Mostre simpatia.

"Ela tem medo de trovões e relâmpagos. Ela diz: 'medo, boom'."
Mãe de Maria, 71ª semana ou uns bons 16 meses

"Ele realmente não gostava do aspirador de pó e de uma torneira aberta. Eles tinham que parar."
Mãe de Paul, 72ª semana ou 16 meses e meio

"Ele está com medo de balões. Ele também não passa entre ovelhas e cabras no zoológico. Ele quer ser pego em seguida. Ele também não gosta de estar em um animal no carrossel. Embora ele gosta de ver."
Mãe de Matt, 73ª semana ou se aproximando dos 17 meses

"Ela tem medo de ruídos altos (trens, aviões, brocas) e do escuro."
Mãe de Nina, 75ª - 76ª semana ou uns bons 17 meses

"Ele achou vomitar desagradável. Ele tinha vomitado em sua cama e ficava dizendo 'bah', mesmo depois de ter sido limpa."
Mãe de Jim, 80ª semana ou uns bons 18 meses

"Da gralha do galo, bem como de aranhas, cavalos, cachorros. Era novo. Eu acho que isso é parte de sua autonomia recém-descoberta."
Mãe de Gregory, 80ª - 81ª semana ou se aproximando dos 18 meses e meio

"Após o banho, ele sempre se senta para fazer xixi. Ele tentou tanto que desta vez um cocô saiu. Ele achou isso estranho."
Mãe de Robin, 82ª semana ou se aproximando dos 19 meses

"Ela tem uma Bert de corda para sua banheira, mas o nariz de Bert está solto e se o nariz está flutuando na água ou Bert está deitado sem nariz, então ela fica com muito medo e se empurra para trás em um canto."

Mãe de Josie, 83ª semana ou 19 meses

"Ele tem estado com medo do aspirador de pó por um tempo. Ele costumava ficar em cima dele quando o ligava. Agora, ele fica bem fora do caminho em um canto até que a limpeza seja feita."

Mãe de Steven, 85ª semana ou 19 meses e meio

"Ele continua mostrando ao seu pai o 'rei troll' que viu no parque de diversões. O pai tem que lhe contar uma história sobre ele. No parque de diversões, ele ficou um pouco assustado com o 'rei troll'."

Mãe de Thomas, 86ª semana ou se aproximando dos 20 meses

"Ele ficou com medo de uma cabra que veio na direção dele no zoológico."

Mãe de Frankie, 87ª semana ou 20 meses

"Moscas, mosquitos e vespas a assustam."

Mãe de Eve, 87ª semana ou 20 meses

"Ele ficou com medo de uma aranha no jardim e de moscas."

Mãe de Harry, 88ª semana ou uns bons 20 meses

Após 79 semanas ou uns bons 18 meses, a maioria das crianças se tornam um pouco menos problemática do que estavam, apesar de sua noção do surgimento de si mesma e uma tendência a querer fazer tudo o que querem, a luta pelo poder não torna isso mais fácil. No entanto, esses comportamentos se tornam problemáticos de uma maneira diferente. Eles não são difíceis no sentido **CAI:**

Brincadeiras excelentes para esta semana mágica

Aqui estão jogos e atividades que a maioria das crianças de 17 a 20 meses de idade mais gosta agora e que ajudam a elaborar a nova capacidade em muitas novas habilidades:

- Brincar de bobo juntos pronunciando palavras de forma diferente e fazendo movimentos bobos
- Brincar de luta
- Reconhecer as pessoas
- Ficar de ponta cabeça, lutar, praticar o equilíbrio
- Desenhar
- Bolhas de soprar
- Saltar e balançar em paredes (até 2 metros)
- Brincar de tolo
- Cócegas e jogo físico
- Brincar de física com o pai e brincar por aí
- Brincar no exterior
- Brincar com outras crianças
- Jogar jogos de bola
- Alimentar o cachorro
- Jogos de fantasma
- Girar para ficar tonto
- Brincar de circo
- Jogo de andar de cavalo
- Pega-pega
- Esconde-esconde
- Ler histórias
- Jogos de língua: A mãe empurra a língua contra o interior de sua bochecha. Sua criança empurra sua bochecha, por isso você enfia a língua para fora.

CHORO, APEGO e IRRITABILIDADE. Eles são ocasionalmente simplesmente irritantes. O truque é se colocar acima de tudo. Pare e conte até dez, lembre-se de que seu pequenino está progredindo e dando seu melhor para gerenciar a situação. Afinal de contas, esta é uma oportunidade muito boa para apresentar algumas regras de conduta para a sua criança, para que ela descubra que o mundo não gira em torno dela e que ela deve levar em conta as outras pessoas também.

Brinquedos excelentes para esta semana mágica

Aqui estão os brinquedos e as coisas que as crianças mais gostam dos 17 aos 20 meses de idade e que ajudam a elaborar a nova capacidade em muitas novas habilidades:

- Carros
- Argila
- TV infantil
- Livros infantis
- Pequenas bijuterias, coisas que pertencem juntas
- Garagem com carros
- Aeroporto de brinquedo
- Desenhar no papel
- Caçamba com areia e água
- Carro de empurrar
- Cadeira de plástico
- Bola
- Bicicleta
- Bichos, ursos e bonecas de pelúcia
- Adesivos
- Caixa de areia
- Escavar no quintal
- Música de Vila Sésamo
- Escorregador
- Lápis de cor
- Caminhões de reboque do trator
- Bolhas de soprar
- Pinóquio
- Trens
- Balanços
- Cavalo de pau
- Quebra-cabeças (até 20 peças)
- Controle remoto para a moto

Tenha cuidado com o seguinte:

- Vaso sanitário
- As latas de lixo

É bom saber que para os adultos, o pensamento e o raciocínio ou lógica não são os mais altos objetivos atingíveis, como algumas pessoas gostam de pensar. A lógica pertence ao mundo dos programas e é subordinada aos mundos dos princípios e sistemas. Se você realmente quer fazer uma mudança, você terá que mudar seus princípios, e, para mudar seus princípios, você primeiro terá que mudar o sistema de acompanhamento.

O problema é que os conceitos ao nível do sistema não são facilmente alterados em adultos. Isto é em parte devido ao fato de que toda mudança no nível do sistema tem efeitos de longo alcance para todos os níveis no mundo dos sistemas. E isso não acontece sem uma luta. A história nos ensinou que essa turbulência, muitas vezes traz consigo a revolução ou guerra usando palavras e até mesmo armas. Um cientista não vai rapidamente se tornar um místico nem um muçulmano rapidamente se tornará um cristão.

Os conceitos no nível do sistema e do princípio são mais facilmente formados do que são alterados. As crianças os aprendem observando seus arredores e, em seguida, começando a usá-los por elas próprias. Às vezes, os adultos colocam ênfase em determinados conceitos do sistema. Este é um exemplo clássico de socialização e educação.

Sua criança é, claro, nova neste espetáculo. Seu mundo ainda é muito pequeno e perto de casa. Serão muitos anos, até depois de sua infância, antes que ele desenvolva o que nós, adultos, chamamos de perspectiva de vida, mas um começo suave foi feito.

Por mais suave que este início possa ser, ele é importante e tem consequências de longo alcance. Entre outras coisas, um começo é feito com a formação de uma consciência e de normas e valores de aprendizagem. Se um mau começo é feito aqui, as consequências negativas serão mais perceptíveis alguns anos depois. Se você dá a ele toda a sua atenção, será um investimento aprofundado muito bom. Isso vai livrar você, seu filho e todos ao seu redor de um monte de complicações.

A importância deste início precoce se aplica, é claro, para todas as outras áreas do mundo dos sistemas. Se seu pequeno gosta de música, gosta de construir, conversar, brincar com os fenômenos físicos ou a prática de controle do corpo, dê oportunidades para esta estrela em ascensão. Você vai se surpreender com o prazer que vão ter juntos.

posfácio

Mágicas incontáveis

Agora você sabe que toda mãe vai, em algum momento, ter que lidar com um bebê choroso, irritado ou exigente; um bebê que é difícil de agradar, um bebê que, de fato, só precisa de contato.

Esperamos que, quando você estiver lidando com estes comportamentos de seu bebê, você entenda agora que não está sozinha. Todas as mães estão enfrentando os mesmos problemas. Todas as mães experimentam preocupações e irritações quando seus filhos chegam a certas idades. Na verdade, todas as mães se esquecem — ou gostariam de se esquecer — desses tempos difíceis o mais rápido possível; assim que o período difícil acaba. É da natureza humana minimizar as complicações pelas quais temos que passar, assim que as nuvens escuras passam.

Agora que você entende que os comportamentos difíceis de seu filho e suas próprias ansiedades e irritabilidades fazem parte de um desenvolvimento saudável e normal, enquanto seu bebê se esforça pela independência, você pode se sentir mais segura e confiante. Você sabe o que está fazendo.

Mesmo sem um manual de instruções, você sabe que seu bebê irá explorar cada "novo mundo" de seu próprio jeito. Você sabe que a melhor coisa que você pode fazer é "ouvir" seu bebê, a fim de ajudá-lo em seu caminho. Você sabe como se divertir com ele. Você também sabe que você é a pessoa que melhor o entende e a pessoa que pode realmente ajudá-lo, ao contrário de qualquer outra. Esperamos que as informações e os resultados que nós compartilhamos com você no livro As Semanas Mágicas, que marcam estágios de desenvolvimento, tornem mais fácil para você entender e apoiar seu bebê durante esses períodos traumáticos. Em um projeto de pesquisa, nosso apoio e programa de educação holandês "Hordenlopen" [Obstáculos de Saltar] foi avaliado. Esse programa foi baseado no livro "As Semanas Mágicas". Foi mostrado que a compreensão e o apoio ao seu bebê faz uma enorme diferença positiva para os próprios pais e para o desenvolvimento posterior de seus bebês. Assim, o desenvolvimento de seu bebê está em suas mãos, e não nas de sua família, vizinhos ou amigos. Os bebês deles podem ser completamente diferentes. Nós deixamos isso bem claro neste livro, e esperamos termos capacitado os pais para serem imune a conselhos indesejáveis e conflitantes dos outros.

Nós mostramos que cada bebê "renasce" dez vezes nos primeiros 20 meses, ou no chamado período sensório-motor. Por dez vezes, seu mundo virou de cabeça para baixo, com uma "grande mudança" em seu cérebro. Por dez vezes, ele ficou confuso e fez todo o possível para se agarrar a mãe. Por dez vezes, ele voltou ás origens. E por dez vezes, ele fez uma "recarga de mãe" antes de dar o próximo salto em seu desenvolvimento. Obviamente, sua criança ainda tem um longo caminho a percorrer.

Mais mágicas estão por vir

Pesquisa do desenvolvimento de ondas cerebrais (EEG) de crianças de um ano e meio a 16 anos mostrou que as principais mudanças ocorrem na transição entre as fases bem conhecidas em seu desenvolvimento mental. O início da puberdade é um salto extremo em uma idade mais avançada. Durante muito tempo, era de senso comum que o início da puberdade era desencadeado pelo surgimento dos hormônios. Mas recentes descobertas têm mostrado que grandes mudanças no cérebro também co-ocorrem com o início da puberdade. Elas não são apenas as mudanças nas ondas cerebrais (EEG), mas também o aumento repentino e extremamente rápido no volume de certas partes do cérebro. Pela enésima vez, esses jovens entram em um novo mundo de percepção, permitindo-lhes ganhar uma nova percepção que eles não poderiam ter desenvolvido mais cedo. Os adolescentes não estão dispostos a admitir isso, porque eles acham que já estão no topo do mundo. Como pais, não podemos deixar de sorrir ao pensar que os bebês têm a mesma opinião.

Até mesmo os adolescentes ainda têm um longo caminho a percorrer. Outros saltos ocorrem várias vezes antes de eles se tornarem totalmente independentes. Há mesmo indícios de que os adultos experimentam estas fases também.

Como o escritor e jornalista colombiano Gabriel Garcia Marquez escreveu em *O Amor nos Tempos de Cólera,*

As pessoas não nascem de uma vez por todas no dia em que a mãe as coloca na Terra, mas... uma e outra vez, a vida as obriga a entrar em um novo mundo por conta própria.

leitura complementar

*L*eitores que queiram saber mais sobre a literatura científica por trás do livro *As Semanas Mágicas* podem consultar a literatura listada abaixo.

Bell, M. e Wolfe, C.D. (2004). Emotion and cognition: An intricately bound developmental process. (Tradução livre: Emoção e cognição: um processo de desenvolvimento intrinsecamente vinculado.) *Desenvolvimento Infantil*, 75, 366-370.

Bever, T.G. (1982). *Regressions in mental development: Basic phenomena and theories. (Tradução livre: Regressões no desenvolvimento mental: fenômenos e teorias básicas.)* Hillsdale, NJ: Erlbaum.

Cools, A. R. (1985). Brain and behavior: Hierarchy of feedback systems and control of input. (Tradução livre: Cérebro e comportamento: hierarquia dos sistemas de feedback e controle de entrada. In P. P. G. Bateson e P. H. Klopfer (Eds.), *Perspectivas em Etologia* (p. 109-168). Nova York: Plenum.

Feldman, D.H. e Benjamin, A.C. (2004). Going backward to go forward: The critical role of regressive moment in cognitive development. (Tradução livre: Indo para trás para ir para frente: o papel crítico do momento regressivo no desenvolvimento cognitivo.) *Diário da cognição e desenvolvimento*, 5(1), 97-102.

Heimann, M. (Ed.). (2003). *Regression periods in human infancy (Tradução livre: Períodos de regressão na infância humana)*. Mahwah, Nova Jersey: Erlbaum.

Horwich, R.H. (1974). Regressive periods in primate behavioral development with reference to other mammals. (Tradução livre: Períodos regressivos no desenvolvimento comportamental de primatas com referência a outros mamíferos.) *Primatas, 15,* 141-149.

Plooij, F. (1978). Some basic traits of language in wild chimpanzees? (Tradução livre: Algumas características básicas da linguagem em chimpanzés selvagens?) In A. Lock (Ed.), *Ação, gesto e símbolo: O surgimento da linguagem* (p. 111-131). Londres: Academic Press.

Plooij, F. (1979). How wild chimpanzee babies trigger the onset of mother-infant play and what the mother makes of it. (Tradução livre: Como os bebês chimpanzés selvagens desencadeiam o início do jogo mãe-bebê e o que a mãe faz disso.) In M. Bullowa (Ed.), *Antes do discurso: o início da comunicação interpessoal* (p. 223-243). Cambridge, Inglaterra: Cambridge University Press.

Plooij, F. (1984). *The behavioral development of free-living chimpanzee babies and infants (O desenvolvimento comportamental de bebês e crianças chimpanzés livres)*. Norwood, N.J.: Ablex.

Plooij, F. (1987). Infant-ape behavioral development, the control of perception, types of learning and symbolism. (Tradução livre: Desenvolvimento comportamental, controle da percepção, tipos de aprendizagem e simbolismo do macaco-bebê.) In J. Montangero (Ed.), *Simbolismo e conhecimento* (p. 35-64). Genebra: Archives Jean Piaget Foundation.

Plooij, F. (1990). Developmental psychology: Developmental stages as successive reorganizations of the hierarchy. (Tradução livre: Psicologia do desenvolvimento: estágios de desenvolvimento como reorganizações sucessivas da hierarquia.) In R. J. Robertson (Ed.), *Introdução à psicologia moderna: A visão da teoria do controle*(p. 123-133). Gravel Switch, Kentucky: The Control Systems Group, Inc. distribuído por Benchmark Publ., Bloomfield NJ

Plooij, F. X. (2003). The trilogy of mind. (Tradução livre: A trilogia da mente.) In M. Heimann (Ed.), *Períodos de regressão na infância humana* (p. 185-205). Mahwah, NJ: Erlbaum.

Plooij, F.X. (2010). The 4 WHY's of age-linked regression periods in infancy. (Tradução livre: Os 4 PORQUÊS dos períodos de regressão ligados à idade na infância.) In Barry M. Lester e Joshua D. Sparrow (Ed.), *Nurturing Children and Families: Building on the Legacy of T. Berry Brazelton*. (Nutrindo crianças e famílias: com base no legado de T. Berry Brazelton) Malden, MA: Wiley-Blackwell.

Plooij, F. e van de Rijt-Plooij, H. (1989). Vulnerable periods during infancy: Hierarchically reorganized systems control, stress and disease. (Tradução livre: Períodos vulneráveis durante a infância: controle de sistemas hierarquicamente reorganizados, estresse e doença.) *Etologia e sociobiologia*, 10, 279-296.

Plooij, F. e van de Rijt-Plooij, H. (1990). Developmental transitions as successive reorganizations of a control hierarchy. (Tradução livre: Transições de desenvolvimento como reorganizações sucessivas de uma hierarquia de controle.) *Cientista de comportamento americano*, 34, 67-80.

Plooij, F. e van de Rijt-Plooij, H. (1994). Vulnerable periods during infancy: Regression, transition, and conflict. (Tradução livre: Períodos vulneráveis durante a infância: regressão, transição e conflito.) In J. Richer (Ed.), *A aplicação clínica da etologia e teoria do apego* (p. 25-35). Londres: Associação de Psicologia e Psiquiatria Infantil.

Plooij, F. e van de Rijt-Plooij, H. (1994). Learning by instincts, developmental transitions, and the roots of culture in infancy. (Tradução livre: Aprender por instintos, transições de desenvolvimento e as raízes da cultura na infância.) In R. A. Gardner, B. T. Gardner, B. Chiarelli & F. X. Plooij (Eds.), *As raízes etológicas da cultura* (p. 357-373). Dordrecht: Kluwer Academic Publishers.Plooij, F. e van de Rijt-Plooij, H. (2003). The effects of sources of "noise" on direct observation measures of regression periods: Case studies of four infants' adaptations to special parental conditions. (Tradução livre: Os efeitos das fontes de "ruído" nas medidas de observação direta dos períodos de regressão: estudos de caso de quatro adaptações de bebês às condições dos pais especiais.) In M. Heimann (Ed.), *Períodos de regressão na infância humana* (p. 57-80). Mahwah, NJ: Erlbaum.

Plooij, F., van de Rijt-Plooij, H. H. C., van der Stelt, J. M., van Es, B. e Helmers, R. (2003). Picos doentios durante os períodos da infância e de regressão. In M. Heimann (Ed.), *Períodos de regressão na infância humana* (p. 81-95). Mahwah, NJ: Erlbaum.

Plooij, F. X., van de Rijt-Plooij, H. e Helmers, R. (2003). Distribuição multi-modal de SIDS e períodos de regressão. In M. Heimann (Ed.), *Períodos de regressão na infância humana* (p. 97-106). Mahwah, NJ: Erlbaum.

Powers, William T. (1973). *Behavior: The control of perception (Tradução livre: Comportamento: o controle da percepção)*. Chicago: Aldine. Segunda edição (2005), revista e ampliada, Bloomfield NJ: Benchmark Publications.

Sadurni, M. e Rostan, C. (2003). Reflections on regression periods in the development of Catalan infants. (Tradução livre: Reflexões sobre os períodos de regressão no desenvolvimento de bebês catalães.) In M. Heimann (Ed.), *Períodos de regressão na infância humana* (p. 7-22). Mahwah, NJ: Erlbaum.

Trevarthen, C. e Aitken, K. (2003). Regulamento do desenvolvimento do cérebro e as mudanças relacionadas à idade na motivação dos bebês: a função do desenvolvimento dos períodos regressivos. In M. Heimann (Ed.), *Períodos de regressão na infância humana* (p. 107-184). Mahwah, NJ: Erlbaum.

van de Rijt-Plooij, H. e Plooij, F. (1987). Aumentar independência, conflito e aprendizagem nas relações mãe-bebê em chimpanzés livres na natureza. *Comportamento, 101*, 1-86.

van de Rijt-Plooij, H. e Plooij, F. (1988). Relações mãe-bebê, conflito, estresse e doença entre os chimpanzés livres na natureza. *Medicina do desenvolvimento e neurologia infantil, 30*, 306-315.van de Rijt-Plooij, H. e Plooij, F. (1992). Regressões infantis: desorganização e o aparecimento dos períodos de transição. *Diário da psicologia reprodutiva e do bebê, 10*, 129-149.

van de Rijt-Plooij, H. e Plooij, F. (1993). Períodos distintos de conflito mãe-bebê no desenvolvimento normal: fontes de progresso e germes da patologia. *Diário da psiquiatria reprodutiva e do bebê, 34*, 229-245.

Woolmore, A. e Richer, J. (2003). Detectar períodos de regressão infantis: sinais fracos em um ambiente ruidoso. In M. Heimann (Ed.), *Períodos de regressão na infância humana* (p. 23-39). Mahwah, NJ: Erlbaum.

www.livingcontrolsystems.com
(Living Control Systems Publishing)

> Para aqueles que estão interessados em obter mais informações sobre a Teoria de Controle Perceptual (PCT) no que diz respeito ao funcionamento do cérebro humano que inspirou grande parte do pensamento por trás do livro *As Semanas Mágicas*, este site de recursos apresenta livros, apresentações e comentários, programas de simulação para o seu computador e muito mais.

Índice remissivo

As referências de páginas <u>sublinhadas</u> indicam caixa de texto.

P

Internet

Você pode ter interesse em saber que o livro *As Semanas Mágicas* está disponível em vários idiomas e que há muita informação suplementar sobre o desenvolvimento infantil disponível na Internet. Uma forma conveniente de acessar a informação na Internet é ir ao site concebido para suportar a

www.thewonderweeks.com

Este site oferece uma grande quantidade de informações adicionais, incluindo pesquisas científicas, nos vários idiomas para os quais o livro *As Semanas Mágicas* foi traduzido, como encomendar o livro para qualquer um desses idiomas e como encontrar blogues, fóruns e outras páginas da Web com comentários sobre *As Semanas Mágicas* em todo o mundo e em qualquer idioma, através de pesquisa na Internet usando o título ou o número ISBN.

Você também pode assinar gratuitamente o serviço de email chamado *Alarme de Salto*. Consulte a página 8.